Bausparkassenbedingungen und AGB-Kontrolle

# VERSICHERUNGSRECHTLICHE STUDIEN

HERAUSGEGEBEN VON PROFESSOR DR. GERRIT WINTER

BAND 75

PETER LANG
Frankfurt am Main · Berlin · Bern · Bruxelles · New York · Oxford · Wien

Dr. Georg Herzog

# BAUSPARKASSEN-BEDINGUNGEN UND AGB-KONTROLLE

PETER LANG
Europäischer Verlag der Wissenschaften

**Bibliografische Information Der Deutschen Bibliothek**
Die Deutsche Bibliothek verzeichnet diese Publikation in der Deutschen Nationalbibliografie; detaillierte bibliografische Daten sind im Internet über <http://dnb.ddb.de> abrufbar.

Zugl.: Hamburg, Univ., Diss., 2005

D 18
ISSN 0178-4382
ISBN 3-631-54974-1



www.peterlang.de

**Für Hiltrud, Clara und Anna**

## Danksagung

Die vorliegende Untersuchung über die Allgemeinen Geschäftsbedingungen der Bausparkassen wurde im Wintersemester 2004 von der Rechtswissenschaftlichen Fakultät der Universität Hamburg als Dissertation angenommen.

Mein herzlicher Dank geht an alle, die zu ihrem Gelingen beigetragen haben.

Mein aufrichtiger Dank gilt meinem Doktorvater, Herrn *Professor Dr. Gerrit Winter*. Ihm danke ich für die Ausdauer und Geduld, für die Anregungen und die lehrreiche Betreuung sowie für die Aufnahme in seine Schriftenreihe.

Ohne die Unterstützung meiner Mutter und meiner eignen Familie wären mir die Promotion nicht möglich gewesen.
Meiner lieben Ehefrau Hiltrud und meinen Kindern Clara und Anna gilt besonderer Danke für ihre Geduld, ihre motivierenden Worte und ihr Verständnis über die Jahre hinweg. Hiltrud hatte immer Zeit für viele Diskussionen und wichtige Gespräche. Ihnen allen ist diese Arbeit gewidmet

Ferner möchte ich meine lieben Freunde und Weggefährten Dr. Detlef Huber und Assessor jur. Jörn Magarin erwähnen. Sie waren mir steter Ansporn, geduldige Zuhörer und wichtige Gesprächspartner. Frau Schlichtig half mir, die Klippen der (alten) deutschen Rechtschreibung gekonnt zu umschiffen.

Hamburg, im Herbst 2005

Georg Herzog

## Inhaltsverzeichnis

## Abkürzungsverzeichnis

| | |
|---|---|
| a.A. | andere Ansicht, anderer Ansicht |
| a.F. | alte Fassung |
| ABB | Allgemeine Bausparkassenbedingungen |
| AcP | Archiv für die civilistische Praxis (Jahr und Seite) |
| AGBG | Gesetz zur Regelung des Rechts der Allgemeinen Geschäftsbedingungen |
| Amtl. Begr. | Amtliche Begründung |
| Anm. | Anmerkung |
| AO | Abgabenordnung |
| Art. | Artikel |
| AVB | Allgemeine Versicherungsbedingungen |
| BaFin | Bundesanstalt für Finanzdienstleistungsaufsicht |
| BAKred | Bundesaufsichtsamt für das Kreditwesen, das zum 01.05.2002 in die BaFin integriert wurde |
| BAV | Bundesaufsichtsamt für das Versicherungswesen, das zum 01.05.2002 in die BaFin integriert wurde |
| BB | Betriebsberater (Jahr und Seite) |
| BFH | Bundesfinanzhof |
| BGB | Bürgerliches Gesetzbuch |
| BGBl | Bundesgesetzblatt |
| BGH | Bundesgerichtshof |
| BGHZ | Entscheidungen des Bundesgerichtshofes in Zivilsachen (Band und Seite, z.B. BGHZ 51, S. 652) |
| BKR | Zeitschrift für Bank- und Kapitalmarktrecht ( Jahr und Seite ) |
| BRAGO | Bundesgebührenordnung für Rechtsanwälte |
| BSpKG | Bausparkassengesetz |
| BSpKV | Bausparkassenverordnung |

| | |
|---|---|
| BT-Ds. | Bundestagsdrucksache |
| BVerfG | Bundesverfassungsgericht |
| c.i.c. | culpa in contrahendo |
| DB | Der Betrieb ( Jahr und Seite) |
| DÖV | Die Öffentliche Verwaltung (Jahr und Seite) |
| EuGH | Europäischer Gerichtshof |
| EZB | Europäische Zentralbank |
| FS | Festschrift |
| GG | Grundgesetz |
| GüKG | Güterkraftverkehrsgesetz |
| GWB | Gesetz gegen Wettbewerbsbeschränkungen |
| HGB | Handelsgesetzbuch |
| HOAI | Honorarordnung für Architekten und Ingenieure |
| HS | Halbsatz |
| i.d.F. | in der Fassung |
| I&F | Immobilien und Finanzierung (Jahr und Seite) |
| JA | Juristische Arbeitsblätter (Jahr und Seite) |
| JR | Juristische Rundschau (Jahr und Seite) |
| JuS | Juristische Schulung (Jahr und Seite) |
| JZ | Juristische Zeitung (Jahr und Seite) |
| KostO | Gesetz über die Kosten in Angelegenheiten der freiwilligen Gerichtsbarkeit (Kostenordnung) |
| KWG | Kreditwesengesetz |
| m.w.N. | mit weiteren Nachweisen |
| MBB | Musterbedingungen der öffentlichen und privaten Bausparkassen |
| MBöB a.F. | Musterbedingungen der öffentlichen Bausparkassen in der Fassung vom 20.07.1992. |
| MBöB n.F. | Musterbedingungen der öffentlichen Bausparkassen in der Fassung vom 09.10.1998. |

| | |
|---|---|
| MBpB a.F. | Musterbedingungen der privaten Bausparkassen in der Fassung vom 16.04.1992 |
| MBpB n.F. | Musterbedingungen der privaten Bausparkassen in der Fassung vom 15.05.1997 |
| MDR | Monatsschrift für Deutsches Recht |
| n.F. | neue Fassung |
| NJW | Neue Juristische Wochenschrift (Jahr und Seite) |
| PFV | positive Forderungsverletzung |
| SKL | Sparer-Kassen-Leistungsverhältnis |
| VAG | Versicherungsaufsichtsgesetz |
| VersR | Versicherungsrecht, Juristische Rundschau für die Individualversicherung (Jahr und Seite) |
| VersWissStud | Versicherungswissenschaftliche Studien (Band und Seite) |
| VO | Verordnung |
| Vorb. | Vorbemerkung |
| VuR | Verbraucher und Recht (Jahr und Seite) |
| VvaG | Versicherungsverein auf Gegenseitigkeit |
| VVG | Versicherungsvertragsgesetz |
| VW | Versicherungswirtschaft (Jahr und Seite) |
| WEG | Wohnungseigentumsgesetz |
| WM | Wertpapiermitteilungen (Jahr und Seite) |
| WoBauG | Wohnungsbaugesetz |
| WoPG | Wohnungsbau-Prämiengesetz |
| ZfIR | Zeitschrift für Immobilienrecht |
| ZfV | Zeitschrift für Versicherungswesen (Jahr und Seite) |
| ZHR | Zeitschrift für das gesamte Handels- und Wirtschaftsrecht (Jahr und Seite) |
| ZRP | Zeitschrift für Rechtspolitik (Jahr und Seite) |
| Zus. | Zusatz |
| ZVersWiss | Zeitschrift für die gesamte Versicherungswissenschaft (Jahr und Seite) |

# 1. Kapitel: Einleitung

Die Anzahl der in der Bundesrepublik Deutschland abgeschlossenen Bausparverträge beläuft sich auf über 33 Millionen.[1] Die Bausparsumme dieser Verträge zusammengenommen beträgt über 600 Milliarden €. Die Vertragsinhalte der einzelnen Bausparverträge werden im Wesentlichen durch die Allgemeinen Bedingungen für Bausparverträge festgelegt.[2] Da für alle Bausparverträge annähernd die gleichen ABB verwendet werden, wird offenbar, welche Bedeutung einer Inhaltskontrolle von ABB an Hand der Normen über die Gestaltung rechtsgeschäftlicher Schuldverhältnisse durch Allgemeine Geschäftsbedingungen (§§ 305 ff. BGB) zukommt.

Die vorliegende Arbeit beschäftigt sich mit der Inhaltskontrolle der Musterbedingungen[3] für AGB der Landesbausparkassen und der Privaten Bausparkassen in den Fassungen von 1992,[4] 1997[5] und 1998[6] nach den §§ 305 ff. BGB. Die Verbände der öffentlichen und privaten Bausparkassen haben jeweils für ihre Gruppe MBB erarbeitet und nach Abstimmung mit der BaFin den Bausparkassen zur Übernahme empfohlen. Das zentrale Thema ist die Angemessenheitsprüfung einzelner MBB anhand §§ 305 ff. BGB. Aufgrund der durchschnittlichen Laufzeit eines Bausparvertrages zwischen 11-15 Jahren gibt es immer noch Bausparverträge, für die die MBB a.F. Geltung haben. Auch die aktuellen ABB der LBS-Bausparkassen beruhen teilweise immer noch auf den MBöB a.F.. Die MBB a.F. und n.F. werden bei dieser Prüfung gegenüber gestellt, verglichen und die Veränderungen kommentiert.

[1] Statistisches Bundesamt 2003, Daten über Bausparkassen.

[2] ABB.

[3] MBB.

[4] MBpB a.F. vom 16.04.1992/ MBöB a.F. vom 20.07.1992.

[5] MBpB n.F. Stand 15.05.1997.

[6] MBöB n.F. Stand 09.10.1998.

# A. Historischer Überblick

## I. Bausparkassen

### 1. Grundidee des Bausparkassenwesens

Die Idee des Bausparkassenwesens findet seine Ursprünge in England. Dort wurde bereits im Jahre 1772 die erste Wohnungsbaugenossenschaft[7] gegründet.[8] Die Mitglieder verpflichteten sich monatlich Beiträge in einen Fonds einzuzahlen, aus dem Darlehen an die Mitglieder zum Zwecke des Wohnungsbaus vergeben wurden. Es wurden ständig neue "Building Societies" gegründet, so dass es bereits um 1800 über 50 Gesellschaften in England gab.[9] Die Mitglieder der Societies kamen nicht, wie vielleicht zu vermuten wäre, aus den unteren Bevölkerungsschichten, sondern gehörten zumeist dem Mittelstand an.

### 2. Entwicklung der Bausparkassen in Deutschland

In Deutschland setze sich der Bauspargedanke erst im letzten Viertel des 19. Jahrhunderts durch.

Ab Mitte des 19. Jahrhunderts gab es lediglich Baugenossenschaften. Sie vergaben jedoch keine Darlehen, sondern sie wurden Eigentümer der durch sie erworbenen Wohnungen, die sie dann vermieteten. Um die Jahrhundertwende gab es bereits einen funktionierenden Markt für erststellige Hypotheken mit günstigen Konditionen sowie für nachrangige Grundkredite, auf dem sich private Kreditinstitute betätigten.[10]

Nach dem 1. Weltkrieg und der sich abzeichnenden Weltwirtschaftskrise änderten sich die Rahmenbedingungen auf dem Wohnungsmarkt grundlegend.

---

[7] Building Society.

[8] Wagner, I&F 2003, S. 270, Büschgen/ Kopper, S. 9 ff.

[9] BT-Ds VI/1990 Amtl. Begr. zum Entwurf eines BSpkG Allg. Teil II Nr. 1 f.; Büschgen/ Kopper, S. 9 ff.

[10] BT-Ds VI/1990 Amtl. Begr. zum Entwurf eines BSpkG Allg. Teil II Nr. 1 f.; Büschgen/ Kopper, S. 11 ff.

Im Jahr 1924 wurde die erste deutsche Bausparkasse, die Gemeinschaft der Freunde (GdF) in Wüstenrot, als private Bausparkasse gegründet.[11] Die Zuteilung für Bauspardarlehen erfolgte im Losverfahren.[12] Später fanden weitere Gründungen in Deutschland statt. Bereits 1928 wurde die Beamtenheimstättengesellschaft (heute Beamtenheimstättenwerk: BHW) gegründet. Dabei lag allen Bausparkassen dasselbe Prinzip zugrunde: Monatliche Beiträge wurden in ein Kollektiv eingezahlt, aus dem Darlehen für Bauzwecke gewährt wurden. Die öffentlich-rechtlichen Sparkassen entschieden sich erst 1928 das Bauspargeschäft zu beginnen. Im Jahre 1929 gab es bereits 18 öffentlich-rechtliche Bausparkassen, die als Unterabteilungen der jeweiligen Sparkassen tätig waren.

Zunächst wurde von allen Bausparkassen nur die Vollfinanzierung angeboten. Mitte der 30er Jahre wurde die heute noch übliche Teilfinanzierung eingeführt.[13]

Die finanzielle und wohnungswirtschaftliche Lage der Bevölkerung nach dem 2. Weltkrieg war ähnlich der in den 20er Jahren. Es fehlten ca. 5 Millionen Wohnungen. Diese Lage war für die Bausparkassen infolge der eindeutigen Aufgabentrennung zu den anderen Kreditinstituten vorteilhaft.[14]

### 3. Entwicklung der Bausparkassen in den letzten Jahren

Die Bausparkassen haben in den letzten Jahren großen Zuspruch erhalten. Besonders seit der Wiedervereinigung mit der ehemaligen DDR, deren Bürger das Bausparen als kostengünstige Möglichkeit zum Eigentumserwerb sehen, ist die Anzahl der abgeschlossenen Bausparverträge gestiegen. In der Bundesrepublik werden ca. 100 Milliarden € pro Jahr für wohnungswirtschaftliche Zwecke ausgeliehen.[15]

Im Jahre 2003 wurden durch die privaten und öffentlich-rechtlichen Bausparkassen ca. 37 Milliarden € für die Wohnungsfinanzierung zur Verfügung gestellt, also ca. 35 % des Gesamtvolumens. Von dieser Summe entfallen zwei Drittel auf die privaten Bausparkassen.

Die öffentlich-rechtlichen Bausparkassen haben ein Drittel der Zuteilungen vorgenommen.

---

[11] Wagner, I&F 2003, S. 270.

[12] Wagner, I&F 2003, S. 270 f.

[13] Büschgen/Kopper, S. 13.

[14] Büschgen/Kopper, S. 15.

[15] vgl. Büschgen/Kopper, S. 38 ff.

Seit dem Ende des 2. Weltkrieges haben die deutschen Bausparkassen insgesamt mehr als 650 Milliarden € für die Wohnungsfinanzierung zugeteilt.[16] Damit wurden 12,7 Millionen Wohnungen in Deutschland mitfinanziert, darunter ca. 8 Millionen Neubauten. Hinzu kommen zahlreiche Finanzierungen von Um- und Ausbauten sowie Modernisierungen. Der Vertragsbestand wird derzeit auf ca. 21,2 Millionen Bausparverträge bei privaten Bausparkassen und ca. 12,1 Millionen Bausparverträge bei den öffentlich-rechtlichen Bausparkassen geschätzt.[17] Somit hat durchschnittlich jeder Haushalt in der Bundesrepublik einen Bausparvertrag abgeschlossen.

## 4. Wirtschaftliche Bedeutung der Bausparkassen

Die Bedeutung des Bausparwesens für das Wirtschaftsleben der Bundesrepublik wird durch die jährlich in den Geschäftsberichten der Bundesanstalt für Finanzdienstleistungsaufsicht veröffentlichten Strukturdaten deutlich.

Bei einer monatlichen Ansparrate von 100,00 € pro Bausparer bedeutet dies ein jährliches Sparaufkommen von mindestens 2,4 Milliarden €, ca. 6 % des Bruttosozialproduktes der Bundesrepublik Deutschland. Bei den ca. 33 Millionen Bausparverträgen beläuft sich die Bausparsumme auf über 600 Milliarden €.[18]

Gemessen an den Wohnungsbaukreditbeständen liegt der Marktanteil der Bausparkassen rechnerisch etwa bei 13 %, wobei die Bausparkassen an ca. 65 % aller Finanzierungen von Wohnraum beteiligt sind. Der im Verhältnis zu den Kapitalauszahlungen geringe Wert erklärt sich durch die vergleichsweise kurzen Darlehenslaufzeiten bei der Bausparfinanzierung.

Die von Banken und Sparkassen ausgeliehenen Hypothekendarlehen verbleiben bis zu dreimal länger im Bestand. Ein Bausparvertrag belastet den Bausparer für ca. 11 Jahre mit den Rückzahlungen. Ein durch eine Hypothek bei einer Bank gesichertes Darlehen wird im Durchschnitt über einen Zeitraum von 26 bis 28 Jahre getilgt und zurückgezahlt. Die Kosten für die Rückzahlung eines solchen Darlehens sind auf Grund der langen Laufzeit und der geringeren Tilgung um ca. 400 bis 500 % höher, als die Kosten bei einem Bausparvertrag.

---

[16] BSpkFb 1. Kap. 2.

[17] Statistisches Bundesamt 2003, Daten über Bausparkassen

[18] Statistisches Bundesamt 2003, Daten über Bausparkassen.

Die Finanzierungsleistungen der Bausparkassen werden durch die Sparleistungen der Ansparer und die Tilgungen der Bausparer gespeist, die bereits über ein zinsgünstiges Darlehen verfügen. In dem geschlossenen Kreislauf des Bausparkassensystems bestimmt der Umfang des Geldeingangs in das Bausparkassenkollektiv auch die Höhe der Auszahlungen und Zuteilungen an die einzelnen Mitglieder.

Das Bausparen trägt von seiner Finanzstruktur her zu einer deutlichen Glättung der konjunkturellen Ausschläge im Wohnungsbau bei. Bausparer finanzieren ihr Wohnungseigentum mit einem deutlich höheren Eigenkapitalanteil, auch wenn die Eigenkapitalbildung in den letzten Jahren zurückgegangen ist. Aufgrund des Prinzips der Bausparkassen (das Einzahlen der Beträge auf die Sparkonten und das Zuteilen der Bausparsumme nach der Einzahlung der vereinbarten Ansparsumme) ist eine präzise Beschreibung der Leistung der Bausparkasse notwendig.

## II. Die Entwicklung der Bausparkassenaufsicht

Bis 1931 gab es für die privaten Bausparkassen keine Bausparkassenaufsicht. In dem Jahr wurden die Bausparkassen dem Aufsichtsamt für das Privatversicherungswesen unterstellt und ein Konzessionszwang wurde eingeführt. Die privaten Bausparkassen unterlagen gem. der neuen Fassung des VAG vom 30.03.1931[19] der Beaufsichtigung durch das Versicherungsaufsichtsamt.[20] Von den insgesamt 400 privaten Bausparkassen,[21] die es zu Beginn der Dreißiger Jahre gab, hatten nur 13 eine Zulassung beantragt oder erhalten.[22]

1934 erfolgte dann durch das Kreditwesengesetz (KWG) die Unterstellung der Aufsicht durch den Reichskommissar für das Kreditwesen.[23]

Bis 1938 blieben aufgrund der notwendigen Konzessionierung, der Weltwirtschaftskrise und der Fachaufsicht nur 38 private Bausparkassen bestehen. Viele kleinere Unternehmen stellten ihren Betrieb vollständig ein oder fusionierten mit leistungsfähigeren Bausparkassen.

---

[19] RGBL I., 1931, S. 1203.

[20] RGBL I., 1931, S. 1203.

[21] vgl. Amtliche Begründung des Entwurfs eines Gesetzes über Bausparkassen BT-DS VI/ 1900 II Nr. 2.

[22] Korsch, Die Reichsaufsicht über die privaten Bausparkassen, in Lehmann: Beiträge zur Entwicklung des privaten Bausparkassenwesens Berlin 1950 S. 119 ff; Lehmann, Gründungsgeschichte und Systementwicklung des Bausparkassenrechtes, S. 12 ff.

[23] RGBL I, S. 1203.

Die öffentlich-rechtlichen Bausparkassen unterlagen mit ihrer Gründung den Aufsichtsbehörden der Länder, so dass die Zahl der öffentlich-rechtlichen Bausparkassen mit 18 konstant blieb.[24]

Mit den „Richtlinien zur Neuordnung des Bausparkassenwesens" vom 11.04.1938[25] wurden den Bausparkassen einerseits die zinslosen Sparpläne untersagt andererseits wurde ihnen als Sicherungsmittel die Eintragung der zweitrangigen Hypothek zugewiesen. Das Ziel war die eindeutige Arbeitsteilung zwischen den Bausparkassen und den anderen Kapitalmarktinstituten.[26] Zugunsten der Bausparer sollte eine leichtere Behauptung der Bausparkassen auf dem Wohnungsbaufinanzierungsmarkt sichergestellt werden, indem die erstrangige Hypothek für andere Kreditinstitute als Sicherheit zur Verfügung stand.

Diese immer noch angestrebte Trennung wird insbesondere durch § 6 Abs. 1 BSpkG deutlich. Normzweck ist es, eine Konkurrenz zwischen den Bausparkassen und anderen Kreditinstituten zu vermeiden.[27] Sie bildet das Gegenstück zu der Begrenzung des Bausparkassengeschäftsprivilegs des § 1 Abs. 1 Satz 2 BSpkG, durch das die Geschäfte einer Bausparkasse gegenüber anderen Kreditinstituten abgeschirmt werden.

Nach der Währungsreform 1948 dauerte es noch über 20 Jahre, bis eine einheitliche Kontrolle der öffentlich-rechtlichen und der privaten Bausparkassen gewährleistet war. Auch mit dem Inkrafttreten des novellierten KWG[28] am 10.07.1961 ist die Aufsicht der privaten und öffentlich-rechtlichen Bausparkassen nicht vereinheitlicht worden. Erst seit dem Inkrafttreten des BSpkG am 01.01.1973[29] sind die Bausparkassen formell und materiell den anderen Kreditinstituten gleichgestellt und nunmehr der BaFin[30] unterstellt.

---

[24] vgl. Amtliche Begründung des Entwurfs eines Gesetzes über Bausparkassen BT-Ds VI/ 1900 II Nr. 2.

[25] RGBL I, S. 1151.

[26] Büschgen/Kopper, S. 14.

[27] BGH, WM 1989, S. 706 (707).

[28] BGBl. I S. 881.

[29] BGBl. I S. 2097.

[30] Durch das Gesetz über die integrierte Finanzdienstleistungsaufsicht vom 22. April 2002 wurde zum 1. Mai 2002 die Bundesanstalt für Finanzdienstleistungsaufsicht (BaFin) gegründet. Unter

## B. Bausparen in der Europäischen Union

Die deutschen Bausparkassen waren zunächst in ihrer Tätigkeit auf das Bundesgebiet beschränkt. Es handelte sich also um einen rein nationalen Geschäftsbereich.

Mit der Gründung der EU als europäischer Binnenmarkt drängten die Bausparkassen auf den grenzüberschreitenden Markt.[31] Dabei ist festzustellen, dass es diese Art von Bausparsystem europaweit nur noch in Luxemburg, Belgien, Österreich und mittlerweile auch in Tschechien gibt. In den anderen europäischen Staaten wird entweder keine Bausparförderung betrieben, z. B. in den Niederlanden und in Dänemark, oder es werden, wie in Frankreich, Ansparpläne bzw. Ansparkonten durch Banken angeboten. Außerdem gibt es dort Prämiensparen für den Hausbau. Eine öffentliche Sparförderung gibt es jedoch in den meisten europäischen Staaten nicht.[32]

Die deutschen Bausparkassen haben sich dazu entschlossen, ihre Kunden bei der Finanzierung im Ausland gelegener Wohnimmobilien zu unterstützen und so den Markt zu sondieren. In den anderen europäischen Staaten müssten die Voraussetzungen für das Bausparsystem sowohl in zinstechnischer als auch steuerlicher Art erst noch geschaffen werden.

1962 wurde die europäische Bausparvereinigung ins Leben gerufen. Sie dient der Förderung des Gedankens des Erwerbs von Wohneigentum und unterscheidet sich dadurch von anderen kreditwirtschaftlichen Vereinigungen auf europäischer Ebene.[33] Wesentlicher Aspekt ist ein Informations- und Erfahrungsaustausch der Mitglieder auf dem Gebiet der Wohnungsfinanzierung und Wohnungsbaupolitik.[34]

Zur Einführung eines Bausparsystems muss festgelegt werden, wie der Staat das Bausparen subventioniert, steuerliche Abzugsmöglichkeiten gewährt und mögliche Währungsschwankungen ausgleicht. Das Kernstück der Liberalisierung des EU- Bankenmarktes bildet die zweite Bankrechtskoordinationsrichtlinie vom

dem Dach der neuen Anstalt sind die Aufgaben der ehemaligen Bundesaufsichtsämter für das Kreditwesen (BAKred), das Versicherungswesen (BAV) und den Wertpapierhandel (BAWe) zusammengeführt worden. Damit existiert in Deutschland eine staatliche Aufsicht über Kreditinstitute, Finanzdienstleistungsinstitute und Versicherungsunternehmen, die sektorübergreifend den gesamten Finanzmarkt umfasst. Mit der Einrichtung der BaFin werden zentrale Aufgaben des Kundenschutzes und der Solvenzaufsicht gebündelt.

[31] Domus, 2/96 S. 28 ff.

[32] vgl. Länderbericht zur Sparförderung und Baufinanzierung in der EU, z.B. in BSpkFb 14. Kap.

[33] vgl. BSpkFb 14. Kap.

[34] vgl. BSpkFb 14. Kap.; Büschgen/Kopper, S. 18 ff.

15.12.1989. Im Wesentlichen ist sie in das nationale Recht der Mitgliedsstaaten eingegliedert worden. In der Bundesrepublik Deutschland ist dies mit der 4. KWG-Novelle umgesetzt worden.

Zur Zeit sind die Aufsichtsrechte für Bausparkassen in den EU-Ländern unterschiedlich geregelt.[35] Es gelten jedoch die jeweiligen Bestimmungen des Herkunftslandes und nicht die des Landes, in dem die Niederlassung tätig ist.[36]

## C. Internationaler Bausparkassenverband

1914 wurde der Vorgänger des Internationalcn Bausparverbandes, der International Union of Housingfinance Institutions (IUHFI), gegründet. 2001 hatte der Internationale Bausparkassenverband 361 Mitglieder aus 74 Staaten. Es ist die internationale Institution, die sich mit der Bereitstellung von Wohnungsbaukrediten befasst. International initiiert und unterstützt die Vereinigung Veranstaltungen zu den Bereichen der Wohnungsbaupolitik, Wohnungsfinanzierung und zum Wohnungsbau.[37]

---

[35] vgl. Schreiben der BaFin vom 13.09.1993.

[36] vgl. EuGH vom 04.12.1986, NJW 1987, S. 572; vgl. zu dem gesamten Themenbereich: Schreiben der BaFin vom 13.09.1993

[37] vgl. Büschgen/Kopper, S. 18 ff.

# 2. Kapitel: Wesen der Bausparkasse

## A. Bausparkasse

### I. Legaldefinition

Das BSpkG definiert in § 1 Abs. 1 die Bausparkassen als „Kreditinstitute, deren Geschäftsbetrieb darauf gerichtet ist, Einlagen von Bausparern (Bauspareinlagen) entgegenzunehmen und aus den angesparten Beträgen den Bausparern für wohnungswirtschaftliche Maßnahmen Gelddarlehen (Bauspardarlehen) zu gewähren".

Bereits die Definition der Bausparkassen legt das Hauptgewicht auf eine Beschreibung des Bausparkassengeschäfts. Seine Besonderheit liegt in der Art und Weise der Kapitalansammlung und der speziellen Nutzung des Kapitals. Das Bausparsystem beruht auf der Idee, eine Vielzahl von Interessenten zusammenzuführen, die sich vertraglich verpflichten, regelmäßig und gleichmäßig in einen gemeinsamen Fonds einzuzahlen. Die Verwendung des eingezahlten Kapitals liegt in der Bereitstellung von Darlehen im wohnungswirtschaftlichen Bereich. Dabei handelt es sich um sog. Zwecksparen gem. § 3 Nr. 2 KWG, das nur Bausparkassen betreiben dürfen. Durch die Zweckbindung der Geldmittel wird das Risiko von bausparfremden Geschäften vermieden. Die Bausparkasse kann über die ihr anvertraute Zuteilungsmasse nicht frei verfügen und darf prinzipiell nur das ihr eigene Spezialgeschäft betreiben.

Unter den Begriff des Bausparkollektivs fallen alle Bausparer, die sich in einer Bausparkasse zusammengeschlossen haben.[38] Der einzelne Bausparer stellt sein eingezahltes Geld der Bauspargemeinschaft bis zur Zuteilung seines Darlehens zur Verfügung.[39] Aus dieser Zuteilungsmasse wird den anderen Bausparern, die zuteilungsberechtigt sind, ein Darlehen gewährt. Die Zuteilungsbedingungen sind in den ABB geregelt.[40] Alle Bausparer erhalten nach Erfüllung der Voraussetzungen das ihnen zustehende Bauspardarlehen ausgezahlt.

---

[38] vgl. Amtliche Begründung zum Entwurf eines Gesetzes über Bausparkassen 1972 DS VI/ 1900 A) Allgemeiner Teil.

[39] Laux, Die Bausparfinanzierung C) I. 3., S. 187 ff.

[40] vgl. § 11 MBB a.F., § 4 MBB n.F.

Hinsichtlich der eingezahlten Bausparbeiträge (Ansparsumme) ist von einer Treuhänderpflicht seitens der Bausparkasse auszugehen.[41]

Aufgrund des besonderen Vertrauensverhältnisses zwischen Bausparkasse und Bausparer kann der Bausparer mit Sicherheit davon ausgehen, dass die Bausparkasse über das zur Verfügung gestellte Geld nur im Interesse des Kollektivs verfügt. Aus dem gemeinsam angesparten Fonds werden in einer festgelegten Reihenfolge Darlehen zu wohnungsbaulichen Zwecken vergeben.[42] Das Bauspardarlehen und das Bausparguthaben ergeben zusammen die Bausparsumme (§ 2 Abs. 1 a) MBöB a.F., Präambel MBB n.F.).

## II. Kreditinstitut

Der in § 1 Abs. 1 BSpkG verwendete Begriff des Kreditinstitutes wird in § 1 KWG erläutert. Ein Kreditinstitut ist jedes Unternehmen, das Bankgeschäfte betreibt.

Bankgeschäfte sind u.a. die Annahme von fremden Geldern als Einlagen und die Gewährung von Bankdarlehen.[43] Die Bausparkassen betreiben Bankgeschäfte, sind somit als Kreditinstitute anzusehen und sind wie diese mindestreservepflichtig. Bis 1983 hatten die Bausparkassen keine Mindestreservepflicht, wonach es ihnen immer möglich war, alle erbrachten Einlagen der Bausparer als Darlehen auszukehren. Erst seit dem 01.04.1983, mit der Neuordnung in der Reservehaltungspflicht durch eine Anweisung der Deutschen Bundesbank für Mindestreserven,[44] werden Bausparkassen wie die übrigen mindestreservepflichtigen Kreditinstitute behandelt.

---

[41] vgl. die gesetzl. Bindung gem. § 6 BSpkG; die Treuhänderpflicht der Bausparkasse wird im 2. Kap. C. ausführlich behandelt.

[42] vgl. § 6 BSpkG.

[43] Der Sache nach geht diese Definition auf § 1 KWG von 1934 zurück.

[44] Anweisung vom 20.01.1983 AMR Bundesanzeiger 1983 Nr. 21 bis 27.

## B. Soziale Aspekte des Bausparens

Das Bausparen ist ein Selbsthilfesystem, das die Eigeninitiative der Bevölkerung zum Wohnungserwerb fördern soll.[45] Die Bauwilligen ohne Eigenkapital sollen mit dem Ziel sparen, sich Eigentum zu schaffen, um so den Staat von der Versorgung der Bevölkerung mit Wohnraum zu entlasten.

1996 fehlten in Deutschland ca. 1,5 Mio. Wohnungen.[46] Seit dieser Zeit hat es einen Einbruch am Wohnungsmarkt gegeben. Der Bedarf an Wohnraum ist mittlerweile gedeckt und die „Wohnungsnot" ist einem Überangebot gewichen. Die bis Mitte der 90er Jahre betriebene Wohnungsbaupolitik war wesentlich anders gestaltet als die des Jahres 2000. Bis 1995 stand die Familienwohnung im Vordergrund. Als das BSpkG 1973 in Kraft trat, heirateten die Menschen jünger und bekamen früher Kinder. Durch die gesellschaftlichen Veränderungen hat sich das Interesse der angehenden Wohnungseigentümer hin zu kleineren Wohneinheiten geändert. Von den kleineren Einheiten werden entsprechend mehr Einheiten benötigt.

Ein Schritt, schlechter situierten Bausparern den Eigentumserwerb zu ermöglichen, war die Heraufsetzung der Einkommensgrenze für den Erhalt der Bausparprämien und die prämienbegünstigten Sparbeiträge für die 10 % ige Bausparprämie. Durch diese finanziellen Anreize versucht der Staat, Bausparern mit geringem Einkommen den Erwerb von Wohnungseigentum zu erleichtern bzw. überhaupt erst zu ermöglichen. Die soziale Komponente, sich gegenseitig Darlehen zur Verfügung zu stellen, ist in den letzten Jahren hinter den wirtschaftlichen Interessen der Bausparkassen zurückgetreten. Sie bleibt aber eine präsente Idee des Bausparkassenwesens.[47]

---

[45] vgl. BSpkFb Einleitung II. Kapitel.

[46] Statistisches Bundesamt 1996, Daten über Wohnungsbestand.

[47] Zehnder, WM 2001, S. 17.

## C. Bausparkasse als Treuhänder

Das Verhältnis der Bausparkassen zu den eingebrachten Einlagen der Bausparer ist u.a. durch die Zweckgebundenheit der Bauspareinlagen gem. §§ 4, 6 BSpkG geregelt.

Die Bausparkasse unterliegt hinsichtlich der eingebrachten Leistungen und Einlagen einer Vermögensbetreuungspflicht. Zwar wird der Bausparvertrag maßgeblich durch die Merkmale eines gegenseitigen Darlehensvertrages, wie noch ausführlich erörtert werden wird,[48] bestimmt, aber bzgl. der Vermögensbetreuungspflicht, als weiterer Bestandteil, könnte zwischen der Bausparkasse und dem Bausparer ein Treuhandvertrag bestehen.

Die Aufgabe eines Vermögensverwalters ist die wirtschaftlich sinnvolle Verwaltung, Anlage und Aufsicht über das ihm treuhänderisch anvertraute Vermögen.[49] Einen allgemein anerkannten Begriff der Treuhand gibt es nicht.

Die Bausparkasse als Treuhänder wäre Träger von Vermögensrechten, die sie im Interesse eines Dritten, hier des Bausparers bzw. des Kollektivs ausüben sollte und wäre daher im Innenverhältnis Beschränkungen unterworfen.

Es stellt sich die Frage, auf welcher rechtlichen Grundlage ein bestehendes Treuhandverhältnis zwischen der Bausparkasse und dem Bausparer basiert.

Das Treuhandverhältnis kann Interessen des Treuhänders dienen, wie im Falle der Sicherungstreuhand als eigennützige Treuhand (z.B. die Sicherungsübereignung).[50] Es kann aber auch auf die Interessen des Treugebers abgestellt sein. Dann dient es anderen Zwecken und Personen und handelt sich um die Verwaltungstreuhand als fremdnützige Treuhand.[51]

Bei dem Bausparvertrag könnte es sich nur um einen Fall der fremdnützigen Verwaltungstreuhand handeln, weil die Bausparkasse die Ansparbeträge unter der Maßgabe erhält, Darlehen im wohnungswirtschaftlichen Bereich den Bausparern als Mitgliedern des Kollektivs zur Verfügung zu stellen. Da sie im Interesse des Kollektivs handelt, liegt kein originäres Eigeninteresse der Bausparkasse vor, wie z.B. das Sicherungsinteresse einer Bank bei einer Sicherungszession.

---

[48] s.u. 3. Kap. C.

[49] BGH, NJW 1998, S. 449f.; OLG Köln, WM 1997, S. 570.

[50] Hadding/Häuser in Bankrechts-Handbuch § 37 Rn. 14.

[51] Palandt/Heinrichs, v. § 104 BGB Rn. 25; MüKo/ Schramm, v. § 164 BGB Rn. 28.

Der Bausparkasse ist es, wie jedem Unternehmen, welches das Bankgewerbe betreibt, auferlegt, eine besondere Sorgfalt bzgl. der anvertrauten Einlagen walten zu lassen. Zum Teil werden ohne weitere Begründung treuhänderische Pflichten, wie z.B. der Überprüfung der rechtlichen Voraussetzungen gem. den ABB und AGG für die Zuteilung der Darlehen aus dem Bausparfonds angenommen.[52]

## I. Treuhandverhältnis als Folge eines Geschäftsbesorgungsvertrages

Da es keine typische Treuhand gibt, kann das Treuhandverhältnis als Auftrag gem. § 662 BGB, als Geschäftsbesorgungsvertrag gem. § 675 BGB oder als ein Vertrag „sui generis" gem. § 311 Abs. 1 BGB, also ein „Vertrag eigener Art" einzuordnen sein.[53] Der konkrete Einzelfall bestimmt die Rechtsbeziehung zwischen den Beteiligten und somit auch die Rechtsnatur der Treuhand.

Im Schrifttum zum Versicherungsrecht argumentieren Befürworter eines Treuhandverhältnisses, dass auf Grund eines Geschäftsbesorgungsvertrages ein Treuhandverhältnis entstehe.[54] Zwar ist der Geschäftsbesorgungsvertrag eng mit der Rechtsfigur der Treuhand verbunden, da Geschäftsbesorgungsverhältnisse oft sogleich Treuhandverhältnisse begründen können.[55] Daraus kann aber richtigerweise nicht gefolgert werden, dass ein Automatismus in Form einer quasi gesetzmäßigen Verbindung zwischen Geschäftsbesorgungsvertrag und Treuhandverhältnis vorliegt, sondern vielmehr muss eine eigenständige Treuhandvereinbarung gefordert werden.[56]

Wegen der engen Verbindung zwischen Geschäftsbesorgung und Treuhand und der damit gegebenen Indizwirkung ist es angebracht, an dieser Stelle zunächst zu prüfen, ob überhaupt dem Bausparvertrag ein Geschäftsbesorgungsvertrag zu Grunde liegt.

Sowohl beim Geschäftsbesorgungsvertrag i.S.d. § 675 BGB als auch beim weiter gefassten Auftrag i.S.d. § 662 BGB ist es erforderlich, dass die Bausparkasse mit

---

[52] BSpkFb 3. Kap. 3.3.

[53] BGHZ 32, S. 67; Palandt/Bassenge, § 903 BGB Rn. 36; Palandt/Sprau, § 675 BGB Rn. 21.

[54] vgl. Schünemann, VersWissStud. Bd. 4, S. 43 (53).

[55] Staudinger/Martinek, § 675 BGB Rn. A 52.

[56] vgl. Winter, ZVersWiss 1991, S. 203 (218), Pataki, S. 116.

besonderer Sorgfalt die ihr anvertrauten Einlagen verwaltet sowie die rechtlichen und tatsächlichen Voraussetzungen der ABB und der AGG für die Zuteilung aus dem Bausparvermögen prüft. Danach muss der Beauftragte bestimmte Anforderungen bzgl. der Einhaltung von Sorgfaltspflichten erfüllen. Die Sorgfaltspflicht des Beauftragten stellt dabei eine Treuepflicht dar, die indes keine treuhänderische Stellung des Beauftragten voraussetzt, sondern für jeden Auftrag gilt.[57]

Entscheidendes Abgrenzungskriterium zwischen dem Auftrag und der Geschäftsbesorgung ist die Entgeltlichkeit für die angesprochene Verwaltung des Bausparvermögens. In den ABB wird für diese Tätigkeit kein ausdrückliches Entgelt erhoben.

Allerdings könnte sich die Entgeltlichkeit daraus ergeben, dass der Bausparer die Ansparraten zu einen verhältnismäßig geringen Zinssatz überlässt bzw. daraus, dass er höhere Zinsen in der Darlehensphase zahlt. Die Zinsdifferenz zwischen Ansparzins und Darlehenszins beträgt für gewöhnlich 2%.[58] Die Überschüsse, die aus dieser Marge[59] entstehen, kommen nicht der Zuteilungsmasse zugute, sondern stehen der Bausparkasse für ihre Aufwendungen zu.[60]

In die Zuteilungsmasse fließen im Wesentlichen die Spareinzahlungen der Bausparer, die dafür gutgeschriebenen Zinsen und die Rückflüsse aus den Tilgungsleistungen der Bausparer aus den gewährten Darlehen. Die darüber hinausgehenden Gewinne aus Darlehenszinsen stehen der Bausparkasse zu und werden von ihr verwendet.

Schäfer/Cirpka/Zehnder[61] stellen darauf ab, dass eine Zinsmarge von 2 % nicht ausreiche, um die bausparspezifischen Leistungen zu decken, und dass diese lediglich die Kapitalnutzung abgelten. Daher würden neben der Zinsspanne noch weitere Gebühren berechnet, die in den ABB bestimmt sind. Danach wäre von einer Entgeltlichkeit nicht auszugehen.

Dieser Argumentation kann nicht gefolgt werden. Alle weiteren Gebühren, die bei der Bausparkasse entstehen und die in den ABB angeführt sind, sind bis auf die Abschlussgebühr dieselben Gebühren, die alle Kreditinstitute ihren Kunden be-

---

[57] Staudinger/Wittmann, § 662 BGB Rn. 213, Pataki, S.115.

[58] vgl. zum Zinsänderungsrisiko bei Bausparkassen Metz/ Herzog, Das Zinsänderungsrisiko-Management bei Bausparkassen, Der langfristige Kredit 2002, S. 174 ff.

[59] Die Zins- oder Gewinnmarge ist die Differenz zwischen den Refinanzierungskosten des Kreditinstitutes für da Kapitalausleihung und den Darlehenszinsen, die der Darlehensnehmer an das Kreditinstitut für ein Darlehen zu zahlen hat.

[60] Personal- und Verwaltungsaufwendungen, Risikoabschläge, allgemeine Sachkosten etc.

[61] bei Schäfer/Cirpka/Zehnder, § 5 Anm. 31/ 30.

rechnen, z.B. Kontoführungsgebühren, Darlehensauszahlungsgebühren etc.. Die Leistungen der Bausparkassen bei der Wohnungsbaufinanzierung unterscheiden sich in ihrem Umfang nicht von den Leistungen der anderen Kreditinstitute (Berechnung von günstigen Tarifen/ Tarifvarianten; Betreuung des Kunden zur Ausschöpfung der optimalen Gestaltungsmöglichkeiten). Auch die Kosten die durch Personal- und Sachaufwand, Organisation und allgemeine Verwaltung der Bausparkasse entstehen, dürften nicht höher sein als bei anderen Kreditinstituten.

Die Zinsmarge von 2 % für grundbuchlich gesicherte Darlehen der Bausparkassen, liegt bei den Universalkreditinstituten, bezogen auf den Refinanzierungszinssatz, je nach Laufzeit im Durchschnitt bei ca. 0,6% - 1,2%. Insoweit ist die Marge der Bausparkassen höher als bei anderen Kreditinstituten. Ein Teil der erwirtschafteten Erträge, wird auf Grund der hohen Zinsmarge für den Aufbau und die Aufrechterhaltung der Bausparkasse verwendet. Aber es bleiben auch Überschüsse, die an die Anteilseigner ausgekehrt oder den Rücklagen zugeführt werden. Die Zinsmarge von 2 % bildet also die Vergütung dafür, dass das Kapital zur Verfügung gestellt wird. Sie ist nicht für die Refinanzierung der Bausparkasse vorgesehen oder notwendig. Die Erträge der Bausparkassen sind dementsprechend hoch und kommen dem Wirtschaftsunternehmen Bausparkasse zu Gute.

Das Merkmal der Entgeltlichkeit für einen Geschäftsbesorgungsvertrag ist somit gegeben und ein Auftrag scheidet aus.

Für die Annahme eines Geschäftsbesorgungsvertrages muss die Tätigkeit in fremden Interesse ausgeführt werden. Die Geschäftsbesorgung muss auf solche Geschäfte gerichtet sein, für die an sich der Geschäftsherr selbst in Wahrnehmung seiner Vermögensinteressen zu sorgen hat, die ihm aber ein anderer abnimmt. Daran fehlt es, wenn der Beauftragte nicht bereits bestehende Obliegenheiten des Geschäftsherren wahrnehmen soll, sondern der Aufgabenkreis erst mit Hilfe der Vertragspartners geschaffen wird.[62]

Dem einzelnen Bausparer obliegt es, sein eigenes Vermögen zu verwalten. Mit Abschluss eines Bausparvertrages verpflichtet er sich, einen Teil seines Vermögens bei einer Bausparkasse anzulegen. Sein Interesse zielt also im Wesentlichen auf die von ihm erbrachten Einlagen.

Die Bausparkasse verwaltet nun eben gerade nicht die einzelnen zuordenbaren Einlagen des einzelnen Bausparers in dessen Einzelinteresse, sondern das Interesse der Bausparkasse richtet sich auf alle erbrachten Einlagen, also auf das Kollektivvermögen.

---

[62] BGHZ 45, S. 223 (229); Palandt/Sprau § 675 BGB Rn. 4.

Dieses Kollektivvermögen zu verwalten, ist genau Aufgabe der Bausparkasse und gerade dieser Aufgabenkreis entsteht zwangsläufig erst mit der Entstehung des Kollektivs, also dem Zusammenschluss vieler Bausparer. Die Bausparkasse tritt nicht im Namen des einzelnen Bausparers auf, sondern sie handelt objektbezogen für das von ihr verwaltete Vermögen. Die Interessen des Kollektivs stehen im Vordergrund und der einzelne Bausparer kann keine spezifischen Weisungen erteilen.

Der so geschaffene Aufgabenkreis umfasst u.a. die Verwaltung der eingehenden Ansparbeträge in die Zuteilungsmasse, die Überwachung der Rückflüsse aus den Darlehen sowie die Ausreichung von Darlehen unter bestimmten Voraussetzungen aus der Zuteilungsmasse.

Die Bausparkasse wird demnach nicht im fremden Interesse tätig, mit der Folge, dass dem möglichen Treuhandverhältnis kein Geschäftsbesorgungsvertrag zu Grunde liegen kann.

Ferner spricht gegen einen Geschäftsbesorgungsvertrag, dass das Erlangte gem. §§ 675; 667 BGB an den Auftraggeber, also die Bausparer, herauszugeben wäre. Dies annehmend müsste aufgrund der Besonderheiten des Bausparkollektivs der Ertrag der Bausparkasse in die Zuteilungsmasse fließen. Tatsächlich fließt er aber dem Unternehmen zu.

Ein weiteres Argument, das gegen eine Geschäftsbesorgung spricht, könnte eventuell aus dem Versicherungsrecht herangezogen werden.

Im Versicherungsrecht wird als Argument gegen einen Geschäftsbesorgungsvertrag angeführt, dass es wider die Interesse des Versicherungsnehmers an der Planbarkeit seiner Finanzdisposition läuft, wenn er verpflichtet wäre, versicherungstechnische Fehlbeträge des Risikokollektives durch eine Nachschusszahlung auszugleichen. Ein versicherungstechnischer Fehlbetrag entsteht, wenn der Schadensdeckungsbedarf des Risikokollektives größer ist als die Summe der vom Versicherer berechneten und vereinnahmte Versicherungsprämien.[63] Das Zufallsrisiko ist trotz versicherungsmathematischer Hilfsmittel nicht genau einzugrenzen bzw. zu nivellieren. Als Rechtsgrundlage für eine Nachschussverpflichtung des Versicherungsnehmers wird ein Aufwendungsersatzanspruch des Versicherers gem. §§ 670, 675 BGB gesehen.[64]

---

[63] Pataki, S. 89.

[64] Pataki, S. 75 ff.

Dieses Argument kann aber auf die Bausparkassen nicht übertragen werden, da Fehlbeträge wie bei Versicherungsunternehmen nicht entstehen. Die Gelder werden als Bauspardarlehen ausgereicht und fließen wieder zurück in die Zuteilungsmasse. Ein Fehlbetrag kann daher nur entstehen, wenn ein Bausparer nicht in der Lage ist, das Darlehen zurückzuzahlen. Aber das Darlehen ist seinerseits grundbuchlich besichert, so dass ein Totalausfallrisiko nicht gegeben ist. Vielmehr ist lediglich von einer verzögerten Rückführung auszugehen. Die Bausparkasse kann nicht verpflichtet werden, Darlehen zu einem bestimmten Termin auszuzahlen. Der verspätete Rückfluss der Darlehen hätte aber nur eine Verzögerung der Zuteilung für die anderen Bausparer zur Folge. Da die Bausparkasse keine Fehlbeträge ausgleichen muss, wird keine Nachschussverpflichtung des einzelnen Bausparers ausgelöst.

Festzuhalten ist, dass das Treuhandverhältnis im Bausparkassenrecht weder als Auftrag noch als Geschäftsbesorgungsvertrag verstanden werden kann.

## II. Treuhandverhältnis als ein Vertrag „sui generis" gem. § 311 Abs. 1 BGB

Selbst wenn ein Geschäftsbesorgungsvertrag vorläge, würde dies nicht automatisch zu einem Treuhandverhältnis führen. Es müsste darüber hinaus in jedem Fall eine Abrede bzgl. des Treuhandverhältnisses vorliegen. Auch ein Vertrag „sui generis" erfordert zwei sich deckende Willenserklärungen, die darauf gerichtet sind, dass die Bausparkasse das Bausparvermögen treuhänderisch verwaltet. Hierfür ist eine Auslegung nach den allgemeinen Regeln erforderlich.

Da keine ausdrückliche Treuhandabrede vorliegt, ist eine Auslegung der Willenserklärungen nach den allgemeinen Regeln der §§ 133, 157 BGB erforderlich.

Der Bausparer vertraut sein Geld der Bausparkasse zu günstigen Konditionen an, weil so ermöglicht werden soll, dass Bausparern eine Baufinanzierung zu günstigen und stabilen Zinsen überhaupt erst möglich gemacht wird. Zunächst verzichtet der Bausparer auf höhere Renditen, um später den Vorteil aus dem günstigen Darlehen zu erlangen. Der Ansparzeitraum und die Wartezeit auf die Zuteilung erstreckt sich je nach Tarif auf bis zu zehn Jahre oder länger. Der Bausparer vertraut im besonderen Maße der Bausparkasse, das sie die Gelder sicher verwaltet und zuteilt.

Die Bausparkasse kennt den von ihr in den Vertragsverhandlungen hervorgerufenen Erwartungshorizont des Bausparers.

Die Bausparkasse weiß genau, wie wichtig der sorgfältige Umgang mit den eingezahlten Ansparbeiträgen und Einlagen ist, da der Bausparer zum einen auf eine höhere Verzinsung verzichtet, zum anderen aber auch mit einer Baufinanzierung

Vorsorge für sein Alter treffen will. Daher ist eine treuhänderische Bindung von beiden Seiten gewollt.[65]

Es liegt somit ein Treuhandvertrag „sui generis" vor.

## D. Rechtsformen der Bausparkassen

### I. Rechtsformen der Bausparkassen als Spezialkreditinstitute

#### 1. Private Bausparkassen

Für die privaten Bausparkassen ist in § 2 Abs. 1 BSpkG die Rechtsform der Aktiengesellschaft[66] normiert.[67] Die AG ist hinsichtlich ihrer Aktionäre auf Gewinnausschüttungen, Dividenden und steigende Aktienkurse fixiert. Das ist unter dem Blickwinkel des Kollektivs und der sozialen Komponente für Bausparkassen nicht die ideale Rechtsform, da die Bausparkassen wesentlich mehr am sozialen Engagement interessiert sein sollten als an Gewinnerwirtschaftung. Das ergibt sich bereits aus dem Grundgedanken der Bausparkassenidee. Der mit den Einlagen erzielte Gewinn sollte den Bausparern zugute kommen.

#### 2. Öffentlich-rechtliche Bausparkassen

Den öffentlich-rechtlichen Bausparkassen steht die Wahl ihrer Rechtsform frei.[68] Sie sind grundsätzlich Anstalten des öffentlichen Rechtes. Als Landesbausparkassen sind sie an eine Landesbank oder Sparkasse angegliedert. Das Vermögen der Bausparabteilung muss gem. § 18 Abs. 3 BSpkG von dem Vermögen der Muttergesellschaft getrennt sein.

Diskussionswürdig ist die Frage, ob die Rechtsform der Bausparkasse als Anstalt des öffentlichen Rechts der Grundidee des Bausparkassenwesens gerecht wird. Die Grundidee ist die Bildung des Bausparkollektivs, um jedem Mitglied die

---

[65] vgl. Pataki, S. 124 ff., der für das Versicherungsrecht zu einem anderen Ergebnis kommt.

[66] zukünftig abgekürzt: AG

[67] Ausnahme hiervon bildet die älteste deutsche Bausparkasse, die Wüstenrot GmbH.

[68] vgl. § 2 Abs. 2 BSpkG.

Möglichkeit zu eröffnen, Wohnungseigentum zu erwerben, was ihm als Einzelperson nicht möglich wäre. Im Vordergrund steht damit die gemeinschaftliche Selbsthilfe und nicht die Gewinnorientierung eines Wirtschaftsunternehmens, wie z. B. bei der AG.

### 3. Rechtsformen von Versicherungsunternehmen

Um diese Frage weiter erörtern zu können, ist ein vergleichender Blick auf die Rechtsformen der Versicherungsunternehmen angebracht.

Die Privatversicherungsunternehmen können sowohl auf mitgliedschaftlicher als auch auf schuldrechtlicher Basis aufbauen.[69] Die Versicherten eines Versicherungsunternehmens bilden eine Gefahrengemeinschaft. Das Risikoausgleichskollektiv[70] ist ebenso wie das Bausparkassenkollektiv weder Gemeinschaft noch Gesellschaft im Rechtssinne.[71] Es ist der Zusammenschluss von Versicherten, die sich durch die Einzahlung ihrer Beiträge die Sicherheit erkaufen, im Schadensfall durch das Versicherungsunternehmen Schadenskompensation zu erhalten.

#### *a) Versicherungsverein auf Gegenseitigkeit (VVaG)*

Bei der mitgliedschaftlichen Basis des VVaG schließen sich Versicherungswillige zusammen, um Risiko und Schadensfälle aus einer gemeinsamen Kasse abzusichern. Es wird dabei das Produkt Versicherungsschutz mit der Mitgliedschaft in einem Versicherungsunternehmen kombiniert. Die genossenschaftliche Mithilfe steht dabei als Rechtsgedanke im Vordergrund.[72] Dabei ist der VVaG nicht auf Gewinnerzielung ausgerichtet. Ein anfallender Überschuss wird an die Mitglieder verteilt, sofern er nicht den Rücklagen zugeführt oder auf das nächste Geschäftsjahr übertragen wird.[73] Eventuell werden die Beiträge auch gesenkt.

---

[69] Schmidt, Gesellschaftsrecht § 42 I 1, § S. 1053.

[70] Dreher, Die Versicherung als Rechtsprodukt 1991; Haller, Gefahrengemeinschaft oder Sicherheitsteam?, 1985 (Mannheimer Vorträge); Pfeiffer, FS für Schwebler, 1986, S. 410 ff.

[71] vgl. Prölss in Prölss/Martin, Vorbem. II Rn. 1.

[72] Schmidt, Gesellschaftsrecht § 42 I 1, S. 1054.

[73] vgl. § 38 VAG.

Es ist vom Gesetzgeber gewollt, dass ein durch zu hohe Beiträge erwirtschafteter Überschuss wieder den Mitgliedern zugute kommt.[74]

*b) Versicherungsunternehmen als AG*

Bei einem Versicherungsunternehmen in der Rechtsform der AG ist keine Beteiligung der Versicherten am Unternehmen durch den Abschluss des Versicherungsvertrages gegeben.

Vielmehr wird auf schuldrechtlicher Grundlage ein Vertrag zwischen dem Versicherer und dem Versicherten geschlossen. Dann liegt eine Versicherung auf Prämie vor.[75]

Dabei werden die Versicherungsverträge als gegenseitige Verträge geschlossen,[76] bei denen der Versicherer gegen die Prämienzahlung ein bestimmtes versichertes Risiko übernimmt.[77] Die Überschüsse, die das Versicherungsunternehmen erwirtschaftet, stehen der AG zu und sie kann frei darüber verfügen.

*c) Öffentlich-rechtliche Versicherungsunternehmen*

Die öffentlich-rechtlichen Unternehmen, die den Betrieb von Versicherungsgeschäften zum Gegenstand haben und nicht Träger der Sozialversicherungen sind, sind mit der Aufgabe betraut gewesen, besonders umschriebene Unternehmenstätigkeiten im öffentlichen Interesse vorzunehmen. Die Versicherungen wurden durch hoheitlichen Akt ins Leben gerufen, werden von öffentlich-rechtlichen Eigentümern als Anstalten des öffentlichen Rechtes getragen[78] und sind nicht gewinnorientiert.

---

[74] vgl. Motive VAG, S. 44; BT-Ds 5, 10. Legislaturperiode II. Session 1900/1901; Zinnert, Gewinnverteilung an Versicherungsnehmer von den Versicherungsaktiengesellschaften, S. 14 ff.

[75] Zinnert, Gewinnverteilung an Versicherungsnehmer von den Versicherungsaktiengesellschaften, S. 14 ff.

[76] Der vielfach angesprochene aleatorische Charakter der Versicherungsverträge (Eichler, Versicherungsvertragsrecht 3. Auflage 1977, S. 19 ff) ist als schuldrechtlicher Vertrag anzusehen.

[77] Schmidt-Rimpler, Die Gegenseitigkeit bei einseitig bedingten Verträgen, 1986.

[78] vgl. Prölss/Schmidt/Weigel, vor. § 15 Rn. 3 ff.

## II. Bausparkassenverein auf Gegenseitigkeit als neue Rechtsform für Bausparkassen ?

§ 2 Abs. 1 BSpkG normiert für die Bausparkasse die Rechtsform der AG. Die früher übliche Rechtsform der Bausparkasse als Genossenschaft mit ihrem typischen regionalen bzw. lokalen Charakter erschien nicht mehr vereinbar mit der Vorstellung von überregional tätigen und damit auf wirtschaftlichen Ausbau ausgerichteten Bausparkassenunternehmen.[79]

Trotz dieser gesetzlichen Festlegung sei die Frage gestellt, ob die AG die geeignete Rechtsform für die Bausparkassen ist oder ob de lege ferenda eine andere Rechtsform zu bevorzugen ist. Namentlich könnte dies eine Rechtsform sein, die dem VVaG[80] nachgebildet ist. Ausgangspunkt der Überlegung ist dabei die Frage, dass ein „Bausparkassenverein auf Gegenseitigkeit" den Interessen der Bausparer und der Natur des Bauspargedankens besser gerecht werden könnte als die Rechtsform der AG.

Die Idee des Bausparens zielt darauf ab, Mittel aufzubringen, die den Bausparern dann für den Wohnungsbau zur Verfügung stehen. Sie hat ihrem Ursprung nach also eine soziale Funktion.[81] Zwar liegt auch bei der AG die wirtschaftliche Bedeutung in ihrer Kapitalsammelfunktion.[82] Der Gesellschaftszweck liegt aber regelmäßig in erster Linie in der Gewinnerzielung.[83] Die AG ist „ein Produkt des Wirtschaftslebens".[84] Kern des Geschäftsbetriebes der Bausparkassen ist hingegen nach § 1 Abs. 1 Satz 1 BSpkG das Bauspargeschäft und damit nicht eine auf die Gewinnerzielung ausgerichtete Tätigkeit, sondern das kollektive Bausparen.[85] Sofern nach § 4 BSpkG neben dem Bauspargeschäft weitere Geschäfte zugelassen sind, dient dies dem Grundsatz der Spezialisierung der Bausparkassen, also ledig-

---

[79] Schäfer/Cirpka/Zehnder, § 2 Anm. 2 u. 4.

[80] s. o. A. II 4. A), BB).

[81] vgl. A.I.1.

[82] MüKoAktG/Semler, Einl. 8.

[83] MüKoAktG/Heider, § 3 Rn. 15.

[84] Schmidt, Gesellschaftsrecht, § 26 II. 1, S. 759.

[85] Schäfer/Cirpka/Zehnder, § 1 Anm.1.

lich der Ergänzung des Bauspargeschäfts.[86] Auch hier steht die Gewinnerzielung der Bausparkasse nicht im Vordergrund, wenn auch die Bausparkasse durch diese Nebengeschäfte bzw. durch die nicht limitierten Hilfsgeschäfte Erträge generiert.[87] Diese Gewinnorientierung der AG steht tendenziell im Gegensatz zu den Interessen des Bausparkollektivs und der Bausparer. Während nämlich die gewinnorientierte Bausparkasse einen wirtschaftlichen Vorteil durch lange Laufzeiten der gut abgesicherten und mit einer hohen Marge versehenen Darlehen hat, liegt es im Interesse des Bausparers, dieses Darlehen schnellstmöglich zu tilgen. Die in der Struktur der AG liegende wirtschaftliche Ausrichtung ist daher prinzipiell nicht zuträglich für den sozialen Bauspargedanken und eine dementsprechende Beratung und Betreuung des Bausparers. Von der wirtschaftlichen Zielsetzung aus erscheint die AG daher nicht als die sich zuvorderst aufdrängende Rechtsform für die Bausparkassen, wenn auch einzuräumen ist, dass sie vermehrt auch im genossenschaftlichen Bereich Anwendung findet.[88]

Demgegenüber liegt der Zweck des Versicherungsvereins auf Gegenseitigkeit in der Bildung einer Risikogemeinschaft, um Schadensfälle der Vereinsmitglieder aus einer gemeinsamen Kasse zu decken.[89] Hier steht der soziale Zweck im Vordergrund, der auf einer gleichgerichteten wirtschaftlichen Interessenlage und der Erkenntnis, dass dieser nur bei einem Kollektiv zu erhalten ist, basiert.[90] Zwar handelt es sich bei der Gemeinschaft der Bausparer nicht um eine Risikogemeinschaft im versicherungsrechtlichen Sinne, aber die Aufgabenstellung der Kapitalsammlung zur Erreichung eines sozialen, nicht gewinnorientierten Zwecks verbindet sie doch mit der Gemeinschaft der in einem VVaG zusammengeschlossenen Versicherten. Diese Gemeinsamkeit allein würde natürlich nicht genügen, um die Schaffung der Rechtsform eines „Bausparkassenvereins auf Gegenseitigkeit" zu rechtfertigen. Die zu schaffende Rechtsform müsste weitere greifbare Vorteile gegenüber der AG bieten. Als ein solcher kommt zunächst die grundsätzliche Ausrichtung des Unternehmens in Betracht. Das Selbstverständnis des Unternehmens, seine Aufgabenstellung und sein Kundenbild erfahren automatisch eine ganz andere Ausprägung, je nach dem ob eine Gewinnorientierung vorliegt oder nicht. Daher ist von der Rechtsform des „Bausparkassenvereins auf Gegenseitig-

---

[86] Amtl. Begründung zum BSpkG 1972, zitiert nach Schäfer/Cirpka/Zehnder, § 4 Amtl. Begr. 72.

[87] vgl. § 6 Abs. 1 und Abs. 2 BSpkG; vgl. Erdland, Der Langfristige Kredit, S. 818 ff.; vgl. Schäfer/ Cirpka/ Zehnder, § 4 Anm. 5.

[88] vgl. MüKoAktG/Semler, Einl. 14.

[89] vgl. E.I.3.a.

[90] vgl. Prölss/Schmidt/Weigel, § 15 Rn. 2 VAG.

keit“ grundsätzlich eine deutlichere Orientierung am sozialen Zweck des Bausparens zu erwarten. Dies könnte sich auch ganz praktisch niederschlagen, indem eine nicht gewinnorientierte Bausparkasse die Möglichkeit nutzen könnte, die Zinsen in der Darlehensphase zu reduzieren, da die Erträge aus den Margen wieder den Bausparern zufließen würden. Es könnten z.B. die Margen auf 1,5 % reduziert und so die Darlehen für die Bausparer preiswerter zur Verfügung gestellt werden. Eine solche Maßnahme würde den Interessen eines gewinnorientierten Unternehmens jedoch entgegenlaufen. Nutznießer wären aber die Bausparer, da die Darlehen eine kürzere Laufzeit hätten oder die Möglichkeit bestehen würde höhere Bauspardarlehen aufzunehmen, da sich die Bausparer durch den geringeren Zinssatz ein höheres Darlehen leisten könnten. Ein weiterer und entscheidender Vorteil wäre die Verwendung der am Ende des Rechnungsjahres vorliegenden, zum Großteil durch die Zinsüberschüsse erwirtschafteten ausschüttungsfähigen Unternehmensgewinne,[91] die von den Bausparkassen nur in Ausnahmefällen als Überschussbeteiligung, Treueprämie oder ähnliches an die Bausparer ausgeschüttet werden.[92] Der Gewinn müsste nach einer entsprechend § 38 VAG zu fassenden Regelung zwingend an die Vereinsmitglieder verteilt werden. Eine Nichtausschüttung an die Bausparer ist mit dem sozialen Prinzip und dem sozialen Anspruch, der der Institution Bausparkasse innewohnt, kaum vereinbar. Die soziale Komponente wird auch in der Vielzahl von Prämien und Subventionen deutlich, die der Staat Bausparern zukommen lässt. Dabei ist es unerheblich, ob der Bausparer bei einer öffentlich-rechtlichen oder privaten Bausparkasse abgeschlossen hat. Es könnten Gewinnerträge, die die Bausparkassen erwirtschaften, zugunsten der einzahlenden Bausparer in den Bausparfond, die Zuteilungsmasse oder auf die Konten der Bausparer fließen, so dass sich die Wartezeit auf die Zuteilung oder der Abzahlungszeitraum verkürzen würde.

Auch wenn die als AG organisierte Bausparkasse grundsätzlich auch Überschüsse durch entsprechende Überschussbeteiligungen an die Bausparer weitergeben kann, so kommt dieser bloßen Möglichkeit doch eine ganz andere Wirkung bei, als eine entsprechende gesetzliche Verpflichtung analog § 38 VAG, der nur für die VVaG anwendbar ist. Auch die Überschussbeteiligung bei der Versicherungsaktiengesellschaft kann sich nicht auf eine Anwendung des § 38 VAG stützen.[93] Aber in § 17 ALB n.F. ist eine Überschussbeteiligung der Versicherungsnehmers festgelegt. Die gesetzliche Regelung des § 31c VAG n.F. gewährleistet die Überschussbetei-

[91] Schäfer/Cirpka/Zehnder, § 6 Anm. 5 b.

[92] vgl. Schäfer/Cirpka/Zehnder, § 4 Anm. 11; § 5 Anm. 5.

[93] Pataki, S. 141.

ligung.[94] Daher wäre es auch denkbar, eine Bausparkasse in Form einer AG zu einer Überschussbeteiligung zu verpflichten. Hierfür wäre allerdings eine Gesetzänderung im BSpkG erforderlich.

Hiergegen kann man nicht ins Feld führen, dass auf dem Versicherungssektor im Zuge des Wettbewerbes eine weitgehende Angleichung der diesbezüglichen Praxis der Versicherungs-AG und des VVaG stattgefunden hat.[95] Denn bei verbindlicher Festlegung der Rechtsform des neu zu schaffenden „Bausparkassenvereins auf Gegenseitigkeit" würde es mangels Konkurrenz mit Bausparkassen anderer Rechtsform nicht zu einer Nivellierung der Praktiken im Hinblick auf die Überschussverwendung kommen, es sei denn man ließe beide Rechtsformen zu. Dann wäre eine ähnliche Entwicklung wie in der Versicherungswirtschaft zu erwarten. Dabei wird unterstellt werden dürfen, dass im Versicherungssektor seitens der AG nicht der gesamte Überschuss den Versicherten zugute kommt.

Mit der Festlegung der Rechtsform für Bausparkassen als AG werden die Belange der Bausparer zu wenig berücksichtigt. Bei der nächsten Änderung des BSpkG sollte die vorgeschriebene Rechtsform für Bausparkassen geändert werden. Als Beispiel für eine Rechtsform könnte der VVaG angeführt werden, der für die Bausparkasse zu modifizieren wäre, als ein „Bausparkassenverein auf Gegenseitigkeit". Eine Beschränkung der Rechtsformen für private Bausparkassen ist nicht mehr zeitgemäß.[96]

---

[94] Vgl. dazu näher Pataki, S. 144.

[95] vgl. Schmidt, Gesellschaftsrecht, § 42 I. 2. b), S. 1280.

[96] vgl. zu diesem Themenbereich auch die Diskussion für Bausparkassen als Konzerntöchter: Baums/Steck, WM 1998, S. 2261 ff.

# 3. Kapitel: Rechtsgrundlagen

## A. Rechtsquellen und Ziele des BSpkG

Das BSpkG gilt in seiner heutigen Fassung seit dem 15.02.1991.[97] Zweck des BSpkG ist es, das Bausparwesen zu erhalten und die Bausparkassen und Bausparer vor Vermögensverlusten wirksam zu schützen. Im Vordergrund steht die Darlehensgewährung für wohnungswirtschaftliche Zwecke und die Unterstützung der Bausparer beim staatlich geförderten Eigentumserwerb.

### I. Rechtsquellen

Das BSpkG ist gegenüber dem KWG eine lex specialis.[98] Es werden darin Aufsichtsrecht und materielles Bausparkassenrecht verbunden.[99] Insofern kann es mit dem Hypothekenbankgesetz verglichen werden. Beide Gesetze haben im Kern gewerberechtliche und aufsichtsrechtliche Normen. Daneben enthält das BSpkG Normen aus dem bürgerlichen Recht, dem Konkurs- bzw. Insolvenzrecht und Bestandteile des Handelsrechts.[100]

### II. Ziele des BSpkG

#### 1. Gesetz vom 16.11.1972

Das Ziel des BSpkG war ursprünglich nach dem Willen des Gesetzgebers:[101]

a) die Festlegung eines einheitlichen Geschäftsrahmens für die privaten Bausparkassen gegenüber den öffentlich-rechtlichen Bausparkassen, um gleiche Wettbewerbsbedingungen zu schaffen;

b) die privaten und öffentlich-rechtlichen Bausparkassen unter eine einheitliche Fachaufsicht zu stellen;

---

[97] Zu berücksichtigen sind aber die zahlreichen Änderungen aufgrund der Änderungen von anderen Gesetzen wie KWG oder das Inkrafttreten der InsO sowie die Novellen aus 1993 und 1998. vgl. Zehnder, I&F 2003, S. 250 ff.

[98] Büschgen/Kopper, S. 25.

[99] vgl. Amtliche Begründung zum Entwurf eines Gesetzes über Bausparkassen BT-DS VI/ S. 1900.

[100] Schäfer/Cirpka/Zehnder, Einleitung II. S. 36f.

[101] BT-DS VI/ S. 1900.

c) ein einheitliches materielles Aufsichtsrecht für private und öffentlich-rechtliche Bausparkassen;[102]

d) eine deutliche Abgrenzung der Geschäftsbereiche der Bausparkasse gegenüber den anderen Realkreditinstituten;

e) besserer Schutz der Bausparer vor Vermögensverlusten.[103]

Es wurde ein „Organisationsgesetz über Bausparkassen".[104] Das erste BSpkG, das diese Ziele verwirklichen sollte, trat am 01.01.1973 in Kraft.

## 2. Novellierung von 1990

Bis das Änderungsgesetz vom 13.12.1990 das BSpkG an den veränderten Markt anpasste, hatte es einige Novellierungen erfahren.[105] Bei der Novellierung wurde bereits der europäische Binnenmarkt berücksichtigt.[106]

Seither ist es den Bausparkassen möglich, Bausparverträge im Ausland, insbesondere in den Mitgliedsstaaten der EU, abzuschließen. Ferner dürfen die Bausparkassen seit dem Inkrafttreten der Novellierung Beteiligungen an ausländischen Unternehmen erwerben, wenn die Beteiligung dazu dient, das Bauspargeschäft zu fördern.[107] Hinzu kam die Neuerung, dass die Bausparkassen Grundstücke im gesamten Wirtschaftsraum der EU zur Besicherung der Baudarlehen heranziehen dürfen.[108] Unter die Novellierung fällt auch die Festsetzung der bauspartechnischen Sicherheitsstandards z.B. bei Grundpfandrechten, mit denen auf das neue politische, makroökonomische und gesellschaftliche Umfeld in der EU reagiert wurde.[109]

---

[102] Bericht des Wirtschaftsausschusses zu BT-DS 2563, 3. Wahlperiode, S. 3.

[103] Amtliche Begründung zum Entwurf eines Gesetzes über die Bausparkassen BT-DS VI/1900 A V. 2.b); vgl. Knapp, WM 1972, S. 1298 ff.

[104] vgl. Schreihage, Zum neuen Entwurf des BSpkG, Raiffeisen Rundschau 4/1971, S. 147 ff.

[105] Amtliche Begründung zum Entwurf eines Gesetzes zur Änderung des Gesetzes der Bausparkassen vom 09.10.1990, BT-DS 11/ S. 8089.

[106] BT-DS 11/ 8089.

[107] BT-DS 11/ 8089.

[108] BT-DS 11/ 8089.

[109] Schäfer/Cirpka/Zehnder, Einleitung II S. 36 f.; Wachter, NJW 1999, S. 49f.

Eine Besicherung ist auch außerhalb der EU möglich, wenn die Grundpfandrechte des Staates, in dem das zu besichernde Grundstück liegt, denen des europäischen Wirtschaftsraumes entsprechen.

## B. Allgemeine Geschäftsgrundsätze und Bausparbedingungen

### I. Allgemeine Geschäftsgrundsätze (AGG)

Die Allgemeinen Geschäftsgrundsätze entfalten für den Bausparer kaum Außenwirkung.[110] Sie sind im Wesentlichen dazu gedacht, das Verhältnis der Bausparkasse zu der BaFin festzulegen.[111] Die Bausparkasse stellt die AGG in Absprache mit der BaFin selbst auf und unterwirft sich so einer Selbstbindung. Die AGG sind ein wirksames Kontrollinstrument für die BaFin. Es liegen jedoch keine Normen im rechtstechnischen Sinne vor. Sollte die Bausparkasse den ausgehandelten Richtlinien nicht folgen, so hat die BaFin dennoch die Möglichkeit, Sanktionen gegenüber den Bausparkassen zu verhängen. Die Sanktionen können bis zur Entziehung der Bausparkassenkonzession[112] und somit zur Stillegung der Bausparkassentätigkeit führen, bis die Bausparkasse den Anforderungen der BaFin genügt.

### II. Allgemeine Bausparbedingungen (ABB)

Das zivilrechtliche Verhältnis zwischen der Bausparkasse und dem Bausparer wird im Wesentlichen durch die ABB gestaltet. Sie werden bei Abschluss des Vertrages zwischen der Bausparkasse und dem Bausparer durch die Bausparkasse in den Vertrag eingebracht. Das BSpkG schreibt die Verwendung von ABB vor, um typisierte Verträge bzw. Geschäftsbedingungen zu gewährleisten. Sinn und Zweck des § 5 Abs. 3 BSpkG ist es, die Gleichbehandlung aller Bausparer im Sinne des Kollektivs einer Bausparkasse zu gewährleisten. Dem Bausparer soll ein klarer und umfassender Überblick über seine aus dem Bausparverhältnis resultierenden Rechte und Pflichten gegeben werden.

---

[110] vgl. Schäfer, ZfgK 1975, S. 142 ff.

[111] Degner/Berndt, in Steffan S. 677 (686); vgl. Schäfer/Cirpka/Zehnder, § 5 Anm. 3; Büschgen/Kopper, S. 37.

[112] vgl. § 8 BSpkG i. V. m. § 33 KWG.

§ 5 Abs. 3 BSpkG normiert die Regelungsinhalte der ABB. Die detaillierte Ausgestaltung bleibt der Bausparkasse überlassen. Diese Gestaltungsmöglichkeit wird durch das BSpkG und durch vorrangige zivilrechtliche Regelungen, insbesondere durch §§ 305 ff. BGB, begrenzt. Der Inhalt der ABB ist einerseits durch die §§ 5-8 BSpkG vorgeschrieben, andererseits unterliegen die ABB der Kontrolle durch die BaFin, die so Einfluss auf die Gestaltung und den Inhalt der ABB hat.[113] Die BaFin überprüft die eingereichten ABB auf Verstöße und lässt Bestimmungen abändern.[114]

Eine ähnliche Regelung war bereits in § 118 VAG normiert, der die Aufstellung und den Mindestinhalt der „Allgemeinen Spar- und Darlehensbedingungen" festlegte, die Bestandteile des Geschäftsplanes waren. Die ABB waren im gesamten Umfang durch das damals noch existierende BAV, das bis 1973 u.a. für die Aufsicht der Bausparkassen zuständig war, zu genehmigen.[115]

Seit dem Inkrafttreten des BSpkG und der zeitgleichen Übertragung der Bausparkassenaufsicht auf das damals noch eigenständige BAKred, sind die Allgemeinen Bausparbedingungen gem. §§ 8 Abs. 1, 9 Abs. 1 und 2, 18 Abs. 5 BSpkG im Mindestumfang des § 5 Abs. 3 BSpkG zu genehmigen.

Aus der Anzahl der abgeschlossenen Verträge und den daraus resultierenden Summen wird deutlich, welches Gewicht der Kontrolle der ABB, die mittlerweile bei allen Bausparkassen annähernd gleich sind, durch §§ 305 ff. BGB zukommt.

Die Gerichte werden im Verhältnis zu anderen Rechtsbereichen wie z.B. AVB oder AGB-Banken selten zur Kontrolle der ABB angerufen.[116] Sie haben dann meist eine Kontrolle anhand der §§ 305 ff. BGB durchzuführen. Die ABB werden hierbei häufig zugunsten der Bausparer ausgelegt oder für unwirksam erklärt. Die Tragweite der ergangenen Entscheidung ist dann umso größer.[117]

---

[113] vgl. Schäfer/Cirpka/Zehnder, § 5 BSpkG Anm. 4; dazu auch Schimansky, WM 1995, S. 461 ff.

[114] anders als bei den Versicherungsunternehmen, die außer der gerichtlichen Kontrolle, grundsätzlich keine Kontrolle der AVB mehr haben.

[115] s.o. 1.Kap. A. II.

[116] Von 1983 bis 1992 ergingen bei einem Vertragsbestand von ca. 25-28 Mio. Verträgen nur fünf höchstrichterliche Entscheidungen. Die letzte grundlegende BGH-Entscheidung erging 1991 im sog. Bausparkassenurteil, in dem im Verbandsklageverfahren die AGB einer Bausparkasse überprüft wurden.

[117] vgl. BGH, NJW 1992, S. 180 ff.

Angesichts der Einheitlichkeit der Bausparbedingungen werden in dieser Arbeit die durch die BaFin empfohlenen MBB geprüft.

## C. Bausparvertrag

Rechtsgrundlagen für den Bausparvertrag sind das BSpkG, das KWG, die BSpkV, BGB und HGB mit Nebengesetzen, Bausparkassenbedingungen, Allgemeine Versicherungsbedingungen, besondere Versicherungsbedingungen, der Geschäftsplan der Bausparkasse und öffentlich-rechtliche Vorschriften. Im Bausparvertrag vereinigen sich eine Vielzahl verschiedener Vertragselemente. Insbesondere sind der Darlehensvertrag, der Treuhandvertrag und der Geschäftsbesorgungsvertrag zu nennen. Aus dieser Anzahl von Verträgen ergibt sich sowohl für den Bausparer, als auch für die Bausparkasse eine Vielzahl von Verpflichtungen. Bei den Bausparverträgen stehen die Vertragsparteien in einem gegenseitigen Abhängigkeitsverhältnis zueinander, das sowohl in der Ansparphase als auch später in der Darlehensphase fortbesteht. In § 1 BSpkG wird der Bausparvertrag als ein Vertrag mit einer Bausparkasse definiert, durch den ein Bausparer nach der Leistung von Bauspareinlagen einen Rechtsanspruch auf die Gewährung eines unkündbaren Bauspardarlehens erwirbt.[118]

Die Zweckbestimmung des Bausparvertrages ist die Erlangung eines unkündbaren Tilgungsdarlehens aufgrund planmäßiger Sparleistung nach Maßgabe der ABB.[119] Grundsätzlich ist das Darlehen nicht erstrangig, sondern nachrangig zu sichern. Es wird auf eine längerfristige Bindung im Sinne eines Dauerschuldverhältnisses der Vertragspartner abgestellt. Aus diesem Dauerschuldverhältnis resultiert für die Vertragsparteien ein besonderes Vertrauensverhältnis, aus dem sich eine besondere Pflichtenbindung gem. § 242 BGB ergibt.[120]

Die Rechtsnatur ist daher nicht eindeutig und es bedarf einer Untersuchung, bei der im Blickfeld vor allen die Frage steht, ob es sich um einen gegenseitigen Vertrag i.S.d. § 320 BGB handelt, wobei Leistung und Gegenleistung die Sparbeiträge des Bausparers und das Bauspardarlehen durch die Bausparkasse wären.

---

[118] Das Bauspargeschäft erfüllt mit dieser Definition die Merkmale eines Zwecksparunternehmens gem. § 3 Abs. 2 KWG.

[119] Staudinger/Hopt/Mülbert, § 607 BGB a.F. Rn. 172.

[120] RG, HRR 1933 Nr. 1913; BGH, NJW 1976, S. 892 (893).

## I. Darlehensrecht

Das Darlehensrecht hat im Rahmen des Gesetzes zur Modernisierung des Schuldrechts[121] eine grundlegende Neuordnung erfahren.[122] Wenn man berücksichtigt, dass das bisherige Darlehensrecht teilweise als Anachronismus bezeichnet wurde, war eine Reform überfällig.[123] Die Praxis hatte sich zwar mit dem bestehenden Recht arrangiert, aber sie muss sich jetzt den neuen Regelungen anpassen.

Bis zum 01. Januar 2002 war im BGB nur das Geld- und das Sachdarlehen in den §§ 607 – 609 a.F. BGB geregelt. Andere Darlehen hatten keine Berücksichtigung gefunden. Die Verbraucherkredite waren ausschließlich im Verbraucherkreditgesetz geregelt. Jetzt sind sie als Verbraucherdarlehen in das BGB eingeflossen.

Das BGB unterscheidet nunmehr zwischen Gelddarlehen (§§ 488 – 498 BGB) und sonstigen Finanzierungshilfen zwischen einem Unternehmer und einem Verbraucher (§§ 499 - 507 BGB).

Die §§ 607-609 BGB regeln ausschließlich das in der Praxis fast bedeutungslose Sachdarlehen.[124]

---

[121] Das Gesetz zur Modernisierung des Schuldrechts vom 26.11.2001 (BGBl. S. 3138), das am 01.01.2002 in Kraft getreten ist, hat das Schuldrecht und das Verjährungsrecht des BGB unfassend reformiert.

[122] Vgl. zur Entwicklung des Gesetzes zur Modernisierung des Schuldrechts: Reiff, in Dauner-Lieb/Heidel/ Lepa/Ring, Schuldrecht, vor §§ 488 BGB Rn. 3ff.; Köndgen, WM 2001, S. 1637f.

[123] Reiff, in Dauner-Lieb/Heidel/Lepa/Ring, Schuldrecht, vor §§ 488 BGB Rn. 3 ff.; Köndgen, WM 2001, S. 1637f.; Reifner, ZBB 2001, S. 193 ( 194); Grundmann, BKR 2001, S. 66; Köndgen, in Ernst/Zimmermann, Zivilrechtswissenschaft und Schuldrechtsreform, S. 457, (458).

[124] Habersack, BKR 2001, S. 72 (73); Köndgen, in Ernst/ Zimmermann, Zivilrechtswissenschaft und Schuldrechtsreform, S. 457, (477); Grundmann, BKR 2001, S. 66f.; Bülow, in Schulze/ Schulte-Nölke, Die Schuldrechtsreform vor dem Hintergrund des Gemeinschaftsrechtes, S. 153f.. Habersack sieht die Lösung des Gesetzgebers als bedenklich an. Sie sei unter systematischen und ästhetischen Gesichtpunkten mehr als unschön. Außerdem sei sie unter dem Blickwinkel des Verbraucherschutzgedankens und des Gemeinschaftsrechtes bedenklich. Ferner sei auseinandergerissen worden, was zusammen gehört. Es sei aus dem Blick geraten, dass das VerbrKrG durchaus auch auf entgeltliche Sachdarlehensverträge Anwendung gefunden hat. (vgl. Habersack, BKR 2001, S. 72 (73) bezieht sich auf MüKo/Ulmer, BGB § 1 VerbrKrG Rn. 52f. m.w.N.). Durch die Trennung der Normen ist der Wertpapierdarlehensvertrag dem Anwendungsbereich der verbraucherschützenden Vorschriften entzogen. Vgl. Habersack, BKR 2001, S. 72 (73).

Die Vorschriften des VerbrKrG wurden inhaltlich voll in das BGB integriert, wobei jedoch die Bezeichnung Verbraucher-„kredit“ durch den Begriff Verbraucher-„darlehen“ ersetzt wurde. Der Begriff „Kredit“ wurde im Gesetz zur Modernisierung des Schuldrechts vollständig vermieden.[125] Alle Arten von Bausparverträgen kommen als Verbraucherdarlehensverträge in Betracht.[126]

Gem. § 495 BGB steht Darlehensnehmern bei einem Verbraucherdarlehensvertrag grundsätzlich ein Widerrufsrecht nach § 355 BGB zu. Das Widerrufsrecht kann bei Immobiliardarlehensverträgen (§ 492 Abs. 1 a Satz 2 BGB), die keine Haustürgeschäfte sind, für die Übergangszeit bis zum 30.06.2005 durch eine besondere schriftliche Vereinbarung ausgeschlossen werden (§ 506 Abs. 3 BGB).[127]

In § 488 Abs. 1 BGB hat der Gesetzgeber klargestellt, dass es sich beim Darlehensvertrag um einen Konsensualvertrag als zweiseitig verpflichtenden Vertrag handelt.[128] Der rechtswirksame Vertrag kommt demnach, wie grundsätzlich alle Verträge, durch Angebot und Annahme als zwei übereinstimmende Willenserklärungen zustande. Daraus folgt unmittelbar die Mittelverschaffungspflicht durch den Darlehensgeber. Hauptpflichten des Vertrages sind für den Darlehensgeber die Überlassung der Darlehensvaluta und beim Darlehensnehmer die Zins- und Rückzahlungspflicht. Die Realvertragstheorie, die durch die neue Regelung hinfällig geworden ist, sah das Zustandekommen des Vertrages erst mit Auszahlung der Valuta als beendet an. Das in der Praxis ohne Bedeutung gebliebene Vereinbarungsdarlehen gem. § 607 Abs. 2 a.F. BGB ist richtigerweise ersatzlos weggefallen.

---

[125] Reiff, in: Dauner-Lieb/Heidel/Lepa/Ring, Schuldrecht, vor §§ 488 BGB Rn. 9; Köndgen, WM 2001, S. 1637 (1640).

[126] Nickolaus, S. 9 ff.; BSpkFb, Kap. 5, 4.1.

[127] Ferner kann bis zum 30.06.2005 durch eine besondere schriftliche Vereinbarung bestimmt werden, dass der Widerruf als nicht erfolgt gilt, wenn der Verbraucher das empfangene Darlehen nicht binnen zwei Wochen entweder nach Erklärung des Widerrufs oder nach Auszahlung des Darlehens zurückzahlt (§ 506 Abs. 2 BGB). Die Regelung ist aber nicht bei Haustürgeschäften anzuwenden. Die besondere schriftliche Vereinbarung nach § 506 Abs. 2 oder 3 kann in die Vertragserklärung nach § 492 Abs. 1 S. 5 BGB aufgenommen werden. Sie muss dann aber deutlich hervorgehoben werden (§ 506 Abs. 4 BGB ). Zum 01.07.2005 werden die Abs. 2-4 des § 506 BGB entfallen, so dass ab diesem Zeitpunkt der Ausschluss des Widerrufsrechtes und der Fortfall des erklärten Widerrufes bei nicht rechtzeitiger Darlehensrückzahlung nicht mehr vertraglich vorgesehen werden können.

[128] Reiff, in Dauner-Lieb/Heidel/Lepa/Ring, Schuldrecht, § 488 BGB Rn. 2; ders., in Dauner-Lieb/Heidel/Lepa/Ring, Das neue Schuldrecht, § 10 Rn. 8; Köndgen, in Ernst/ Zimmermann, Zivilrechtswissenschaft und Schuldrechtsreform, S. 457, (471); ders. WM 2001, S. 1637f.; Grundmann, BKR 2001, S. 66; Wittig/Wittig WM 2002, S. 145f.

Nach der gesetzlichen Definition des § 488 Abs. 1 BGB ist der Kreditgeber verpflichtet, dem Darlehensnehmer den vereinbarten Kreditbetrag zur Verfügung zu stellen. Mit dem Geldbetrag ist aber nicht die Hingabe bestimmter Geldscheine gemeint, sondern die Wertverschaffungspflicht. Das Darlehen kann in Bargeld, aber auch auf Bankkonten als Buchgeld zur Verfügung gestellt werden.

Im Gegenzug ist der Darlehensnehmer zur Zinszahlung als synallagmatische Hauptpflicht und zur Rückerstattung des Darlehens als Nebenpflicht verpflichtet.

Das verzinsliche Darlehen ist damit zum gesetzlich geregelten Grundfall geworden.

## II. Rechtsnatur des Bausparvertrages in der Anspar- und der Darlehensphase

### 1. Bausparvertrag als beiderseitiger Darlehensvertrag

Hopt/Mülbert gehen davon aus, dass der Bausparvertrag bereits ein festes Vertragsverhältnis begründet, das beide Vertragsparteien zur Erbringung ihrer Leistungen unmittelbar verpflichtet.[129] Der Bausparer wird dazu verpflichtet, bestimmte Ansparzahlungen, die sich aus dem jeweiligen Tarif ergeben, zu leisten. Im Gegenzug wird die Bausparkasse dazu verpflichtet, nach Erfüllung bestimmter Voraussetzungen ein Bauspardarlehen zu gewähren.

In der Ansparphase kann der Bausparer jederzeit den Bausparvertrag kündigen. Er kann aber nicht umgehend die Rückzahlung seiner Einlagen verlangen. Außerdem hat der Bausparer die Möglichkeit, bei schuldhafter Verzögerung der Auszahlung durch die Bausparkasse Schadensersatz wegen Nichterfüllung zu verlangen.[130]

Das Bauspardarlehen durch die Bausparkasse ist zweckgebunden, ein Tilgungsdarlehen und grundsätzlich unkündbar. Die Bausparkasse ist nach § 490 BGB nur berechtigt zu kündigen, wenn der Bausparer seine Zahlungsfähigkeit oder Kreditfähigkeit verliert.[131]

Aufgrund der gegenseitigen vertraglichen Verpflichtungen ist der Bausparvertrag nach Hopt/Mülbert als beiderseitiger Darlehens"voll"vertrag zu sehen. Der Bausparvertrag kann auch als Vertrag zugunsten Dritter abgeschlossen werden. Das spricht ebenso für einen Vertrag und nicht für einen Vorvertrag.

---

[129] Staudinger/Hopt/Mülbert, § 607 a.F. BGB Rn. 172 ff.

[130] BGH, WM 1987, S. 247 (248).

[131] RG, JW 1938, S. 2138.

## 2. Beiderseitiger Darlehensvorvertrag in der Anspar- und in der Darlehensphase

Schäfer/Cirpka/Zehnder sind der Ansicht, dass der Bausparvertrag ein beiderseitiger Darlehens"vor"vertrag ist.[132] Danach wird der Bausparer verpflichtet, der Bausparkasse seine Sparbeiträge zu entrichten. Die Bausparkasse wird dann zur Gewährung eines Gelddarlehens verpflichtet.[133]

Der Bausparer ist gegenüber der Bausparkasse bis zur Zuteilung des Darlehens vorleistungspflichtig.[134] Der Zeitpunkt der Zuteilung hängt im wesentlichen von den Spar- und Tilgungsleistungen der Bausparer ab und ist bei Vertragsabschluss noch unbestimmt. Daher wird der Bausparvertrag, ähnlich dem Versicherungsvertrag, als sog. „aleatorischer Vertrag" angesehen.[135]

Bis zur endgültigen Gewährung des Darlehens kann der Bausparer seine Zahlungen einstellen, ohne dass die Bausparkasse gegen ihn vorgehen kann. Die Leistungen des Bausparers sind trotz des Vertragsabschlusses für die Bausparkasse nicht einklagbar.[136] Sie hat lediglich die Möglichkeit, den Vertrag zu kündigen. Der Bausparer erwirbt bei Abschluss des Bausparvertrages keinen befristeten Darlehensanspruch, sondern einen aufschiebend bedingten Darlehensanspruch.[137] Er hat somit eine Anwartschaft auf Darlehensgewährung, aber keinen vertraglichen Anspruch. Erst mit der Leistung der Bauspareinlagen erwirbt der Bausparer den Darlehensanspruch.

---

[132] vgl. Schäfer/Cirpka/Zehnder, Einleitung IV. S. 42f.; § 1 BSpkG Anm. 12f.; BFH-Beschluss-Rechtsentscheid v. 11.02.1998; Lehmann, JW 1934, S. 2006 ff.; der Bausparvertrag wird deswegen als aleatorischer, also „gewagter" Vertrag gesehen, weil dem Bausparer bei Abschluss des Vertrages nicht mit Bestimmtheit zugesagt wird, wann er die Zuteilung erhalten wird. Eine derartige Verpflichtung zur Zuteilung darf die Bausparkasse gem. § 4 Abs. 5 BSpkG auch nicht eingehen. Der Bausparer weiß nicht, wann er den „Vorteil" der Zuteilung aus dem Vertrag erhalten wird und dennoch zahlt er ein.

[133] vgl. Schäfer/Cirpka/Zehnder, § 1 BSpkG Anm. 12f.; BFH BB 1983, S. 231; vgl. Lehmann, JW 1934, S. 2006 ff.; vgl. Lehmann/Zink, Stichwort Bausparvertrag

[134] Laux, Bausparwissen für Bankkaufleute, S. 17.

[135] Schäfer/Cirpka/Zehnder, Einleitung IV S. 42.

[136] Schäfer/Cirpka/Zehnder, § 5 Anm. 27 ff.

[137] Schäfer/Cirpka/Zehnder, § 1 Anm. 13.

### 3. Darlehensvertrag in der Ansparphase und der Darlehensvorvertrag für die Darlehensphase

Ballhaus[138] und Nickolaus[139] vertreten den sich ergebenden Mittelweg. Sie stellen die Verpflichtung des Bausparers als Vertragsverpflichtung dar. Für die Bausparkasse sei der Bausparvertrag hinsichtlich der Verpflichtung zur Gewährung des Bauspardarlehens jedoch ein Darlehens"vor"vertrag.[140] Sie begründen ihre Ansicht mit dem Zeitablauf bis zur Darlehensgewährung seitens der Bausparkasse. Es läge hier wiederum nur ein Anwartschaftsverhältnis seitens des Bausparers vor, der zunächst die ihm obliegenden Pflichten zu erfüllen hat.[141] Es gibt für die Bausparkasse zwar kein Widerrufsrecht gem. § 490 BGB, aber sie hat ein Aufhebungsrecht nach Treu und Glauben gem. § 242 BGB.[142]

### 4. Rechtsprechung

Die Rechtsprechung lässt die Frage nach der Rechtsnatur des Bausparvertrages offen. In den Urteilen wenden die Gerichte ohne dogmatische Einordnung oder Prüfung das Darlehensrecht an. Dies gilt sowohl für die Ansparphase als auch für die Darlehensphase.[143]

## III. Diskussion und Lösungsvorschlag

Alle Ansatzpunkte in der Diskussion gehen unstreitig davon aus, dass der Bausparvertrag darauf abzielt, dass sich die Vertragspartner zwar zeitlich versetzt, aber dennoch voneinander abhängig, gegenseitig ein Darlehen gewähren. Es handelt sich um einen kombinierten Spar- und Darlehensvertrag. Der Streit um die Rechtsnatur des Bausparvertrages lässt sich teilweise auf die altbekannte Diskussion der Real- und der Konsensualvertragstheorien im Rahmen des § 607 BGB a.F. reduzieren.[144]

---

[138] RGRK Ballhaus, vor § 607 a.F. BGB Rn. 56 ff.

[139] Nickolaus, S. 9.

[140] RG, HRR 1933 Nr. 1913.

[141] vgl. Schäfer/Cirpka/Zehnder, Einleitung IV. S. 42.

[142] Schäfer/Cirpka/Zehnder, Einl. IV S. 43.

[143] vgl. BGH ZIP 1991, S. 1042 ff.

[144] Staudinger/Hopt/Mülbert, § 607 a.F. BGB Rn. 12-15.

Der Gesetzgeber hat in § 488 BGB normiert, dass es sich beim Darlehensvertrag um ein Verpflichtungsgeschäft handelt und nicht um einen Realvertrag, wie es zuvor teilweise für

§ 607 a.F. BGB angenommen worden ist.[145] Im Folgenden werden die verschiedenen Vertragstheorien nach §§ 607 ff. a.F. BGB und §§ 488 BGB aus Gründen des Gesamtverständnisses kurz angesprochen.[146]

Folgt man der teilweise aus § 607 Abs. 1 a.F. BGB hergeleiteten Realvertragstheorie, kann konsequenter Weise im Einklang mit Lehmann/Cirpka/Zehnder nur von einem „beiderseitigen Darlehensvorvertrag" ausgegangen werden Der Darlehensvertrag kommt demnach nicht allein durch übereinstimmende Willenserklärungen zustande, sondern er setzt zusätzlich als konstitutives Tatbestandsmerkmal den Empfang der Darlehensvaluta voraus[147] und wäre danach ein einseitiger, nur zur Rückzahlung verpflichtender Realvertrag.[148] Wesentliche Argumente für die Realvertragstheorie sind der Wortlaut des § 607 BGB a.F., die historische Entwicklung seit dem römischen Recht und die Regelung des „pactum de mutuando" in § 610 BGB a.F. als Ausnahme.[149]

Da zunächst der Bausparer der Bausparkasse das Darlehen in Raten gewährt, würde ein Darlehensvertrag daher bei Zahlung einer Rate in Höhe dieser Rate zustandekommen. Um eine einheitliche Verpflichtung des Bausparers zu begründen, der Höhe nach festgelegte Raten zu bestimmten Zeitpunkten zu zahlen, bedarf es eines Vorvertrages. Umgekehrt käme ein Darlehensvertrag hinsichtlich der Bausparkasse als Darlehensgeber erst mit dessen Valutierung zustande. Es muss jedoch zum Schutz des Bausparers, der vorleistet, bereits eine vertragliche Verpflichtung der Bausparkasse begründet werden. Hierfür benötigt die Realvertragstheorie einen Vorvertrag, in dem u. a. auch die Voraussetzungen der Darlehensgewährung bestimmt sind.

---

145 Palandt/Putzo, Vorb v § 488 BGB Rn. 2

146 Der Reformgesetzgeber geht davon aus, dass die Neuregelungen des Darlehensrechtes des BGB inhaltlich, bis auf wenige Ausnahmen, der geltenden Rechtslage entsprechen, vgl. Mülbert, WM 2002, S. 465 ff.

147 Soergel/Häuser, vor § 607 a.F. BGB Rn. 6.

148 Palandt/Putzo, vor § 607 a.F. BGB Rn. 2 m.w.N.

149 Staudinger/Hopt/Mülbert, § 607 a.F. BGB Rn. 12.

Ballhaus und Nickolaus, die die vermittelnde Auffassung vertreten,[150] folgen im Grunde in der Ansparphase der vorzugswürdigeren Konsensualtheorie. Sie erspart zum einen die umständliche Konstruktion eines Vorvertrages und die damit verbundene noch darzustellende prozessuale Problematik. Zum anderen entspricht es mehr der Praxis des modernen Kreditverkehrs und der heutigen Vertragslehre, wonach Vertragsverpflichtungen durch Willenserklärungen begründet werden.

Der Gesetzgeber selbst hatte sich in § 607 BGB a.F. nicht positiv für die Realvertragstheorie entschieden, sondern ließ den Theorienstreit offen. Er wollte lediglich klarstellen und hervorheben, dass die Rückerstattungspflicht notwendig den vorherigen Empfang voraussetzt. § 610 BGB a.F. ist vor dem Hintergrund einer besonderen Risikoverteilung zu sehen.[151]

Die jetzt im BGB n.F. kodifizierte Konsensualvertragstheorie ist hinsichtlich der Darlehensgewährung des Bausparers durch Ratenzahlung sachgerechter. In der Ansparphase liegt ein Darlehensvertrag vor, aus dem der Bausparer verpflichtet wird. Dagegen spricht auch nicht, dass die Ratenzahlung seitens der Bausparkasse nicht einklagbar ist.

Die durch Ballhaus vertretene Ansicht, dass für die Bausparkasse der Bausparvertrag hinsichtlich der Verpflichtung zur Gewährung des Bauspardarlehens ein Darlehens"vor"vertrag sei, ist auch bei grundsätzlicher Anerkennung der Konsensualvertragstheorie vertretbar.[152] Ob ein Vorvertrag oder ein Hauptvertrag vorliegt, ist oft schwierig abzugrenzen und beurteilt sich nach allgemeinen zivilrechtlichen Grundsätzen.[153] Die Rechtsprechung nimmt einen Vorvertrag für den Fall an, dass die Sache nach der Vorstellung der Parteien zum Abschluss des eigentlichen, auf den angestrebten Zweck selbst gerichteten Vertrags, aus irgendeinem rechtlichen oder tatsächlichen Grund noch nicht reif erscheint bzw. der endgültige Inhalt des Hauptvertrages noch der Ergänzung und Anpassung an die geänderten Verhältnisse bedarf,[154] es sich also um eine noch ausfüllungsbedürftige Vereinbarung handelt. Der Vorvertrag würde danach lediglich bestimmte Voraussetzungen zur vertraglichen Darlehensgewährung enthalten und sich auf eine Konkretisierung der einzelnen Vertragspflichten richten.[155]

---

[150] RGRK/Ballhaus, vor § 607 a.F. BGB Rn. 56.

[151] Staudinger/Hopt/Mülbert, § 607 a.F. BGB Rn. 14 m.w.N.

[152] MüKo/Westermann, § 607 a.F. BGB Rn. 42.

[153] Staudinger/Hopt/Mülbert, § 607 a.F. BGB Rn. 24.

[154] BGH, WM 1973, S. 67 (68); BGH LM ZPO § 256 Nr. 40; BGH, NJW 1975, S. 443 (444).

[155] MüKo/Westermann, § 607 a.F. BGB Rn. 42.

Davon kann bei einem Bausparvertrag nicht ausgegangen werden. Die vertraglichen Pflichten sind festgelegt. Die Höhe der einzuzahlenden Ansparsumme und der Bausparsumme sind vertraglich festgehalten und können nicht ohne weiteres einseitig geändert werden.

Für einen Vorvertrag könnte höchstens noch sprechen, dass zwischen Abschluss des Bausparvertrages und Gewährung des Bauspardarlehens viele Jahre vergehen und es nicht sicher ist, ob der Bausparer regelmäßig einzahlt und, wie meist der Fall, noch kein konkretes Bauvorhaben geplant ist. Die rechtliche Ausgestaltung des Bausparvertrages hängt aber nicht von einem konkreten Bauvorhaben oder Baubeginn ab.

Eine Veränderung des endgültigen Inhaltes des Hauptvertrages ist nicht mehr vorgesehen und der Darlehensvertrag bedarf auch keiner Ergänzung oder Anpassung mehr. Die Verpflichtungen der Vertragsparteien sind geregelt und nicht mehr ausfüllungsbedürftig. Obwohl die Verpflichtung zur Darlehensgewährung an bestimmte Voraussetzungen geknüpft ist, kann es sich auch um einen bedingten Hauptvertrag handeln.[156]

Die Qualifikation des Bausparvertrages als Vorvertrag bzw. Hauptvertrag hängt vielmehr davon ab, wie genau die Bedingungen der Zuteilungsreife und der Besicherung des Darlehens in den ABB angegeben sind.[157]

Der Bausparer ist je nach Tarif verpflichtet, bestimmte Sparbeträge einzuzahlen. Sobald er die im Vertrag vereinbarte Ansparsumme eingezahlt hat, ist eine wesentliche Voraussetzung für die Auskehrung des Bauspardarlehens erfüllt. Die Erfüllung der vertraglichen Verpflichtung kann zur Bedingung im Sinn des § 158 BGB gemacht werden.[158]

Hat der Bausparer, wie vereinbart, geleistet, tritt demnächst Zuteilungsreife ein. Nach welchen Kriterien dann die tatsächliche Zuteilung erfolgt und wie die Sicherung des Darlehens erfolgt, ist genau in den AGG und ABB festgehalten, so dass hier kein Raum mehr für vertragliche Anpassungen oder Ergänzungen besteht. Daher hat der Bausparer einen unmittelbaren, zunächst allerdings bedingten Anspruch auf Darlehensvalutierung in Höhe der Differenz zwischen dem angesparten Betrag und der Bausparsumme.

---

[156] Palandt/Heinrichs, Einführung vor § 145 BGB Rn. 19; BGH, NJW 1962, S. 1812; WM 1973, S. 238; LG Giessen, NJW-RR 1995, S. 524.

[157] MüKo/Westermann, § 607 a.F. BGB Rn. 77.

[158] BGH, WM 1983, S. 991.

Der Bausparer hat eine Anwartschaft auf Darlehensgewährung, weil er als Erwerber des Anspruchs eine bereits insoweit gesicherte Rechtsposition hat, die der andere an der Entstehung des Rechts Beteiligte, nämlich die Bausparkasse, nicht mehr einseitig zu zerstören vermag.[159]

Den Bedingungseintritt herbeizuführen, liegt bei dem Bausparer allein. Aus dem Anwartschaftsrecht wird dann ipso jure das Vollrecht.[160]

Nach dem oben Erörterten handelt es sich bei einem Bausparvertrag mit Anspar- und Darlehensphase, um einen beiderseitigen Darlehensvertrag.[161]

Der Bausparvertrag beinhaltet also zwei vollständige Darlehensverträge, da sowohl die Bausparkasse hinsichtlich des ihr vom Bausparer gewährten Darlehens zinspflichtig ist, als auch später der Bausparer für das Bauspardarlehen der Bausparkasse Zins entrichten muss, handelt es sich bei dem Bausparvertrag in seinem Gesamtgefüge um einen gegenseitig verpflichtenden Vertrag[162] im Sinne des § 320 BGB.[163] Die Kapitalüberlassung auf Zeit steht im Synallagma zu der Verzinsung und Bereitstellung von Sicherheiten. Als Leistung und Gegenleistung sind die Sparbeiträge des Bausparers und das Bausparkassendarlehen zu sehen. Die Beiträge der Sparer sind als Darlehensleistung zu verstehen.[164] Ferner steht die Darlehensgewährung des Bausparers bzw. die Pflicht zum Ansparen ebenfalls im Synallagma zur Gewährung des Bauspardarlehens.

Allerdings stehen die Hingabe der Valuta durch den Bausparer bzw. in der Darlehensphase die Hingabe der Valuta durch die Bausparkasse und die Rückerstattungspflicht der Bausparkasse bzw. des Bausparers des entsprechenden Geldbetrages nicht im Gegenseitigkeitsverhältnis.[165]

---

159 BGHZ 83, S. 399; 49, S. 209; BGH, NJW 1994, S. 3100; BGH, NJW 1996, S. 1741.

160 Palandt/Heinrichs, Einführung vor § 158 BGB Rn. 9.

161 vgl. Staudinger/Hopt/Mülbert, § 607 a.F. BGB Rn. 172 ff.

162 RG, JW 1938, S. 2138.

163 BFH-Beschluss vom 03.11.1982 in BB 1983, S. 2321; vgl. Lehmann, JW 1934, S. 2006, LG Berlin ZIP 1988, S. 1314f.

164 BFH-Beschluss vom 03.11.1982, in BB 1983, S. 2321.

165 vgl. Staudinger/Hopt/Mülbert, § 607 a.F. BGB Rn. 18-22 m.w.N.

## D. Bausparvertrag als allgemeiner Bankvertrag

Mit Abschluss des Bausparvertrages könnte auch ein allgemeiner Bankvertrag als Grund- oder Rahmenvertrag zustandekommen, da durch den Darlehensvertrag die Geschäftsverbindung langfristig angelegt ist.

### I. Bankvertrag

Es ist in Literatur[166] und der Rechtsprechung[167] seit langer Zeit umstritten, ob es einen „Allgemeinen Bankvertrag" als rechtlichen Rahmen für die Ausgestaltung der Geschäftsverbindung zwischen Bank und Kunden gibt und ob er für die Ausgestaltung des Rechtsverhältnisses notwendig ist.

#### 1. Literatur

Die Teile der Literatur,[168] die den Grund- oder Rahmenvertrag bejahen, gehen von der Überlegung aus, dass ein Kunde, wenn er zum Beispiel einen Darlehensantrag für ein Darlehen stellt, nicht nur das eine Geschäft mit der Bank eingehen will, sondern dass er damit eine Grundlage für eine auf Dauer angelegte allgemeine langfristige, auch auf andere Sektoren zu erstreckende Bankverbindung legen will. Es wird dabei ein gleichlautender rechtlicher Gestaltungswille von Bank und Kunden über das konkrete Einzelgeschäft (wie z.B. Darlehensvergabe oder Kontoeröffnung) hinaus für unmittelbare Rechte und Pflichten für die Gesamtheit aller in Betracht kommenden Bankgeschäfte angenommen.

Sofern nicht ausnahmsweise ausdrücklich nur ein einzelnes Geschäft mit der Bank vereinbart werde, komme zwischen ihr und dem Kunden ein rechtlich eigenständiger Bankvertrag als „Dienstvertrag mit Geschäftsbesorgungscharakter" zustande. Dieser Vertrag begründe unabhängig von den speziellen Bankverträgen (wie

---

[166] Baumbach/Hopt/Hopt, HGB, 31. Aufl., (7) Bankgeschäfte A/6; ders., in Bankrechts-Handbuch, § 1 Rn. 21; Bunte, in Bankrechts-Handbuch, § 2 Rn. 2; Lwowski/Roth, in Hellner/Steuer, Bankrecht und Bankpraxis Rn. 2 ff.; Staudinger/Martinek, § 675 Rn. B4; Palandt/Sprau, § 675 Rn. 9.

[167] BGH, NJW 2002, S. 3695 ff.

[168] Baumbach/Hopt/Hopt, HGB, 31. Aufl., (7) Bankgeschäfte A/6; ders., in Bankrechts-Handbuch, § 1 Rn. 21; Bunte, in Bankrechts-Handbuch, § 2 Rn. 2; Lwowski/Roth, in Hellner/Steuer, Bankrecht und Bankpraxis Rn. 2 ff.; Staudinger/Martinek, § 675 Rn. B4.

z.B. Darlehensvertrag oder Depotvertrag) zahlreiche Rechte und Pflichten. Insbesondere sollen die zahlreichen Schutz-, Treue-, Beratungs-, und Aufklärungspflichten der Banken ihre rechtliche Grundlage in diesem Rahmenvertrag haben.[169]

## 2. Rechtsprechung und Literatur

Die Rechtsprechung[170] und Teile der Literatur[171] hingegen vertreten die Ansicht, dass sich aus der Existenz einer langjährigen Geschäftsverbindung allein und aus dem Bestehen verschiedener Verträge über z.B. Darlehen, Depots oder Bankkonten nicht ohne besondere Anhaltspunkte und Willenskundgebungen der Beteiligten der Abschluss eines derartigen allgemeinen Bankvertrages als Rahmenvertrag zwischen Bank und Kunden herleiten lasse. Auch die Anerkennung der AGB einer Sparkasse, etwa aus Anlass des Abschlusses eines Depotvertrages, könne nicht unter dem Gesichtpunkt, dass die AGB auch andere Bereiche regeln, zur praktisch automatischen Annahme eines allgemeinen Bankvertrages führen. Andererseits könne sich bei einer langjährigen Geschäftsbeziehung ein stillschweigend geschlossener Beratungsvertrag ergeben.[172]

Der BGH hat mit seinem Urteil vom 24.09.2002 jetzt eindeutig Stellung bezogen und die Existenz eines allgemeinen Bankvertrages verneint.[173] Allein aus der Existenz einer langjährigen Geschäftsverbindung in Form verschiedener Verträge etwa über Bankkonten und Darlehen lasse sich nicht ohne besondere Anhaltspunkte ein eigenständiger Rahmenvertrag ableiten. Eine längere Geschäftsverbindung sei nichts weiter als eine Beziehung, die auf einem Dauerschuldverhältnis oder einer mehr oder weniger großen Zahl von Einzelverträgen beruhe. Daher gebe es auch keine Beratungs- oder Betreuungspflicht der Bank aus einem „die gesamte Geschäftsbeziehung als Rahmenvertrag überlagernden allgemeinen Bankvertrag."

---

[169] Baumbach/Hopt/Hopt, HGB, 31. Aufl., (7) Bankgeschäfte A/6; ders., in Bankrechts-Handbuch, § 1 Rn. 25 f.

[170] BGH, NJW 2002, S. 3695.

[171] MüKo/Westermann § 607 a.F. BGB Rn. 15 f.; Canaris, Bankvertragsrecht, Rn. 4 ff.

[172] Palandt/Sprau, § 675 Rn. 9.

[173] BGH, NJW 2002, S. 3695 f.

### 3. Ergebnis

Trotz guter Argumente der Befürworter hat der BGH zu Recht die Notwendigkeit eines allgemeinen Bankvertrages als übergreifenden, die gesamte Geschäftsbeziehung regelnden Rahmenvertrages abgelehnt.

Ohnehin dürfte die praktische Relevanz des Streits eher gering sein, da auch die Befürworter eines derart übergreifenden Rahmenvertrages hieraus keine Primärleistungspflichten ableiten. Die sekundären Schutz- und Verhaltenspflichten, die dem Bankvertrag als Rahmenvertrag zugeschrieben werden, bestehen aber schon kraft Gesetzes,[174] z.B. nach der p.V.V. (§ 280 BGB) oder c.i.c. (§ 311 BGB), die auch ein besonderes Näheverhältnis voraussetzen. Eine Beratungs- und Betreuungspflicht der Bank in Zusammenhang mit Darlehens- und Sicherungsverträgen besteht grundsätzlich nur dann, wenn hierüber - gegebenenfalls konkludent oder stillschweigend - ein gesonderter Vertrag abgeschlossen worden ist. Damit ist die Frage des Bestehens eines allgemeinen Bankvertrages in erster Linie für den Geltungsumfang der bei Abschluss des ersten Bankgeschäftes mit dem Kunden vereinbarten AGB von Bedeutung. Diese erstrecken sich nämlich nicht ohne weiteres auf alle nachfolgenden Geschäfte der Bank mit dem Kunden, wenn man nicht von dem Vorliegen eines allgemeinen Bankvertrages ausgehen will.[175] Die Frage der Geltung der beim Erstgeschäft vereinbarten AGB für nachfolgende Geschäfte mit demselben Kunden kann zugegebenermaßen von erheblicher Bedeutung für die bisherige Bankpraxis sein. Gleichwohl kann die Bedeutsamkeit der Frage nicht allein als Begründung für die Annahme eines ohne besondere weitere Vereinbarung geschlossenen allgemeinen Bankvertrages herhalten. Dieser wird regelmäßig das Vorliegen weiterer Anhaltspunkte für einen entsprechenden Rechtsbindungswillen der Parteien erfordern, wenn er andererseits auch stillschweigend geschlossen werden kann.[176]

Ob allerdings der BGH die Existenz eines allgemeinen Bankvertrages insgesamt in Frage stellen wollte, indem er ausführt, dass ein solcher schon dem allgemeinen Vertragsbegriff nicht gerecht werde, da es an einer eigenständigen bindenden Rechtsfolge eines solchen Bankvertrages, die durch die von den Parteien abgegebenen Willenserklärungen in Kraft gesetzt würde, fehlt, erscheint fraglich.[177] Denn das Gericht argumentiert eingangs seiner Urteilsbegründung dahingehend, dass es im konkreten Fall am ausreichenden Vortrag des Klägers zum Abschluss

---

[174] Canaris, Bankvertragsrecht, Rn. 5.

[175] Roth, WM 2003, S. 482.

[176] Palandt/Sprau, § 675 Rn. 9.

[177] A.A. Baumbach/Hopt/Hopt, HGB, 31. Aufl., (7) Bankgeschäfte A/6.

eines solchen Rahmenvertrages fehle.[178] Zutreffend wird darauf hingewiesen, dass der durch § 305 Abs. 3 BGB, der dem früheren

§ 2 Abs. 2 AGBG entspricht, gerade im Blick auf den Bankvertrag gesetzlich anerkannte Rahmenvertrag keiner Primärpflichten der Vertragsparteien bedarf. [179] Daher kann ein solcher Vertrag mit der Folge der Interessenwahrungspflicht der Bank für den Kunden die Pflicht der Bank sich streng an Weisungen des Kunden zu halten, die Abschlusspflicht bei „risikoneutralen" Geschäften (z.B. Eröffnung eines Sparbuchs; Besorgen von Wertpapiergeschäften bei entsprechender Deckung, nicht aber ohne weiteres bei Gewährung eines Kredites, einer Bürgschaft oder Herausgabe einer Kundenkarte) und die Pflicht im Massengeschäft den einzelnen Kunden nicht willkürlich anders zu behandeln als alle anderen, durchaus als rechtlich zulässig und dogmatisch möglich angesehen werden.[180] Notwendig erscheint dies jedoch nicht.

Soweit zum Teil angenommen wird, dass sich aus dem allgemeinen Bankvertrag eine Pflicht der Bank zur Vornahme einzelner vom Kunden gewünschter risikoneutraler Geschäftsbesorgungen ergebe,[181] wird diese Ansicht vom BGH ausdrücklich abgelehnt, da nichts für die Bereitschaft der Bank, geschweige denn für einen dem Kunden gegenüber ausdrücklich erklärten Vertragswillen spreche, sich schon bei Aufnahme einer Geschäftsbeziehung unter Aufgabe der ihr gesetzlich eingeräumten Vertragsfreiheit einem beschränkten privaten Kontrahierungszwang zu unterwerfen.[182]

Im Ergebnis erweist sich der allgemeine Bankvertrag als übergreifender, die gesamte Geschäftsbeziehung regelnder Rahmenvertrag als nicht notwendig. Beratungs- und Betreuungspflichten können also aus einem derartigen Vertrag nicht hergeleitet werden. Die Banken sind in der Lage, die Einbeziehung ihrer AGB bei jeder Vornahme eines neuen Bankgeschäfts mit einem Kunden durch Vereinbarung zur Grundlage auch des neuerlichen Geschäfts zu machen.

---

[178] BGH, NJW 2002, S. 3696.

[179] Roth, WM 2003, S. 480.

[180] Baumbach/Hopt/Hopt, HGB, 31. Aufl., (7) Bankgeschäfte A/6.

[181] Baumbach/Hopt/Hopt, HGB, 31. Aufl. (7) Bankgeschäfte A/6 u.7; Hopt, in Bankrechts-Handbuch, § 1 Rn. 27 ff.

[182] BGH NJW 2002, S. 3696; a.A. Baumbach/Hopt/Hopt, HGB, 31. Aufl. (7) Bankrecht A/6, der keinesfalls diesen allgemeinen Kontrahierungszwang sieht, außer bei den „Girokonten für Jedermann" (vgl. BGH, NJW 2003, S. 1568).

## II. Bausparvertrag als Bankvertrag

Mit dem Abschluss eines Bausparvertrages wird kein allgemeiner Bankvertrag mit dem Bausparer geschlossen.

Es ergibt sich somit nicht die Möglichkeit der gesonderten Ansprüche oder Haftung, die sich aus einem derartigen Rahmenvertrag herleiten lassen könnten.

Der BGH verlangt zu Recht, dass jede Pflichtverletzung der Bank gegenüber ihrem Kunden (abgesehen von den Fällen der c.i.c oder der Verletzung gesetzlich auferlegter Pflichten) einen konkreten, auf das jeweilige Bankgeschäft bezogenen Vertrag voraussetzt. Beim Bausparvertrag wird normalerweise nur der konkrete Einzeldarlehensvertrag geschlossen. Sollten noch andere Geschäfte geschlossen werden, wie z.B. bei der Vorfinanzierung eines Bauspardarlehens, so werden hierüber auch ausdrücklich konkrete Einzelverträge geschlossen. Insoweit ist auch nach der Argumentation der Verfechter eines allgemeinen Rahmenvertrages kein allgemeiner Bankvertrag geschlossen worden, da es sich explizit um konkrete Einzelgeschäfte handelt und der Bausparer nicht eine auf andere Sektoren angelegte allgemeine Geschäftsbeziehung beginnen will.[183]

Außerdem bietet eine Bausparkasse nicht die gesamte Produktpalette der Geschäfts- oder Universalbanken an. Diese Banken bieten auch Girokonten, Wertpapierdepots etc. an. Das ist bei den Bausparkassen nicht der Fall. Sie haben nur eine sehr eingeschränkte Produktpalette, die sich auf die Darlehensvergabe bezieht. Auch das Bausparkonto als Kontokorrent[184] erfüllt für den Bausparer nicht die Anforderungen, die ein Bank- oder ein Geschäftskunde an ein Kontokorrent stellt. Es kann nicht für den allgemeinen Bankverkehr des Bausparers genutzt werden wie z.B. für Überweisungen an Dritte, Daueraufträge etc.

Die ABB sind nur auf die Bausparprodukte ausgerichtet und beziehen keine weiteren Bankgeschäfte mit ein. Mit Abschluss des Bausparvertrages wird daher auf Grund des Einzelgeschäftscharakters und des bausparkassenrechtlichen Spezialkreditgeschäftes kein weiterer allgemeiner Bankvertrag als Rahmenvertrag geschlossen.

---

[183] Vgl. Baumbach/Hopt/Hopt, HGB, 31. Aufl., (7) Bankrecht A/6.

[184] Das Bausparkonto als Kontokorrent wird als Punkt 6. Kap. D IV.12. noch ausführlich besprochen.

# 4. Kapitel: Allgemeine Voraussetzungen der Inhaltskontrolle gem. §§ 305 ff. BGB

Der Gesetzgeber hat mit Wirkung zum 1. Januar 2002 die materiell-rechtlichen Vorschriften des AGBG durch das Gesetz zur Modernisierung des Schuldrechts[185] in die §§ 305-310 BGB eingeordnet. Die Verfahrensvorschriften der §§ 13 ff. AGBG sind Teil des neu geschaffenen Unterlassungsklagengesetzes (UKlaG) geworden. Dabei ist von Bedeutung, dass § 13 UKlaG die Möglichkeit gegenüber § 29 AGBG auf Fälle des § 676h BGB (Missbrauch von Zahlungskarten) erweitert hat, anstelle der Gerichte außergerichtliche Schlichtungsstellen anzurufen.

Die Entscheidung des Gesetzgebers, den gesamten materiell-rechtlichen Teil des AGBG in das allgemeine Schuldrecht einzugliedern, war im Vorfeld des Gesetzgebungsverfahrens sehr umstritten. Eine Inkorporation in das BGB wurde teilweise sogar völlig abgelehnt, da eine dogmatisch richtige Einordnung nur durch Zerstückelung des AGBG hätte erfolgen können. Gegen die daher notwendige Aufspaltung der AGBG-Normen in den Allgemeinen Teil des BGB und das Schuldrecht würden aber Transparenz- und Praktikabilitätserwägungen sprechen.[186] Andere Stimmen der Literatur befürworten dagegen eine Einordnung des materiellen AGB-Rechts in den Allgemeinen Teil des BGB, da das AGB-Recht auch für sachenrechtliche Verträge gilt und seine Vorschriften an Regelungen und Schutzprinzipien des Allgemeinen Teils anknüpfen.[187]

Der Gesetzgeber hat richtigerweise das materielle Recht des AGBG nicht aufgeteilt.[188] Das kommt den Anforderungen und Bedürfnissen der Rechtsanwender sehr entgegen. Durch verschiedene Stellungnahmen in den Gesetzgebungsmaterialien ist deutlich dargelegt, dass durch die Einordnung im Allgemeinen Schuldrecht keine Begrenzung des Anwendungsrechtes bezweckt wurde.[189] Daher sind auch nach wie vor bei sachenrechtlichen Rechtsgeschäften Kontrollen der AGB möglich.

---

[185] Gesetz vom 26.11.2001 ( BGBl. I , S. 3138 ff.).

[186] vgl. Ulmer, JZ 2001, S. 491 ( 495).

[187] Palandt, Überbl. v. § 305 Rn. 1; v. Westphalen, NJW 2002, S. 12; Wolf/ Pfeiffer, ZRP 2001, S. 303 f

[188] vgl. MüKo/Basedow, vor § 305 BGB Rn .16.

[189] BT-DS 14/ 6040, 149; BT-DS 14/ 7052, 187.

Die §§ 305 ff. BGB haben den Inhalt und die Systematik des AGBG weitestgehend erhalten. Die wesentlichste Änderung ist in § 307 Abs. 1 BGB erfolgt, der die Generalklausel des § 9 Abs. 1 AGBG wortgleich übernimmt und mit § 307 Abs. 1 Satz 2 neu bestimmt, dass sich eine unangemessene Benachteiligung des Vertragspartners dann ergeben kann, wenn die Klausel nicht klar und verständlich ist.

Durch die Aufnahme dieser Bestimmung wurde erstmals das richterrechtlich entwickelte und von der EG-Klauselrichtlinie[190] normierte Transparenzgebot ausdrücklich in ein Gesetz aufgenommen. Das war durch die Entscheidung des EuGH in Sachen Kommission ./. Niederlande notwendig geworden,[191] in der die nicht ausreichende Umsetzung des Transparenzgebotes in Art. 5 Abs. 1 der Richtlinie durch die Niederlande beanstandet wurde.[192]

## A. Begriffsbestimmung nach § 305 Abs. 1 Satz 1 BGB.

Die Allgemeinen Bausparbedingungen unterliegen nur dann einer Inhaltskontrolle gem. §§ 305 ff. BGB, wenn sie AGB i.S.d. § 305 Abs. 1 Satz 1 BGB sind. AGB liegen danach vor, wenn für eine Vielzahl von Verträgen vorformulierte Vertragsbedingungen verwendet werden, die eine Vertragspartei (Verwender) der anderen Partei bei Abschluss des Vertrages vorgibt oder stellt. Mit in Kraft treten des Gesetzes zur Modernisierung des Schuldrechts wurde der bisherige Definitionskatalog des § 1 Abs. 1 Satz 1 AGBG unverändert in § 305 Abs. 1 Satz 1 übernommen.[193]

[190] EG-Richtlinie über missbräuchliche Klauseln in Verbraucherverträgen 93/13/EWG, Abl. EG Nr. L 95, S. 29 ff.

[191] EuGH Urteil vom 10.05.2001, NJW 2001, S. 2244.

[192] Die alten Normen des AGBG werden noch zitiert, wenn es für das Verständnis der Arbeit unerlässlich ist oder sich eine Änderung durch die §§ 305-310 BGB ergeben hat. Literatur und Rechtsprechung werden teilweise mit den AGBG-Normen zitiert, da sich diese zum Großteil noch auf die Normen des AGBG beziehen.

[193] v. Westphalen, NJW 2002, S. 12 ff.

### I. Bausparkassenrechtliche Besonderheiten von AGB

Die Allgemeinen Bausparbedingungen sind Vertragsbestimmungen, denen eine Vielzahl von Bausparverträgen über eine bestimmte Bausparsumme, ohne besondere Rücksichtnahme auf personenbezogene Unterschiede, zugrunde gelegt werden. Sie sind dabei als teilweise vorgeschriebene, gesetzlich typisierte „AGB“ Bestandteil eines jeden Bausparvertrages und regeln das zivilrechtliche Verhältnis von Bausparer und Bausparkasse.[194]

Gem. § 5 Abs. 1 BSpkG müssen Bausparkassen ihrem Geschäftsbetrieb die Allgemeinen Bedingungen für Bausparverträge zugrunde legen. § 5 Abs. 3 BSpkG legt dabei den Mindestinhalt der Allgemeinen Bausparkassenbedingungen fest. Die Eigenschaft von ABB als AGB ist anerkannt und wird auch nicht durch die Gerichte oder die Literatur bestritten.[195] Die §§ 305 ff. BGB gehen nicht auf den Grund ein, warum AGB angewandt werden, sondern knüpfen an die Verwendung derselben an.

### II. Allgemeine Geschäftsgrundsätze (AGG)

Die AGG sind ein Rechtsinstitut, das im Gesetz über das Kreditwesen (KWG) kein Gegenstück hat.[196] Vorläufer der AGG war der Geschäftsplan, den die privaten Bausparkassen nach dem Gesetz über die Beaufsichtigung der Versicherungsunternehmen (VAG) aufzustellen hatten.[197]

Im Wesentlichen gestalten sie das interne Verhältnis zwischen der Bausparkasse und der BaFin.[198] Die Bausparkassen gehen eine Selbstbindung durch diese Erklärungen[199] ein, in denen sie sich verpflichten, bei der Durchführung eines Bauspargeschäftes und der Abwicklung der Bausparverträge, die dafür entscheidenden Regeln und Tatbestände, wie sie in § 5 Abs. 2 BSpkG dargestellt sind, zu beachten. In ihnen sind die ausschlaggebenden rechtlichen und wirtschaftlichen Grund-

---

[194] Schäfer/Cirpka/Zehnder, § 5 Anm. 4.

[195] BGH, ZIP 1991, S. 1054 ff.; BGH, NJW 1998, S. 3200; BGH, NJW 1991, S. 668; bereits MüKo/Base-dow, § 23 AGBG Rn. 125; Horn, in Wolf/Horn/Lindacher, § 23 AGBG Rn. 425 .

[196] Schäfer, ZfgK 1975, S. 142.

[197] Schäfer/Cirpka/Zehnder, § 5 Anm. 3.

[198] vgl. Schäfer/Cirpka/Zehnder, § 5 Anm. 3 mit Verweis auf Degner/Berndt, in Steffan, S. 677 (686).

[199] ähnlich den Versicherungsunternehmen mit ihren geschäftsplanmäßigen Erklärungen.

lagen des beabsichtigten Geschäftsbetriebes darzulegen.[200] Dazu gehören insbesondere die bausparmathematischen Unterlagen, die den von der Bausparkasse anzuwendenden Tarifen zugrundeliegen. In den AGG sind auch gesetzliche Sanktionen für den Fall ihrer Nichtbeachtung enthalten.

In Ausnahmefällen können die AGG Außenwirkung in dem Verhältnis der Bausparkasse zum Bausparer entwickeln. Die zivilrechtliche Bedeutung entsteht dadurch, dass teilweise in den ABB auf die AGG Bezug genommen wird.[201]

## B. Verhältnis von §§ 305 ff. BGB und Fachaufsicht

### I. Bundesanstalt für Finanzdienstleistungsaufsicht

#### 1. Allgemeine Aufsicht

Die Bausparkassen unterliegen der staatlichen Bausparkassenaufsicht durch die BaFin. Rechtsgrundlage für die Aufsicht ist das KWG und als lex specialis das BSpkG.

Die Aufsicht dient dem Schutz der Bausparer, die die Leistungsfähigkeit einer Bausparkasse nicht beurteilen können, vor finanziellen Verlusten. Sie stellt sich nicht als Konkurrentenschutz der Bausparkassen untereinander dar, sondern der Konsumentenschutz steht im Vordergrund. Bei der Aufsicht soll die Funktionsfähigkeit nicht im Interesse der einzelnen Bausparkassen, sondern im Interesse der Bausparer gewährleistet werden. Gerechtfertigt ist die Aufsicht dadurch, dass die Bausparkassen erhebliches Vermögen ansammeln.[202] Daher enthält das BSpkG materielle Schutzvorschriften zugunsten der Bausparer.[203]

---

[200] vgl. Schäfer/Cirpka/Zehnder, § 5 Anm. 3 mit Verweis auf Degner/Berndt, in Steffan, S. 677 (686).

[201] Schäfer/Cirpka/Zehnder, § 5 Anm. 3.

[202] Schäfer/Cirpka/Zehnder, § 5 Anm. 8.

[203] vgl. § 8 BSpkG i.V.m. § 33 KWG.

Die BaFin soll Missständen im Kreditwesen entgegenwirken, die die Sicherheit der Vermögenswerte, die den Kreditinstituten zu treuen Händen übergeben wurden, gefährden könnten.[204] Weiter soll sie überwachen,[205] dass die ordnungsgemäße Durchführung der Bankgeschäfte nicht beeinträchtigt wird oder erhebliche Nachteile für die Gesamtwirtschaft herbeigeführt werden.[206]

§ 3 Ab s. 1 BSpkG begründet eine reine Fachaufsicht der BaFin über die Bausparkassen.[207] Gekennzeichnet ist die Bausparkassenaufsicht dadurch, dass neben den Bestimmungen des KWG, der Generalklausel (§ 3 Abs. 1 Satz 2 BSpkG) und der Ermächtigung zum Erlass von Rechtsverordnungen (§ 10 BSpkG) eine Reihe von Spezialklauseln bestehen. Teilweise hat im BSpkG auch die für die Versicherungsaufsicht geltende „Schutztheorie"[208] Berücksichtigung gefunden, weshalb das BSpkG auch als „wirtschaftspolitisches Organisationsgesetz" bezeichnet wird.[209] Die Aufsicht ist nach ihrer Struktur eine allgemeine Wirtschaftsaufsicht, die auf die Verhinderung von Missbräuchen und Gefahrenabwehr ausgerichtet ist. Werden verbotene oder aber zulässige Bankgeschäfte ohne die erforderliche Erlaubnis betrieben, kann die BaFin gem. § 37 Abs. 1 KWG unmittelbar einschreiten.[210]

Die durch die BaFin zu beaufsichtigenden Kreditinstitute, also auch die Bausparkassen, bedürfen für ihre bankgeschäftliche Tätigkeit einer Erlaubnis nach §§ 32, 33, 53 KWG. Bestimmte Arten von Bankgeschäften sind allerdings verboten (§ 3 KWG). Ein Antragsteller hat grundsätzlich einen Anspruch auf Er-

---

[204] vgl. § 6 Abs. 2 KWG.

[205] vgl. § 6 Abs. 2 KWG.

[206] vgl. zur Einschränkung der Bausparkassenaufsicht Knapp, WM 1972, S. 1298; zu den Befugnissen der BaFin siehe die Auflistung bei Schäfer/Cirpka/Zehnder, § 3 Anm. 8.

[207] BSpkFb 2. Kap. 1 § 3 Rn. 1.

[208] Bähr, in Fahr/Kaulbach/Bähr, VAG § 81 Rn. 7; Prölss/Schmidt/Kollhosser, VAG § 81 Rn. 41; Ehlers, Rn.. 397; Deutsch, Versicherungsvertragsrecht Rn. 306; Ipsen, DÖV 1975, S. 805 (807).

[209] Henke, BB 1973, S. 269.

[210] Die BaFin kann die durch sie getroffene Maßnahme, nach dem neu eingefügten § 37 Abs. 2 KWG, im Gläubigerinteresse z.B. in der Tagespresse oder durch öffentlichen Aushang bekannt machen. In Verdachtsfällen kann sie von Unternehmen nach § 44 Abs. 2 KWG Auskünfte und Unterlagen anfordern.

teilung der Erlaubnis.[211] Im Erlaubnisverfahren ist dann ein Geschäftsplan vorzulegen.[212]

Die BaFin kann dem Antragsteller die Erlaubnis zum Geschäftsbetrieb verweigern, wenn der Geschäftsplan nicht den Anforderungen der BaFin entspricht.

Die ABB sind Grundlage und Voraussetzung für die Erteilung einer Erlaubnis zum Geschäftsbetrieb einer Bausparkasse (§ 8 Abs. 1 BSpkG). Sie sind als Teil des Geschäftsplanes ebenso genehmigungspflichtig (§ 32 Abs. 1 Nr. 6 KWG i.V.m. § 5 Abs. 1 und Abs. 3 BSpkG) wie jede Änderung derselben (§ 9 Abs. 1 Satz 3 i.V.m. § 8 BSpkG; §§ 33, 35 KWG).

Bei der Neugründung einer Bausparkasse kann diese sich an den durch die BaFin empfohlenen MBB für die privaten und die öffentlich-rechtlichen Bausparkassen orientierten.

Die MBB unterscheiden sich nur unwesentlich.[213]

## 2. Versicherungsaufsicht

Bis zum 3. Durchführungsgesetz / EWG VAG[214] waren die verfassungsrechtlichen Strukturfragen bei der Bausparkassenaufsicht deckungsgleich mit der Versicherungsaufsicht. Diese Parallelen bestehen auch jetzt noch in hohem Masse fort. Durch die gesetzlichen Änderungen im Versicherungsaufsichtsrecht ist die staatliche Produktgenehmigung für Versicherungsprodukte weitgehend weggefallen, wohingegen sie bei der Bausparkasse noch fortbesteht.

Die AVB sind nicht mehr Gegenstand des genehmigungspflichtigen Geschäftsplanes. Dennoch umfasst das Ziel der Aufsicht nach wie vor „den gesamten Geschäftsbetrieb der Versicherungsunternehmen“ (§ 81 Abs. 1 VAG). Das VAG stellt in § 81 Abs. 1 Satz 2 ausdrücklich „die Wahrung der Belange der Versicherten“ als Schutzobjekt der Versicherungsaufsicht heraus.[215] In der amtlichen Begründung zu Nr. 35 des VAG-Änderungsgesetzes vom 21.07.1994 wurde festgestellt: „Bei der notwendig werdenden Umschreibung der Aufsicht, soweit sie nicht

---

[211] Bericht Wi.- Ausschuss A XI Nr. 1; BVerwG, NJW 1959, S. 590.

[212] Nirk, Das Kreditwesengesetz, S. 32 ff.

[213] Sie unterscheiden sich durch z.B. die Höhe der Ansparsummen in % zu der Bausparsumme, die Verpflichtungen der Bausparer bei der Zuteilung und Einzelheiten bei Rückzahlungen des Darlehens, die Sicherheitenstellung etc.

[214] VAG vom 21.07.1994, BGBl. I S. 1630.

[215] s.o. Fn. 170; s.a. Hohlfeld, in VersR 1993, S. 144.

Finanzaufsicht ist, ist zu bedenken, dass die Aufsicht über Versicherungsunternehmen insgesamt nur eine Rechtsaufsicht ist. Zweckmäßigkeitserwägungen über die Gestaltung des Geschäftsbetriebes oder die Verfolgung wirtschaftspolitischer Ziele sind wie bisher nicht Aufgabe der Aufsichtsbehörde." Trotz der entfallenen Tarifgenehmigung wird der „gesamte Geschäftsbetrieb der Versicherungsunternehmen" gem. § 81 VAG der Überwachung durch die BaFin unterworfen.

### 3. Bausparkassenaufsicht

Die Wahrung der „Belange der Bausparer" gem. § 8 Abs. 1 Nr. 2 ; Abs. 2 BSpkG stehen den „Belangen der Versicherten" i.S. des § 81 Abs. 2 Satz VAG in nichts nach.

Unter der Wahrung der Belange der Bausparer ist die Gesamtschau aller Kostenfaktoren und aller sonstigen Verpflichtungen der Bausparer im Verhältnis zu der Gesamtheit aller Leistungen der Bausparkasse zu sehen. Dabei geht es ausschließlich um die Leistungen aus dem Bausparvertrag. Die Belange der Bausparer stellen aber nicht auf die Individualinteressen des einzelnen Bausparers ab, sondern vielmehr sind die Belange der Gesamtheit aller Bausparer einer Bausparkasse zu berücksichtigen.[216]

Aus dieser scheinbar allumfassenden Zielsetzung sowohl im Versicherungs-, als auch im Bausparkassenaufsichtsrecht kann jedoch nicht gefolgert werden, dass die Belange und Interessen der Bausparer in jeder Hinsicht durch die BaFin gewahrt werden müssen. Würde eine derart weitreichende Aufsicht angenommen werden, so hätte diese Aufsicht den Charakter einer staatlichen Wirtschaftslenkung, die gerade nicht Ziel der Aufsicht ist. Der eröffnete Ermessensspielraum der BaFin endet, wenn die Belange der Bausparer ausreichend gewahrt sind. Dieser Grundsatz ergibt sich aus der auch für Bausparkassen geltenden Vertragsfreiheit, die in der Tariffreiheit besteht.[217]

Der Aufsichtsrahmen der BaFin nach dem KWG ist wesentlich liberaler ausgestaltet, als nach dem VAG. Ein derartiges Aufsichtsrecht wie im VAG normiert, das den gesamten Geschäftsbetrieb der Versicherungen einer Überwachung durch die

---

[216] vgl. BVerwG, NJW 1990, S. 1003. Es geht auch nicht um Belange einzelner Bausparergruppen innerhalb einer Bausparkasse. Das geht aus dem Wortlaut des § 8 BSpkG hervor, der von den Belangen „der" Bausparer spricht.

[217] vgl. Schäfer/Cirpka/Zehnder, § 3 Anm. 3.

BaFin unterwirft, gibt es nach dem KWG nicht. Nach der Erteilung der Betriebserlaubnis beschränkt sich die laufende Bankenaufsicht nach dem KWG auf die Überwachung der Eigenkapital- und Liquiditätskontrolle, die Überwachung bestimmter Großkredite und auf die Abwehr von Missständen.[218]

Die Bausparkassenaufsicht nach dem BSpkG ist ihrerseits weiterreichend als nur nach dem KWG gestaltet, da die Bauspartarife und damit der typische Geschäftskreis dem Aufsichtsrecht unterliegen. Die Bausparkassenaufsicht geht also weiter als die allgemeine Bankenaufsicht, da die ABB und die AGG genehmigt werden müssen.

## II. BaFin und §§ 305 ff. BGB

Es ist zu untersuchen, ob die Bausparkassenaufsicht die ABB anhand der §§ 305 ff. BGB kontrollieren darf oder muss.

In § 3 BSpkG wurde der BaFin als eigener Aufsichtsmaßstab für die Bausparkassenaufsicht die Vorschriften des KWG und des BSpkG normiert. Sie übt ihre Aufsicht zur Einhaltung dieser gesetzlichen Vorgaben aus. Da die BaFin die Einhaltung anderer Gesetze grundsätzlich nicht zu überwachen hat, fällt die Überprüfung der Einhaltung der Gesetze wie z.B. das WoPG, die Preisangabenverordnung, die Bestimmungen des Verbraucherschutzes oder die Normen über die Gestaltung rechtsgeschäftlicher Schuldverhältnisse durch Allgemeine Geschäftsbedingungen im BGB, nicht in ihren Aufgabenbereich.[219] Der BaFin ist es nach dem Wortlaut des BSpkG somit nicht explizit auferlegt, die ABB anhand der §§ 305 ff. BGB zu kontrollieren. Andererseits werden die Vorschriften über die Allgemeinen Geschäftsbedingungen insoweit zu berücksichtigen sein, als dass die BaFin im Rahmen der Genehmigung von ABB gem. §§ 8 und 9 BSpkG auch zu prüfen hat, ob die Belange der Bausparer ausreichend gewahrt sind.

In diesem Zusammenhang wird die Vereinbarkeit der ABB mit den in den §§ 305 ff. BGB zum Ausdruck kommenden gesetzlichen Wertungen zu überprüfen sein.[220]

Eine Kontrolle von ABB an den Maßstäben der §§ 305 ff. BGB könnte aber auch nach § 6 Abs. 2 u. 3 KWG geboten sein, wonach die BaFin Missständen im Kredit- und Finanzdienstleistungswesen entgegenzuwirken hat. Dies gilt insbesondere

---

[218] Vgl. §§ 10 ff.; §§ 13 ff.; 6 KWG.

[219] vgl. Schäfer/Cirpka/Zehnder, § 3 Anm. 8.

[220] vgl. Schäfer/Cirpka/Zehnder, § 3 Anm. 8.

seit der Entscheidung des BVerwG vom 25.06.1998, in der das Gericht über die Anwendbarkeit der Generalklausel der AGB-Kontrolle, jetzt § 307 Abs. 1 u. 2 BGB, bei der Missstandsaufsicht im Versicherungswesen entschieden hat. Das BVerwG hat ausgeführt, dass zu den Gesetzen, die für den Betrieb des Versicherungsgeschäftes gelten und über deren Einhaltung die BaFin im Rahmen des § 81 VAG zu wachen hat, auch das damals noch geltende AGBG und dessen § 9 gehöre.[221]

Diese Entscheidung hat insofern Widerspruch erfahren, als dass sie Verstöße gegen das AGBG uneingeschränkt als aufsichtsrechtlichen Missstand eingeordnet hat. Dies verstoße gegen das in § 81 Abs. 1 Satz 3 VAG zum Ausdruck kommende Subsidiaritätsprinzip, wonach sich die Versicherungsaufsicht aller Tätigkeiten enthalten müsse, die lediglich Geltendmachung und Schutz bürgerlich-rechtlicher Rechtsansprüche der Versicherungsnehmer gegen die Versicherer darstelle.[222] Der wegen § 81 Abs. 1 Satz 3 VAG zu verlangende öffentlich-rechtliche Bezug mache allerdings dann das Vorliegen eines aufsichtsrechtlichen Missstands möglich, wenn ein Verstoß gegen zivilrechtliche Gesetze darüber hinaus auch von öffentlichem Belang ist.[223] Daher komme insbesondere bei einem Verstoß gegen zivilrechtliche Generalklauseln, wie dem seinerzeitigen § 9 AGBG, der eine allgemeine Wertung des Gesetzgebers enthält, ein aufsichtsrechtlicher Missstand in Betracht.[224] Demnach würde sich nach dieser Ansicht die Missstandsaufsicht in Bezug auf die AVB-Kontrolle am Maßstab der §§ 305 ff. BGB darauf beschränken, lediglich Verstöße gegen allgemeine gesetzgeberische Wertungen zu unterbinden. Eine umfassende Vereinbarkeitskontrolle fände nicht statt.

Zutreffend wird für das Versicherungsrecht die Frage nach der Überprüfbarkeit der Vereinbarkeit der Versicherungsbedingungen mit den Vorschriften über die Allgemeinen Geschäftsbedingungen im Rahmen der Missstandsaufsicht auf das Subsidiaritätsprinzip abgestellt. Im Lichte der Dritten Richtlinie muss § 81 VAG dahingehend verstanden werden, dass eine Missstandsaufsicht lediglich auf die Überwachung der Einhaltung der Vorschriften über die Versicherungsaufsicht beschränkt ist.[225] Dies gilt trotz der anderslautenden Fassung des § 81 VAG aus Gleichbehandlungsgründen sowohl für ausländische, als auch für deutsche Unternehmen.[226] Nachdem § 81 Abs. 1 Satz 3 VAG festlegt, dass die Aufsichtsbehörde

---

[221] VersR 1998, S. 1137 .

[222] vgl. Bähr, S. 159; Bähr, in Fahr/Kaulbach/Bähr, VAG, § 81, Rn. 17a.

[223] vgl. Bähr, S. 154 ff.

[224] Bähr, VersR 2001, S. 1188.

[225] Winter, Festschrift für Lorenz, S. 946 f.

[226] Winter, Festschrift für Lorenz, S. 947 f.

ihre Tätigkeit im öffentlichen Interesse wahrnimmt, wird einmal mehr klar, dass der Schutz von Individualinteressen dem Versicherten selbst überlassen bleiben soll.[227] Dieser ist somit auf den Zivilrechtsweg verwiesen. Gleichwohl können Verstöße gegen zivilrechtliche Vorschriften dann relevant sein für die Versicherungsaufsicht, wenn diese in ihrer „Reservefunktion" gefragt ist, wenn also ein öffentlich-rechtlicher Bezug dadurch hergestellt ist, dass die Möglichkeiten des Zivilrechtsschutzes nicht ausreichend sind.[228] Dies ist dann der Fall, wenn zum einen nur die Aufsichtsbehörde wirksam auf eine Rechtsverletzung reagieren kann und zum anderen ihr Einschreiten erforderlich ist zur Verwirklichung der Ziele der Versicherungsaufsicht, also vor allem der Schutz der Gesamtheit der Versicherten.[229] Dies wird aber in diesem Umfang lediglich bei Verstößen gegen allgemeine gesetzgeberische Wertungen der Fall sein.

Ungeachtet der Frage über die Auslegung des § 81 VAG stellt sich vorliegend die Frage, ob im Hinblick auf die Überprüfung der ABB im Rahmen der Missstandskontrolle dasselbe zu gelten hat, wie dies im Bereich der Versicherungsaufsicht gilt. Davon kann nicht von vornherein ausgegangen werden, weil sich Versicherungsaufsicht und Bankenaufsicht trotz zwischenzeitlich erfolgter Annäherung in ihrer Ausrichtung voneinander unterscheiden.[230] Während die Bankenaufsicht stark auf die Gesamtwirtschaft bezogen ist, hat die Versicherungsaufsicht mehr den Kunden im Blickfeld.[231] Auch wenn der Bankenaufsicht vermehrt drittschützende Bedeutung beigemessen wird,[232] wird man doch ebenso im Bereich der Bausparkassenaufsicht entgegen der Auffassung des BVerwG die Kontrolle der ABB an Hand der §§ 305 ff. BGB außerhalb des Genehmigungsverfahrens auf Fälle von offensichtlichen Verstößen gegen die in der Generalklausel zum Ausdruck kommenden Wertungen des Gesetzgebers beschränkt ansehen müssen. Denn wenn schon in der Versicherungsaufsicht zutreffend die Gefahrenabwehraufgabe des Aufsichtsrechts als subsidiär gegenüber der Kompetenz der für die nachgängige Kontrolle der Einhaltung der Vorschriften über die AGB zuständigen Zivilgerichte angesehen wird,[233] so hat dies erst recht für die Bankenaufsicht und letztlich auch für die Bausparkassenaufsicht zu gelten.

---

[227] Winter, Festschrift für Lorenz, S. 955.

[228] Bähr, in Fahr/Kaulbach/Bähr, VAG, § 81, Rn. 9.

[229] Winter, Festschrift für Lorenz, S. 956 f.

[230] vgl. Prölss/Schmidt/Weigel, Vorbem. Rn. 140 VAG; Boos/Fischer/Schulte-Mattler, Einf. Rn. 73 KWG.

[231] Fricke, NVersZ 2002, S. 338; Spindler, VersR 2002, S. 1050 f.

[232] Gratias, NJW 2000, S. 787 f. m.w.N.

[233] Bähr, S. 52; Bähr, in Fahr/Kaulbach/Bähr, VAG, § 81, Rn. 17a.

Folglich ist die Ansicht richtig, dass die ABB nicht der Kontrolle der Missstandsaufsicht unterliegen.

Die ABB bedürfen gem. §§ 8 Abs. 1, 9 Abs. 1 Satz 1 und 2, § 18 Abs. 5 BSpkG nur im Rahmen eines Mindestumfangs gem. § 5 Abs. 3 BSpkG der Genehmigung durch die BaFin. Darüber hinausgehende ABB müssen lediglich angezeigt werden.

Die BaFin muss im Rahmen ihrer Genehmigungspflicht der ABB aber prüfen, ob die Belange der Bausparer ausreichend gewahrt sind (§§ 8 u. 9 BSpkG). Die Belange i.S. d. § 8 BSpkG sind die Gesamtschau aller Kostenfaktoren und Leistungen innerhalb des SKL. Die Gesamtschau aller bausparvertraglichen Leistungen beziehen sich sowohl auf die bauspartechnische Relevanz, als auch auf die sonstigen Auswirkungen aus dem Vertrag. Zwar sind teilweise sogar die Gebühren in eine Gesamtbetrachtung mit einzubeziehen, aber die BaFin muss nicht überprüfen, ob diese unangemessen hoch sind. Die Gebühren unterliegen nur insoweit einer Kontrolle durch die BaFin, als sie Auswirkungen auf das individuelle SKL haben und sich in Zusammenhang damit die Zuteilung der Bausparverträge gem. § 8 Abs. 1 Nr. 2 BSpkG unangemessen hinausschiebt oder es dadurch zu unangemessen langen Vertragslaufzeiten kommen würde. Nur in diesem engen Rahmen unterliegen sie einer Kontrolle durch die BaFin. Sie ist keine Verbraucherschutzbehörde. Die Anstalt muss darauf achten, dass die Bausparerbelange gewahrt sind und arbeitet somit auch verbraucherbezogen, aber sie wird im öffentlichen Interesse tätig[234] und ist nicht dazu bestimmt, streitentscheidend in einzelne Bausparverhältnisse einzugreifen. Dazu hat die BaFin die zur Einhaltung der gesetzlichen Bestimmungen notwendigen Anordnungen zu treffen. Diese Obliegenheit wird durch § 6 Abs. 2 KWG spezifiziert, wonach die BaFin etwaigen Missständen entgegenzuwirken hat. Das ergibt sich auch aus dem Sinn und Zweck des KWG i.V.m. §§ 8, 9 BSpkG, welche die ausreichende Wahrung der Bausparerinteressen zum Maßstab der Aufsicht machen.

Die Befugnisse der BaFin gegenüber den Bausparkassen außerhalb des kollektiven Geschäftes gehen nicht weiter, als die der BaFin aus der allgemeinen Bankenaufsicht nach KWG. Der geschäftliche Rahmen der Bausparkassen ist zwar durch § 4 BSpkG im Wesentlichen vorgegeben, aber es erfolgt wie in der Bankenaufsicht keine Bedürfnisprüfung oder Zweckmäßigkeitskontrolle. Die zeitweilig höchstrichterlich geltende einlegerschützende Funktion des damals noch existierenden

[234] vgl. Baumbach/Hopt/Hopt, HGB, 31. Aufl., (7) A/5 m.w.N.

BAKred[235] ist durch die 3. KWG-Novelle[236] wieder beseitigt worden. Es wurde festgelegt, dass die Aufsicht nur im öffentlichen Interesse tätig wird.[237]

Weder nach dem Wortlaut noch nach dem Gesetzeszweck kommt eine Kontrolle der ABB anhand der §§ 305 ff. BGB durch die BaFin in Betracht. Lediglich die in diesen Vorschriften zum Ausdruck kommenden allgemeinen Wertungen des Gesetzgebers können im Rahmen der Genehmigung von ABB von der BaFin berücksichtigt werden.

Im Zusammenhang mit der Überprüfung von AGB wird nach § 8 Abs. 2 Satz 2 UklaG[238] darüber hinaus eine Anhörung der BaFin durch das Gericht vorgeschrieben, wenn im Rahmen einer Klage nach § 1 UklaG über eine ABB zu befinden ist, die von der BaFin zu genehmigen war.[239]

Die §§ 305 ff. BGB sind also im wesentlichen außerhalb des Einfluss- und Prüfungsbereiches der BaFin. Sie bieten für die Bausparer und die Gerichte eine Kontrollmöglichkeit für die von den Bausparkassen eingeführten ABB.

### III. Abschließende Betrachtung

Eine Fachaufsicht für die Kontrolle der ABB ist der BaFin nur anhand von Spezialgesetzen möglich. Außer der BaFin, die eine Vorkontrolle der ABB im Genehmigungsverfahren vornimmt, werden die ABB auch und vor allem durch die Gerichte kontrolliert. Die Vor- und Nachkontrolle ist von Seiten des Gesetzgebers

---

[235] vgl. das sog. Wetterstein-Urteil, BGH, WM 1982, S. 124 u. Herstatt-Urteil, BGH, WM 1983, S. 563.

[236] G. v. 20.12.1984, BGBl. I S. 1693.

[237] § 6 Abs. 4 KWG, jetzt § 4 Abs. 4 FinDAG. Die Frage war durch den BGH (III ZS) dem EuGH vorgelegt worden, WM 2002, S. 1266. Der EuGH hat diese Frage in seinem Urteil vom 12.10.2004 (C222/02) dahingehend entschieden, dass die nationale Behörde die Aufsicht über die Kreditinstitute nur im öffentlichen Interesse wahrnimmt. Dadurch ist ausgeschlossen, dass der Einzelne Ersatz des Schadens verlangen kann, der ihm durch eine unzureichende Aufsicht dieser Behörde entstanden ist. Die Generalanwältin Stix-Hackl hatte bereits am 25.11.2003 ihre Schlussanträge in dieser Rechtssache vorgelegt und bekräftigt, dass die Aufsicht nur im öffentlichen Interesse wahrgenommen wird und nicht Anleger schützende Funktion hat. Schwintowski kritisiert diese Ansicht und meint, dass die Argumente der Generalanwältin und des BGH zu kurz greifen; vgl. Schwintowski in VuR 2004, S. 13 ff.

[238] Gesetz über Unterlassungsklagen bei Verbraucherrechts- und anderen Verstößen vom 26. November 2001 (BGBl I S. 3138, 3173).

[239] vgl. Schäfer/Cirpka/Zehnder, § 3 Anm. 9.

gewünscht, um später eine Möglichkeit der Einflussnahme auf bereits genehmigte ABB zu haben.[240] Die Einflussnahme ist ausschlaggebend für die Individualklage, da der einzelne Bausparer sonst keine Möglichkeit hätte, gegen genehmigte ABB vorzugehen. Die Nachkontrolle seitens der Gerichte ist nicht als weitere Überprüfung der Genehmigung zum Betrieb einer Bausparkasse zu sehen, sondern es geht hierbei lediglich um die Prüfung der Rechtsfolgen im zivilrechtlichen Bereich.

Die Kontrolle durch die Fachaufsicht anhand der Spezialgesetze und die Kontrolle der Gerichte anhand der §§ 305 ff. BGB stehen nebeneinander. Es besteht eine ausreichende Möglichkeit der Kontrolle von genehmigten ABB anhand der §§ 305 ff. BGB. Im übrigen wird durch § 6 Abs. 2 KWG ausdrücklich klargestellt, dass die BaFin ihre Aufgaben nur im öffentlichen Interesse wahrnimmt.[241] Insoweit ist die Kontrolle der ABB durch die Gerichte für den zivilrechtlichen Bereich unabdingbar, da sonst keine umfassende Kontrolle der ABB nach Genehmigung vorgenommen werden könnte.

## C. Einbeziehung der ABB in den Bausparvertrag gem. § 305 Abs. 2 BGB

§ 305 Abs. 2 BGB regelt die Einbeziehung von AGB in einen Vertrag. Für die wirksame Einbeziehung der ABB in den Bausparvertrag ist es entgegen der früheren Rechtslage notwendig, dass der Bausparer bei Vertragsschluss auf die ABB hingewiesen und ihm gleichzeitig die Möglichkeit verschafft wird, in zumutbarer Weise von ihnen Kenntnis zu nehmen.[242]

Vor Erlass des Gesetzes zur Modernisierung des Schuldrechts wurde durch § 23 Abs. 3 AGBG bei behördlich genehmigten AGB, also auch für ABB, eine Ausnahme normiert. Trotz eines Verstoßes gegen § 2 Abs. 1 AGBG sollte die gleichmäßige Anwendung der AGB sichergestellt werden. Dennoch hoffte der Gesetz-

[240] BT-DS 7/ 5422 S. 4.

[241] BGHZ 74, S. 144; BGHZ 75, S. 120.

[242] Das Erfordernis der Kenntnisnahme in § 305 Abs. 2 BGB wurde gegenüber § 2 AGBG nur insoweit geändert, als nunmehr im Falle einer erkennbaren körperlichen Behinderung des Vertragspartners erforderlich ist, dass der Klauselverwender dies angemessen berücksichtigt, § 305 Abs. 2 Nr. 2 BGB.

geber auf eine Beachtung des § 2 Abs. 1 AGBG durch die Verwender.[243] Die Ausnahme der in § 23 Abs. 3 AGBG genannten Verträge beruhte auf mehreren Besonderheiten:

- Zunächst auf dem kollektiven Geschäftssystem, das eine gleichmäßige Anwendung von AGB notwendig macht und teilweise auch gesetzlich vorgeschrieben ist. Wären diese AGB wegen Verstoßes gegen § 2 AGBG weggefallen, hätte anhand § 6 Abs. 2 AGBG eine sachgerechte Lösung gefunden werden müssen. Dies war aber nicht immer möglich.[244]

- Des Weiteren auf dem Erfordernis der behördlichen Genehmigung. Die Rechtsverhältnisse der Bausparkassen unterliegen der Fachaufsicht durch die BaFin. Dadurch sollten die Belange der Bausparer gewahrt werden. Die Genehmigung hat die Ausnahme von § 2 Abs. 1 AGBG, die zu Lasten der Bausparer ging, wieder ausgeglichen.[245]

- Außerdem ist zu berücksichtigen, dass die vertragliche Hauptleistung erst durch das vertragliche Bedingungswerk gebildet und geschaffen wird. Die AGB haben daher auch zum Teil die Funktion einer Leistungs- oder Produktbeschreibung,[246] durch die die Hauptleistung konkretisiert wird.[247]

Damit jedoch die Wirkung des § 23 Abs. 3 AGBG wirklich eintrat, mussten die AGB genehmigt werden und die Genehmigung musste sich auf das gesamte Klauselwerk beziehen.[248] Sollten die AGB nicht durch das damals noch zuständige BAKred genehmigt worden sein, wurden sie von der Privilegierung des § 23 Abs. 3 AGBG ausgenommen bzw. fielen nicht in den Anwendungsbereich dieser

---

[243] BT-DS 7/ 3919 S. 43.

[244] BT-DS 7/ 3919 S. 43; Horn, in Wolf/Horn/Lindacher, § 23 AGBG Rn. 400.

[245] Horn, in Wolf/Horn/Lindacher, § 23 AGBG Rn. 400.

[246] Martin, Sachversicherungsrecht, 3. Auflage 1992 Einführung Nr. 9 S. 8; Ulmer, in Ulmer/ Brandner/Hensen, § 23 AGBG Rn. 52; Winter/Werber, Versicherungsrecht 1986, S. 1.

[247] Horn, in Wolf /Horn/Lindacher, § 23 AGBG Rn. 400.

[248] BGH, NJW RR 1990, S. 1115; VersR 1982, S. 381 ff.

Norm.[249] Diese Wirkung trat auch dann ein, wenn die AGB gar nicht genehmigungspflichtig waren.[250] § 2 Abs. 1 AGBG war dann mit den entsprechenden Rechtsfolgen anwendbar.[251]

## I. Regelungsinhalt des § 23 Abs. 3, 2 AGBG

### 1. Konsenserfordernis

Für die Einbeziehung der behördlich genehmigten ABB in einen Bausparvertrag waren gem. § 23 Abs. 3 AGBG nicht die besonderen Einbeziehungsvoraussetzungen des § 2 Abs. 1 AGBG ausschlaggebend. Die ABB wurden auch dann Vertragsbestandteil, wenn die Anforderungen nicht erfüllt waren (wenn es z. B. an einem Hinweis gem. § 2 Abs. 1 Nr. 1 AGBG fehlte). Fraglich ist, ob trotz § 2 AGBG ein Konsens zwischen den Vertragsparteien über die Einbeziehung der AGB erforderlich war.

#### *a) Literatur*

Die ABB wurden nach Ansicht großer Teile der Literatur[252] auch dann einbezogen, wenn der Hinweis gem. § 2 Abs. 1 Satz 1 AGBG und die Möglichkeit der Kenntnisnahme nicht gegeben waren. Die Anforderungen des § 145 BGB blieben aber bestehen.[253] Dennoch musste der Vertragspartner mit der Einbeziehung der AGB einverstanden sein (sog. Einbeziehungskonsens); diese Voraussetzung wurde auch nicht durch § 23 Abs. 3 AGBG ausgeschlossen.[254]

---

[249] BGH, NJW RR 1990, S. 1115; VersR 1982, S. 381 ff.

[250] vgl. BGH, NJW 1982, S. 824.

[251] Gem. § 6 Abs. 2 AGBG muss in diesem Fall eine sachgerechte Lösung gefunden werden, die sich nach den gesetzlichen Vorschriften richtet.

[252] Staudinger/Schlosser, § 23 AGBG Rn. 42; Horn, in Wolf/Horn/Lindacher, § 23 AGBG Rn. 403; Ulmer, in Ulmer/Brandner/Hensen, § 23 AGBG Rn. 53; MüKo/Basedow, § 23 AGBG Rn. 196 i.V.m. Rn. 96; Soergel/Stein, § 23 AGBG Rn. 19.

[253] Horn, in Wolf/Horn/Lindacher, § 23 AGBG Rn 403.

[254] MüKo/Basedow, § 23 AGBG Rn. 61; Koch/ Stübing, § 23 AGBG Rn. 15; Erman/ Hefermehl/O.Werner, § 23 AGBG Rn. 17.

*b) Rechtsprechung und weitere Literaturmeinungen*

Löwe und Heinrichs waren der Ansicht, dass ein Redaktionsversehen bzgl. § 2 AGBG angenommen werden muss, so dass eine korrigierende Auslegung notwendig ist.[255] Die AGB wurden auch dann in den Vertrag mit einbezogen, wenn der Kunde mit der Geltung der AGB nicht einverstanden war.

Die Voraussetzungen des § 145 BGB mussten bezüglich der AGB nicht berücksichtigt werden. Die höchstrichterliche Rechtsprechung war der gleichen Ansicht.[256] Das Einbeziehungsprivileg bezog sich auf den gesamten Absatz 1 des § 2 AGBG, mithin auch das Zustimmungserfordernis des Vertragspartners. Der materielle Konsens über die Einbeziehung der AGB war entbehrlich.[257]

*c) Stellungnahme*

Die Befreiung vom Konsenserfordernis bei genehmigten ABB gem. § 2 Abs. 1 AGBG bedeutete für die Praxis, dass die ABB weder dem Antrag noch der Bausparurkunde beigefügt zu sein brauchten. Es genügte ein Hinweis auf die ABB im Bausparvertrag.[258]

Jeder Bausparer weiß, dass ein Bausparvertrag nur zu bestimmten Bedingungen, zu einem bestimmten Zweck und mit einem bestimmten Inhalt abgeschlossen werden kann. Im Normalfall geht er auf die Bausparkasse zu, um den Vertrag abzuschließen, oder ihm werden die besonderen Bedingungen vorgelegt, zu denen er einen Vertrag abschließen kann. Eine Trennung zwischen seinem Willen zum Vertragsabschluss und der Zustimmung zu den Bedingungen, unter denen er den Vertrag abschließen will, wäre praxisfern. Der Bausparer fasst allein den Entschluss den Bausparvertrag abzuschließen, er erkundigt sich über die für ihn günstigsten Konditionen und schließt einen Vertrag ab. Mit diesem Abschluss gibt er gleichzeitig seine Zustimmung zu den ABB.

§ 23 Abs. 3 AGBG erstreckte sich mit seinem Einbeziehungsprivileg auf den gesamten Absatz 1 des § 2 AGBG, so dass die ABB auch ohne Hinweis oder herbei-

---

[255] Löwe, in Löwe/Trinkner/Graf von Westphalen, § 23 AGBG Rn. 2 ff.; Palandt/Heinrichs, §§ 23, 24 AGBG Rn. 9, 61. Aufl.

[256] BGH, VersR 1986, S. 672.

[257] Löwe, in Löwe/Trinkner/Graf von Westphalen, § 23 AGBG Rn. 4 ff.

[258] Schäfer/Cirpka/Zehnder, § 5 Anm. 26 a.

geführten Konsens zwischen den Parteien Vertragsbestandteil wurden, wobei nach dem oben Gesagten von einer Einigung auszugehen ist. Gerade die vorherige Überprüfung der ABB durch die BaFin war und ist bereits ein Schutz für die jeweiligen Bausparer.

Da AGB normalerweise ohne vorherige Überprüfung in den Wirtschaftskreislauf einfließen, ist die Schutzfunktion des § 305 Abs. 2 BGB notwendig, um den Verbraucher nochmals auf die Geschäftsbedingungen ausdrücklich hinzuweisen. Die Filterfunktion der vorherigen Prüfung schützt den Verbraucher bereits entsprechend. Das „Konsensargument" kann dabei nicht überzeugend gegen die Wirksamkeit der ABB sprechen. Der Bausparer wird sich im Vorfeld der Vertragsverhandlungen nicht gegen die Wirksamkeit aussprechen. Vielmehr wird nach Vertragsschluss versucht werden, wenn es zu Störungen im Vertragsgefüge gekommen ist, die Wirksamkeit der ABB anzuzweifeln.

Würde ein Einbeziehungskonsens vorausgesetzt, so läge für die Bausparkasse bis zum Zeitpunkt der Zustimmung zu den ABB durch den Bausparer ein Bausparvertrag vor, für den die ABB keine Geltung hätten. Fraglich wäre, ob der Bausparer den ABB noch zustimmt.

Diese Rechtsfolge ist nicht im Sinn des Gesetzgebers, so dass der Rechtsprechung und der entsprechenden Literatur zuzustimmen ist. Ein Bausparer wird trotz der neuen Regelung und der Möglichkeit der Kenntnisnahme bei Vertragsabschluß die AGB nicht noch eingehend studieren, bevor er den Vertrag unterschreibt. Trotz der Privilegierung der ABB ist durch das damals noch existierende BAKred die Notwendigkeit der Aushändigung der ABB immer wieder betont worden.[259]

Außerdem ist zu berücksichtigen, dass bei der Einbeziehung der ABB als „nicht privilegierte AGB" die Regelung des § 9 BSpkG unberücksichtigt blieb, so dass ein Teil der Einbeziehungskontrolle und die damit in Zusammenhang stehenden Schutzfunktion für den Bausparer ohne Auswirkungen bleibt.[260] Einige AGB-Klauseln können demnach immer noch ohne Zustimmung der Bausparer geändert werden.

Seit der Neufassung des § 305 Abs. 2 BGB sind die Anforderungen an die Einbeziehung der ABB genauso wie bei allen anderen AGB geregelt. Durch die Ände-

---

[259] vgl. Schreiben des BAKred vom 10.03.1993. In dem Schreiben wird ferner auf ein mögliches Widerspruchsrecht des Bausparers hingewiesen, das er haben könnte, wenn ihm die ABB bei Vertragsabschluß nicht ausgehändigt werden.

[260] vgl. Pfeiffer, Änderung AGB-rechtlicher Vorschriften durch die Schuldrechtsreform, Rn. 21.

rung der Einbeziehungsvoraussetzungen der ABB ist für die Bausparer eine verhältnismäßig geringe Änderung eingetreten, da die Bausparer bereits zum Grossteil auf die ABB bei Abschluss des Vertrages hingewiesen wurden.

## 2. Bewertung der alten und der neuen Einbeziehungskontrolle im Bausparkassenbereich

Die Einbeziehungskontrolle des § 2 AGBG war im Bausparkassenbereich äußerst schwach. Hierbei galt lediglich das Prinzip der Geltungsvereinbarung. Nach dem Schutzzweck des § 305 BGB Abs. 2 BGB gilt es, mittelbar der Individualvereinbarung wieder mehr Raum zu verschaffen.[261]

Dem einzelnen Bausparer ist grundsätzlich die Möglichkeit der individuellen Vertragsgestaltung genommen. Die Bausparkasse hat großes Interesse daran, dass ihre ABB in vollem Umfang ohne Veränderungen oder Zusätze Gültigkeit erlangen. Nur so hat sie die Möglichkeit einer sinnvollen und richtigen Berechnung der Ansparzeiten, Tarife und Zuteilungszeiträume.

Die Einbeziehung der ABB in jeden Bausparvertrag, gleichgültig ob der Bausparer sie kennt, ob er sich gegen sie verwahrt oder sich gegen sie ausspricht, schränkt ihn in seiner Abschlussfreiheit nicht wesentlich ein. Es wäre wünschenswert, dass mehr Abweichungen von den ABB möglich wären. So könnte besser auf die wirtschaftliche Bewegungsfreiheit der Bausparer eingegangen werden. Die Bausparkasse bietet jedoch mehrere Tarifvarianten an, so dass der Bausparer einen Tarif, der seiner finanziellen Leistungsfähigkeit und seinen Bedürfnissen entspricht, wählen kann.

Individualvereinbarungen sind grundsätzlich zulässig, sofern sie nicht zu Lasten des Kollektivs gehen oder einzelne Bausparer bevorzugen. Die Bausparkassen haben auf die gesetzlichen Beschränkungen mit unterschiedlichen Tarifen und Abschlussmöglichkeiten reagiert. Sie haben versucht, sowohl dem Massengeschäft der Bausparkassen, als auch den individuellen wirtschaftlichen Ansprüchen der Bausparer, Rechnung zu tragen. Unterschiedliche Tarife ersetzen jedoch nicht die individuellen Absprachen der Bausparer bei Vertragsverhandlungen.

---

[261] BT-DS 7/ 3919 S. 43 ff.

## II. Änderung der Allgemeinen Bausparbedingungen gem. § 32 Abs. 1 Satz 2 MBpB a.F., § 32 Abs. 3 MBöB a.F., § 21 Abs. 2 MBB n.F.

Im Vertragsrecht besteht der Grundsatz der Unveränderlichkeit der vertraglichen Bindung („pacta sunt servanda").

Bei Bausparverträgen kann aufgrund der langen Laufzeit von durchschnittlich 11-15 Jahren die Notwendigkeit bestehen, die Vertragsbedingungen an rechtliche und wirtschaftliche Verhältnisse anzupassen.[262] Den Bausparkassen ist deswegen die Möglichkeit eingeräumt worden, unter den Voraussetzungen des § 9 BSpkG, Änderungen der ABB bei abgeschlossenen Verträgen vornehmen zu können. Änderungen sind aber nur dann erlaubt, wenn sie zur Wahrung der Belange der Bausparer und zum wirtschaftlichen „Überleben" der Bausparkasse erforderlich erscheinen. Dabei müssen die gesetzlichen und tatsächlichen Gegebenheiten, insbesondere die AGB-rechtlichen Vorschriften des BGB (§ 308 Nr. 4 und 307 Abs. 1 Satz 1 BGB) beachtet werden.[263]

Die ABB sind wesentlicher Bestandteil für die Erteilung der Erlaubnis zum Betrieb einer Bausparkasse gem. § 33 KWG und § 8 Abs. 1 BSpkG. Daher können nachträgliche Änderungen der ABB zum Wegfall der Genehmigung zum Betrieb einer Bausparkasse führen. Die BaFin als Kontrollorgan kann eine Genehmigung zur Änderung der ABB mit Wirkung für bestehende Verträge erteilen. Ergänzungen und Änderungen der ABB für Bausparverträge, die die gesetzlich normierten Merkmale in § 5 Abs. 2 und Abs. 3 BSpkG betreffen,[264] müssen genehmigt werden.

Im Unterschied zum Versicherungsvertragsrecht ist bei den Bausparkassen die Möglichkeit zur Bedingungsänderung für laufende Verträge ausdrücklich geregelt. Im VAG sind mit den §§ 5 ff. und §§ 81 ff. VAG zwei Eckpfeiler für das Aufsichtsrecht normiert worden. Die §§ 5 ff. VAG regeln die präventive Aufsicht durch eine Zulassungskontrolle, wohingegen die §§ 81 ff. VAG sicherstellen sollen, dass diese Aufsichtsziele von den Unternehmen auch während der Geschäftstätigkeit weiterhin eingehalten werden.[265]

---

[262] vgl. dazu im Versicherungsrecht Präve, Rn. 446.

[263] BGHZ 119, S. 55; BGH, ZIP 1991, S. 1054 (1061).

[264] Dabei ist § 5 Abs. 3 Nr. 3 BSpkG, der die Kosten- und Gebührenregelungen betrifft, ausgenommen.

[265] Prölss/Schmidt/Kollhosser, § 81 Rn. 5 VAG.

Durch die VAG-Novelle haben sich jedoch grundlegende Änderungen für das Versicherungsaufsichtsrecht ergeben. Eine der wesentlichsten Änderungen betrifft den Wegfall des Erfordernisses der Vorabgenehmigung von Allgemeinen Versicherungsbedingungen (AVB) für die meisten Versicherungsarten. Durch diesen Wegfall ist in der Literatur ein Streit entfacht worden, ob eine Überwachung der AVB nicht im Wege der nachträglichen „laufenden" Kontrolle und Aufsicht im Rahmen des § 81 VAG nachgeholt werden kann.

Das damals zuständige BAV, jetzt die BaFin, wäre zu einer derartigen Kontrolle befugt, wenn eine ex post-Kontrolle der AVB unter den Begriff der zur Vermeidung oder zur Beseitigung von Missständen notwendigen Anordnungen im Sinne des § 81 Abs. 2 VAG subsumiert werden kann. Um diesen Streitpunkt zu klären, bedarf es der Bestimmung des Missstandes, wozu eine umfassende Auslegung des § 81 VAG notwendig ist. Die Rechtsprechung[266] und große Teile der Literatur[267] gehen nach der Änderung von einer eingeschränkten nachträglichen Bedingungskontrolle aus. Jedoch müssen die europäischen Deregulierungstendenzen in jedem Fall weiterhin ausreichend Berücksichtigung finden. Die Angleichung der verschiedenen nationalen Versicherungsaufsichtssysteme, und dabei insbesondere die des stark regulierten deutschen Aufsichtsrechts, ist bei der Angleichung ein wichtiger Bestandteil gewesen. Daher ist jeder Versuch, der mit der Wortlautargumentation oder durch Umgehung der europäischen Vorgaben, die bis 1994 bestehende Versicherungsaufsicht zumindest faktisch aufrecht zu erhalten, abzulehnen. Die nachträgliche Missstandsaufsicht des BAV (jetzt BaFin) im Rahmen des § 81 VAG muss hinsichtlich der Allgemeinen Versicherungsbedingungen subsidiär hinter die Beurteilung durch die Zivilgerichte, als dem jetzt zuständigen Rechtspflegeorgan, zurücktreten.

Im Bausparkassenrecht hat eine Deregulierung mit den entsprechenden Konsequenzen für das Aufsichtsrecht, wie z.B. im Versicherungsrecht, nicht stattgefunden. Die Kontrolle ist wesentlich strenger, als sie heute im Versicherungsrecht noch möglich ist.[268] Das BSpkG legt strenge Maßstäbe an, die in § 9 Abs. 1, Abs. 2 i.V.m. § 8 Abs. 1 und § 5 Abs. 2 und 3 BSpkG eindeutig normiert sind. Für AGG und ABB anlässlich der Gründung einer Bausparkasse folgt der Genehmigungszwang aus § 32 Abs. 1 KWG i.V.m. § 5 Abs. 1 und § 8 Abs. 1 BSpkG.

---

[266] BVerwGE, VersR 1998, S. 1137 ff.

[267] Präve, S. 15 ff. ; Hohlfeld, VersR 1993, S. 145 ff.

[268] vgl. vorhergehende Fußnote.

## 1. Allgemeine vertragliche Änderungen beim Bausparvertrag

Da die Möglichkeit einer Änderung der ABB für abgeschlossene Verträge besteht, wurden bestimmte Klauseln vorgeschlagen, die nur mit Zustimmung der Bausparer geändert werden können. Andere Klauseln können zwar ohne Zustimmung der Bausparer, aber nur mit Zustimmung der BaFin geändert werden.

### *a) Zustimmungsbedürftige Änderungen*

Bei der Änderung folgender Klauseln der MBB bedürfen die Bausparkassen der Zustimmung der Bausparer: §§ 1 - 4, 12, 13, 15, 16 MBpB a.F., §§ 1-4, 10, 15, 16, 18,19, 21-36 MBöB a.F. , §§ 1, 8, 10, 16-19 MBpB n.F., §§ 1, 6-19, 20 Abs. 1, 21 MBöB n.F.. Das Besondere bei Bedingungsänderungen der ABB ist die sog. Bedingungsänderungsklausel. Gem. § 32 MBB a.F., § 21 MBB n.F. bedürfen die Änderungen grundsätzlich der Zustimmung der Bausparer. Diese gilt jedoch als erteilt, wenn der Bausparer der Änderung nicht binnen der in den ABB genannten Frist schriftlich widerspricht (§ 32 Abs. 1 Satz 3 ff. MBpB a.F., § 32 Abs. 2 MBöB a.F., § 21 Abs. 3 MBB n.F.).

Der Bausparer muss jedoch vorher über die Rechtsfolgen seines Handelns aufgeklärt werden.

Bei einem Widerspruch kann der Bausparvertrag durch die Bausparkasse gem. § 32 Satz 5 MBpB a.F., § 32 Abs. 2 Satz 4 MBöB a.F. gekündigt werden, um so die unentbehrliche Einheit der Verträge zu gewährleisten. Im Falle der Kündigung durch die Bausparkasse ist dem Bausparer die Abschlussgebühr gem. § 32 Abs. 1 Satz 6 MBpB a.F., § 32 Abs. 2 Satz 5 MBöB a.F. zu erstatten und das Bausparguthaben entsprechend § 9 Abs. 2 MBpB a.F. bzw. § 9 Abs. 3 MBöB a.F. zurückzuzahlen.

Wenn ABB durch die Bausparkasse geändert werden, werden die Änderungen dem Bausparer schriftlich mitgeteilt oder in den Hausmitteilungen bekannt gegeben (§ 32 Abs. 1 MBöB a.F., § 32 Abs. 2 Satz 1 MBpB a.F.). Auf die Änderung muss auf der Titelseite des Hausblattes deutlich hingewiesen werden.[269]

---

[269] vgl. BGH, NJW 1985, S. 617 (618).

*aa) Rechtsfolge eines Widerspruchs, wenn der Bausparer keine Zustimmung zu den Änderungen nach MBB a.F. erteilt.*

Bei einem Widerspruch gegen die Bedingungsänderung ist es der Bausparkasse nach den MBB a.F. möglich, den Bausparvertrag, wenn er sich noch in der Ansparphase befindet, zu kündigen.

Das Kündigungsrecht der Bausparkasse nach MBB a.F. besteht nur im Rahmen einer fristgerechten Kündigung.[270] Die Bausparkasse kann den Vertrag grundsätzlich solange nicht kündigen, wie der Bausparer seine vertraglichen Verpflichtungen erfüllt.[271] Somit liegt ein vertragliches Kündigungsrecht seitens der Bausparkasse vor, obwohl sich der Bausparer in der Ansparphase jahrelang vertragskonform verhalten hat.

Ein solches Kündigungsrecht ergibt sich nach Ansicht der Bausparkassenwirtschaft mit der Begründung, dass durch den Widerspruch des Bausparers die für das Massengeschäft der Bausparkasse unentbehrliche Einheitlichkeit der Vertragsbeziehung, die mit Rücksicht auf das Kollektiv unbedingt vorliegen muss, nicht mehr gegeben sein kann.[272] Zudem sei es bei der Anzahl der Verträge, die eine Bausparkasse hat, nicht sinnvoll und kostendeckend, einzelne Verträge nach unterschiedlichen ABB zu behandeln.

Der Argumentation kann nicht in allen Punkten gefolgt werden. Die Bausparkasse hat selbst verschiedene Tarifvarianten, die in den EDV-Systemen zu überwachen sind und aus denen der Bausparer verschiedene Tarife auswählen kann. Insoweit ist es nicht nachzuvollziehen, warum bei Widerspruch zu einer Bedingungsänderung der Bausparkasse ein Kündigungsrecht zugestanden wird. Es ist im heutigen Geschäft mit den Bausparkassen jederzeit möglich, zwischen den verschiedenen Tarifvarianten zu wechseln, Lebensversicherungen als Tilgungsersatz zusätzlich abzuschließen und verschiedene Tilgungsvarianten zu wählen. Die Tarifvarianten stellen die Bausparkasse vor unterschiedliche systemtechnische Probleme, die sie aber lösen.

Ein Kündigungsrecht aufgrund nicht mehr vorherrschender Einheitlichkeit einzuführen, ist nicht sachgerecht. Ungleiche Abschlüsse und wechselnde Tarife in verschiedenen Jahren bringen unterschiedliche Vertragsvarianten mit sich.

---

270 vgl. OLG Köln, NJW 1996, S. 1065 ff.

271 vgl. § 9 Abs. 1 MBB a.F.

272 vgl. BSpkFb 1997, 3. Kap. 3.8.4.

Die Kündigung ist auch nur eine Kann-Bestimmung in den jeweiligen MBB. Dementsprechend muss sich die Bausparkasse damit auseinandersetzen, ob sie tatsächlich bei einem Widerspruch des Bausparers gegen die geänderten Bedingungen kündigt oder zu den alten Bedingungen den Vertrag fortsetzt. Im Fall der Kündigung durch die Bausparkasse sind nach den MBB a.F. die Abschlussgebühren zurückzuerstatten, ohne dass diese auf einen anderen Bausparvertrag angerechnet werden. Nur für diesen Fall sehen die MBB a.F. vor, dass der Bausparer seine Abschlussgebühr zurückerhält. Wäre diese Regelung nicht getroffen worden, so wäre dies als eine unangemessene Benachteiligung des Bausparers gem. § 307 Abs. 2 Nr. 2 BGB zu werten.

Würde diese Gebühr stattdessen auf einen neuen Vertrag angerechnet, so wäre vorher der alte Vertrag gekündigt worden, und der Bausparer hätte einen neuen Vertrag mit der Bausparkasse abgeschlossen, die ihm soeben das Vertragsverhältnis gekündigt hat. Es wäre nicht vertretbar, dass der Bausparer, nur um seine Abschlussgebühr und den Bausparvertrag zu retten, weiterhin das Vertragsverhältnis mit der gleichen Bausparkasse aufrechterhalten muss.

Wird dem Bausparer wegen seines ausgeübten Widerspruchsrechtes gekündigt, bringt das eine zeitliche Verschiebung seiner Zuteilung mit sich, da die Ansparzeit bei einer anderen Bausparkasse, selbst für den Fall, dass er die gesamte bisher angesparte Summe dort einzahlt, wieder begonnen werden müsste. Ferner müsste eine erneute Abschlussgebühr gezahlt werden.

Sollte der Bausparer seine Abschlussgebühr von der Bausparkasse, die ihm das Vertragsverhältnis gekündigt hat, nicht zurückerhalten, hätte er neben dem zeitlichen Verlust bei der Zuteilung auch noch einen erheblichen finanziellen Nachteil.

Insoweit ist die Rückzahlung der Abschlussgebühr gem. § 9 MBB a.F. die einzige vertretbare Variante.

Die Kündigung ist für den Fall ausgeschlossen, dass sich der Bausparer bereits in der Darlehensphase befindet. Wäre der Bausparkasse ein Kündigungsrecht in der Darlehensphase eingeräumt, so würde dies ein Verstoß gegen § 308 Nr. 4 BGB und auch gegen § 307 Abs. 1 BGB bedeuten.

Entsprechende Klauseln wären unwirksam, weil sie dem Bausparer nicht zuzumuten sind. Hierbei kann das Argument der Einheitlichkeit der Verträge durch die Bausparkasse nicht mehr angeführt werden. Das besondere Schutzbedürfnis des Bausparers in der Darlehensphase steht im Vordergrund.

Könnte die Bausparkasse eine Kündigung in der Darlehensphase aussprechen, nachdem sie den Anlass für die Kündigung durch die Änderung der ABB gegeben hat, so wäre der Bausparer in der Darlehensphase gegenüber der Bausparkasse unangemessen benachteiligt. Er müsste für den Fall des Widerspruchs gegen die Bedingungsänderung mit einer Kündigung durch die Bausparkasse rechnen. Die Vorteile, die er sich durch die Zinsbenachteiligung in der Ansparphase „erkauft" hat, würden wegfallen und er könnte wohl auf dem freien Kapitalmarkt nur eine teurere Finanzierung erhalten. Der Bausparer müsste den Nachteil aus der durch die Bausparkasse veranlassten Kündigung tragen. Eine Interessenabwägung fällt eindeutig zu Gunsten des Bausparers aus, der in seiner Handlungs- und Vertragsfreiheit hinsichtlich des Widerspruchs gegen die Bedingungsänderung unangemessen benachteiligt wäre. Im Falle eines Widerspruches würde der Vertrag mit den zuvor geltenden ABB fortgesetzt. Tatsächlich werden in der Darlehensphase wohl kaum nachteilige zustimmungspflichtige Bedingungsänderungen erfolgen.

Im Interesse des Kollektives und zur Kostenminimierung sollen im Bestand der Bausparkasse so wenig Verträge wie möglich vom Regelfall abweichen. Die Abwicklung des Massengeschäftes soll möglichst nicht erschwert werden, soweit es für den einzelnen Bausparer zumutbar bleibt.

Der Widerspruch des Einzelnen gegen die Änderungen und das daraus resultierende Kündigungsrecht der Bausparkasse in der Ansparphase stellt somit keine unangemessene Benachteiligung oder sonstige Verletzung des AGB-Rechts dar, wenn die Abschlussgebühr zurückgezahlt wird. Die Klauseln in § 32 Abs. 1 und 2 MBöB a.F. und § 32 Abs. 1 Satz 1, 3, 4, 5, 6 MBpB a.F. sind daher wirksam. Ausgeschlossen bleibt aber das Kündigungsrecht in der Darlehensphase.

*bb) Widerspruchsrecht nach § 21 Abs. 3 MBB n.F.*

Die MBB n.F. sehen für den Bausparer auch weiterhin bei bestimmten Bedingungsänderungen ein Widerspruchsrecht vor. Die Rechtsfolge eines Widerspruchs ist nicht ausdrücklich geregelt. Ein Kündigungsrecht der Bausparkasse auf Grund eines Widerspruchs ist nicht festgelegt.

Der Bausparer kann jederzeit, sowohl in der Anspar- als auch in der Darlehensphase, den Bausparvertrag gem. § 15 MBB n.F. kündigen, wenn er mit den Bedingungsänderungen nicht einverstanden ist. Das würde aber den unwiederbringlichen Verlust seiner Abschlussgebühr und der investierten Ansparzeit bedeuten.

Als Rechtsfolge des Widerspruchs ergeben sich 2 Alternativen:

1. Der Vertrag wird mit den neuen ABB trotz des Widerspruches fortgesetzt.
2. Die früheren ABB bleiben für den Bausparvertrag wirksam.

1. Alternative:

Der Vertrag wird trotz des Widerspruches mit den neuen ABB fortgesetzt. Das kann nur für die Fälle gelten, in denen das Interesse der Bausparkasse gegenüber den Interessen der Bausparer und deren Schutzbedürfnis überwiegt. Dabei ist zu unterscheiden, ob die Bedingungsänderungen vorteilhaft oder nachteilig für den Bausparer sind.

- Sollten die Veränderungen der ABB lediglich Vorteile für den Bausparer beinhalten, so würde wohl kaum ein Bausparer ihnen widersprechen. Sollte dennoch ein Bausparer an den früheren ABB festhalten wollen, würde hier das Interesse der Bausparkasse an einheitlichen Verträgen stärker ins Gewicht fallen, als das Interesse des Bausparers an den früheren ABB festzuhalten. Insoweit wäre die Rechtsfolge des Widerspruches, nämlich die Fortsetzung des Vertrages mit den begünstigenden neuen ABB ein Vorteil für den Bausparer und würden ihn nicht unangemessen benachteiligen.

- Anders ist der Fall zu bewerten, wenn die Bedingungsänderungen die Rechtsposition des Bausparers verschlechtern. Als Argument für die Fortführung kann nicht herangezogen werden, dass das Kollektiv durch den Widerspruch erheblich benachteiligt würde. Denn um das Kollektiv vor erheblichen Benachteiligungen zu schützen, hat das Bausparkassengesetz bereits durch § 9 Abs. 1 zwischen zustimmungspflichtigen und nicht zustimmungspflichtigen Änderungen unterschieden. Gerade den Änderungen, die zu einer erheblichen Benachteiligung des Kollektives und damit der Gesamtbausparkasse führen, muss der Bausparer nicht zustimmen. Daher ist auch hier das Interesse der Bausparkasse an einheitlichen Verträgen dem Interesse des Bausparers an den früheren ABB festzuhalten, gegenüberzustellen. Für den Bausparer ändern sich durch die Bedingungsänderung die vertraglichen Rahmenbedingungen und er hätte keine andere Möglichkeit, gegen diese Änderungen vorzugehen, als das Vertragsverhältnis zu beenden. Für den Fall der Kündigung müsste der Bausparer aber gem. § 15 MBB n.F. den Verlust der Abschlussgebühr und der investierten

Ansparzeit tragen, obwohl er die Änderungen der Vertragsbedingungen weder verursacht noch veranlasst hat. Diese Rechtsfolge würde den Bausparer gem. § 307 Abs. 1 BGB unangemessen benachteiligen, da er trotz einer nicht von ihm verursachten vertraglichen Änderung einen finanziellen Nachteil zu tragen hätte. Das Interesse des Bausparers überwiegt deutlich, so dass als Rechtsfolge die 1. Alternative nicht in Betracht kommt. Würde dennoch eine Bausparkasse diese Alternative als Rechtsfolge wählen und festschreiben, müsste ein weiterer Hinweis in die MBB n.F. eingearbeitet werden, dass neben der Anerkenntniswirkung des Schweigens gem. 21 Abs 3 MBB n.F. ein Widerspruch keine weitere Wirkung entfaltet.

2. Alternative:

Die zuvor geltenden ABB bleiben im Falle eines Widerspruchs wirksam.

Die höchstrichterliche Rechtsprechung hat jedoch eine Klausel im Versicherungsrecht für unwirksam erklärt, die im Falle eines Widerspruchs die „ursprünglichen Bedingungen“ wieder wirksam werden ließ.[273] Zur Begründung wird angeführt, dass durch diese Klausel ein Vertrag mit der „ursprünglichen Bedingung“ fortgeführt werden könnte, auch wenn die Klausel ihrerseits durch die Rechtsprechung für unwirksam erklärt worden ist. Die Fortführung eines Vertrages mit unwirksamen AGB ist nicht im Sinne des Gesetzgebers.

Da diese Fortführungsklausel bei einem durchschnittlichen Versicherungsnehmer eine „unzutreffende Vorstellung von der Rechtslage“ hervorrufen könnte, könnte er von der Geltendmachung seiner Rechte abgehalten werden.[274]

Der Argumentation kann auch für die Bausparkassenbedingungen gefolgt werden. Für den Bausparer ist nicht erkennbar, welche Wirkung sein Widerspruch hätte. Wenn der Widerspruch keine Wirkung zeigt, wäre es erforderlich, das auch ausdrücklich in den MBB n.F. so zu regeln und der Bausparer müsste auf sein Kündigungsrecht mit der Folge des Verlustes der Abschlussgebühr ausdrücklich hingewiesen werden. Würde der Bausparer von einer Fortführungsklausel ausgehen, würde er von einem Widerspruch möglicherweise abgehalten werden, da er ohnehin von der Fortführung des Vertrages mit den früheren ABB ausgeht. Zudem könnte eine solche Klausel dazu führen, dass Bausparkassen versuchen, dem Bausparer ungünstigere Bedingungen, die vielleicht sogar unwirksam wären, aufzuer-

[273] BGH, NJW 1999, S. 1865 (1866).

[274] BGH, NJW 1999, S. 1865 (1866).

legen, da im Falle eines Widerspruchs die früheren Bedingungen wieder gelten. Die Bausparkasse ginge also kein Risiko ein, dass der betreffende Bereich nicht vertraglich geregelt wäre, sondern zumindest die früheren ABB gelten.

Hier ist die Gefahr für den Rechtsverkehr ähnlich gelagert wie bei der geltungserhaltenden Reduktion von AGB, bei der die verbotswidrige Klausel durch Reduktion auf das gerade noch zulässige oder angemessene Maß aufrecht erhalten wird. Um den Rechtsverkehr zu schützen, gilt das Verbot der geltungserhaltenden Reduktion.[275]

Dabei ist es gleichgültig, welche der beiden Rechtsfolgen von der Bausparkasse gewollt ist. Es ist für den Bausparer in der jetzigen Form nicht erkennbar, welche Wirkung sein Widerspruch hat. Eventuell würde er aus dieser Position heraus auch keinen Widerspruch einlegen, da er Sorge um den Bestand seines Bausparvertrages hätte.[276]

Damit ist § 21 Abs. 3 MBB n.F. intransparent und unwirksam.

Die sachgerechteste Lösung wäre, dass die Bausparkassen ihr Kündigungsrecht gem. den MBB a.F. wieder ausüben dürfen. Sie müssten sich aber verpflichten die Abschlussgebühr zurückzuerstatten, da sie auch die Vorteile der Einbringung der geänderten neuen ABB in den Vertrag genießen.

*b) Änderung von Vertragsbedingungen, die ohne Zustimmung des Bausparers, aber mit Zustimmung der BaFin geändert werden können*

Nach den MBB können einige Klauseln mit Zustimmung der BaFin für bestehende Verträge geändert werden. Der Bausparer muss den Änderungen nicht zustimmen.

---

[275] Palandt/ Heinrichs, vor § 307, Rn. 8.

[276] vgl. BGHZ 128, S. 54 (60) = NJW 1995, S. 589.

Folgende Klauseln können gem. § 32 Abs. 1 Satz 2 MBpB a.F. bzw. § 32 Abs. 3 MBöB a.F. geändert werden:

- §§ 5-11, 14, 17 und 20 MBpB a.F.
- § 5 Abs. 1 und 3, §§ 6-9, 11 Abs. 1 und 2, 11-14, 17 und 20 Abs. 1, Abs. 2 und Abs. 7 MBöB a.F.

Eine ähnliche Regelung wurde bei den MBB n.F. gewählt. Gem. § 21 Abs. 2 MBpB n.F. sowie § 21 Abs. 2 MBöB n.F. können Änderungen bei folgenden Klauseln ohne Zustimmung der Bausparer durchgeführt werden:

- §§ 2-7, 9, 11- 15 und 20 Abs. 2 MBpB n.F.
- §§ 2-15 und 20 Abs. 2 MBöB n.F.

Zu den Klauseln, die verändert werden können, gehören z.B. Höhe der Sparzahlung, Verzinsung des Guthabens, Teilung und Ermäßigung der Bausparsumme, Zusammenlegung und Erhöhung von Bausparsummen, Kündigung des Bausparvertrages, Zuteilungsreihenfolge, Zuteilungsnachricht, Bereithaltung der Bausparsumme, Vertragsfestsetzung, Risikolebensversicherung sowie Zins und Tilgung.

In den verschiedenen MBB können viele unterschiedliche Bereiche ohne Zustimmung der Bausparer geändert werden. Allgemein ist dieser Änderungsvorbehalt der BaFin weniger komplex, als ein Änderungsvorbehalt z. B. bei den AVB.[277] Die Genehmigung der BaFin für Änderungen wird normalerweise für zukünftige Verträge erteilt. Sie kann aber auch mit Wirkung für bereits abgeschlossene Verträge erteilt werden (§ 9 Abs. 1 Satz 1 und Satz 2 BSpkG), sofern die Ergänzungen oder Änderungen zur hinreichenden Wahrung der Belange der Bausparer, also für das Kollektiv als Gesamtheit, erforderlich erscheinen.

*aa) Literatur*

Teile der Literatur sind der Ansicht, dass ein grundsätzliches vertragliches Recht zur einseitigen Änderung des Regelungsgefüges des Vertrages durch die Bausparkasse nicht besteht.

---

[277] Präve, Rn. 446 ff., der die einzelnen Voraussetzungen der AVB Bedingungsänderungsklauseln einzeln darlegt; ders. bereits in ZfV 1993, S. 214 ff.

Das Änderungsrecht soll nicht durch ABB eingeräumt werden können, weil dadurch der den schuldrechtlichen Verträgen zu Grunde liegende Bestimmtheitsgrundsatz verletzt werden würde.[278]

### *bb) Rechtsprechung*

Der BGH jedoch hält ein einseitiges Abänderungsrecht in den ABB[279] jedenfalls im Hinblick auf § 9 Abs. 1 BSpkG und die damit verbundene behördliche Prüfung und Genehmigung für wirksam.[280] Für die AVB kann dieses Änderungsprivileg schon deshalb nicht mehr gelten, weil die Genehmigungspflicht weggefallen ist.[281]

### *cc) Diskussion*

Das Bausparen ist ein Massengeschäft, das eine individuelle Vertragsausgestaltung im Einzelfall unmöglich macht. Außerdem sind die einzelnen Bausparer kraft kollektiver Gegebenheiten so eng miteinander verbunden, dass voneinander abweichende oder einander widersprechende Vertragsbestimmungen zu Störungen im kollektiven System führen würden. Eine unangemessene Benachteiligung des einzelnen Bausparers bei einer Bedingungsanpassung kann schon deshalb nicht gegeben sein, weil aufgrund der gesetzlichen Möglichkeit gem. § 9 Abs. 1 BSpkG der ABB-Änderung eventuelle Verletzungen des Äquivalenzverhältnisses des Einzelvertrages[282] durch die kollektive Verbundenheit im Bausparverhältnis gerechtfertigt sind.[283] Deswegen gehen die Bausparkassen und das KG Berlin richtigerweise davon aus, dass eine Benachteiligung eines Bausparers durch die Veränderung der ABB grundsätzlich möglich ist. Derartige Benachteiligungen sind aber wegen der Vorteile für das Kollektiv hinzunehmen. Das gilt sowohl für das Verhältnis der bereits abgeschlossenen Verträge untereinander als auch für das Verhältnis der neu abgeschlossenen Verträge zu den bereits abgeschlossenen Verträgen.

Der Bausparkasse ist durch die Kontrolle der BaFin die Möglichkeit genommen, willkürliche oder durch einseitiges Gewinnstreben motivierte Änderungen durch-

---

[278] Horn, in Wolf/Horn/Lindacher, § 23 AGBG Anm. 432.

[279] BGH, ZIP 1991, S. 1054 (1061).

[280] BGH, ZIP 1991, S. 1054 (1061).

[281] Horn, in Wolf/Horn/Lindacher, § 23 AGBG Rn. 457.

[282] KG Berlin, NJW RR 1990, S. 544, (559); BSpkFb 3. Kap. 3.6. Nr. 11.2.

[283] vgl. BSpkFb 3. Kap. 3.6. Nr. 11.2.

zuführen.[284] Die Regelung dient dem Schutz der Bausparer, weil nach Vorstellung des Gesetzgebers die Bausparkasse durch ihre ABB berechtigt ist, ohne Einverständnis des Bausparers dessen Rechte bzw. die vertraglichen Pflichten der Bausparkasse zu verändern, um z.B. die Bausparkasse in einer finanziell angeschlagenen Situation zu unterstützen.[285]

Da die Bausparkassen ohnehin verpflichtet sind, alle Änderungen der ABB anzuzeigen,[286] ist in Anlehnung an die höchstrichterliche Praxis ein allgemeiner Änderungsvorbehalt zulässig.[287] Die behördliche Überprüfung aller Änderungen bietet Ersatz für die einzelne Konkretisierung der Änderungsanlässe.

Der BaFin wird durch die Überprüfung eine Möglichkeit gegeben, bei allen Änderungen vorab festzustellen, ob durch die Änderung die Belange der Bausparer im Sinne von § 8 Abs. 1 BSpkG ausreichend gewahrt werden.[288] § 8 Abs. 1 BSpkG fordert explizit, dass für die gesamte Laufzeit ein angemessenes Verhältnis (Äquivalenzverhältnis) zwischen den Leistungen des Bausparers und denen der Bausparkasse, das sog. individuelle Sparer-Kassen-Leistungsverhältnis (SKL), gegeben ist.

Änderungsvorbehalte sind für die Bausparkassen notwendig, um sich den möglichen veränderten Rahmenbedingungen eines langjährigen Vertragsverhältnisses anzupassen. In Betracht kommen die Änderung der Sparförderung, die Entwicklung des Wohnungsbaumarktes, Immobilienpreisänderungen, Änderungen der Sparbereitschaft, Veränderung des Bausparerverhaltens in bezug auf Einmalzahlungen und Sonderzahlungen usw..

Eine Anpassung an diese Veränderungen muss möglich sein, um die Interessen der Bauspargemeinschaft zu wahren. Ist eine solche Anpassung nötig, kann sie nur dann durch die Änderung tarifbestimmter Merkmale sichergestellt werden, wenn

---

[284] BSpkFb 3. Kap. 3.6. Nr. 11.2; vgl. BGH, ZIP 1991, S. 1054, (1060 ff.).

[285] BT-DS 11/ 8089, Amtliche Begründung zum BSpkG n. F. 1990, S. 18 ff.

[286] vgl. § 9 Abs. 1 Satz 3 BSpkG der regelt, dass sonstige Änderungen und Ergänzungen der BaFin mindestens drei Monate vor Inkrafttreten anzuzeigen sind.

[287] vgl. allgemein Wolf, in Wolf/Horn/Lindacher, § 10 Nr. 4 AGBG Rn. 4 ff.; Staudinger/Coester-Waltjen, § 10 Nr. 4 Rn. 6 AGBG; Schmidt, in Ulmer/Brandner/Hensen, § 10 Nr. 4 AGBG Rn. 4; vgl. zu den AVB bei Präve, Rn. 446 ff.; vgl. auch MüKo/Basedow, § 308 Nr. 4 BGB Rn. 9, der jedoch davon ausgeht, dass die Staatsaufsicht in diesen Bereichen allein öffentlichen Interessen dient, die sich mit dem Äquivalenzinteresse eines Vertragspartners keineswegs decken müssen. Eine hoheitliche Genehmigung könne daher nur Indiz für die Zumutbarkeit einer Vertragsänderung sein.

[288] Schäfer/Cirpka/Zehnder, § 9 Rn. 3.

sie auch für bereits abgeschlossene Verträge gelten.[289] Die finanziellen Vor- oder Nachteile werden ohnehin durch die BaFin geprüft und überwacht. Auf jeden Fall muss das wirtschaftliche Überleben der Bausparkasse sichergestellt sein.

Wäre es dem Bausparer möglich, bei einer für das finanzielle Überleben der Bausparkasse notwendigen Bedingungsänderung das Bausparverhältnis und den Vertrag zu kündigen und die volle Abschlussgebühr zurückzuerhalten, so wäre dies sicherlich für viele Bausparer Anlass, einen Bausparvertrag bei Bedingungsänderung zu kündigen.

Das würde für die Bausparkasse einen unkalkulierbaren Unsicherheitsfaktor bedeuten und die finanzielle Situation noch verschärfen. Die Bindung der Bausparer an die Bausparkasse soll fest sein, um der Bausparkasse und dem Kollektiv eine sichere Kalkulation zu ermöglichen.

Die Anforderungen, die von der Rechtsprechung an wirksame Bedingungsänderungsklauseln gestellt werden, sind hoch. Der BGH hat die Bedingungsänderungsklausel in AVB kritisiert und zwei wesentliche Voraussetzungen genannt, die erfüllt sein müssen, da die Klauseln sonst unwirksam sind.[290]

- Der Verwender sollte die Anpassungen und Veränderungen der AVB nicht selbständig ohne Überprüfung vornehmen dürfen. Das Argument ist auf die Änderungen nach den MBB n.F. nicht anwendbar. Die Änderungen bei ABB werden immer nur in Absprache und nach Genehmigung mit der BaFin durchgeführt.

- Das Äquivalenzinteresse muss ausreichend berücksichtigt werden.[291] Bedingungsänderungen sind nur dann notwendig, wenn sie durch unvorhersehbare Veränderungen, die nicht durch den Versicherer als Verwender veranlasst wurden und die er auch nicht beeinflussen kann, das bei Vertragsabschluss vorhandene Äquivalenzverhältnis in nicht unbedeutendem Masse stören.[292] Für diesen Fall ist eine Bedingungsänderungsklausel

---

[289] vgl. hierzu die amtliche Begründung zum Änderungsgesetz 1990 zu § 9 Abs. 1 BSpkG.

[290] vgl. BGH, NJW 1999, S.1865 f.

[291] BGH, NJW 1999, S.1865.

[292] vgl. BGH, NJW 1999, S.1865.

wirksam, andernfalls aber wegen der möglichen Benachteiligung der Vertragspartner unwirksam.[293] § 8 Abs. 1 BSpkG fordert explizit die Berücksichtigung des Äquivalenzverhältnisses bei Änderungen in den ABB. Daher ist auch diese Anforderung des BGH durch eine gesetzliche Regelung erfüllt.

Die durch den BGH genannten Voraussetzungen für eine wirksame Bedingungsänderungsklausel in den AVB ist für eine Bedingungsänderungsklausel in den ABB erfüllt. Die Genehmigung zur Änderung der ABB, auch mit Wirkung für bestehende Verträge, darf durch die BaFin nur erteilt werden, wenn die Wahrung der Belange der Bausparer einer Bausparkasse auf anderem Wege nicht mehr gewährleistet erscheint und das Äquivalenzinteresse ausreichend berücksichtigt wurde.

Dem Bausparer steht ohnehin immer die Möglichkeit offen, die geänderten ABB im Wege der gerichtlichen Inhaltskontrolle im Individualprozess überprüfen zu lassen. Seine Absicherung vor willkürlicher Änderung der Bausparbedingungen durch die Bausparkasse ist somit umfänglich. Die Bedingungsänderungsklauseln in den MBB sind wirksam.

## 2. Änderung des Leistungsumfanges

Soweit es bei den Änderungen oder Ergänzungen um die Bestimmung des Leistungsumfanges im Sinne des § 315 BGB geht, kann dieses Gestaltungs- und Abänderungsrecht auch durch AGB festgelegt werden. Voraussetzung hierfür ist jedoch, dass der Bausparer nicht im Sinne von § 307 BGB benachteiligt wird. Eine Benachteiligung kann grundsätzlich durch die behördliche Prüfung sowie den Genehmigungsvorbehalt ausgeschlossen werden[294] und wird gegebenenfalls im Wege der Individualklage durch die Gerichte festgestellt werden. Die Überprüfung durch die BaFin ist nicht abschließend und es besteht immer die Möglichkeit, dass Gerichte die Änderungen als Benachteiligung der Bausparer sehen.

---

[293] vgl. zu dem Diskussionstand in der Literatur: Prölss, in Prölss/Martin, Vorb. I Rn. 28; Präve, Versicherungsbedingungen und AGBG, Rn. 446 ff. ; Matusche-Beckmann, NJW 1998, S. 112; Schwintowski, VuR 1998, S. 128; Fricke, VersR 2000, S. 257f. der auch grundsätzlich von der Möglichkeit einer Bedingungsanpassung(-änderung) ausgeht, aber einen beschränkten praktischen Wert im Vordergrund sieht.

[294] Horn, in Wolf/Horn/Lindacher, § 23 AGBG Rn. 432.

Die Prüfung durch die BaFin ist hinsichtlich des Schutzes der Bausparer nur als „Vorprüfung" zu sehen, da die BaFin eben keine Verbraucherschutzbehörde ist. Der Bausparer hat keinen Anspruch darauf, dass die BaFin Änderungen veranlasst oder Änderungen nicht genehmigt. Rechtswirksamen Schutz vor Benachteiligung kann der Bausparer nur durch die Gerichte erhalten.[295]

Es kann nicht außer Acht gelassen werden, dass die Genehmigung durch die BaFin die erforderliche Einwilligung des Kunden in die Vertragsänderung nicht ersetzt, weil sie den notwendigen Konsens zwischen Bausparkasse und Bausparer nicht fingiert.[296]

Die Genehmigung kann unter den erleichterten Einbeziehungsvoraussetzungen der § 32 Abs. 1 und 2 MBöB a.F., § 32 Abs. 1 MBpB a.F., § 21 Abs. 3 MBB n.F. vom Bausparer erteilt oder abgefordert werden. Als Minimum ist eine ausreichende Information des Bausparers über die vorgeschlagene Änderung und die Einräumung der Widerspruchsmöglichkeit notwendig.

### 3. Widerspruchsfrist in § 32 Abs. 1 MBpB a.F., § 32 Abs. 2 MBöB a.F., § 21 Abs. 3 MBpB n.F.

Die Widerspruchsfrist gegen die Bedingungsänderung ist dem Bausparer schriftlich bekanntzugeben. Der Bausparer muss binnen vier Wochen widersprechen (vgl. § 32 Abs. 1 MBpB a.F., § 32 Abs. 2 MBöB a.F., § 21 Abs. 3 MBpB n.F.). Die Unterrichtung des Bausparers erfolgt normalerweise durch schriftliche Mitteilung z. B. in den Bausparzeitschriften oder durch Anschreiben. Die Widerspruchsfrist von vier Wochen ist durch den BGH als zu kurz eingestuft worden.[297] Als Begründung führte der BGH an, dass es zunächst dem Bausparer auferlegt ist, tätig zu werden, was für sich genommen noch nicht die Wirksamkeit der Klausel beeinflusst. Jedoch wird sich der Bausparer eventuell Rechtsrat einholen wollen, was abhängig davon ist, um welche Art der Anpassung es geht.[298]

Sollte sich der Bausparer in einem dreiwöchigen Urlaub befinden, was heute üblich sei, wenn ihm die Änderung mitgeteilt wird, so hätte er nicht mehr ausreichend Zeit, um sich beraten zu lassen.[299]

---

[295] vgl. BGH, WM 1991, S. 1452.

[296] Horn, in Wolf/Horn/Lindacher, § 23 AGBG Rn. 432.

[297] BGH, NJW 1999, S. 1865 (1866).

[298] vgl. BGH, NJW 1999, S. 1865 (1866).

[299] vgl. BGH, NJW 1999, S. 1865 (1866).

Der Ansicht des BGH ist zu folgen. Ferner muss berücksichtigt werden, dass die Frist nicht nur für den Bausparer selbst zu kurz sein könnte, sondern auch für denjenigen, den der Bausparer um Hilfe ersucht. Es ist auch nicht geregelt, ob der Bausparer seinen Widerspruch begründen muss oder soll. Ferner ist nicht geregelt, wer, wie und in welchem Zeitraum über den Widerspruch befindet.

Die § 32 Abs. 1 MBpB a.F., § 32 Abs. 2 MBöB a.F., § 21 Abs. 3 MBpB n.F. würden in der jetzigen Form einer Überprüfung durch die Gerichte nicht standhalten. Die Klausel des § 21 Abs. 3 MBöB n.F., der keine feste Frist setzt, ist auch für die MBpB n.F. anzuraten. Es ist den Verwendern weiter zu empfehlen, mindestens eine Frist von 6 Wochen zu wählen.

### 4. Behördlich veranlasste Änderungen

Es kann weiterhin notwendig sein, dass die BaFin anordnet, die ABB zu ändern. Das kann durch die BaFin gefordert und gem. §§ 8 und 9 BSpkG durchgesetzt werden. Zur Durchsetzung wurde insbesondere das Instrumentarium des § 9 Abs. 2 Satz 1 BSpkG installiert. Danach kann die BaFin Änderungen oder Ergänzungen verlangen, wenn die Erfüllung der von der Bausparkasse in den Bausparverträgen übernommenen Verpflichtungen nicht mehr gewährleistet erscheint.[300] Zum Schutz des Bausparers kann die Behörde demnach auf privatrechtliche Verträge einwirken.[301]

Bei solchen Maßnahmen handelt es sich um einen aufsichtsbehördlichen Eingriff in das Leistungs- und Bedingungsgefüge der Bausparverträge in einer Notsituation, die dem Schutz der Interessen und des Vermögens der Bausparer dienen. In einem derartigen „Notfall" kann eine Änderung oder Ergänzung mit Rücksicht auf das kollektive Leistungsgefüge nicht von der Zustimmung eines einzelnen, möglicherweise nicht einmal persönlich betroffenen Bausparers abhängig gemacht werden. Die Bausparkasse führt die entsprechenden Änderungen nach den Anweisungen der BaFin durch. Es handelt sich um eine auf die bestehenden Bausparverträge unmittelbar einwirkende Privatrechtsgestaltung.

---

[300] Schneider, Manfred § 9 S. 45.

[301] Schneider, Manfred § 9 S. 44 ff.; Horn, in Wolf/Horn/Lindacher, § 23 AGBG Rn. 433; BSpkFb § 9 BSpkG Rn. 4.

Vor dem Erlass des BSpkG hatte das zuständige Versicherungsaufsichtsamt bereits ein derartiges Gestaltungsrecht. Das damals noch existierende BAV konnte auch in bestehende Verträge eingreifen oder sie ändern und ergänzen. Die damit in Zusammenhang stehende Privatrechtsgestaltung war durch die Rechtsprechung grundsätzlich anerkannt,[302] ist aber in diesem weiten Umfang sehr bedenklich.[303]

Die Eingriffsmöglichkeit der BaFin hat sich durch die einschränkenden Voraussetzungen des § 9 Abs. 2 BSpkG vermindert und der Eingriff in die bestehenden Verträge erscheint unter Berücksichtigung von Art. 14 GG insoweit unbedenklich.

Im Vordergrund steht, dass die wirtschaftliche Lage der Bausparkasse[304] keine gleichmäßige vollständige Erfüllung aller Bausparverträge mehr gewährleistet und dass z. B. eine behördlich veranlasste Kürzung der Leistungen[305] nur der schonenden Realisierung einer bereits eingetretenen kollektiven Verminderung des wirtschaftlichen Wertes aller Bausparverträge dient.

Nach § 46 KWG kann die BaFin bei Gefahr für die Sicherheit der einem Kreditinstitut anvertrauten Vermögenswerte alle notwendigen einstweiligen Maßnahmen treffen. Sie kann insbesondere Anweisungen für die Geschäftsführung des Kreditinstitutes erlassen, die Annahme von Einlagen und die Gewährung von Krediten verbieten oder begrenzen, Geschäftsleitern die Ausübung ihrer Tätigkeit untersagen und Aufsichtspersonen bestellen.

Aber unter keinen Umständen darf die BaFin eine Abwägung des Individualinteresses des einzelnen Bausparers gegenüber dem Bausparkollektiv unterlassen. Die Änderungen sind nur in den engen Grenzen einer behördlichen Privatrechtsgestaltung anzuerkennen, vgl. § 9 Abs. 2 BSpkG.[306] Regelmäßig werden aber die Geschäftsleiter selbst Änderungen der ABB beantragen, bevor die BaFin Änderungen der ABB anweist.

---

[302] BGHZ 2 S. 55 (58 ff. ); BGH, NJW 1976, S. 2257.

[303] Horn, in Wolf/Horn/Lindacher, § 23 AGBG Rn. 33.

[304] z.B. weniger Sparbereitschaft der Bausparer; Kündigungsverhalten; Verhalten bei der Inanspruchnahme von Bauspardarlehen; veränderte Kalkulationsgrundlagen; unzureichende Neuabschlüsse.

[305] z. B. Recht auf Zuteilung eines Darlehens in vereinbarter Höhe; Herabsetzung der Bausparsumme.

[306] Horn, in Wolf/Horn/Lindacher, § 23 AGBG Rn. 431 ff, vgl. BSpkFb § 9 BSpkG, Rn. 4.

## 5. Ergebnis

§ 32 Abs. 3 MBöB a.F. und § 32 Abs. 1 Satz 2 MBpB a.F. verstoßen nicht gegen die §§ 308 Nr. 4, 307 Abs. 1 Nr. 1 BGB.[307] Jedoch sind bei den MBB n.F. einige Klauseln eingeführt worden, die einer Überprüfung nicht standhalten. Zum einen ist anzumerken, dass die MBB n.F. keine Rechtsfolge für den Fall des Widerspruchs durch den Bausparer gegen die Bedingungsänderung vorsehen. Dadurch weiß der einzelne Bausparer nicht, welche Folgen ein Widerspruch hätte. Die Möglichkeit der Bausparkassen, die ABB mit Zustimmung der BaFin zu verändern, ist nicht zu beanstanden, soweit sich die Bausparkassen in ihren ABB an die Vorgaben in den MBB halten.

Ferner ist die durch die MBpB n.F. gesetzte Widerspruchsfrist von 4 Wochen zu kurz.

## III. Überraschende Klauseln in den ABB

Bestimmungen, die „nach den Umständen", insbesondere dem äußeren Erscheinungsbild des Vertrages so ungewöhnlich sind, dass der Vertragspartner des Verwenders nicht mit ihnen zu rechnen braucht, werden gem. § 305c Abs. 1 BGB nicht Vertragsbestandteil. § 305c Abs. 1 BGB hat sachlich und sprachlich § 3 AGBG unverändert übernommen.[308]

### 1. Normzweck von § 305c Abs. 1 BGB

Motivation des Gesetzgebers bzgl. § 305c Abs. 1 BGB ist, dass der Kunde die ihm gegebene Möglichkeit zur Kenntnisnahme der AGB oft nicht nutzt[309] oder nutzen kann. Eine weiterer Grund dafür ist die mangelnde Rechtskenntnis bzw. Geschäftskunde des Verbrauchers.[310]

Der Vertragspartner des Verwenders von AGB-Klauseln, dem die AGB normalerweise vorgelegt werden und der bei Vertragsschluss die Rechtsfolgen bzw. die

---

[307] BGH, ZIP 1991, S. 1054 (1060 ff.); Horn, in Wolf/Horn/Lindacher, § 23 AGBG Rn. 434.

[308] Palandt/ Heinrichs, § 305c BGB Rn. 1; MüKo/Basedow, § 305c BGB Rn. 1.

[309] Die Möglichkeit der Kenntnisnahme muss dem Kunden jedoch gem. § 2 AGBG verschafft werden.

[310] MüKo/Basedow, § 305c BGB Rn. 1.

Bedeutung der AGB nicht voll erkennt, muss sich darauf verlassen können, dass die von ihm meist allgemein gebilligten AGB nicht zu sehr von den bei diesem Geschäft vorstellbaren und üblichen Bedingungen abweichen.[311] Der uninformierte und arglose Kunde soll vor Überrumpelung und Übertölpelung geschützt werden.[312] Auch sein Vertrauen in den redlichen Rechtsverkehr mit AGB soll geschützt werden.[313]

Es wird folglich auch derjenige geschützt, der die AGB nicht gelesen hat. Der Kunde soll seine Aufmerksamkeit nicht auf die Nebenbedingungen verwenden, sondern soll seine Aufmerksamkeit auf die Hauptleistungen[314] lenken.[315]

## 2. Voraussetzungen für eine überraschende Klausel

Überraschend im Sinne von § 305c Abs. 1 BGB ist eine Klausel dann, wenn zwischen dem Vertragsinhalt und der Kundenerwartung eine augenscheinliche Diskrepanz besteht.[316] Der BGH sieht eine Klausel insbesondere dann als überraschend an, wenn deren Inhalt auf eine dem eigentlichen Vertragszweck grob widersprechende Regelung hinausläuft.[317] Zunächst muss die Vorstellung und Erwartung des Vertragspartners festgestellt werden. Dann ist zu untersuchen, ob diese Erwartungshaltung gerechtfertigt war. Anschließend ist der Klauselinhalt zu ermitteln. Schließlich muss geprüft werden, ob eine Diskrepanz zwischen den erstgenannten Kriterien besteht.[318]

---

311 BT-DS 7/3919 S. 19; BGH, DB 1975 S. 2366 (2367 ff.); Staudinger/Schlosser, § 3 AGBG Rn. 4; Ulmer, in Ulmer/Brandner/Hensen, § 3 AGBG Rn. 1; a. A. Löwe, in Löwe/Trinkner/Graf von Westphalen, § 3 AGBG Rn. 5 ff.

312 BGH, WM 1988, S. 12; BGH, NJW 1987, S. 848.

313 BT-Drs. 7/3919,S. 19; MüKo/Basedow, § 305c Abs. 1 BGB Rn. 1 Ulmer, in Ulmer/Brandner/Hensen, § 3 AGBG Rn. 2; Erman/Hefermehl/O.Werner, § 3 AGBG Rn. 1.

314 wie z. B. Leistungsgegenstand, Liefertermin, Preis etc.

315 Bunte, NJW 1987, S. 921, 929; van de Loo, S. 24.

316 Wolf, in Wolf/Horn/Lindacher, § 3 AGBG Rn. 18; Ulmer, in Ulmer/Brandner/Hensen, § 3 AGBG Rn. 11 u. 22; MüKo/Basedow, § 305c Abs. 1 BGB Rn. 10.

317 BGH, BB 1983, S. 1880; BGH, DB 1975, S. 2366 (2368); BGH, DB 1976, S. 1616 ff.

318 vgl. MüKo/Basedow, § 305c Abs.1 BGB Rn. 3.

*a) Subjektive Voraussetzungen*

Welche Vorstellung durfte der Kunde nach den vorliegenden Umständen haben?

Für die Vorstellung des Kunden ist auf die bei Vertragsabschluss herrschenden Umstände abzustellen.[319] Dabei müssen nicht nur die vertraglichen Vereinbarungen berücksichtigt werden, sondern vielmehr auch der Eindruck des Kunden nach den äußeren Gegebenheiten.[320]

Außerdem muss auf den Kunden mit durchschnittlicher Geschäftserfahrung, Aufmerksamkeit und Umsicht abgestellt werden. Zugrundezulegen ist also der Erwartungshorizont des typischen Bausparers, mit dem ständig gleichartige Verträge geschlossen werden.[321]

*b) Objektive Voraussetzungen*

Für den Inhalt der betroffenen AGB-Klausel gilt nach der Rechtsprechung der Grundsatz der „objektiven Auslegung".[322] Der Vorstellung des Kunden ist der Inhalt der Klausel gegenüberzustellen. Ausschlaggebend für die Auslegung ist das durchschnittliche Interesse, die Vorstellung und Verständnismöglichkeit von redlichen Vertragsparteien und die allgemeinen Geschäftsgrundlagen, die sie ihrem Geschäftsverkehr zugrundelegen wollen.[323]

Das heißt, die Auslegung muss losgelöst von der zufälligen Gestaltung des Einzelfalles, den individuellen Vorstellungen der Vertragsparteien unter Beachtung ihres wirtschaftlichen Zweckes und der gewählten Ausdrucksweise sein.[324] Die Auslegung hat unter Berücksichtigung der Vertragsverhältnisse zu erfolgen, wie sie bei

---

[319] MüKo/Basedow, § 305c Abs. 1 BGB Rn. 3; Ulmer, in Ulmer/Brandner/Hensen, § 3 AGBG Rn. 11; van de Loo, S. 24.

[320] Dazu gehören z. B. Kataloge, Prospekte, äußeres Erscheinungsbild des Vertrages etc. vgl. BGH, NJW 1990, S. 576, 577; BGHZ 102, S. 152 (159).

[321] Ulmer, in Ulmer/Brandner/Hensen, § 3 AGBG Rn. 22; BGH, NJW 1990, S. 1519 = LM AGB Nr. 85; NJW 1981, S. 117, 118; BGH, NJW 1985, S. 850, 851; a. A. z. B. Quittnat, DB 1979, S. 1530, der nur auf die Geschäftserfahrung des betroffenen Kunden abstellt und nicht auf die Geschäftserfahrung aller Kunden.

[322] BGHZ 22, S. 109, 113 = NJW 1965, S. 1915, m. w. N.; MüKo/Basedow, § 305c Abs. 1 BGB Rn. 3.

[323] BGHZ 33, S. 216 (217) = NJW 1961, S. 212.

[324] BGHZ 22, S. 109 (113) = NJW 1965, S. 1915.

den AGB-Verwendern und dem angesprochenen Kundenkreis typischerweise vorherrschen.[325]

Bei der objektiven Betrachtung der Klausel ist es entscheidend, dass die Besonderheiten des jeweiligen Einzelfalles[326] gerade nicht berücksichtigt werden.[327]

*c) Diskrepanz zwischen objektiven und subjektiven Voraussetzungen*

Schließlich muss der Unterschied zwischen den Vorstellungen des Kunden und dem Inhalt der Klausel so deutlich sein, dass die Klausel als überraschend gelten kann. Dabei reicht eine ungewöhnliche bzw. unübliche Klausel nicht aus. Der Kunde muss regelrecht unvorbereitet bzw. übertölpelt sein[328] und musste auch wegen der Umstände auf eine so gestaltete Klausel nicht gefasst sein.[329] Die Beweislast, dass der Bausparer trotz der ungewöhnlichen, nach allgemeiner Ansicht überraschenden Klausel mit ihr gerechnet hat, liegt bei der Bausparkasse als Verwender.[330]

Der Bausparer muss lediglich nach den allgemeinen Beweislastgrundsätzen die objektiven und subjektiven Voraussetzungen beweisen.[331]

---

325 BGH, NJW 1990, S. 1177 (1178); BGH, NJW 1988, S. 1261 (1262); OLG Karlsruhe, RR 1991, S. 237 (238).

326 BGH nennt in BGHZ 22, S. 109 (113) "alles Zufällige des Einzelfalles".

327 BGHZ 7, S. 365 (368) = NJW 1953, S. 21; BB 1971, S. 802; NJW 1974, S. 1135 (1136).

328 BGH, NJW 1992, S. 576 (577); BGHZ 84, S. 109 (112 ff.).

329 BGH, NJW 1990, S. 576 (577); BGHZ 84, S. 109 (112) = NJW 1982, S. 2369; OLG Frankfurt, VersR 1983, S. 528 (529).

330 vgl. BGH, ZIP 1992, S. 386 (389); BGHZ 109, S. 197 (203) = NJW 1990, S. 78; Erman/ Hefermehl/ O.Werner, § 3 AGBG Rn. 20; ähnlich Löwe, in Löwe/Trinkner/Graf von Westphalen, § 3 AGBG Rn. 31; Baumgärtel-Hohmann, § 3 AGBG Rn. 3.

331 Ulmer, in Ulmer/Brandner/Hensen, § 3 AGBG Rn. 25; Horn, in Wolf/Horn/Lindacher, § 3 AGBG Rn. 80; Löwe, in Löwe/Trinkner/Graf von Westphalen, § 3 AGBG Rn. 31.

### 3. Anwendbarkeit von § 305c Abs. 1 BGB auf ABB

In Rechtsprechung und Literatur wird unterschiedlich bewertet, ob § 305c Abs. 1 BGB auf aufsichtsbehördlich genehmigte ABB angewandt werden kann. Nach der amtlichen Begründung soll für die Anwendung von § 305c Abs. 1 BGB regelmäßig kein Raum sein.[332]

#### *a) Schrifttum*

Die Anwendbarkeit des § 305c Abs. 1 BGB auf die ABB wird durch Teile der Literatur verneint. Das Hauptargument ist dabei, dass durch die behördliche Genehmigung der ABB eine überraschende Klausel ausgeschlossen ist, da die ABB bereits vorher überprüft wurden.[333]

#### *b) Rechtsprechung*

Die frühere Rechtsprechung hat die Anwendung des früher geltenden § 3 AGBG auf behördlich genehmigte Monopolbedingungen aufgrund der zuvor durchgeführten behördlichen Überprüfung verneint.[334] Von dieser Spruchpraxis ist die Rechtsprechung jedoch abgekommen. Neuerdings geht sie auf die oben dargestellte Problematik in Bezug auf die ABB nicht mehr ein. § 3 AGBG, jetzt 305c Abs. 1 BGB, wird ohne weitere Kommentierung bei Überprüfung der ABB angewandt.[335] In der Begründung zum AGBG[336] wurde diese Problematik bereits erkannt und berücksichtigt. § 3 AGBG sollte nur dann anwendbar sein, wenn besondere Umstände des Einzelfalles, die der Behörde nicht bekannt waren, beim Vertragsabschluss dem Inhalt der jeweiligen Vertragsbestimmungen „entgegengesetzte" Erwartungen[337] hervorriefen.

---

[332] BT-DS 7/ 3919 S. 20 ff.; vgl. Dietlein, Prot. Amtl. Begr., § 3 AGBG Rn. 5.

[333] vgl. Staudinger/Schlosser, § 3 AGBG Rn. 22; vgl. zu der Problematik van de Loo, S.28 f.; Bruchner, WM 1987, S. 449 ( 456 ).

[334] OLG München, VersR 1976, S. 163 ff.

[335] BGH, ZIP 1987, S. 829 (830); OLG Oldenburg, NJW RR 1988, S. 1101; OLG Karlsruhe NJW 1986, S. 1500.

[336] BT-DS 7/ 3919 S. 20 ff.

[337] BT-DS 7/ 3919 S. 20.

*c) Diskussion und Lösung*

Das Hauptargument der Literatur, nämlich die vorherige Überprüfung seitens der Behörde zur Verhinderung einer „Überraschung“, hält einer genauen Betrachtung nicht stand. Ein Bausparer, der den Bausparvertrag nach den ABB abschließt, hat unzweifelhaft eine andere Sichtweise hinsichtlich der ABB als der betreffende Mitarbeiter in der Aufsichtsbehörde. Dem Mitarbeiter ist ein anderes Fachwissen zu unterstellen als einem durchschnittlichen Bausparer. Der Bausparer kann durch ABB-Klauseln überrascht werden, die dem Überprüfenden als völlig selbstverständlich erscheinen. Die Argumente der Begründung zum AGBG können nicht uneingeschränkt gelten, da es nicht nur auf die Kenntnisse der Behörde von besonderen Umständen des Einzelfalles ankommt, sondern insbesondere um die Einschätzung eines erfahrenen Sachbearbeiters im Vergleich zum typischen Bausparer geht. Der Sachbearbeiter wird bei seiner Überprüfung überwiegend aufsichtsrechtliche Gesichtspunkte heranziehen. Die Behörde muss die ABB auch nicht anhand der §§ 305 ff. BGB prüfen. Daher hat die vorherige Überprüfung durch die Behörden nicht den gewünschten Erfolg bezüglich der Anforderungen dieser BGB - Normen .

Die Rechtsprechung hat bereits in mehreren Urteilen unter Rückgriff auf § 3 AGBG überraschende Klauseln ausgeschaltet.[338] Daher kann nicht als Indiz angeführt werden, dass genehmigte Bedingungen keinen ungewöhnlichen[339] oder überraschenden Charakter haben können. Die Rechtsprechung zeigt, dass die Überprüfung von ABB oder anderen behördlich genehmigten AGB durch die Gerichte notwendig ist. Die Bearbeiter in den überprüfenden Behörden genehmigen die Geschäftsbedingungen zu einem bestimmten Zeitpunkt. Durch veränderte Vertragsgestaltungen und wirtschaftliche Veränderungen der Unternehmen, die diese AGB verwenden, ist es möglich, dass die Gerichte zu einem späteren Zeitpunkt eine Klausel gem. § 305c Abs. 1 BGB für überraschend erklären.

Da, wie bereits erörtert, einmal genehmigte ABB der AGB-Kontrolle unterliegen, ist nicht einzusehen, warum gerade § 305c BGB als Prüfungsmaßstab bei einer Überprüfung ausgenommen sein soll. Im Ergebnis ist festzuhalten, dass § 305c Abs. 1 BGB zu einer Prüfung der behördlich genehmigten ABB herangezogen werden kann.

---

[338] BGH, NJW 1985, S. 971 ff; BGH, NJW 1981, S. 746; OLG Hamburg, VersR 1979, S. 145 ff.; LG Bre-men, NJW 1985, S. 868 ff.

[339] Helm, NJW 1978, S. 132.

In den MBB a.F. und n.F. sind keine Klauseln enthalten, die offensichtlich als überraschend einzustufen wären.

## D. Auslegung der Allgemeinen Bausparbedingungen

### I. Allgemeine Auslegungskriterien

Durch die Verwendung von ABB soll sichergestellt werden, dass die Bausparkasse mit allen Bausparern Verträge zu denselben Vertragsbedingungen abschließt. Dabei soll die Vertragseinheitlichkeit von Seiten der Bausparkasse gesichert werden.

Mit den ABB wird dem für die Funktionsfähigkeit einer Solidargemeinschaft unabdingbaren Prinzip der Gleichbehandlung ihrer Mitglieder Rechnung getragen. Demzufolge liegen die Bedingungen für das angestrebte Bauspardarlehen für den jeweiligen Bausparer gleichermaßen schon bei Abschluss des Bausparvertrages fest. Sie können nicht mehr willkürlich einseitig durch die Bausparkasse oder den Bausparer verändert werden.

Bei der Auslegung der ABB darf nicht nur auf den Verständnishorizont des jeweiligen Bausparers zurückgegriffen werden. Vielmehr muss auf den Horizont des durchschnittlichen Bausparers (Abschließenden) abgestellt werden. Das ergibt sich auch bereits aus § 133 BGB. Danach ist bei der Auslegung von Willenserklärungen der wirkliche Wille zu erforschen und nicht an dem buchstäblichen Sinn des verwendeten Ausdrucks zu haften. Diese Auslegung gilt ebenso für die Vertragsabschlüsse von Bausparverträgen.

Auch die AGG dürfen, da sie dem durchschnittlichen Bausparer nicht bekannt sind und ihm normalerweise auch nicht ausgehändigt werden (und dies auch nicht müssen), allenfalls dann als Auslegungsmittel verwandt werden, wenn dadurch die Rechtsstellung des Bausparers nicht verschlechtert wird. Zugunsten der Bausparkasse ist die Interessenwahrnehmung des Kollektivs zu berücksichtigen.

Die ABB, die wörtlich oder inhaltlich mit dem BSpkG oder dem KWG übereinstimmen, sind entsprechend den Gesetzen auszulegen. Dies gilt jedoch nicht, wenn juristische Fachausdrücke verwendet werden, denn dann gilt der rechtstechnische Begriff.[340] Bei der Auslegung der ABB sind somit im Verhältnis zu anderen AGB keine Besonderheiten festzustellen.

## 1. Unklarheitenregel gem. § 305c Abs. 2 BGB

Sowohl sprachlich als auch inhaltlich übernimmt § 305c Abs. 2 BGB unverändert den bisherigen § 5 AGBG.[341] Die Norm stellt klar, dass objektiv unklare Regeln zu Lasten des Verwenders ausgelegt werden. Das gilt auch für kollektiv ausgehandelte sowie behördlich empfohlene AGB.[342] § 305c Abs. 2 BGB soll den Verwender von AGB dazu veranlassen, diese klar und deutlich auszugestalten. Derjenige, der die Vorteile der Vertragsgestaltungsfreiheit für sich in Anspruch nimmt, soll auch deren mögliche Nachteile bei Unwirksamkeit tragen.[343]

Dieses Ergebnis sehen sowohl die Rechtsprechung als auch die Literatur als die beste Lösung an, da derjenige, der die AGB in den Vertrag mit einbringt, auch die Verantwortung für deren Auslegung tragen soll.[344] Ein Vorteil von § 305c Abs. 2 ist, dass im Fall der objektiven Mehrdeutigkeit die im BGB gem. § 155 BGB geltende Regelung, nämlich der möglichen Gesamtnichtigkeit des Vertrages wegen Dissenses, nicht greift.

Außerdem ist § 305c Abs. 2 subsidiär und wird erst angewandt, wenn die Auslegung der ABB zu keinem eindeutigen Ergebnis führt, die geprüfte Klausel somit mehrdeutig ist.

In den Rechtsstreitigkeiten über die ABB ist § 305c Abs. 2 BGB selten durch die Gerichte angewandt worden.[345] Die Ursache hierfür ist, dass die BaFin und die Bausparkassenverbände bei ihren Empfehlungen versuchen, klare und widerspruchsfreie Formulierungen vorzuschlagen. Die einzelnen Bausparkassen sind jedoch nicht verpflichtet, die Empfehlungen zu verwenden.

---

[340] vgl. Palandt/Heinrichs, § 305c BGB Rn. 16; § 307 BGB Rn. 18, bei einem unbestimmten Rechtsbegriff, nicht aber bei für Laien unverständlichen Wörtern, z.B. Wandlung.

[341] MüKo/Basedow, § 305c BGB Rn.18.

[342] Palandt/Heinrichs, § 305c BGB Rn. 18, Horn, in Wolf/Horn/Lindacher, § 5 AGBG Rn. 26;

[343] vgl. bereits Knütel, JR 1981, S. 223.

[344] BGH, WM 1978, S. 10 u. 11; OLG Köln, NJW RR 1987, S. 371, 372; OLG Düsseldorf, NJW RR 1990, S. 821; Rüßmann, BB 1987, S. 843 (845); Soergel/Stein, § 5 AGBG Rn. 1; Wolf, in Wolf/Horn/Lindacher, § 5 AGBG Rn. 24.

[345] BGH, ZIP 1987, S. 829; OLG Koblenz, EWiR 1989, S. 735; LG Berlin, ZIP 1988, S. 1311 (1331).

Aufgrund der langen Vertragslaufzeiten kann die Unwirksamkeit einzelner Klauseln weitreichende Folgen. Eine Hausbaufinanzierung könnte wegen der Unwirksamkeit gefährdet sein, da sich bei einem notwendigen Neuabschluss eines Bausparvertrages die Zinsentwicklung nachteilig für den Verbraucher auswirken könnte und dieser eventuell höhere Zins- und Darlehensraten zu zahlen hätte. Eine solche „Gefahr" der Unwirksamkeit des gesamten Bausparvertrages auf Grund der Unklarheit einer Klausel ist für den Bausparer durch § 305c Abs. 2 BGB beseitigt worden und etwaige Nachteile muss nun die Bausparkasse tragen.

*a) Grundsätze der objektiven Auslegung*

Die Rechtsprechung wendet bei der Auslegung von AGB den Grundsatz der „objektiven Auslegung" an,[346] der im Laufe der Spruchpraxis jedoch Wandlungen erlebt hat.[347] Voraussetzung für eine unklare Klausel ist, dass nach der vorgenommenen Auslegung ein nicht behebbarer Zweifel bleibt und mindestens zwei Auslegungen rechtlich vertretbar sind.[348] Die Inhalt der angegriffenen Klausel ist nach objektiven Maßstäben, losgelöst von der zufälligen Gestaltung des Einzelfalls und den individuellen Vorstellungen der Vertragsparteien, unter Beachtung ihres wirtschaftlichen Zwecks und der gewählten Ausdrucksweise zu ermitteln.[349] Unabdingbar ist dabei eine Auslegung, bei der die Verhältnisse des Verwenders der streitbefangenen Klausel und die des angesprochenen Kundenkreises Berücksichtigung finden. Die Verhältnisse des Einzelnen sind nicht zu berücksichtigen.[350] Entscheidungsgrundlage für die Gerichte sind die durchschnittlichen Interessen, Vorstellungen und Verständnismöglichkeiten jeglicher Vertragsparteien, die ihrem Geschäftsverkehr eine allgemeine Grundlage geben wollen.[351] Die speziellen, individuellen Verhältnisse des jeweiligen Streitfalles bleiben außer Betracht, jedoch soll auf eine bestimmte Kundengruppe abgestellt werden.[352] Bei den

---

[346] RGZ 81, S. 117 (119); 155 S. 26 (28).

[347] vgl. zu dieser Diskussion und Entwicklung: Schmid-Salzer, JZ 1995, S. 223 ff.; Soergel/Stein, § 5 AGBG Rn. 6; Raiser, AGBG S. 225 ff.; Erman/Hefermehl/O.Werner, § 5 AGBG Rn. 1.

[348] BGHZ 112, S. 68; BGH, NJW 1997, S. 3434.

[349] BGHZ 22, S. 109 (113) = NJW 1956, S. 1915; MüKo/Basedow, § 305c Abs. 2 BGB Rn. 22; Soergel/Stein, § 5 AGBG Rn. 6; Raiser, AGBG S. 225 ff.; Erman/Hefermehl/O.Werner, § 5 AGBG Rn. 1.

[350] BGHZ 79, S. 20 ff.; 79, S. 117, 119; BGH, NJW 1987, S. 319 ff.; NJW 1990, S. 1177, (1178); OLG Karlsruhe, NJW RR 1991 S. 237 (238).

[351] BGHZ 33, S. 216 (218); BGH, NJW 1961, S. 212.

[352] OLG Hamburg, DB 1981, S. 1718, 1719 "Rechtsunkundiger Durchschnittskunde".

Bausparbedingungen kommt es daher darauf an, dass ein durchschnittlicher Bausparer sie ohne bausparkassenrechtliche Vorkenntnisse verstehen kann.[353]

*b) Verbands- und Individualprozesse*

§ 305c Abs. 2 kodifiziert eine von der Rechtsprechung entwickelte ergänzende Auslegungsregel. Die Unklarheitenregelung beruht auf dem Rechtsgedanken, dass es Sache des Verwenders ist, sich klar und unmissverständlich auszudrücken. Die Auslegung geht zu Lasten des Verwenders. Es ist die für den Kunden günstigste Auslegung zu ermitteln, d.h. bei direkter Anwendung des § 305c Abs. 2 die kundenfreundlichste Auslegung. Die früher herrschende Meinung wandte in Individualprozessen ausschließlich die kundenfreundlichste Auslegung an.[354]In Verbandsprozessen[355] ist die Unklarheitenregel umgekehrt anzuwenden. Falls mehrere Auslegungsmöglichkeiten verbleiben, ist von derjenigen auszugehen, die zur Unwirksamkeit der Klausel führt. Maßgebend ist daher „die kundenfeindlichste Auslegung", die jedoch hinsichtlich der Rechtsfolge, die für den Kunden günstigste Auslegung ist.[356]

Soweit die Unwirksamkeit einer Klausel in Individualprozessen die Rechtsstellung des Kunden verbessern würde, ist die Unklarheitenregel auch im Individualprozess zunächst umgekehrt anzuwenden, d. h. es ist zu prüfen, ob die Klausel bei scheinbar kundenfeindlicher Auslegung wegen Verstoßes gegen das Klauselverbot unwirksam ist. Die für den Individualprozess bisher durchweg im Sinne kundenfreundlicher Auslegung verstandene Bewertung von ABB hat sich mittlerweile der Auswertung im Verbandsprozess angeschlossen.[357] Es wird die kundenfeindlichste Auslegung herangezogen.

Entgegen der früher herrschenden Meinung besteht kein Anlass, dass nur bei Verbandsprozessen auf die kundenfeindlichste Auslegung abgestellt wird.[358] Die Berücksichtigung dieser Auslegungsmethode auch im Individualprozess entspricht dem Schutzzweck des § 305c Abs. 2 BGB und vermeidet unterschiedliche Ausle-

---

353 BGH, VersR 1982, S. 841, 842; vgl. Raiser, Das Recht der AGB, 1935 S. 250 ff., S. 259.

354 vgl. Palandt/Heinrichs § 305c Rn. 20.

355 vgl. § 3 UKlaG.

356 BGH, WM 2004, S. 825 (827), BGH, NJW 2003, S. 294; BGH, NJW 1999, S. 276f.; BGHZ 119, S. 172; 108, S. 56; BGH, NJW 1992, S. 1062; vgl. auch Heinrichs, NJW 1999, S. 1956 (1600f.). Die Entwicklung des Rechts der AGB im Jahre 1998.

357 vgl. Heinrichs, NJW 1999, S. 1596 (1600f.).

358 Palandt/Heinrichs, § 305c BGB Rn. 20.

gungsergebnisse im Verbands- und Individualprozess.[359] Der BGH legt mittlerweile einen ähnlichen Bewertungsmaßstab an, wie er zum Grossteil in der Literatur vertreten wird.

Insgesamt ist eine Prüfung von ABB anhand des § 305c Abs. 2 BGB jedoch selten.

*c) Auslegung der § 28 Abs. 1 MBB a.F., § 18 MBB Abs. 3 n.F. im Vergleich zwischen dem Verbands- und dem Individualklageverfahren*

§ 28 Abs. 1 MBöB a.F. lautet, dass die Bausparkasse ihr obliegende Leistungen an den Bausparer wegen eigener Ansprüche

*„...aus der Geschäftsverbindung"*

zurückhalten kann, auch wenn sie nicht auf demselben rechtlichen Verhältnis beruhen.

Die MBpB a.F. haben in ihren Geschäftsbedingungen die Formulierung gewählt:

*„...wegen eigener Ansprüche aus ihrer Geschäftsverbindung."* .

Das LG Berlin hat die Klauseln gem. dem damals noch geltenden § 9 Abs. 2 Nr. 1 AGBG für unwirksam erklärt. In Rahmen dieses Urteils ist auch auf die unterschiedlichen Interpretationsmöglichkeiten im Verbandsklageverfahren und im Individualstreitverfahren eingegangen worden.[360]

- Bei der kundenfeindlichsten Art der Auslegung der Klauseln sei es für die Bausparkasse auch möglich, durch diese ABB andere Forderungen zu erfassen, als die aus dem gegenseitigen Bausparverhältnis.

- Der BGH hat sich in seiner Revisionsentscheidung[361] im wesentlichen nicht der Entscheidung des LG Berlin angeschlossen. Er war der Ansicht,

---

[359] vgl. Ulmer, in Ulmer/Brandner/Hensen, § 5 AGBG Rn. 37f.; Wolf, in Wolf/Horn/Lindacher, § 5 AGBG Rn. 33; von Olshausen, ZHR 151, S. 639.

[360] LG Berlin, ZIP 1988, S. 1311, (1331).

[361] BGH, ZIP 1991, S. 1054, (1060).

dass die weitreichende Formulierung in § 28 Abs. 2 der MBB a.F. wirksam ist. Durch die Klausel werden eindeutig nur Verbindlichkeiten aus den Bausparverhältnissen betroffen. Eine andere Auslegung verlässt den Bereich

*„sinnvoller und lebensnaher Klauselinterpretation"*.[362]

Der Rechtsprechung ist zu folgen. Allerdings ist die Formulierung der privaten Bausparkassen vorzuziehen. Durch die Einführung der Worte „ihrer Geschäftsverbindung" in die MBpB wird deutlich, dass sich die Klausel tatsächlich auf Rechtsverbindlichkeiten und Verbindungen bezieht, die die Bausparkasse im Rahmen der Geschäftsverbindungen erworben hat. Die Rechtsprechung legt die Normen über die Zurückbehaltungsrechte (§ 273 BGB) hinsichtlich der Konnexität von Ansprüchen sehr weit aus. Die in § 273 BGB verwandte Formulierung *„auf demselben rechtlichen Verhältnis beruhen"* legt ein innerlich zusammenhängendes einheitliches Lebensverhältnis zugrunde.[363] Der BGH hat sich bei seinen Entscheidungen hinsichtlich § 28 Abs. 2 MBB a.F. [364] an seine für den Bankensektor entwickelte Rechtsprechung gehalten.

Die Unklarheitenregel des § 305c Abs. 2 BGB ist demnach nicht anzuwenden. Die §§ 28 Abs. 2 MBöB a.F., MBpB a.F. müssen nicht zum Nachteil des Bausparers oder der Bausparkasse ausgelegt werden. Die Klausel ist entsprechend § 305c Abs. 2 BGB klar gefasst. Sie bezieht sich lediglich auf die konnexen Bausparverhältnisse und die Sicherung der Ansprüche aus dem Bausparverhältnis und ist ihrem Sinn nach eindeutig und gibt zu Zweifeln bei der Auslegung keinen Anlass.

Bei den MBB n.F. ist die Aufrechnung und Zurückbehaltung von Leistungen in § 18 Abs. 2 MBB n.F. geregelt worden. Es ist keine Anpassung der beiden Klauseln vorgenommen worden, so dass das zu § 28 MBB a.F. Gesagte gelten kann.

### 2. Voraussetzungen der Individualabrede gem. § 305b BGB bei den ABB

Die Vorschrift des § 305b BGB übernimmt sprachlich und inhaltlich unverändert § 4 AGBG.[365] Danach haben individuelle Vertragsabreden Vorrang vor AGB. Sinn und Zweck der Vorschrift ist, dass vertragliche Absprachen und Vereinbarungen, welche die Parteien für den Einzelfall getroffen haben, nicht durch abwei-

---

[362] BGH, ZIP 1991, S. 1054, (1060f.).

[363] BGHZ 92, S. 196; 115, S. 103; Palandt/Heinrichs, § 273 BGB Rn. 9; vgl. Brüggemeier/ Friele, ZBB 1992, S. 137, (139).

[364] BGH, ZIP 1991, S. 1053 ff.; BGH, ZBB 1992, S. 129, (135).

[365] Palandt/Heinrichs, § 305b BGB Rn. 1; MüKo/Basedow, § 305b BGB Rn.1.

chende Geschäftsbedingungen des Verwenders ausgehöhlt, durchkreuzt bzw. ganz oder teilweise zunichte gemacht werden können.[366]

AGB werden für eine Vielzahl von Verträgen vorformuliert und sollen die durch die Parteien getroffenen individuellen Abreden ausfüllen und ergänzen. Daher gelten AGB nur noch in den Bereichen, die durch die Individualvereinbarungen nicht berücksichtigt wurden.[367]

Die AGB werden normalerweise nicht an die getroffenen Individualvereinbarungen angepasst. Es ist zu berücksichtigen, dass meist auch die Rechts- und Geschäftskunde fehlt, um die Widersprüche des individuell Abgesprochenen zu den AGB zu erkennen und gegebenenfalls zu beseitigen. Kommt es zu Widersprüchen zwischen den AGB und den Individualvereinbarungen, so werden sie gem. § 305b BGB zugunsten der Individualvereinbarungen gelöst. Die generelle Vereinbarung tritt gegenüber der speziellen Vereinbarung zurück.[368]

*a) Schriftformklauseln in den § 3 Abs. 2 MBöB a.F., § 3 Abs. 3 MBpB a.F.*

Ein Streitpunkt in Literatur und Rechtsprechung ist weiterhin der Vorrang mündlicher Individualabreden vor den häufig in AGB enthaltenen Schriftformerfordernissen. Die Klauseln beinhalten meistens, dass Individualabreden in Schriftform verfasst sein müssen.

Auch wenn in AGB eine Schriftformklausel vereinbart wurden, müssten individuelle Vereinbarungen, die nicht der Schriftform entsprechen, gültig sein. Das gilt insbesondere, wenn in AGB die Schriftform so bestimmt wird, dass mündliche Abreden unwirksam sind oder nur insoweit wirksam sind, als sie vom Verwender schriftlich bestätigt werden.[369]

Die Rechtsprechung hat die Gültigkeit von Schriftformklauseln vor allen Dingen in Verbandsprozessen geprüft.

---

[366] BGH, WM 1982, S. 447, (454); BGH, BB 1960, S. 227.

[367] MüKo/Basedow, § 305b BGB Rn. 1; Palandt/Heinrichs, § 305b BGB Rn. 2f.; Schmidt-Salzer, AGB 1977, Rn. E 1f; Ulmer, in Ulmer/Brandner/Hensen, § 4 AGBG Rn. 1.

[368] MüKo/Basedow, § 305b BGB Rn. 1; Larenz, AT § 29 a II; Soergel/Stein, § 4 AGBG Rn. 1; Raiser, AGB S. 231; a. A. Wolf, in Wolf/Horn/Lindacher, § 4 AGBG Rn. 2; Löwe, in Löwe/ Trinkner/ Graf v. Westphalen, § 4 AGBG Rn. 11, Zoller, JZ 1991, S. 815 (852).

[369] vgl. zu den Schriftformklauseln Teske, Schriftformklauseln in AGB 1990.

*aa) Art der Schriftformklausel*

Zunächst ist zu klären, welche Art der Schriftformklausel vorliegt:

- einfache Schriftformklausel
  Bei der einfachen Schriftformklausel ist eine Individualvereinbarung unwirksam, weil sie nicht schriftlich niedergelegt wurde.[370]

- qualifizierte Schriftformklausel
  Bei der qualifizierten Schriftformklausel ist eine Individualvereinbarung unwirksam, weil sie nicht in bestimmter Form von bestimmten Personen bestätigt worden ist.[371]

Nach den Ergebnissen in den Arbeitsgruppen zur Vorbereitung des AGBG sollten derartige Klauseln insgesamt für unwirksam erklärt werden. In dem Regierungsentwurf waren sie sofort in den Katalog der absolut unzulässigen Klausel aufgenommen worden.[372] Der Vorschlag wurde jedoch vom Bundestag gestrichen, weil er dem Gesetzgeber als zu statisch erschien.[373]

Für die Rechtsprechung sind Schriftformklauseln mit § 307 Abs. 1 u. 2 BGB nur dann vereinbar, wenn sie für Absprachen gelten, die vor oder bei Vertragsabschluss getroffen worden sind.[374] Zur Begründung wird angeführt, dass der Kunde bis zu diesem Zeitpunkt weniger schützenswert ist.

Bis zum Zeitpunkt der Vertragsunterzeichnung habe der Kunde die Möglichkeit, vom Vertrag Abstand zu nehmen. Eine Benachteiligung des Kunden sei nicht zu befürchten, wenn nur schriftlich vereinbarte Absprachen nicht aber mündliche wirksam seien. Dennoch muss für die Gültigkeit der Schriftformklausel, der Vertragspartner auf den Vorbehalt der schriftlichen Bestätigung vor oder bei Vertragsschluss besonders hingewiesen werden.[375] Komme es hingegen nach Vertragsabschluss zu mündlichen Absprachen, sei deren Unwirksamkeit auf Grund

---

[370] MüKo/Basedow, § 305b BGB Rn. 12; Ulmer, in Ulmer/Brandner/Hensen, § 4 AGBG Rn. 38.

[371] BGH, NJW 1990, S. 2559; Ulmer, in Ulmer/Brandner/Hensen, § 4 AGBG Rn. 38 ff.; Teske, S. 407 ff.; von Westphalen, Vertragsrecht und AGB-Klauselwerke, Schriftformklauseln Rn. 18.

[372] BT-DS 360/ 75,S. 7 (39).

[373] BT-DS 7/ 54222 S. 3.

[374] MüKo/Basedow, § 305b BGB Rn. 9, m. w. N.

[375] BGH, NJW 1982, S. 1389 ( 1390); Wolf, in Wolf/Horn/Lindacher, § 9 AGBG Rn. 47; Erman/Hefer-mehl/O.Werner, § 4 AGBG Rn. 13 (17); Ulmer, in Ulmer/Brandner/Hensen, § 4 AGBG Rn. 32 f.

einer Schriftformklausel nicht mit § 307 Abs. 1 u. 2 BGB zu vereinbaren.[376] Dagegen könnte eingewendet werden, dass eine derartige schriftliche Bestätigung ebenso nach Vertragsabschluss erfolgen kann. Auf Grund der Hinweispflicht hat der Kunde bereits vor und bei Vertragsschluss von den besonderen Anforderungen der Nebenabreden Kenntnis. Insoweit ist davon auszugehen, dass der Kunde nach Vertragsabschluss erst recht Kenntnis von der Klausel hat, so dass die zeitliche Unterscheidung zum Nachteil des Verwenders, also der Bausparkasse, nicht gerechtfertigt wäre.

Die ursprünglich von der Rechtsprechung getroffene Unterscheidung hinsichtlich des Zeitpunktes für den Abschluss einer Nebenabrede wird auch in der Literatur diskutiert und damit begründet, dass ein Kunde gegenüber dem Verwender nach Vertragsabschluss bei nachträglichen Abmachungen nicht ohne weiteres die Möglichkeit hätte, auf die schriftliche Fixierung zu drängen (wie z. B. bei einem Bestellschein),[377] da nach Vertragsschluss seine Verhandlungsposition schlechter ist als vor Vertragsschluss.

Es ist für den Kunden immer leichter den Ansprechpartner vor Ort, eventuell sogar im persönlichen Gespräch, zu überzeugen, als die schriftliche Bestätigung der Absprache von einer weit entfernten Hauptverwaltung zu erlangen.

*bb) Schutzfunktion von qualifizierten Schriftformklauseln*

Der BGH erkennt ein berechtigtes Interesse des Verwenders ausdrücklich an, sich vor vollmachtsüberschreitenden Abmachungen bzw. unkontrollierten mündlichen Zusagen seiner Außendienstmitarbeiter oder Vertreter zu schützen.[378] Diese Schutzfunktion soll dem Verwender durch die qualifizierte Schriftformklausel[379] gewährt werden.

Voraussetzung für die Wirksamkeit der Individualabrede ist, dass die mündlichen Zusagen durch den Verwender selbst oder von einem wirksam in seinem Namen handelnden Vertreter gem. §§ 164 ff. BGB eingegangen werden, da sie ihn ansonsten nicht binden. In diesen Fällen wird durch die einverständlich getroffene

---

[376] vgl. BGH, NJW 1986, S. 1809 (1810); BGH, NJW 1985, S. 320, 322; vgl. BGH, NJW 1983, S. 1853 (Diese Urteile bezeihen sich noch auf § 9 AGBG).

[377] MüKo/Basedow, § 305b BGB Rn. 12f.

[378] Zu der besonderen Problematik der Abänderung von Versicherungsverträgen durch den Vermittler und Versicherungsagenten bei Werber, VersR 2000, S. 393f.

[379] vgl. Fn. 280.

mündliche Vereinbarung zugleich das Schriftformerfordernis konkludent abbedungen.[380] Die Bedeutung der Schriftformklausel besteht darin, die Vertretungsmacht von Hilfspersonen hinsichtlich mündlicher AGB-widriger Abreden einzuschränken. Die Möglichkeit der Beschränkung ist nicht gegeben, wenn die Vertretungsmacht schon von Rechts wegen unbeschränkbar ist, so z. B. bei Prokuristen oder bei Angestellten, die besondere Vollmachten haben.

Verhandelt ein Kunde jedoch mit einem untergeordneten Angestellten, der augenscheinlich nicht zum Abschluss mündlicher Vereinbarungen streitigen Inhalts bevollmächtigt ist, so fehlt es bereits an der Individualabrede. Die Willenserklärung des Angestellten ist der Bausparkasse mangels Vertretungsmacht nicht zuzurechnen.

§ 3 Abs. 2 MBöB a.F., § 3 Abs. 3 MBpB a.F. haben die Funktion deutlich zu machen, dass Außendienstmitarbeitern der Bausparkassen die Vollmacht zum Abschluss vertraglicher Vereinbarungen fehlt, obwohl diese als Handelsvertreter grundsätzlich Abschlussvollmacht besitzen können.[381]

Das ergibt sich aus der Widerspruchsfrist bzw. aus der erforderlichen Zustimmungsnotwendigkeit. Es muss jedoch eine Abwägung des Verwenderinteresses, also der Bausparkasse und des Bausparkollektivs auf der einen Seite und der Belange des Kunden, also des Bausparers auf der anderen Seite, stattfinden.[382]

*cc) Schriftformklauseln in MBB*

In den MBpB a.F. und den MBöB a.F. sind die Schriftformklauseln unterschiedlich gestaltet. Dabei handelt es sich ausschließlich um qualifizierte Schriftformklauseln. Die MBB n.F. enthalten keine Schriftformklauseln mehr.

§ 3 Abs. 2 MBöB a.F., § 3 Abs. 3 MBpB a.F. haben sich als qualifizierte Schriftformklauseln der Rechtsprechung[383] angepasst und haben den durch den BGH eingeführten zeitlichen Aspekten vor, bei und nach Vertragsabschluss Rechnung getragen.[384]

---

[380] Ulmer, in Ulmer/Brandner/Hensen, § 4 AGBG Rn. 14.

[381] BGH, ZIP 1991, S. 1054 (1055); Hopt, Handelsvertreterrecht, § 84, Rn. 37.

[382] vgl. BGH, ZIP 1991, S. 1054, (1055); BGH, ZIP 1984, S. 1485.

[383] BGH, ZBB 1992, S. 129 (130).

[384] BGH, ZIP 1984, S. 1485; BGH, NJW 1986, S. 1809; vgl. BGH, EWiR 1986, S. 421.

- MBöB a.F.

Die MBöB legen in § 3 Abs. 2 a.F. für die öffentlich-rechtlichen Bausparkassen eine Widerspruchsfrist fest. Die Klausel ist hinsichtlich ihrer Wirksamkeit unproblematisch, da durch die Bausparkasse auf Absprachen, die meist mit Vertretern getroffen werden, reagiert werden muss. Die Bausparkasse ist gefordert und muss dem Bausparer den Widerspruch hinsichtlich der Nebenabreden mitteilen. Die Nebenabrede kann nach Ablauf der Frist nicht mehr durch die Bausparkasse widerrufen werden. Der Bausparer ist dementsprechend gut durch diese Klausel geschützt und wird daher weder benachteiligt noch überrascht. Das Interesse der Bausparkasse sich vor vollmachtsüberschreitenden Zusagen durch Vertreter zu schützen ist ausreichend berücksichtigt.

- MBpB a.F.

Die MBpB a.F. haben in § 3 Abs. 3 eine andere Regelung getroffen. Die Bausparkasse muss der Nebenabrede schriftlich zustimmen, sonst entfaltet sie keine Wirksamkeit. Die Bausparkassenwirtschaft geht von der Wirksamkeit dieser Klausel aus.[385] Folgendes Beispiel könnte allerdings das Gegenteil zeigen:

Ein Bausparer trifft mit dem Vertreter der privaten Bausparkasse eine Nebenabrede und geht von deren Wirksamkeit aus. Trotz des Hinweises auf das Schriftformerfordernis bemerkt er aber möglicherweise nicht, dass er eine schriftliche Bestätigung der Bausparkasse nicht erhält. Sie könnte das Bestätigungsschreiben entweder vergessen haben oder es könnte auf dem Postweg verloren gegangen sein. Der Bausparer wird aber davon ausgehen, dass seine Nebenabrede wirksam ist, weil er den Eingang des Bestätigungsschreibens nicht überwacht. Da für die Zustimmung keine zeitliche Begrenzung vorgesehen ist, weiß der Bausparer auch nicht, ab wann er keine Zustimmung mehr zu erwarten hat. Ständiges Nachfragen bei der Bausparkasse ist dem Bausparer nicht zumutbar. Die Nebenabreden wäre mangels schriftlicher Zustimmung nicht wirksam.

Der Bausparer ist aber von der Wirksamkeit der Nebenabrede ausgegangen, weil er darauf vertraute, dass eine Zustimmung erfolgen würde. Er wird nun durch die ABB erheblich und für ihn überraschend benachteiligt.

Der Grossteil der Absprachen, die einer schriftlichen Bestätigung bedürfen, werden mit Vertretern der Bausparkasse getroffen, die in der Regel für den Bausparer der Ansprechpartner vor Ort sind.

Der BGH erkennt zwar grundsätzlich ein berechtigtes Interesse des Verwenders an, sich vor nicht legitimierten mündlichen Zusagen von an sich vertretungsbe-

---

[385] BSpkFb 2002/03, 3. Kap. 3.1.Nr. 9; vgl. Pfeiffer, Allg. Bausparbedingungen, Rn. 37.

rechtigten Personen, zu schützen. Dieses Argument der Bausparkassen, findet aber bei den Gerichten immer weniger Berücksichtigung und der Schutz der Bausparer tritt mehr in den Vordergrund. Zu recht fällt die Interessenabwägung zu Gunsten des Bausparers aus, da die Vertreter der Bausparkasse von ihr ausgesucht und bevollmächtigt werden. Gerade auf diese Vertreter ist das Vertriebsnetz der Bausparkassen aufgebaut, um Kunden zu gewinnen. Daher ist das Verhalten der Vertreter auch dem Rechtskreis der Bausparkassen zuzuordnen.

*dd) Ergebnis*

Der Schutz der Bausparer ist durch die Formulierung der MBB a.F. gewährleistet. Die Nebenabreden mit Vertretern nach Vertragsabschluss bedürfen nicht der Schriftform.[386]

Im Interesse der Rechtssicherheit ist aber die Variante gem. § 3 Abs. 2 MBöB a.F. zu bevorzugen, da hier durch die Widerspruchsfrist eine für den Bausparer erkennbare zeitliche Begrenzung vorliegt, ob die Nebenabrede gilt. Der Bausparkasse ist der Widerruf der Nebenabreden durchaus zuzumuten. Auch für einen durchschnittlichen Bausparer ist es einfacher, den Widerruf der Bausparkasse abzuwarten, als selbst einen Überwachungstermin zu setzen und festzustellen, ob die Bausparkasse widersprochen hat.

Die Problematik stellt sich in den MBB n.F. nicht, da in diesen keine Schriftformklauseln vorgesehen sind. Dadurch ist der Rechtsunsicherheit hinsichtlich der Klauseln Rechnung getragen worden.[387] Es gilt hinsichtlich den Individualvereinbarungen der § 305b BGB uneingeschränkt, wobei bei mündlichen Abreden der Bausparer im Zweifel häufig in Beweisnot geraten wird.

*b) Haftung der Bausparkasse für Vertreterhandeln*

Auch wenn die Vertretungsmacht in Hinblick auf mündliche Zusagen bei Vertragsabschluss wirksam beschränkt ist, besteht die Möglichkeit, dass aus dem

---

[386] Die Anmerkung des LG Berlin, ZIP 1988, S. 1311 (1313), dass Zahlungsaufschübe in besonderen Situationen häufig kurzfristig am Telefon besprochen, nicht gültig seien, ist durch die jetzigen MBB nicht mehr gegeben. Mündliche Individualvereinbarungen nach Vertragsabschluss bedürfen nicht mehr der schriftlichen Bestätigung und müssen auch nicht mehr widerrufen werden.

[387] vgl. Pfeiffer, Allg. Bausparbedingungen, Rn. 37.

Handeln eines Vertreters im Einzelfall für den Verwender eine Haftung aus § 311 Abs. 2 BGB[388] in Verbindung mit § 278 BGB hergeleitet werden kann.[389]

Der BGH hat in einem Urteil,[390] in dem über eine arglistige Täuschung eines Untervertreters zu entscheiden war, zu Lasten der Bausparkasse entschieden.[391] Der Bausparerin als Klägerin als war ein Schaden entstanden. Sie verlangte Ausgleich eines Schadens sowie keine Inanspruchnahme durch die Bausparkasse auf Rückzahlung des Bauspardarlehens.

Die Bausparkasse hatte mit der Klägerin bei Abschluss des Vertrages keinen persönlichen Kontakt aufgenommen. Dieser Kontakt war vielmehr durch einen selbständigen Vermittler hergestellt worden, der seinerseits als Untervermittler durch eine für die Bausparkasse arbeitende Vermittlerfirma beauftragt war. Diese Vermittlerfirma ihrerseits arbeitete ständig mit der Bausparkasse zusammen, um weitere Kunden zu werben. Der Untervermittler führte die Vertragsverhandlungen bis zur Unterschriftsreife.

Die Bausparkasse stellte sich auf den Standpunkt, dass es völlig gleichgültig sei, wer die Formulare einreiche und welche Art von Vertragsverhandlungen vorher stattgefunden hätten. Eine Haftung ihrerseits sei nicht gegeben.

Die Bausparkasse musste sich das Verhalten dieses Untervertreters gem. § 278 BGB zurechnen lassen. Der Untervertreter hatte, obwohl selbständiger Makler, die Position eines Erfüllungsgehilfen der Bausparkasse inne.

Der BGH führte zur Begründung an, dass ein Erfüllungsgehilfe, der mit Wissen und Wollen einer der späteren Vertragsparteien Aufgaben übernimmt, die typischerweise einer Vertragspartei obliegen, in ihrem jeweiligen Pflichtenkreis tätig wird und daher zugleich als Hilfsperson zu betrachten ist.[392] Der BGH bestätigte seine Rechtsauffassung nochmals in einem späteren Urteil.[393]

Der Ansicht des BGH ist sich umfänglich anzuschließen. Die Bausparkasse darf sich nicht auf die Position zurückziehen können, dass sie den Untervertreter nicht

---

388 Die Haftung für culpa in contrahendo (c.i.c.) war seit langem gewohnheitsrechtlich anerkannt (BGH NJW, 1979, S. 1983) und hat mit dem Gesetz zur Modernisierung des Schuldrechts in § 311 Abs. 2 und 3 BGB eine normative Grundlage erhalten.

389 BGH, MDR 1954, S. 346, 348; Horn, in Wolf/Horn/Lindacher, § 4 AGBG Rn. 46.

390 BGH, WM 1996, S. 2105 (2106).

391 vgl. auch BGH, ZIP 1998, S. 1434 (1435); BGH, NJW 1974, S. 1505.

392 vgl. BGH, WM 1996, S. 315 (316); BGH, WM 1996, S. 2105 (2106).

393 BGH WM 2000, S. 2539f.

beauftragt habe. Gerade bei den speziellen Finanzierungsmethoden der Bausparkassen müssen die Bausparer in erheblichem Umfang aufgeklärt und beraten werden. Ansonsten hätten die Bausparkassen die Möglichkeit, sich durch Einschaltung von Vermittlungsunternehmen bzw. die Beauftragung von Maklern völlig aus den Vertragsverhandlungen zurückzuziehen.[394] Eine mögliche Haftung aus § 311 Abs. 2 BGB gegenüber der Bausparkasse würde ins Leere laufen.[395]

Individualvereinbarungen, die ein selbständiger Makler als Untervertreter eines Vermittlungsunternehmens trifft, sind richtigerweise für die Bausparkasse verpflichtend.[396] Für die Bausparkasse kann sich infolgedessen immer eine Haftung gem. § 311 Abs. 2 BGB ergeben.[397]

### 3. Haftung der Bausparkasse für unrichtige Auskünfte

Die Rechtsprechung hat die Haftung der Bausparkassen aus § 311 Abs. 2 BGB (früher c.i.c.) für unrichtige oder unvollständige Auskünfte beim Abschluss von Verträgen immer weiter ausgebaut.[398] Grundsätzlich trifft Kreditinstitute und somit auch Bausparkassen keine Aufklärungs- oder Warnpflicht gegenüber Kunden in bezug auf Kreditgewährung.

Eine Ausnahme besteht jedoch, wenn die Bausparkasse einen besonderen Gefährdungstatbestand bzw. Vertrauenstatbestand für den Kunden geschaffen hat. Ein solcher Tatbestand wird durch den Wissensvorsprung eines Kreditinstitutes gegenüber dem Kreditnehmer bestehen, wenn sie die Beratung des Kunden ausdrücklich oder konkludent übernimmt. Berät also eine Bausparkasse auch ohne Verpflichtung ihren zukünftigen Bausparer, muss die Beratung auf jeden Fall umfassend, vollständig und richtig geschehen. Für eine freiwillige, aber unrichtige Auskunft haftet die Bausparkasse.[399] Da in der Regel ein Beratungsgespräch stattfinden wird, kommt eine Haftung in der Praxis häufig in Betracht.

---

[394] vgl. BGH, WM 1998, S. 1673; OLG Köln WM 1999, S. 1817.

[395] Ulmer, in Ulmer/Brandner/Hensen, § 4 AGBG Rn. 36; Horn, in Wolf/Horn/Lindacher, § 4 AGBG Rn. 46.

[396] BGH, ZIP 1996, S. 1950.

[397] anders wohl Hopt, Handelsvertreterrecht, § 55, Rn. 15 mit § 54, Rn. 20.

[398] vgl. Vortmann, WM 1989, S. 1557; Emmerich, Das Recht der Leistungsstörungen, 4. Aufl. S. 57 ff.

[399] BGH, WM 1976, S. 50; vgl. OLG Stuttgart, WM 1989, S. 775; OLG Celle, NJW RR 1990, S. 878.

Eine Bausparkasse haftet gem. § 311 Abs. 2 BGB, wenn sie fahrlässig unrichtige Auskünfte z.B. über den vermutlichen Zuteilungszeitpunkt gemacht hat (§ 276 und § 278 BGB). Ein versuchter Haftungsausschluss des § 311 Abs. 2 BGB[400] anhand des § 27 MBB a.F. ist jedoch durch die Gerichte[401] und durch die Literatur[402] verworfen worden. Die Bausparkasse muss sich das Verhalten des jeweiligen Erfüllungsgehilfen auch für eine Haftung gem. § 311 BGB Abs. 2 anrechnen lassen. Durch AGB darf die Haftung aus einem vorvertraglichen Schuldverhältnis gem. § 311 Abs. 2 BGB grundsätzlich nicht eingeschränkt werden. Die Haftung bezieht sich vom Grundsatz her auch auf Vertragsverhandlungen, die vor der Geltung der AGB/ABB stattgefunden haben.[403]

Die Bausparkasse kann sich für Auskünfte, die vor Vertragsabschluss gegeben worden sind, nicht auf § 27 MBB a.F. berufen. Danach haftet eine Bausparkasse für Auskünfte und Ratschläge, zu denen sie nach den Allgemeinen Bausparbedingungen nicht verpflichtet ist, nur bei vorsätzlichem oder grob fahrlässigem Handeln.[404] Sie haftet jedoch auch für leichte Fahrlässigkeit, soweit ihr eine vertragswesentliche Pflicht zur Erteilung von Rat oder Auskunft obliegt. Die Klausel darf sich nicht auf die Auskunfts- und Aufklärungspflichten aus dem durch die Aufnahme von Vertragsverhandlungen begründeten gesetzlichen Schuldverhältnis beziehen.[405] Für die Frage der Haftung ist entscheidend, wie sich der Empfänger der Auskunft im Falle einer richtigen Aufklärung verhalten hätte. Ansonsten hätte der Bausparer das Haftungsrisiko bei einer Schlechtberatung über die ABB selbst zu tragen.

---

[400] Damals noch als gewohnheitsrechtlich anerkannte c.i.c.

[401] BGH, WM 1976, S. 50; vgl. OLG Stuttgart, WM 1989, S. 775; OLG Celle, NJW RR 1990, S. 878.

[402] Ziegler, BB 1990, S. 2345; Emmerich, S. 75 ff.

[403] vgl. Ziegler, BB 1990 S. 2345; vgl. Emmerich, S. 75 ff.; vgl. Emmerich, WuB 1991, S. 277.

[404] vgl. § 309 Nr. 7 b) BGB

[405] BGH, WM 1991, S. 9; vgl. insbesondere die Aufklärungspflichten bei neuen Kreditformen wie z.B. die Bausparsofortfinanzierung mit Fremdgeldbesparung bei Mayen, WM 1995, S. 913 ff.

## II. Zusammenfassung

Individualabreden können grundsätzlich mündlich oder schriftlich getroffen werden. Zur Vermeidung von Unklarheiten beinhalten AGB häufig sog. Schriftformklauseln, deren Zulässigkeit allerdings fast immer umstritten ist. In engem Zusammenhang mit dieser Problematik ist zu berücksichtigen, inwieweit Vertreter oder Erfüllungsgehilfen der Bausparkassen Individualabsprachen mit Wirkung für die Bausparkasse mit dem Bausparer treffen können.

Sinn und Zweck der Schriftformklauseln ist es, die Vertretungsmacht der „Bausparkassenvertreter" dahingehend zu beschränken, dass Individualabsprachen mit dem neuen Bausparer nur vor und bei den Vertragsverhandlungen schriftlich getroffen werden müssen.

Die Rechtsprechung ist in den letzten Jahren dazu übergegangen, alle Vertreter, die für Bausparkassen auftreten, und sei es auch nur als Untervertreter, als Erfüllungsgehilfen i.S.d. § 278 BGB der Bausparkasse einzustufen. Alle mündlichen Absprachen vor und bei den Vertragsverhandlungen können eine Haftung der Bausparkasse herbeiführen. Die mündlichen Absprachen nach Vertragsabschluss mit den entfernten Erfüllungsgehilfen können auch eine Haftung der Bausparkasse begründen. Der Begründung der Rechtsprechung ist sich ohne Einschränkung anzuschließen. Hinzukommt, dass die Beratung im Vorfeld von besonderer Bedeutung ist. Wie häufig bei der AGB-Problematik, hat der Kunde keine Alternativen. Entweder stimmt er dem Vertrag in seiner vorgefertigten Form zu oder nicht. Die Haftung für mangelhafte Beratung muss erhalten bleiben und gewährleistet sein.

Dem Bausparer wird durch die Individualvereinbarungsklausel gem. § 305b BGB sowie durch die Auslegung der Rechtsprechung hinsichtlich der Vertreterhaftung ein allumfassender Schutz hinsichtlich der Aufklärungs- oder Warnpflicht durch die Bausparkasse zuteil.

Bei den MBB n.F. ist die Haftungsregelung eindeutig geklärt. Alle haftungseinschränkenden Klauseln wurden aus diesen MBB herausgenommen und es gelten die zivilrechtlichen Regelungen.

# 5. Kapitel: § 307 Abs. 3 BGB als Schranke der Inhaltskontrolle

Für die konkrete Inhaltskontrolle von ABB sind zwei Normen des BGB von besonderer Bedeutung.

§ 307 Abs. 3 BGB, der besagt, dass die §§ 307 Abs. 1 u. 2., 308, 309 BGB nur für solche Bestimmungen gelten, die von Rechtsvorschriften abweichen oder sie ergänzen und § 306 Abs. 2 BGB, nach dem bei Unwirksamkeit von AGB die gesetzlichen Regelungen an die Stelle der unwirksamen Klausel treten. § 307 Abs. 3 BGB hat im Kern unverändert § 8 AGBG übernommen.[406]

§ 307 Abs. 3 BGB unterscheidet nach seiner systematischen Stellung im Gesetz in kontrollierbare und nicht kontrollierbare AGB. Dabei kommt der Norm eine Filterfunktion zu, da sie einer Inhaltskontrolle nach §§ 307 Abs. 1 und 2, 308, 309 BGB vorgeschaltet ist, um so bestimmte Klauseln von einer Kontrolle durch das so genannte „Kernstück des AGBG"[407] auszunehmen.

Fraglich ist, welche Klauseln tatsächlich von einer Inhaltskontrolle ausgenommen sein sollen. Kernaussage des damaligen Regierungsentwurfes ist, dass sowohl AGB, die gesetzeswiederholend sind, als auch AGB, die Preis und Leistung festlegen, von der Kontrolle ausgenommen bleiben sollen.[408] Zu unterscheiden ist zwischen der Kontrollfreiheit deklaratorischer Klauseln und der Kontrollfreiheit preis- und leistungsbestimmender Klauseln. § 307 Abs. 3 BGB soll nur die Angemessenheitsprüfung, aber nicht eine Verständlichkeits- und Transparenzprüfung ausschließen.[409] Das wird durch die jetzige Position in § 307 Abs. 3 BGB, nach § 307 Abs. 1 u. 2 deutlich. Somit sind Verstöße gegen das Transparenzgebot auch bei leistungsbestimmenden Klauseln unstreitig möglich. Das wird durch den Verweis des Abs. 3 Satz 2 auf Abs. 1, Satz 1 u. 2 jetzt ausdrücklich klargestellt.[410]

---

[406] Palandt/Heinrichs, § 307 BGB Rn. 1.

[407] Palandt/Heinrichs, § 307 BGB Rn. 1f.; vgl. MüKo/Basedow, vgl. vor § 307 BGB Rn. 2.

[408] BT-DS 7/3919, S. 22.

[409] OLG Köln, ZIP 00, S. 1836, OLG Hamm NJW-RR 00, S. 763.

[410] Palandt/Heinrichs, § 307 BGB Rn. 55.

## A. Gesetzeswiederholende AGB (Deklaratorische Klauseln)

Deklaratorische Klauseln sind gesetzeswiederholende Klauseln. Wenn in ABB Rechtsvorschriften aus dem BGB, dem BSpkG und der BSpkV wiederholt werden, also weder von diesen abweichen noch sie ergänzen, unterliegen sie dem Geltungsbereich des § 307 Abs. 3 BGB und sind von einer Prüfung gem. §§ 307 Abs. 1 u. 2, 308, 309 BGB ausgenommen.[411] Der BGH unterwirft eine Klausel, die den Wortlaut eines Gesetzes wiedergibt, das der Ergänzung bedarf, der Kontrolle nach den §§ 307 Abs. 1 u. 2, 308, 309 BGB, wenn zu prüfen ist, ob und wie der Verwender das Gesetz ergänzt hat.[412] Weiter sieht der BGH eine Klausel nur dann als deklaratorisch an, wenn sie die ohnehin geltende Rechtslage zutreffend wiedergibt.[413]

Die Ursache für die Kontrollfreiheit von Klauseln, die Rechtsvorschriften wiederholen, liegt in der Bindung des Richters an die Entscheidungen des Gesetzgebers, die eine Kontrolle überflüssig macht, und an dem Verbot einer Angemessenheitskontrolle von Rechtsvorschriften gem. §§ 307 Abs. 1 u. 2, 308, 309 BGB.[414]

Es kann in AGB von rein deklaratorischen Klauseln nur gesprochen werden, wenn sie gestrichen werden könnten, ohne dass eine Änderung der vertraglichen Rechtslage, nachdem durch das Dispositivrecht ergänzt, eintreten würde.[415] Zulässig ist die Kontrolle aber dann, wenn die korrespondierende gesetzliche Regelung unwirksam ist.[416] Dabei fallen unter den Begriff der Rechtsvorschriften nach § 307 Abs. 3 Satz 1 BGB alle Gesetze im materiellen Sinne,[417] somit auch Satzungen und Verordnungen. Nach der höchstrichterlichen Rechtsprechung auch Richterrecht und Rechtsgrundsätze.[418]

---

[411] BGH, NJW 1991, S. 1754; Locher, S. 85 ff. ; Bach/Geiger, VersR 1993, S. 663 ( 667f.).

[412] vgl. BGH, AZ.: IV ZR 138/99, WM 2001, 1152 ff.

[413] BGH, NJW 1985, S. 623 ( 624); Zoller, BB 1987, S. 471 ff.

[414] vgl. Canaris, NJW 1987, S. 609, 611; Bruchner, WM 1987, S. 449 (456); Belke, JA 1988, S. 475, (482); AG Wiesbaden, WM 1988, S. 530, 531; vgl. zu diesem Themenbereich Dylla-Krebs, S. 65 ff.

[415] Zoller, BB 1987, S. 471 ff.; vgl. § 6 AGBG.

[416] BGH, NJW 1988, S. 2951.

[417] BGH, ZIP 1985, S. 479; a. A. Staudinger/Coester, § 8 AGBG Rn. 2.

[418] BGHZ 121, S. 18; Soergel/Stein, § 8 AGBG Rn. 3; Wolf, in Wolf/Horn/Lindacher, § 8 AGBG Rn. 5.

Teilweise werden deklaratorische Klauseln nicht als AGB im Sinne des § 305 Abs. 1 BGB angesehen[419] oder nicht als Regelung im Sinne des § 307 Abs. 3 Satz 1 eingestuft.[420] Vielmehr werden sie als „einfache Vertragsbedingungen“ angesehen.

Deklaratorische Klauseln sind jedoch eindeutig AGB. Das ergibt sich bereits aus der Formulierung des § 307 Abs. 3 Satz 1 BGB. Gesetzeswiederholende Klauseln sind immer AGB, wenn sie durch den Verwender aufgenommen worden sind. Erst durch den Inhalt der jeweiligen Klausel ergibt sich die Unterscheidung gem. §§ 307 – 309 BGB.[421] Deswegen kann der Theorie, dass deklaratorische Klauseln keine AGB sind, nicht gefolgt werden. Jedoch kann von einer deklaratorischen Wiedergabe bestimmter Rechtsvorschriften nicht ausgegangen werden, wenn von einer schuldrechtlichen Gestaltungsmöglichkeit Gebrauch gemacht wird. Die AGB sind dann nicht von einer Inhaltskontrolle ausgenommen. Das gilt entsprechend bei Verschuldensregelungen für Erfüllungsgehilfen gem. §§ 276, 278 BGB und bei anderen zivilrechtlichen Regelungen wie z. B. Abtretungsregelungen gem. § 399 BGB, Rücktrittsvorbehalt, Vertragsstrafenversprechen, Eigentumsvorbehalten oder Zwangsvollstreckungsunterwerfung.[422]

Wenn eine gesetzliche Vorschrift wie z. B. § 5 Abs. 3 BSpkG einerseits bestimmte äußere Grenzen zieht, die die Parteien (bzw. der Verwender) bei der Gestaltung der vertraglichen Beziehung zu beachten haben, andererseits aber den Parteien einen Bereich überlässt, in dem sie ihre Beziehungen frei gestalten können, so unterliegt eine AGB-Klausel, die sich in dem frei gestaltbaren Bereich bewegt, der Inhaltskontrolle nach §§ 307 Abs. 1 u. 2, 308, 309 BGB. § 5 Abs. 3 BSpkG hat gewisse „Pflichtbestimmungen” der ABB vorgeschrieben. Die Bausparkasse ist in der materiellen Umsetzung des vorgegebenen Mindestregelungsbedarfs weitgehend frei. Die Freiheit der Bausparkasse wird gleichwohl durch § 8 BSpkG und andere vorrangige zivilgesetzliche Regelungen wie z.B. die §§ 305 ff. BGB begrenzt. Durch die Berücksichtigung der Pflichtvorschrift entstehen in den ABB aber keine deklaratorischen Klauseln. Es handelt sich dann nicht um eine von Rechtsvorschriften abweichende Klausel im Sinne des § 307 Abs. 3 BGB, wohl aber um eine Klausel, die bestehende Rechtsvorschriften ergänzt und daher an-

---

[419] vgl. Niebling, S. 24 ff., Die Schranken der Inhaltskontrolle nach § 8 AGBG; ders. in BB 1984, S. 1713.

[420] vgl. Löwe, in Löwe/Trinkner/Graf von Westphalen, § 8 AGBG Rn. 16; Fehl, S. 148; Dylla-Krebs begrenzt auf die Wiederholung zwingender Rechtsvorschriften, S. 52 ff.

[421] vgl. Staudinger/Coester, § 8 AGBG Rn. 30.

[422] vgl. Aufzählung bei Soergel/Stein, § 8 AGBG Rn. 18f.

hand §§ 307 Abs. 1 u. 2., 308, 309 BGB überprüft werden darf. ABB kommen als rechtsergänzende AGB-Regeln vor, wenn der Verwender die in den gesetzlichen Vorschriften, § 5 Abs. 3 BSpkG, eröffnete Gestaltungsmöglichkeit nutzt. Derartige ergänzende Klauseln werden nach Sinn und Zweck nicht durch § 307 Abs. 3 BGB ausgenommen.[423]

Das BSpkG setzt die Vertragsgestaltung durch ABB voraus und schreibt durch eine Reihe von zwingenden und halbzwingenden Vorschriften den Rahmen vor, in dem sich die ABB halten müssen. Daraus ergibt sich die Frage, ob und inwieweit die Inhaltskontrolle einen noch über die Rechtsvorschriften des BSpkG und der BSpkV hinausgehenden Schutz des Bausparers gegenüber nachteiligen Klauseln bietet. Wenn sich also Bestimmungen der ABB im Rahmen der Vorschriften der vorgegebenen Gesetze (BSpkG und BSpkV) halten, können sie nicht mehr unter die Klauselverbote der §§ 308, 309 BGB fallen.

Zusammenfassend ist festzuhalten, dass Klauseln, die in jeder Hinsicht mit den Rechtsvorschriften übereinstimmen und deshalb keine konstitutive Wirkung entfalten, nicht einer Inhaltskontrolle unterzogen werden. Das sieht die Rechtsprechung und die Literatur als unstreitig an. Wird auf eine Rechtsvorschrift in AGB verwiesen, ist zu prüfen, ob die Rechtsvorschrift auf das jeweilige Vertragswerk passt.[424] Deklaratorische Klauseln werden teilweise benötigt, damit AGB in sich schlüssig und verständlich sind. Zudem dienen sie der Information des Kunden.

## I. Deklaratorische Klauseln, die dem BSpkG entsprechen

In §§ 1, 5 und 7 BSpkG ist der notwendige Inhalt der ABB zum Teil normiert worden. Es werden nur bestimmte Regelungsverpflichtungen und nicht der Inhalt der ABB vorgegeben.

Bausparkassen ist es gem. § 4 Abs. 5 BSpkG untersagt, vor Zuteilung des Bausparvertrages die Auszahlung der Bausparsumme zu einem bestimmten Zeitpunkt zuzusagen.

Die ABB müssen gem. § 5 Abs. 3 BSpkG Bestimmungen über die Höhe und Fälligkeit der Leistungen von Bausparer und Bausparkasse sowie über die Rechtsfol-

---

[423] BGHZ, 106, S. 42 (45); 100, S. 179 (181).

[424] vgl. Brandner, in Ulmer/Brandner/Hensen, § 8 AGBG Rn. 30f.; BGH, NJW 1998, S. 2161.

ge des Leistungsverzuges, die Verzinsung von Einlagen und Darlehen, entstehende Kosten und Höhe der Gebühren enthalten.

Weiterhin schreibt § 7 BSpkG die Sicherung der herausgegebenen Darlehen durch Grundpfandrechte vor.

Im folgenden werden die MBB dahingehend überprüft, ob deklaratorische Klauseln, die keiner Kontrolle nach §§ 307 Abs. 1 u. 2, 308, 309 BGB unterworfen sind, vorliegen.

### 1. § 1 Abs. 1 MBB a.F., Präambel Satz 4 MBB n.F.

§ 1 Abs. 1 MBB a.F. und die Präambel Satz 4 MBB n.F. legen die Vertragsnatur des Bausparvertrages fest. Sie sind § 1 Abs. 1 und 2 BSpkG entnommen.

Sie geben die Definition für den Bausparvertrag vor. Würde die Klausel gestrichen werden, so würde sich die Rechtsnatur des Bausparvertrages aus dem Bausparkassengesetz ergeben.[425] Die MBB n.F. haben die Definition in die Präambel übernommen.

### 2. § 1 Abs. 2 u. 3 MBB a.F., Präambel n.F. Satz 13, Satz 14

Für welche Art von wohnungswirtschaftlichen Maßnahmen die Bauspardarlehen verwendet werden können, wird in § 1 Abs. 2 und 3 MBB a.F., Präambel n.F. Satz 13, Satz 14 festgelegt. Es handelt sich um eine abschließende und unabdingbare Regelung, die bei der Gewährung des Darlehens durch die Bausparkasse und den Bausparer beachtet werden muss. Der Katalog ist durch § 1 Abs. 3 BSpkG verbindlich vorgegeben und in die MBB beinahe wörtlich übernommen worden. Dadurch sind sie einer Inhaltskontrolle gänzlich entzogen. Im Falle einer Unwirksamkeit würden sie anhand § 1 Abs. 3 BSpkG ergänzt werden.

Die Präambel der n.F. der MBB bezieht sich mittlerweile nur noch auf § 1 Abs. 3 BSpkG und gibt eine fragmentarische Aufzählung der im Gesetz festgelegten Finanzierungsfälle. Die neue Fassung der MBB ist einfacher und übersichtlicher geworden.

---

[425] vgl. zu Vertragsnatur siehe oben 3. Kap.C.I. Vertragsnatur des Bausparvertrages.

### 3. § 10 Abs. 4 MBpB a.F., § 10 Abs. 3 MBöB a.F.

§ 10 Abs. 4 MBpB a.F., § 10 Abs. 3 MBöB a.F. regeln die Überwachung des Zuteilungsverfahrens. Die BaFin muss einen Vertrauensmann bestellen, der darauf zu achten hat, dass die Bestimmungen der §§ 10 und 11 MBB über das Zuteilungsverfahren eingehalten werden. Im BSpkG ist das in § 12 Abs. 1 und 2 geregelt. Sollte die betreffende Klausel gestrichen werden, so würde die gesetzliche Regelung eintreten. Insoweit ist die Klausel lediglich als deklaratorisch anzusehen und der Kontrolle entzogen.

In den MBB n.F. wurde die Tätigkeit des Vertrauensmannes nicht mehr erwähnt.

### 4. § 10 Abs. 5 MBB a.F.

§ 4 Abs. 5 BSpkG soll verhindern, dass sich die Bausparkasse durch eine Zuteilungszusage zu einem bestimmten Zeitpunkt bindet. Die Klausel ist sprachlich nicht identisch mit § 4 Abs. 5 BSpkG, hat aber die gleiche Kernaussage. Für den Fall der Ungültigkeit oder des Streichens der MBB würde die gesetzliche Regelung gelten. Da der Zeitpunkt der Zuteilung von dem Volumen abhängt, das zugeteilt werden kann, hängt die Zuteilung letztendlich von der Spar- und Tilgungsleistung der Bauspargemeinschaft ab.

Die Motivation § 4 Abs. 5 BSpkG in die MBB aufzunehmen, liegt in der Klarstellung gegenüber den Bausparern, dass Zuteilungsversprechen weder erteilt werden können noch dürfen.[426]

Wenn die Bausparkasse trotz des Verbotes dennoch eine Aussage über den Zeitpunkt der Zuteilung trifft, gleichwohl der Zuteilungszeitpunkt nicht eingehalten werden kann und dem Bausparer aufgrund dieser Prognose ein Schaden entsteht, so ergibt sich eine Haftung der Bausparkasse aus § 311 Abs. 2 BGB.[427] Eine Übnahme der lediglich klarstellenden Klausel in die MBB n.F. wurde nicht vorgenommen.

---

[426] Der Tarif A der Vereinsbank Viktoria Bauspar AG (VVB) sieht mittlerweile vor, dass nach einer Sperrfrist von 18 Monaten jederzeit die Zuteilung des Darlehens erfolgen kann. Der Bausparer kann also bereits nach verhältnismäßig kurzer Zeit die Auskehrung des Darlehens beantragen. Sollte es der VVB trotz der Abforderung durch einen Bausparer nicht möglich sein, sofort zuzuteilen, kann Sie die Zuteilung auch verschieben. Sollte dies notwendig sein, kann sie sich auf die sog. Escape-Klausel gem. § 4 Abs. 5 BSpkG berufen. Vgl. zu diesem Tarif A der VVB Hölzle, Der langfristige Kredit 2001, S. 15 ff.

[427] vgl. die Haftung der Bausparkasse aus c.i.c. S. 74 ff. ; BGH, NJW 1991, S. 9 (10); BGH, NJW 1976, S. 892 (893).

## 5. § 15 Abs. 1 Satz 1 und 2 MBpB a.F., § 15 Abs. 1 MBöB a.F. , § 7 Abs. 1 MBpB n.F., § 7 Abs. 1 Satz 1 u. 2. MBöB n.F.

Das Bauspardarlehen wird durch die Bestellung von Hypotheken oder Grundschulden an einem inländischen Pfandobjekt gesichert. Die Sicherungsabrede und die Sicherungsanforderung sind durch § 7 Abs. 1 Satz 1 und Abs. 2 BSpkG normiert worden. Die MBB haben die Norm zum Teil wörtlich übernommen. Es gilt das bisher zu 1. bis 4. Gesagte. Eine Überprüfung dieser Klausel würde gleichfalls eine Überprüfung des BSpkG bedeuten.[428]

## 6. § 15 Abs. 2 Satz 1, 1. HS MBöB a.F.

Die Klausel regelt die Stellung von Ersatzsicherheiten für die Bauspardarlehen. Öffentlich-rechtliche Bausparkassen haben die Klausel entsprechend § 7 Abs. 3 BSpkG in ihre MBB übernommen. Die privaten Bausparkassen haben eine derartige Klausel als nicht notwendig angesehen, da die gesetzliche Regelung gem. § 7 Abs. 3 BSpkG greift. Daher haben auch sie die Möglichkeit, Ersatzsicherheiten zu akzeptieren. Alle Bausparkassen müssen Ersatzsicherheiten mit der Sorgfalt eines ordentlichen Kaufmanns prüfen und entscheiden, ob sie diese annehmen oder nicht. Sie haben dafür die Verantwortung, die durch die BaFin überwacht wird.[429] In den MBöB n.F. ist die Stellung von Ersatzsicherheiten nicht mehr erwähnt.

## 7. § 15 Abs. 2 Satz 2 MBöB a.F.

Die Besicherung durch Grundpfandrechte oder Ersatzsicherheiten von Bauspardarlehen kann unterbleiben, wenn eine der in § 7 Abs. 5 BSpkG[430] genannten Einrichtungen, Körperschaften oder Anstalten die Gewährleistung übernimmt oder

---

[428] siehe aber zur Wirksamkeit der formularmäßigen Sicherungszweckbestimmungen bei Grundschulden, Weber, ZfIR 1999, S. 2f.

[429] vgl. Schreiben der BaFin vom 09.01.1979 (Geschäftszeichennummer III 18.13.1) hinsichtlich der Sicherung der Forderung aus Darlehen (Ersatzsicherheiten). In diesem Schreiben wird durch die BaFin ein Ersatzsicherheitenkatalog aufgestellt, der jedoch nicht als abschließend, aber dennoch als anordnend festgelegt wird. Vgl. Schreiben der BaFin vom 30.03.1981. In diesem Schreiben werden die Bausparkassen nochmals unter Androhung einer Überprüfung aufgefordert, die Anordnungen der BaFin zu befolgen.

[430] Das Gesetz nennt hier inländische Körperschaften und Anstalten des öffentlichen Rechtes, die EG, deren Mitgliedsstaaten und Investitionsbanken, Regionalregierungen und örtliche Gebietskörperschaften der EG-Mitgliedsstaaten, die eine gute Bonität haben, sowie Darlehensnehmer, die für die vorgenannten Stellen die Gewährleistung übernommen haben.

selbst Darlehensnehmer ist. Eine derartige Regelung hat bei den privaten Bausparkassen keine Berücksichtigung gefunden. Auch hier handelt es sich um eine eindeutige gesetzliche Regelung.

Die MBB n.F. haben diese Klauseln nicht mehr übernommen. Für den privaten Vertragspartner (Bausparer) war diese Klausel ohne Bedeutung und die betroffenen Institutionen wissen ohnehin um diese Regelung. Im Interesse der Verkürzung der MBB war die Streichung problemlos möglich.

**8. § 15 Abs. 2 Nr. 3, 1. HS MBöB a.F.**

Die Negativklausel,[431] welche die Möglichkeit für die Bausparkasse eröffnet, von Sicherheiten im Wege der Grundpfandrechteintragung oder von Ersatzsicherheiten abzusehen, ist entsprechend § 7 Abs. 4 Nr. 1 BSpkG in die MBöB a.F. übernommen worden.[432]

Die privaten Bausparkassen haben die Regelung nicht übernommen. Es steht in ihrem freien Ermessen, das zu tun.[433]

Die öffentlich-rechtlichen Bausparkassen vergeben häufiger Kleinstdarlehen als private Bausparkassen, da sie eine Grundversorgung für die Bevölkerung sicherstellen sollen. Die Bearbeitung und Überwachung der Kleinstdarlehen ist genauso kostenintensiv wie bei großen Darlehen.

Die privaten Bausparkassen bieten in den letzten Jahren solche Kleinkredite immer häufiger an. Grund hierfür dürfte die Wirtschafts- und Arbeitsmarktlage sein. Viele Kreditnehmer können nur Kleinkredite zurückführen. Jedoch kann es für

---

[431] Der Darlehensnehmer verpflichtet sich bei der Negativerklärung eine mögliche Sicherung durch Grund-pfandrechte nicht durch Verpfändung des als Pfandobjekts in Betracht kommenden Gegenstandes für eine andere Verbindlichkeit oder durch seine Veräußerung zu verhindern (§ 7 Abs. 4 Nr. 1 BSpkG).

[432] Diese Regelung kommt nach § 6 Abs. 1 1. HS BSpkV nur für Darlehen bis zu 15.000,- € in Betracht. Die Verwertung von Sicherheiten ist kompliziert und eine schnelle Befriedigung der Bausparkasse ist bei Verstößen des Schuldners nicht immer möglich. Meist ist ein langwieriges Klageverfahren notwendig, um die Forderungen zu realisieren; Durch die Novelle des § 6 BSpkV vom 17.11.1998 sind die Darlehenshöhen heraufgesetzt worden. BSpkFb Kap. 3 3.4 Nr. 10; vgl. Merkel, 1985 Die Negativklausel, Recht und Praxis einer schuldrechtlichen Sicherungsvereinbarung, S. 221 (222).

[433] vgl. Schäfer/Cirpka/Zehnder, § 7 Anm. 8.

alle Bausparkassen interessant sein, den Kreditnehmern Kleinkredite als Kreditspitzen zu gewähren. Dabei ist die BaFin[434] der Ansicht, dass dies nur in Einzelfällen möglich ist und in keinem Fall als der Normalfall angesehen werden darf. Jede Kreditentscheidung, bei der eine „Blankokreditspitze“ oder eine Kreditspitze gegen Negativerklärung gegeben wird (in Ergänzung zu einer besicherten Kreditausreichung), bedarf einer dezidierten Einzelfallprüfung, die in den Kreditakten eindeutig vermerkt werden muss. [435] Eine Inhaltsüberprüfung der MBöB a.F. ist aufgrund des deklaratorischen Charakters nicht möglich.

Die MBB n.F. haben die Klausel, wohl wegen ihres deklaratorischen Charakters, nicht übernommen. Dennoch haben die Bausparkassen die Möglichkeit, gem. dem BSpkG und der BSpkV, mit dieser Kreditart zu arbeiten.

### 9. § 15 Abs. 2 Nr. 4 MBöB a.F.

§ 15 Abs. 2 Nr. 4 MBöB a.F. hat den öffentlich-rechtlichen Bausparkassen die Blankovergabe von Darlehen zu wohnungswirtschaftlichen Zwecken ermöglicht, die ein Kleinstdarlehen bis zu 5.000,-- € betreffen.[436]

Es ist durch die Bausparkasse darauf zu achten, dass die Gesamtinanspruchnahme des Bausparers gegenüber der Bausparkasse 5.000,-- € nicht überschreitet. Eine Blankogewährung für einen Teilbetrag ist nicht zulässig.[437] Sie entspricht soweit § 7 Abs. 4 Nr. 2 BSpkG in Verbindung mit § 6 Abs. 1 2. HS BSpkV. Die privaten Bausparkassen haben Blankodarlehen nicht geregelt.[438] Eine entsprechende Regelung ist in den MBB n.F. nicht mehr enthalten.

---

[434] Schreiben der BaFin vom 11.2.1998 (III 820 [132]).

[435] vgl. Schreiben der BaFin vom 11.2.1998 (III 820 [132]).

[436] Einführung erst am 01.01.1991 in der Bausparkassennovelle.

[437] vgl. BSpkFb 2002/03 Kap.3.4.Nr.11.

[438] vgl. siehe oben g).

### 10. § 16 Abs. 2 Satz 1 MBöB a.F., § 16 Abs. 3 MBpB a.F. , § 7 Abs. 2 MBöB n.F., § 7 Abs. 2 Satz 1 MBpB n.F.

Das Bauspardarlehen, welches durch Grundpfandrechte gesichert werden muss, darf 80 % des Beleihungswertes des Pfandobjektes nicht übersteigen. Die Berechnung für die Darlehenshöhe ergibt sich aus § 7 Abs. 1 Satz 3 BSpkG.

Sowohl die privaten als auch die öffentlich-rechtlichen Bausparkassen haben in ihre MBB a.F., n.F. die Beleihungswertgrenzen aus dem Gesetz übernommen, so dass eine Überprüfung entfällt.

### 11. § 16 Abs. 2 MBpB a. F.

Die privaten Bausparkassen haben in § 16 Abs. 2 MBB a.F. entsprechend § 7 Abs. 1 BSpkG festgelegt, dass der Beleihungswert des Pfandobjektes den Verkehrswert nicht übersteigen darf. § 7 Abs. 1 BSpkG ist seinerseits an § 12 Abs. 1 Satz 1 Hypothekenbankgesetz angelehnt. Das Hypothekenbankgesetz geht jedoch von einem Verkaufswert aus. Die Begriffe sind als Synonym zu verstehen.[439] Sollte die Bausparkasse die Klausel verletzen, so ergibt sich daraus nicht die zivilrechtliche Unwirksamkeit des Vertrages.[440] Eine Überprüfung der Klausel der MBpB a.F. ist nicht möglich. In die MBpB n.F. ist die Klausel nicht übernommen worden.

### 12. § 32 Abs. 2 Satz 1 MBpB a. F., § 32 Abs. 4 MBöB a.F., § 20 Abs. 2 Satz 1 MBB n.F.

Im Falle der Einstellung des Geschäftsbetriebes erfolgt nach § 32 Abs. 2 Satz 1 MBpB a. F., § 32 Abs. 4 MBöB a.F., § 20 Abs. 2 Satz 1 MBB n.F. eine vereinfachte Abwicklung der Bausparverträge. § 5 Abs. 2 Nr. 7 des BSpkG regelt die vereinfachte Form der Abwicklung. Hierzu ist die Genehmigung der BaFin notwendig. § 15 Satz 2 BSpkG hat die Möglichkeit der Aufgabe des Geschäftsbetriebes berücksichtigt und eine entsprechende Regelung für die Abwicklung geschaffen. In § 20 Abs. 2 Satz 1 MBB n.F. wurde die vereinfachte Abwicklung entsprechend dem BSpkG geregelt.

---

[439] vgl. dazu Dannenbaum, S. 155; Schäfer/ Cirpka/ Zehnder, § 7 Anm. 11.

[440] vgl. BGH, WM 1980, S. 862. Das Urteil regelt die Überschreitung des Beleihungsraumes bei Schiffen, wobei die 60 % ige Beleihungsmöglichkeit gem. § 10 Abs. 2 SchBKG überschritten wurde.

## 13. § 32 Abs. 3 MBpB a.F. , § 32 Abs. 5 MBöB a.F., § 20 Abs. 2 Satz 2 MBpB n.F., § 20 Abs. 2 Satz 2 MBöB n.F.

Die Rechtsfolge, die aus der Zustimmung der BaFin zur vereinfachten Abwicklung bei finanziellen Schwierigkeiten der Bausparkasse erwächst, ist ein Zwangsvergleich.[441] Einen derartigen Zwangsvergleich beinhalten die § 32 Abs. 3 MBpB a.F., § 32 Abs. 5 MBöB a.F., § 20 Abs. 2 Satz 2 MBpB n.F., § 20 Abs. 2 Satz 2 MBöB n.F..

Gem. § 5 Abs. 2 Nr. 7 BSpkG sind die sich für den Bausparer ergebenden Rechtsfolgen in den AGG ausführlich und im Einzelnen darzustellen und als vertragliche Grundlage auch in den ABB zu klausulieren.[442] Die AGG haben in Abschnitt h) „Vereinfachte Abwicklung" die Liquidation in den notwendigen Grundzügen festgelegt. Eine Überprüfung der Klauseln ist nicht möglich.

## II. Deklaratorische Klauseln nach der BSpkV

### 1. § 15 Abs. 2 Nr. 1, 2. HS MBöB a.F.

Die Klausel lautet:

> *„... und der gesamte Bestand der so gerichteten Forderungen das gesetzlich zulässige Kontingent nicht überschreitet."*

Durch die öffentlich-rechtlichen Bausparkassen wurde diese Reglementierung aus § 5 BSpkV in die MBöB a.F. übernommen.[443] Die Darlehen, für die Ersatzsicherheiten gestellt werden, dürfen nur ein Viertel des Gesamtbestandes der Forderungen aus Darlehen der Bausparkassen ausmachen. Eine Überprüfung von § 15 Abs. 2 Nr. 1, 2. HS MBöB a.F. ist nicht möglich. In die MBB n.F. ist eine derartige Klausel nicht übernommen worden.

---

[441] vgl. Schäfer/Cirpka/Zehnder, § 5 Anm. 25; auch zu der Problematik des Zwangsvergleichs als Eingriff in die Eigentumsrechte gem. Art. 14 GG.

[442] vgl. Schäfer/Cirpka/Zehnder, § 5 Anm. 38; dazu auch Bertsch/Hölzle/Laux, Stichwort vereinfachte Abwicklung.

[443] vgl. Schäfer/Cirpka/Zehnder, § 5 BSpkV; Amtliche Begründung zur BspkVsnovelle 1990.

## 2. § 15 Abs. 2 Nr. 3, 2. HS MBöB a.F.

Als gesetzliche Grundlage hat § 15 Abs. 2 Nr. 3, 2. HS MBöB a.F. die Norm des § 6 Abs. 1 BSpkV zum Vorbild. Es wird gem. § 6 Abs. 1 BSpkV eine Verpflichtungserklärung des Bausparers vorausgesetzt, dass er sich ohne Kündigung eine fällige Buchgrundschuld in voller Höhe des Darlehensbetrages eintragen lässt. Die Klausel deckt sich mit der gesetzlichen Regelung und ist deswegen einer Prüfung entzogen.

## III. Deklaratorische Klauseln gem. BGB und ZPO

## 1. Aufwandsentschädigung für außervertragliche Dienstleistungen

§ 30 Abs. 2 Satz 2 MBpB a.F., § 30 Abs. 4 MBöB a.F., vgl. § 17 Abs. 2 Satz 2 MBpB n.F., § 17 Abs. 2 MBöB n.F. sehen für außervertragliche Dienstleistungen eine Aufwandsentschädigung nach billigem Ermessen vor. Sie entsprechen § 315 BGB und können somit nicht kontrolliert werden. Jedoch ist in § 17 Abs. 2 MBöB n.F. von einem *„ihrem (der Bausparkasse) Aufwand angemessenes Entgelt..."* die Rede. Die neu eingeführte Formulierung wird durch die Bausparkassenwirtschaft mit dem Ausdruck des *„billigen Ermessens"* gleichgesetzt.[444] Dennoch hat eine Änderung der MBöB n.F. stattgefunden, in der noch ausdrücklich auf eine Anpassung an die *„Berücksichtigung der Marktgegebenheiten und des Aufwandes nach billigem Ermessen"* abgestellt wurde. Eine derartige Änderung in den MBöB n.F. kann schwer nachvollzogen werden. Sie könnte nur so verstanden werden, dass eine andere als die zivilrechtliche Gebührenberechnung nach billigem Ermessen gem. § 315 BGB vertraglich vereinbart werden sollte. Wäre die Klausel so zu verstehen und würde sie auch so angewandt, so hätte sie keinen deklaratorischen Charakter mehr und könnte überprüft werden. Sollte die Argumentation zutreffend sein, wäre zu prüfen, ob mit dieser Klausel nicht eine Leistungsbestimmung vorliegt, die ebenso der Inhaltskontrolle entzogen wäre. Da jedoch ein Verstoß gegen das in 307 Abs. 1 Satz 2 BGB normierte Transparenzgebot in Form des Bestimmtheitsgebotes vorläge, wäre sie unwirksam.

Die dargelegte Auslegungsmöglichkeit ist jedoch nicht anzunehmen, da es bei der Aufstellung der MBöB n.F. um die Vereinfachung und Verkürzung der MBB ging. Die Formulierung *„ein angemessenes Entgelt"* ist als redaktionelle Vereinfachung zu sehen und die Klausel § 17 Abs. 2 MBöB n.F. weiterhin als deklaratorische Klausel zu werten.

---

[444] vgl. BSpkFb 2002/03 Kap 3.6. Nr. 6.

### 2. § 34 Abs. 1 MBöB a.F.

§ 34 Abs. 1 MBöB a.F. entspricht der Regelung des BGB hinsichtlich des Erfüllungsortes gem. §§ 269, 271 BGB und dient lediglich der Klarstellung. Sie ist einer Überprüfung entzogen. In den MBB n.F. ist keine derartige Klausel mehr vorgesehen.

### 3. § 34 Abs. 2 und 3 MBB a.F.

Das BSpkG hat in § 5 Abs. 3 Nr. 8 eindeutig festgelegt, dass die MBB eine Regelung über das zuständige Gericht enthalten müssen, was auch den zivilprozesslichen Normen der §§ 12 ff. ZPO entspricht. Somit sind die Bausparkassen in ihren MBB a.F. der gesetzlichen Verpflichtung nachgekommen.[445] Da die angeführten Klauseln deklaratorischen Charakter haben und die gesetzlichen Bestimmungen wiedergeben, sind sie der Prüfung anhand §§ 305 ff. BGB entzogen. In den MBB n.F. ist eine derartige Klausel, trotz der gesetzlichen Vorgabe, nicht mehr erwähnt. In der Kommentierung zu § 5 Abs. 3 BSpkG[446] wird lapidar auf die gesetzliche Bestimmung in der ZPO verwiesen und so argumentiert, dass nach § 38 ZPO kein Möglichkeit für eine Änderung des gesetzlichen Gerichtsstandes gem. §§ 12 ff. ZPO gegeben ist und so eine Gerichtsstandvereinbarung in den ABB entfallen kann.

Entscheidend ist vielmehr, dass die Rechtsprechung Gerichtsstandsklauseln im nichtkaufmännischen Verkehr in AGB als ein unwirksam angesehen hat. [447] Die Klausel ist im kaufmännischen Verkehr auch wirksam, wenn sie zugleich gegenüber Verbrauchern verwandt wird.[448]

Insgesamt ist unverständlich, warum § 5 Abs. 3 Nr. 8 BSpkG als gesetzliche Bestimmung in den MBB n.F. nicht berücksichtigt wurde. Die Bausparkasse nimmt auch als Kaufmann am Rechtsverkehr teil und die gesetzliche Vorgabe ist eindeutig. Solange das BSpkG die Klausel nicht gestrichen hat, ist sie durch Bausparkassen und die BaFin zu beachten.

---

[445] Lehmann/Schäfer/Cirpka, § 5 Anm. 39.

[446] Schäfer/Cirpka/Zehnder § 5 Anm. 39.

[447] OLG Düsseldorf, NJW-RR 1995, S. 440f.; vgl. auch EuGH ZIP 2000, S. 1165 zur RL 93/13/EG.

[448] OLG Frankfurt a.M., MDR 1998; S. 664; a.A. LG Karlsruhe, NJW-RR 1997, S. 56; vgl. Palandt/ Heinrichs § 307 BGB Rn. 107, m.w.N.

Die Verletzung des BSpkG ist jedoch nicht für die Wirksamkeit der übrigen ABB von Relevanz. Das BSpkG sollte hinsichtlich der Gerichtsstandsklausel derart geändert werden, dass diese wegfällt.

## IV. Erörterung und Zusammenfassung

Insgesamt sind 18 Klauseln, die sowohl in den MBöB a.F., n.F., als auch in den MBpB a.F., n.F. Berücksichtigung gefunden haben, durch ihren deklaratorischen Charakter einer Kontrolle entzogen. Der Grossteil der Klauseln beschäftigt sich mit der Darlehenssicherung und den Beleihungswerten der Pfandgegenstände.

Es sind verschiedene Formulierungen gewählt worden, die indessen den Sinn und Zweck der jeweiligen gesetzlichen Norm eindeutig und unzweifelhaft wiedergeben.

Um mehr Übersichtlichkeit in den MBB n.F. zu gewährleisten, sind neun Klauseln der MBB a.F. nicht mehr aufgenommen worden. Dazu zählen u.a. die Überwachung des Zuteilungsverfahrens, das Verbot der Zuteilungszusage zu einem bestimmten Zeitpunkt, die Stellung von Ersatzsicherheiten und Blankodarlehen bis 5.000,-- €. Dadurch wird aber die Schlüssigkeit des gesamten Klauselwerkes nicht beeinträchtigt. Die MBB n.F. regeln ausführlich die Besicherung der Darlehen.

Die gesetzlichen Reglementierungen nach dem BSpkG beruhen auf der Besonderheit des Bausparkassengeschäftes. Das Darlehen soll durch ein Grundpfandrecht in besonderer Weise gesichert werden, so dass im Verwertungsfall die Bausparkasse möglichst schadlos gehalten wird. Aus demselben Grund resultiert die gesetzliche Beschränkung bei den Beleihungswerten.

Wegen der besonderen Konstellation ist eine außergewöhnliche Sicherheitenlage unabdingbar und Voraussetzung für ein funktionierendes Bausparkassensystem. Die Bausparer müssen sich darauf verlassen können, dass das durch sie eingezahlte Geld sicher angelegt ist und das Kollektiv keinen Vermögensverlust erleidet, weil unzureichend gesicherte Kredite ausgegeben wurden.

Durch die gesetzlichen Regelungen wird nochmals der Sinn und Zweck des Bauspargeschäftes sichergestellt. Eine andere Art der Darlehenssicherung als durch Hypotheken oder Grundschulden bildet die Ausnahme. Dies wird auch durch Beschränkung der Darlehen mit Ersatzsicherheiten oder Blankodarlehen durch die BSpkV deutlich hervorgehoben. Das Bausparkassengeschäft soll den Bausparern das Bauen ermöglichen und für alle Beteiligten finanziell sicher sein. Die Sicherheit beruht auf dem hohen Wertgehalt der Grundschulden und Hypotheken.

Zu dieser Sicherheit zählt auch die Unmöglichkeit der Zuteilungsvoraussage. Der Bestand und die Leistungsfähigkeit der Bausparkasse stehen im Vordergrund.

Nachdem in den MBB a.F. die Kleinstdarlehen ohne Sicherheitenhinterlegung zumindest in § 15 Abs. 2 Nr. 3 1. HS MBöB a.F. Berücksichtigung gefunden hatten, ist diese Regelung aus den MBB n.F. gänzlich verschwunden. Die Bausparkassen drängen immer mehr in den freien Kreditmarkt, so dass solche Regelungen in den MBB n.F. nicht mehr notwendig erschienen. Das Streichen dieser gesetzlichen Regelung ist nicht zu beanstanden.

Damit die MBB als gesamtes Vertragswerk verständlich bleiben, haben weiterhin viele Regelungen aus dem BSpkG und der BSpkV Berücksichtigung gefunden. Das dient auch der notwendigen Sicherheit des Bausparkassengeschäftes.

Dennoch sind in den MBB n.F. aus Gründen der Übersichtlichkeit deklaratorische Klauseln gestrichen, ohne jedoch die Schlüssigkeit derselben als Ganzes zu beeinträchtigen.

## B. Leistungsbeschreibungen in den ABB

Leistungsbeschreibungen sind AGB, die den Gegenstand der Hauptleistung unmittelbar festlegen.[449] Insbesondere bei ABB ergibt sich die Problematik, dass sie in ihrer inhaltlichen Ausgestaltung, außer bei Teilen des Darlehensrechts, keine zivilgesetzlichen Parallelen aufweisen, die als Kontrollmaßstab dienen könnten.

Es gibt aber Parallelen zu den AVB.[450] Die „unsichtbare Ware Versicherung" wird durch Leistungsbestimmungen gestaltet und abgegrenzt.[451] Das gilt auch für die Leistungsbestimmungen bei Bausparverträgen. Für Bausparverträge bestehen auch gesetzliche Regelungen, die sich aber im Verhältnis zu dem Klauselwerk der ABB als eher bescheiden darstellen.

Zur Frage steht, inwieweit Leistungsbeschreibungen in AGB einer Inhaltskontrolle durch die Gerichte unterworfen sind. Die Problematik ist bei ABB und AVB ähn-

---

[449] BGHZ 100, S. 157 (173); NJW 1993, S. 2369f; NJW 2001, S. 2014.

[450] vgl. Winter, in Bruck/Möller/Winter, VVG Anm. A 66.

[451] Ulmer, in Ulmer/Brandner/Hensen, § 8 AGBG Rn. 35, m. w. N. Fn. 92; Werber, FS für Möller 1972, S. 511.

lich gelagert. Die Produkte der Bausparkasse, der Bausparvertrag und die Zuteilung des Bauspardarlehens, werden durch die ABB beschrieben, gestaltet und konkretisiert. Das Bausparkassenprodukt ist somit ein unsichtbares Produkt wie der Versicherungsschutz, der gleichermaßen erst durch die AVB ins Leben gerufen wird.[452]

Die Bausparkassenbedingungen enthalten daher nicht nur zusätzliche vertragsergänzende Regelungen, sondern definieren den Bausparvertrag auch durch Leistungsbeschreibungen. Viele der Klauseln, die nach § 5 Abs. 3 BSpkG vorgeschriebene „Pflichtbestimmungen" der ABB[453] sind, enthalten Leistungsbeschreibungen.

## I. Leistungsbeschreibungen als AGB

Leistungsbeschreibungen müssten AGB-Charakter haben, um überhaupt in den Anwendungsbereich der AGB-Gesetzgebung zu fallen. Würde die Charakterisierung nicht zutreffen, wären entsprechende Klauseln kontrollfrei. Wiederholt eine leistungsbestimmende Klausel lediglich eine zwingende leistungsbestimmende Norm, so fehlt ihr der AGB-Charakter. Sie kann dann nicht durch den Verwender in das Vertragsverhältnis eingebracht werden (gem. § 305 Abs. 1 BGB gestellt werden), da sie gesetzlich festgelegt worden ist.[454] Ein gesetzlich geregelter Festpreis kommt jedoch in unserer Marktwirtschaft kaum vor.[455]

Leistungsbestimmende Klauseln, die dispositive gesetzliche Normen wiedergeben und von ihnen zugunsten des Vertragspartners abweichen, sind AGB im Sinne des § 305 Abs. 1 BGB.[456] Die Leistung wird regelmäßig durch den Verwender festgelegt.

---

452 vgl. zu diesem Themenbereich Fausten, in VersR 1999, S. 413f., der bemängelt, dass die Leistungsbeschreibungen in Hinblick auf Nr. 8 der RL 93/ 13 bisher noch nicht berücksichtigt worden sind, dass diese Berücksichtigung aber unbedingt durchgeführt werden müsste. Dadurch würden sich viele Probleme hinsichtlich der Inhaltskontrolle von Leistungsbeschreibungen lösen.

453 vgl. BSpkFb 2002/ 03 Kap. 3.1. Nr. 2.

454 Dylla-Krebs, S. 111.

455 vgl. aber § 29 GüKG; § 5 BgG; § 8 WoBindG.

456 BGH, VersR 2001, S. 843; vgl. Dylla-Krebs, S. 112.

Die herrschende Lehre[457] und die Rechtsprechung[458] bejahen den AGB-Charakter der leistungsbestimmenden Klauseln. Voraussetzung ist jedoch, dass keine Individualabrede vorliegt.

### 1. Subsumtion der Leistungsbeschreibungen unter § 305 Abs. 1 Satz 1 BGB

Die leistungsbestimmenden Klauseln müssen für eine Vielzahl von Verträgen vorformuliert sein. In der Regel stellen sie die wichtigsten Vertragsbedingungen dar und erfüllen daher die weiteren Voraussetzungen des § 305 BGB Abs. 1 Satz 1 und werden meist durch den Verwender gestellt. Nach dem Wortlaut des § 305 Abs. 1 Satz 1 BGB sind leistungsbestimmende Klauseln somit AGB.

### 2. Historische und systematische Auslegung von § 305 Abs. 1 BGB

AGB sollten im Referentenentwurf für das AGBG als „Vertragsbedingungen zur Ergänzung oder Änderung von Rechtsvorschriften" definiert werden.[459] Der Gesetzgeber hat sich gegen diesen Vorschlag entschieden. Vielmehr sollen die Klauseln, die eine Rechtsvorschrift ergänzen oder einen ändernden Charakter haben, bei den Inhaltskontrollen berücksichtigt werden.[460] Folglich sind auch nach der Entstehungsgeschichte leistungsbestimmende Klauseln AGB. Eine Änderung ist auch durch die Übernahme des AGBG in das BGB nicht erfolgt.

Klauseln, welche die Voraussetzungen des § 305 Abs. 1 Satz 1 BGB erfüllen, unterliegen der Kontrolle der §§ 305 ff. BGB und können erst durch § 307 Abs. 3 BGB der Inhaltskontrolle gem. §§ 307 Abs. 1 u. 2, 308, 309 BGB entzogen werden.[461]

---

[457] Palandt/ Heinrichs § 307 Rn.54; Ulmer, in Ulmer/Brandner/Hensen, § 1 AGBG Nr. 7; Horn, NJW 1985, S. 1118 (1121); Lieb, DB 1986, S. 2168; Taupitz, JuS 1989, S. 520 (524); Schlosser, EWiR 1985, S. 225 (226).

[458] BGHZ 100, S. 157 (174); 93, S. 358 (360).

[459] Bundesministerium der Justiz, in DB 1974, Beilage Nr. 18, 2.

[460] § 1 Abs. 1 und § 8 Regierungsentwurf, BT-DS /5412, S. 4.

[461] vgl. dazu Deklaratorische Klauseln s.o. 5 Kap A.

### 3. Teleologische Reduktion von § 305 Abs. 1 Satz 1 BGB

Letztendlich ist zu erörtern, ob § 305 Abs. 1 Satz 1 BGB, der nach Wortlaut, Geschichte und Systematik den leistungsbestimmenden Klauseln den Charakter von AGB zuweist, teleologisch eingeschränkt werden muss.

Schmidt-Salzer[462] vertritt die Ansicht, dass § 8 AGBG, jetzt § 307 Abs. 3 BGB, klarstellen soll, dass die Leistungsbeschreibungen keine AGB im Sinne des Gesetzes darstellen, also nicht der Inhaltskontrolle unterliegen. Schmidt-Salzer vermengt dabei jedoch die verschiedenen Wertungsebenen von § 1 AGBG mit der von § 8 AGBG, obwohl sie strikt getrennt werden müssen. Leistungsbestimmende Klauseln sind auch dann AGB i.S.d. § 1 AGBG, wenn sie wegen gesetzlicher Bestimmungen eingeführt werden müssen. Durch § 8 AGBG können sie lediglich teilweise einer Kontrolle nach §§ 9-11 AGBG, jetzt §§ 307 Abs. 1 u. 2, 308, 309 BGB, entzogen werden. Die verschiedenen Wertungsebenen dürfen nicht vermischt werden, so dass dieser Ansicht nicht gefolgt werden kann.[463]

Fehl sieht indes keine Notwendigkeit, leistungsbestimmende Klauseln als AGB einzustufen.[464] Hierbei gelingt es ihm jedoch nicht, die Argumente der Gesetzessystematik und des Wortlauts zu entkräften. Ob es notwendig ist, dass leistungsbestimmende Klauseln AGB sind, kann nicht maßgebliches Kriterium für die Qualifizierung als AGB sein.

Fehl zielt auf den Gesetzeszweck ab, der die Kontrolle unangemessener Vertragsbedingungen ermöglichen soll. Davon sollen aber leistungsbestimmende Klauseln nicht erfasst werden.[465]

Er führt außerdem an, dass die §§ 2-6 AGBG, jetzt §§ 305 Abs. 2, 305b, 305c, 306, 306a BGB, für leistungsbestimmende Klauseln keine Wirkung haben und folglich nicht für die Beibehaltung des AGB-Charakters sprechen.

Dem muss jedoch entgegengehalten werden, dass sowohl § 3 AGBG, jetzt 305c Abs. 1 BGB, als auch § 5 AGBG, jetzt 305c Abs. 2 BGB, z.B. bei der Kontrolle überraschender Leistungsbestimmungen relevant werden können und deswegen nicht einfach übergangen werden dürfen.

---

[462] NJW 1977, S. 129 (138). Die Argumentation kann auf die neuen Regelungen der §§ 305 ff. BGB übertragen werden.

[463] vgl. Dylla-Krebs, S. 111 ff (113). Die Gegenargumente können übernommen werden.

[464] Fehl, Systematik, S. 146 ff. Die Argumentation hat an Aktualität durch die Übernahme des AGBG in das BGB nichts verloren und kann daher übernommen werden.

[465] Fehl, Systematik, S. 147 ff.

### 4. Ergebnis

Leistungsbestimmende Vertragsbestandteile sind AGB, sofern sie die Voraussetzungen des § 305 Abs. 1 Satz 1 BGB erfüllen. Die Argumente, die in der Literatur geäußert werden, zielen darauf ab, dass Leistungsbestimmungen keine AGB sind, weil es nicht erforderlich ist, dass Leistungsbestimmungen AGB sind.

Die Argumentation ist jedoch nicht stichhaltig, da es für die Festlegung einer Klausel als Leistungsbestimmung nicht relevant sein kann, ob es notwendig ist, sie als AGB zu sehen oder nicht. Wenn die gesetzlichen Bestimmungen eine derartige Festlegung treffen, ist das Argument der Notwendigkeit nicht überzeugend.

## II. Kontrollierbarkeit von Leistungsbeschreibungen

Angesichts des § 8 AGBG, jetzt § 307 Abs. 3 BGB, bestand hinsichtlich der Kontrollierbarkeit von Leistungsbestimmungen Uneinigkeit.

Da Leistungsbeschreibungen AGB i.S.d. § 305 BGB sind, stellt sich die Frage, ob diese überhaupt kontrollierbar sind. Leistungsbeschreibungen sind, soweit die zu erbringenden Leistungen durch sie unmittelbar beschrieben werden, grundsätzlich kontrollfrei.

Rechtsprechung[466] und Literatur[467] sind in strikter Anlehnung an die Materialien zu § 8 AGBG einhellig der Ansicht, dass preis- und leistungsbestimmende AGB grundsätzlich kontrollfrei sind. Bemerkenswert ist, dass nur im Bereich der Kreditinstitute und Versicherungsunternehmen versucht wird, die leistungsbestimmenden Klauseln derart zu kontrollieren.[468] Bereits im Gesetzesentwurf war vorschlagen worden, dass Bestimmungen, die Art und Umfang der vertraglichen Hauptleistungen regeln, in den AGB kontrollfrei sein sollen.[469] Von der Rechtsprechung wurden die Motive in die Spruchpraxis übernommen.[470] Innerhalb die-

---

[466] BGHZ 93, S. 358, (360); BGHZ 100, S. 157 (174); BGH, NJW 1984, S. 171, (172).

[467] Belke, JA 1988, S. 475, 481; Bruchner, WM 1987, S. 449 (456); statt vieler anderer Dylla-Krebs, S. 34.; vgl. aber noch Schünemann, VersR 2000, S. 144f. der bzgl. der AVB keine Inhaltskontrollfreiheit des „ominösen Kernbereiches des ominösen Versicherungsproduktes" sieht, weil diese AVB Vertragsbedingungen ohne AGB-rechtliche Besonderheiten sind, der aber grundsätzlich davon ausgeht, dass Zahlungen und ihre Höhe kontrollfrei sind.

[468] Dylla-Krebs, S. 34.

[469] BT-DS 7/3919, S. 22.

[470] BGH, NJW 1994, S. 318; NJW 1992, S. 688; NJW 1989, S. 222.

ser Klauseln kann in den AGB kontrollfrei bestimmt werden, was und wie viel der eine Vertragspartner zu leisten hat und welchen Preis der andere dafür zu zahlen hat.

§ 307 Abs. 3 BGB verhindert dabei gem. Art. 4 Abs. 2 Richtlinie EG-RL 93/13 jedoch nur die Kontrolle des Gegenstandes und die Angemessenheit der Hauptleistung. Die Transparenzkontrolle wird hierdurch nicht ausgenommen.[471] Unabhängig von § 307 Abs. 3 BGB ist somit eine übergreifende richterliche Transparenzkontrolle in Bezug auf alle Klauseln möglich.[472] Verstöße gegen das Transparenzgebot können also jetzt auch bei Klauseln, die Preis und Leistung betreffen, zur Unwirksamkeit führen. Diese Regelung wird in § 307 Abs. 3 Satz 2, durch seinen Verweis auf § 307 Abs. 1 Satz 1 u. 2 klargestellt. Durch Abs. 3 soll nur die Angemessenheitskontrolle, aber nicht die Verständlichkeits- und Transparenzkontrolle ausgeschlossen werden.[473] Die sekundären Leistungsbestimmungen, die Einschränkungen, Veränderungen und nähere Ausgestaltungen der „bausparvertragstypischen Leistungen“[474] regeln, unterliegen der umfänglichen Inhaltskontrolle.

Ebenso wie der Gesetzgeber bei Gesetzgebungsverfahren wollen auch die Verfasser der ABB ihre Bausparkassenbedingungen möglichst deutlich und verständlich formulieren. Deswegen ergeben sich aus Gründen der Übersichtlichkeit und aus sprachlichen Gründen besondere Formulierungen.

Hinzu kommt ein gewisser Grad an Abstraktheit, da die ABB für eine Vielzahl von Verträgen gelten sollen und die zu regelnde Materie bereits an sich schwer fassbar ist.

Für die leistungsbeschreibenden Klauseln der ABB, die das Bausparverhältnis festlegen, werden für die Bestimmung der Reichweite der Inhaltskontrolle unterschiedliche Grenzen gezogen. Eine abschließende Antwort auf die Frage nach den Schranken der Inhaltskontrolle steht trotz der Abgrenzungsversuche, die vorgenommen werden, noch aus. Grundsätzlich besteht in der Literatur und der Rechtsprechung die Tendenz, eine weitgehende Inhaltskontrolle der ABB vorzunehmen.

---

[471] vgl. Ulmer, in Ulmer/Brandner/Hensen, § 8 AGBG Rn. 8; Wolf, in Wolf/Horn/Lindacher, § 9 AGBG Rn. 143; Palandt/Heinrichs, § 307 n.F. BGB Rn. 55; Krüger, WM 1999, S. 1402f.

[472] vgl. Krüger, WM 1999, S. 1402 (1412).

[473] MüKo/Basedow § 307 Rn. 12, OLG Köln, ZIP 2000, S. 1836; OLG Hamm, NJW-RR 2000, S. 763.

[474] BGH, VersR 2001, S. 843; vgl. BSpkFb 2002/03 Kap. 3.1. Nr. 2.

## 1. Unmöglichkeit einer richterlichen Kontrolle bei leistungsbestimmenden Klauseln

In Teilen der Literatur wird die Ansicht vertreten, dass es für den Richter nicht möglich ist, eine Inhaltskontrolle von Leistungsbeschreibungen durchzuführen, wenn es keinen Kontrollmaßstab gibt.[475] Damit wären nur solche AGB einer Kontrolle unterworfen, die eine Gesetzesnorm als Maßstab haben.

Teilweise wird gefordert, dass die Konsequenzen eines Wegfalls der AGB beachtet werden.[476] Weiter wird die Ansicht vertreten, dass der Richter die AGB dann überprüfen darf, wenn er einen geeigneten Kontrollmaßstab findet. Findet der Richter keinen Kontrollmaßstab, sind die Klauseln kontrollfrei.[477]

Die Rechtsprechung verfolgt einen ähnlichen Weg. Die Klauseln werden gedanklich aus den AGB herausgenommen und es wird versucht, die sich so ergebende Lücke mit einer fiktiven, an Treu und Glauben orientierten ergänzenden Vertragsauslegung zu schließen.[478] Voraussetzung hierfür ist das Fehlen einer ausfüllenden Gesetzesnorm. Wenn die AGB von der sich auf diese Weise ergebenden Regelung abweichen oder sie ergänzen, soll die Klausel der Kontrolle unterliegen. Es liegt also eine Änderung durch das dispositive Recht vor und eine Inhaltskontrolle ist möglich.[479]

Es kommt häufig vor, dass Gerichte die Angemessenheit einer Regelung ohne konkrete Gesetzesnorm beurteilen müssen. Der Gesetzgeber erwartet von den Richtern auch, dass sie ohne konkreten gesetzlichen Maßstab eine Kontrolle durchführen.[480]

Selbstverständlich ist es leichter, Klauseln zu kontrollieren, die im Gesetz ein Gegenstück haben, da hier durch den Gesetzgeber bereits Richtlinien für eine Rege-

---

[475] Soergel/Stein, § 8 AGBG Nr. 1; Dauner-Lieb, Verbraucherschutz, S. 77; Schaefer, VersR 1978, S. 4 (7).

[476] Niebling, BB 1984, S. 1713, (1716); vgl. auch BSpkFb Kap. 3.1. Nr.2

[477] Koch/Stübing, § 8 AGBG Rn. 3; Westermann, 10 Jahre AGBG, S. 135, (143); Hübner, Versicherungsbedingungen, S. 121.

[478] vgl. LG Berlin ZIP 1988, S. 1311, (1313); OLG Karlsruhe ZIP 1990, S. 1321, (1322); vgl. OLG Hamm NJW 1986, S. 288; vgl. LG Braunschweig, VersR 1987, S. 302.

[479] vgl. Niebling, in Diss. S. 189, (227); derselbe in BB 1984, S. 1713, (1716).

[480] BGHZ 23, S. 358, (362); 88, S. 78 (85); Bauer, BB 1978, S. 476, (480); Helm, NJW 1978, S. 129, (131); Hensen, JA 1981, S. 133, (137).

lung vorgegeben sind. Die Gerichte haben in jedem Fall die Kompetenz, den Inhalt leistungsbestimmender Klauseln zu kontrollieren, so dass mit dem Unvermögen oder dem mangelnden Sachverstand der Richter die Kontrollfreiheit von leistungsbestimmenden Klauseln nicht erklärt werden kann. Ein Ausschluss der richterlichen Überprüfung kann auch nicht durch die weitreichenden Auswirkungen der Unwirksamkeit einer Klausel begründet werden, selbst wenn sie durch andere Aufsichtsbehörden bereits genehmigt worden ist.

### 2. Unnötigkeit einer richterlichen Kontrolle

Die Kontrollfreiheit der Leistungsbeschreibungen könnte sich daraus ergeben, dass eine richterliche Kontrolle unnötig ist, da der Vertragspartner des Verwenders keinen Schutz nach den zivilrechtlichen Normen der §§ 305 ff. BGB bedarf.[481]

In Rechtsprechung und Literatur wird die Ansicht vertreten, dass der Vertragspartner seine Aufmerksamkeit normalerweise der Leistungs- und Preisabrede widmet.[482] Gerade auf die besonderen Gefahren eines Vertragsabschlusses bei ausschließlicher Verwendung von AGB würde der Vertragspartner achten.

Im Wesentlichen wird die Diskussion darüber geführt, dass ein Vertragspartner bei seinem Gegenüber, das AGB in den Vertrag mit einbringt, besondere Aufmerksamkeit auf die AGB und die darin geregelten durch ihn zu erbringenden Leistungen richtet.[483] Jedoch lässt das Interesse dort nach, wo es nicht um den Bereich der Hauptleistung geht.[484]

Ein weiterer Grund für die notwendige Kontrolle von Leistungsbeschreibungen ist der Missbrauch der Vertragsgestaltungsfreiheit. Dem Vertragspartner ist es häufig nur möglich, entweder das angebotene Produkt, wie es in den Geschäftsbedingun-

---

[481] Bruchner, WM 1987, S. 449 (458); Taupitz, JuS 1989, S. 520 (524).

[482] LG Berlin, ZIP 1988, S. 1311 ff.; BGHZ 95, S. 362 (370); OLG Karlsruhe, NJW 1988, S. 74, (75); LG Heidelberg, NJW 1987, S. 1645, (1647); MüKo/ Basedow, § 307 BGB Rn. 12; Kohlhosser, ZIP 1986, S. 1429 (1435); Bruchner, WM 1987, S. 449 (458); Taupitz, JuS 1989, S. 520 (524).

[483] MüKo/Basedow, § 307 BGB Rn. 12.

[484] Brandner, in FS für Hauss, S. 1, (8); Koller, in FS für Steindorff, S. 667, (676); vgl. Prölss, in Prölss/ Martin, Vorbem. I 6 C Rn. 1.

gen dargestellt ist, anzunehmen oder nicht. Das bezieht sich auch auf den Bereich der Preis-Leistungsgestaltung.[485] Hieraus würde sich eine Notwendigkeit der richterlichen Kontrolle für Leistungsbestimmungen ergeben.

Weiter wird die Ansicht vertreten, dass aufgrund der Aufmerksamkeit, die Leistungsabreden durch den Vertragspartner entgegengebracht wird,[486] eine Inhaltskontrolle preiserhöhender Klauseln, die von der eigentlichen Preisabrede räumlich getrennt (versteckt) sind,[487] durchgeführt werden muss. Der Verwender der AGB muss hierbei nicht seine interne Preisbildung und Kalkulation offen legen, sondern das Transparenzgebot soll lediglich für den Vertragsgegner die Preis-Leistungsgestaltung übersichtlicher und verständlicher machen. Der Vertragspartner muss also vor Abschluss des Vertrages Informationen über die von ihm erwartete Leistung und den von ihm zu zahlenden Preis erhalten. Von diesen Informationen hängt dann seine Entscheidung über den Vertragsabschluss ab.[488] Hierbei handelt es sich um die sog. Markttransparenz.

Dylla-Krebs führt dazu an, dass die Kenntnis einer Klausel nicht zu deren Kontrollfreiheit führt. Der Gesetzeszweck der §§ 305 ff. BGB würde ausreichen, um die Kontrolle der leistungsbestimmenden Klauseln zu rechtfertigen.[489] Außerdem sind Klauseln auch dann nicht einer Kontrolle entzogen, wenn sie durch den Vertragspartner nicht bemerkt worden sind (vgl. deklaratorische Klauseln).

Von der Unnötigkeit einer richterlichen Kontrolle kann bei leistungsbestimmenden Klauseln aus den angeführten Gründen nicht ausgegangen werden.

### 3. Verfassungsrechtliche und marktwirtschaftliche Grenzen einer richterlichen Kontrolle

Die Kontrollfreiheit von leistungsbestimmenden Klauseln könnte daraus resultieren, dass die Gerichte diese nicht kontrollieren dürfen.[490] Einerseits könnte sich so

---

[485] vgl. BGH, NJW 1977, S. 624, (625); Leonardy, DRiZ 1976, S. 108; van de Loo, S. 50, (57).

[486] BGHZ 106, S. 259, (265).

[487] BGHZ 95, S. 362 (370);BGH, NJW 1986, S. 1805, (1806); Trinkner/Wolfer, BB 1987, S. 348 (350).

[488] Niederfür, Informationsgebote, S. 151; Dauner-Lieb, Verbraucherschutz, S. 76; Schumacher, Vertragsauf-hebung, S. 109 ff.

[489] Dylla-Krebs, S. 151.

[490] vgl. Canaris, NJW 1987, S. 609 (613); Bauer, BB 1987, S. 476 (480).

ein Kontrollverbot aus verfassungsrechtlichen Motiven ergeben, nämlich aus der Vertragsfreiheit, die aus der Privatautonomie herrührt.[491] Andererseits könnte das Verbot der Kontrolle mit unserer marktwirtschaftlich ausgerichteten Rechtsordnung zusammenhängen.[492] Preis und Leistung werden durch den Markt bestimmt und vom Wettbewerb kontrolliert.[493]

*a) Verfassungsrechtlichen Aspekte*

In unserer Rechtsordnung herrscht sowohl der Grundsatz der Abschlussfreiheit als auch die inhaltliche Gestaltungsfreiheit. Nicht festgelegt ist, wo ihre Grundlagen und Grenzen liegen. Nach der herrschenden Ansicht beruft man sich dabei auf Art. 2 Abs. 1 GG.[494] Den Vertragspartnern wird dadurch die Freiheit zur inhaltlichen Gestaltung des Vertrages zugebilligt. Sie können also Preis, Leistung und Vertragspartner frei bestimmen.[495]

Der Vertragspartner hat aufgrund der Machtposition des Verwenders von AGB gewisse Nachteile, da dieser seine Ware zu bestimmten Konditionen anbietet[496] und gerade die Verwendung von AGB zeigt, dass er nicht gewillt ist, zu verhandeln.[497]

Der Bausparer kann also das angebotene Geschäftspaket annehmen oder nicht. Als Preis seiner Vertragsfreiheit muss der Vertragspartner also das Risiko in eigener Verantwortung tragen. Dies gilt bis zu dem Punkt, an dem der Richter korrigierend z.B. wegen § 138 BGB eingreifen darf.[498]

---

491 OLG Hamm, 1988, S. 527; Lieb, DB 1988, S. 946 (952); Canaris, NJW 1987, S. 609 (613); Frenz, VersR 1979, S. 394 (396); Belke, JA 1988, S. 475 (481).

492 Dietlein/Rebmann, § 8 AGBG Rn. 1; Lieb, ACP 183, S. 327(363); Bauer, BB 1978, S. 476 (479).

493 Wolf, in Wolf/Horn/Lindacher, § 8 AGBG Rn. 1; Dietlein/ Rebmann, § 8 AGBG Rn. 1; Sonnenschein, JZ 1989, S. 1066; Bauer, BB 1978, S. 476 (479); Westermann, 10 Jahre AGBG, S. 135 (139 ff.).

494 BVerfGE 21, S. 87 (91); 8, S. 274 (328); 12, S. 341 (347); ebenso Canaris, WM 1978, S. 686 (692); Dürig, in Maunz/Dürig/Herzog/Scholz, Art. 2 Rn. 53 ff.; Larenz, Schuldrecht AT § 4 IV, S. 59.

495 Wolf, in Wolf/Horn/Lindacher, § 8 AGBG Rn. 9.

496 Canaris, NJW 1987, S. 609, 613; Lieb, AcP 178 (1978), S. 196 (202).

497 Bunte, Handbuch I A, S. 3; Lieb, AcP 183 (1983), S. 327 (363).

498 Soergel/Heinrich vor § 145 BGB Rn. 24.

*b) Marktwirtschaftliche Aspekte*

Angebot, Nachfrage und Wettbewerb steuern in einer marktwirtschaftlichen Wirtschaftsordnung Preis und Leistung. Dem würde eine gesteuerte staatliche Wirtschaftsordnung, die durch die Gerichte gelenkt und kontrolliert werden würde, entgegenstehen. Das ist der Unterschied einer planwirtschaftlichen zu einer marktwirtschaftlich orientierten Rechtsordnung.

Auch in unserer Marktordnung gibt es genügend Beispiele für die staatliche Lenkung,[499] die aber die Ausnahmen darstellen. Preis und Leistung sind in der heutigen marktwirtschaftlich orientierten Rechtsordnung frei bestimmbar. Das ist im Sinne der AGB-Gesetzgebung.[500] Also sind Preis und Leistung aufgrund unserer Marktordnung kontrollfrei, sofern nicht gesetzliche Einschränkungen bei einer groben Verletzung der Marktordnung (Sittenwidrigkeit § 138 BGB, Wucher § 134 BGB) oder bei fehlendem[501] oder nicht mehr funktionierendem[502] Wettbewerb einschlägig sind.

## 4. Ergebnis

Leistungsbestimmende Klauseln sind aus marktwirtschaftlichen und verfassungsrechtlichen Gründen kontrollfrei.[503]

Die Kontrollfreiheit ist das Ergebnis unserer marktwirtschaftlich orientierten Rechtsordnung und geht einher mit der in ihr begründeten freien Vertragsgestaltung. In einer marktwirtschaftlichen Ordnung legen die Vertragspartner die Hauptleistungen selbständig fest. Eine Angemessenheitskontrolle stände demnach im

---

499 §§ 20 ff. GüKG; § 40 Satz 2 KostO; § 1 BauPrVO; § 8 Wohnungsbindungsgesetz; Rabattgesetz; Miethöhengesetz; HOAI; etc.

500 Rebmann: Prot. Rechtsausschuss (BT), 7. Wahlp. 98/57.

501 RGZ 111, S. 310 (313); BGHZ 73, S. 114 (116); RGRK/Ballhaus, § 315 BGB Rn. 22; Palandt/Heinrichs, § 307 BGB Rn. 57.

502 BGHZ 23, S. 358 (364 ff.).

503 MüKo/Basedow, § 307 BGB Rn. 12; Palandt/Heinrichs, § 307 BGB Rn. 57; Dietlein/Rebmann, § 8 AGBG Anm. 1 und 2; Dittmann/Stahl, § 8 AGBG Rn. 257 ff.; Bunte, NJW 1981 S. 2657, 2658; Frenz, VersR 1979, S. 394, 396; Kühne, JR 1977, S. 133, 134; Köhler/ Lange, § 55 III 6. S. 398; Staudinger/Coester, § 8 AGBG Rn. 176; Sieg, VersR 1977, S. 489, (491); Schlünder, § 8 Rn. 8f.; Niebling, WM 1992, S. 845f.

Widerspruch zu den Strukturgesetzen der Marktwirtschaft. Das ist mittlerweile auch herrschende Meinung.[504]

### III. Umfang der kontrollfreien Leistungsbeschreibungen

#### 1. Rechtsprechung und Grossteil der Literatur

In Rechtsprechung und Literatur ist umstritten in welchem Umfang Leistungsbeschreibungen kontrollfrei sind.

Hinsichtlich der Abgrenzung von kontrollierbaren und kontrollfreien Leistungsbeschreibungen haben sich Rechtsprechung und Literatur im wesentlichen der Rechtsprechung zum Versicherungsvertragsrecht angepasst. Der BGH will hinsichtlich der AVB diejenigen Leistungsbeschreibungen kontrollfrei lassen, die „Art, Umfang und Güte" der geschuldeten Leistungen festlegen, andererseits aber sollen Klauseln, die das Hauptleistungsversprechen einschränken, verändern, ausgestalten oder modifizieren, „kontrollfähig" sein.[505]

Damit bleiben nur die Bestimmungen kontrollfrei, ohne deren Vorliegen mangels Bestimmtheit bzw. Bestimmbarkeit der Hauptleistungspflichten ein Vertrag nach seinem wesentlichen Inhalt nicht mehr angenommen werden könnte.[506]

Die allgemeinen Leistungsbestimmungen, die ohne gesetzliche Festlegung nur aufgrund vertraglicher Vereinbarung einerseits den Preis der Leistung und andererseits den Gegenstand, Art und Umfang, Qualität und Quantität der vertraglichen Waren, des Dienstes oder einer sonstigen Leistung unmittelbar festlegen, sind grundsätzlich nicht Gegenstand einer Inhaltskontrolle.[507]

---

[504] MüKo/Basedow, § 307 BGB Rn. 12; Palandt/Heinrichs, § 307 BGB Rn. 57; Dietlein/Rebmann, § 8 AGBG Anm. 1 und 2; Dittmann/Stahl, § 8 AGBG Rn. 257 ff.; Bunte, NJW 1981 S. 2657, 2658; Frenz, VersR 1979, S. 394, 396; Kühne, JR 1977, S. 133, 134; Köhler/ Lange, § 55 III 6. S. 398; Staudinger/Coester, § 8 AGBG Rn. 176; Sieg, VersR 1977, S. 489, (491); Schlünder, § 8 Rn. 8f.; Niebling, WM 1992, S. 845f.

[505] BGHZ 130, S. 150 (156); 123, S. 80 (84); BGHZ 100, S. 157 (173); BGH, VersR 1993, S. 830 (831).

[506] BGHZ 123, S. 83 (84); BGH, VersR 2001, S. 843.

[507] BGH, NJW 1993, S. 1128; NJW 1992, S. 688; NJW RR 1991, S. 1013; BGHZ 93, S. 358.

Leistungsbeschreibungen geben regelmäßig Hauptpflichten wieder.[508] Notwendig ist dies aber nicht.[509] Darunter fällt vor allem die unmittelbare tatsächliche und wirtschaftliche Bestimmung des Leistungsgegenstandes und des Umfangs dieser Leistung. Die rechtliche Ausgestaltung der vereinbarten Leistungspflicht nach Art und Weise derselben, die Haftung oder Gewährleistung und die Veränderung der Leistungspflichten werden dagegen grundsätzlich durch Rechtsvorschriften bestimmt.

Die Klausel unterliegt der Inhaltskontrolle, soweit dadurch der Leistungsgegenstand betroffen wird.[510]

Eine Klausel ist also kontrollfähig, wenn sie auch ohne jeden wesentlichen Vertragsinhalt nach dem Hauptgegenstand bestimmbar ist und auch ohne diese Klausel ein wirksamer Vertrag vorliegt.[511]

*a) Preisvereinbarungen*

Die vorgenannten Argumente, die für eine Kontrollfreiheit von Leistungsbeschreibungen angeführt werden, gelten insbesondere für Preisvereinbarungen. Der Gesetzgeber geht davon aus, dass der Kunde der eigentlichen Preisvereinbarung besondere Aufmerksamkeit widmet und insoweit nicht weitergehend schutzbedürftig oder schutzwürdig ist.[512] Preisvereinbarungen sind von einer Inhaltskontrolle ausgenommen, soweit sie Art und Umfang der Vergütung unmittelbar regeln.[513] Das gilt aber nur, wenn der Preis als Hauptleistung nach dem Vertragsinhalt für den Durchschnittskunden ohne weiteres nach Art und Höhe feststeht und ihn damit unmittelbar zum Marktvergleich befähigt.[514]

Davon kann bei Bausparverträgen nach Ansicht des OLG Karlsruhe bei den Regelungen, die den Beginn des Zinslaufes in der Ansparphase betreffen, keine Rede

---

[508] BGHZ 104, S. 82 (90); BGHZ 100, S. 157 (173).

[509] BGH, NJW 1992, S. 688; Westermann, 10 Jahre AGB-Gesetz, S. 135 (152).

[510] BGHZ 100, S. 157 (173); BGH, NJW RR 1993, S. 1049.

[511] BGHZ 130, S. 150 (156); BGH, NJW RR 1993, S. 1049; BGH VuR 1998,S. 193 (194).

[512] OLG Karlsruhe, ZIP 1990, S. 1321 ff.; MüKo/ Basedow, § 307 BGB Rn.12.

[513] BGHZ 116, S. 109; 106, S. 42 (46); NJW 1993, S. 1129.

[514] BGH, ZIP 1990, S. 989; BGHZ 106, S. 42 ff.

sein.[515] Die Klauseln seien eine Preisnebenabrede innerhalb eines komplexen Vertrages, der sich in verschiedene Phasen untergliedert (Anspar- und Darlehensphase) und der lediglich mittelbar in einer für den Durchschnittskunden ohne weiteres überschaubaren Weise die Höhe der vertraglich bedungenen Verzinsung für das Bausparguthaben beeinflusst. Durch den Verzinsungsbeginn wird die Gegenleistung für die Sparbeträge der Bausparer und die der Bausparkasse obliegende Verzinsung in ihrer objektiven Höhe mitbestimmt.[516]

Hinsichtlich derartiger undurchsichtiger Nebenpreisbestimmungen muss nach dem Schutzzweck der §§ 305 ff. BGB eine Inhaltskontrolle möglich sein, um dem Vertragspartner Markttransparenz und damit marktgerechtes Verhalten zu eröffnen.[517]

### *b) Preisnebenabrede*

In Rückgriff auf die unter a) dargestellte Argumentation geht die Rechtsprechung richtigerweise davon aus, dass diejenigen Klauseln der Kontrolle unterworfen sind, die sich nur mittelbar auf den Preis auswirken. Anstelle sog. Preisnebenabreden kann dann, falls eine wirksame vertragliche Regelung nicht mehr gegeben ist, dispositives Gesetzesrecht eingesetzt werden.[518]

Das ergibt sich bei ABB z.B. aus der Rechtsnatur von Sparverträgen zur Verwahrungsfunktion, bei denen die Vermögensbildungs- und Gewinnerzielungsfunktion hinzutritt[519] und weil nach der Rechtsnatur von Sparbeträgen Zinsen für das zur Verfügungstellen der Einlagen gezahlt werden.[520]

Beim Darlehensvertrag stellt der Zins die Hauptleistung des Darlehensnehmers dar, die Vereinbarung der Zinshöhe unterliegt keiner gerichtlichen Kontrolle.[521]

---

[515] Das OLG Karlsruhe ZIP 1990, S. 1321 ff. hatte die Klausel einer Landesbausparkasse zu kontrollieren, in der die Verzinsung für Sparzahlungen, die bis zum 15. eines Monats eingegangen sind, erst mit dem nächsten, sonst mit dem übernächsten Monatsersten zu verzinsen sind. Das bedeutet für den Einzahler der Sparleistung, dass eine Verzinsung im ungünstigsten Fall erst nach 44 Tagen anfängt, obwohl der Bausparkasse vorher das Geld zur Verfügung steht.

[516] KG Berlin, ZIP 1990, S. 1325 (1326); LG Berlin, ZIP 1988, S. 1311 (1313, 1317).

[517] OLG Karlsruhe, ZIP 1990, S. 1321 (1322).

[518] vgl. § 6 Abs. 2 AGBG; BGHZ 124, S. 1254 (1256); 106, S. 42 (46).

[519] Canaris, Bankvertragsrecht, S. 1163 f.

[520] OLG Karlsruhe, ZIP 1990, S. 121.

[521] BGHZ 106, S. 42 (46).

Bei einer verdeckten Zinserhöhung, die z.B. durch eine verdeckte oder offene Bedingung zustand kommt und die eine Erhöhung des Effektivzinses bedeutet, unterliegt die entsprechende Klausel der Inhaltskontrolle.[522] Preisvereinbarungen, die sich jedoch in Tarifen, Preisverzeichnissen und privaten Gebührenordnungen finden, also AGB sind, unterliegen nach Ansicht des BGH gem.

§ 307 Abs. 3 BGB grundsätzlich nicht einer Inhaltskontrolle.[523] Aus dieser Norm wird gefolgert, dass aufgrund des im bürgerlichen Recht geltenden Grundsatzes der Privatautonomie Leistung und Gegenleistung grundsätzlich frei bestimmbar sind; Hauptkonditionen und primäre Entgeltregelungen sind daher kontrollfrei.[524]

Der BGH argumentiert damit, dass sich ein Verbot der Preiskontrolle auch aus dem Sinn des § 307 Abs. 3 BGB ergibt, denn dieser Norm sind nur Klauseln unterworfen, die von Rechtsvorschriften abweichen oder sie ergänzen. Art und Umfang der Hauptleistungspflichten oder dafür zu entrichtende Entgelte stellen keine Abweichung oder Ergänzung des Gesetztes dar.

Die Rechtsprechung unterteilt in Haupt- und Nebenleistungen und kontrolliert Teilentgelte für Hauptleistungen und Sonderentgelte für Sonderleistungen nicht. Entgelte für Nebenleistungen und solche Sonderentgelte, die sich auf spätere, fakultative Sonderleistungen beziehen, sind jedoch der Kontrolle unterworfen.[525] Dabei ist bereits durch den X. Zivilsenat des BGH die Zulässigkeit der Entgeltaufspaltung besonders hervorgehoben worden.[526] Es sei ausreichend, dass sich die Teilentgelte auf die Hauptleistung oder einen Teil davon beziehen.

Von Canaris wird das Beispiel der Vergütung der Kontoführung und der damit in Zusammenhang stehenden Buchungsvorgänge herangezogen.[527] Es liegen Elemente der Teile der Hauptleistung vor.[528] Canaris ist der weitergehenden Ansicht, dass alle preisbestimmenden Klauseln nicht der Kontrolle unterliegen, also auch nicht die entsprechenden Klauseln in den ABB.

---

[522] BGHZ 106, S. 42 (46).

[523] BGHZ 124, S. 254, (256); BGH, WM 1986, S. 991; BGH, WM 1983, S. 1138; BGHZ 116, S. 114.

[524] vgl. BGHZ 124, S. 254, (256).

[525] vgl. Horn, 1997 WM 1. Sonderbeilage, S.1 (9).

[526] BGH, WM 1992, S. 533 = BGHZ 116, S. 117 (119).

[527] Canaris, WM 1996, S. 237 (241 ff.).

[528] Canaris, WM 1996, S. 237 (241 ff.).

Er geht bei seiner Überlegung von Überweisungen aus, die ein Teil der Hauptleistung des Kontovertrages sein sollen und daher nicht der Kontrolle unterliegen. Der BGH sieht die Überweisung als eine „Extra"-Leistung, die mit dem Kontovertrag nichts zu tun habe und daher eine Nebenleistung des Kontovertrages sei, die kontrollfähig ist.[529]

*c) Zwischenergebnis*

Viele ABB stellen sich im Kern als Leistungsbeschreibungen dar (Höhe und Fälligkeit der Leistungen, Zinsen, Kosten, Gebühren, Reihenfolge der Zuteilung der Darlehenssicherung etc.). Soweit es sich dabei um eine sogenannte Primärleistungsbeschreibung handelt, scheidet eine Inhaltskontrolle aus. Der Ausschluss gilt aber nicht für die Modifikationen[530] der Leistungen in den AGB, sogenannte sekundäre Leistungsbestimmungen (Preisnebenabreden), die Preis und Leistung beeinflussen. Dazu zählen Klauseln in den ABB über die Bemessung oder Änderung des Entgelts, Zahlungsbedingungen, Fälligkeiten und Wertsicherungsklauseln. Solche Nebenabreden, die die Leistungspflicht des Bausparers erhöhen, aber nicht im direkten Zusammenhang mit der Leistung, also dem Bausparverhältnis stehen, z.B. Überweisungen, sind insofern kontrollfähig, als sie mit dem Bausparverhältnis im engeren Sinne keinen Zusammenhang haben und als Sonderleistung anzusehen sind. Daran ändert auch die Argumentation nichts, dass ohne Überweisungen keine sinnvolle Durchführung eines Darlehensvertrages möglich ist.

## 2. Teile der Literatur und Bausparkassenwirtschaft

Der Bausparkassenwirtschaft geht der dargestellte Umfang einer Inhaltskontrolle verständlicherweise zu weit.[531] Sie ist der Ansicht, dass eine so weitreichende Inhaltskontrolle den komplexen Besonderheiten des Bauspargeschäftes nicht gerecht wird.

Das Bauspargeschäft ist geprägt von der einzigartigen Verknüpfung von Anspar- und Darlehensphase mit der Einbindung in ein kollektives System.[532] Es wird dabei besonders auf das ausgewogene Sparer-Kassen-Leistungsverhältnis abgestellt,

---

[529] BGH, WM 1992, S. 533 = BGHZ 116, S. 117 (119).

[530] Horn, in Wolf/Horn/Lindacher, § 23 AGBG Rn. 425.

[531] BSpkFb 3. Kap. 3 Nr. 1 (S. 143).

[532] BSpkFb 3. Kap. 3 Nr. 1 (S. 143).

wobei eine dauerhafte Erfüllbarkeit der Bausparverträge gewährleistet sein muss.[533]

Die Bausparkassenwirtschaft führt weiter an, dass die BaFin die Klauseln bereits auf eine Ausgewogenheit hinsichtlich des SKL überprüft habe. Daher sei eine AGB-rechtliche Prüfung, aufgrund der einen besonderen Sachverstand voraussetzenden Überprüfung, nicht mehr möglich. Alle Klauseln, die das SKL betreffen, sollten einer Überprüfung entzogen sein. Als weiteres Hauptargument wird vorgetragen, dass eine einzelne das SKL berührende Regelung in den ABB den einzelnen Bausparer nicht „entgegen den Geboten von Treu und Glauben unangemessen benachteiligen“, wenn eine Gesamtschau aller Rechte und Pflichten von der Aufsicht durch die BaFin als angemessen eingestuft wird. Wollte man eine Benachteiligung feststellen, so dürfte sie nur in ihrer Wirkung auf die Zukunft beschränkt sein.[534] Deshalb sollten auch alle ABB-Regelungen, die das SKL betreffen, nach § 307 Abs. 3 BGB kontrollfrei und einer richterlichen Kontrolle entzogen sein.

Teile der Literatur zu den Allgemeinen Versicherungsbedingungen gelangen zu einem ähnlichen Ergebnis.

Dylla-Krebs, Wagner und Junge vertreten für die AVB die Ansicht, dass die Inhaltskontrolle nicht nur bei primären, sondern auch bezüglich der sekundären Risikobegrenzungen (Leistungsbeschränkungen) unmöglich sein soll.[535]

Im Wesentlichen wird mit der nicht gewollten AGB-Kontrolle des Preis-Leistungsverhältnisses argumentiert. Ferner wäre eine Kontrolle der Klauseln wiederum ein unzulässiger Eingriff in die Vertragsfreiheit.[536] Canaris[537] schließt sich dieser Ansicht an und tritt für die Kontrollfreiheit aller Klauseln ein, die preisbestimmend sind. Eine Kontrolle sei ein Eingriff in die Vertragsautonomie[538] und würde einer verfassungsgemäßen Überprüfung nicht standhalten.[539]

---

533 Schäfer/Cirpka/Zehnder, § 5 Anm. 26 b; BSpkFb, 3. Kap. 3.2.

534 vgl. BSpkFb. 3. Kap. 3 Nr. 2 (144) .

535 Dylla-Krebs, S. 240; Junge, ZVersWiss 1975, S. 211 (215); Wagner, ZVersWiss, S. 119 (142).

536 Frenz, VersR 1979, S. 394 (396); Dittmann/Stahl, § 8 AGBG Rn. 258. Winter, in Bruck/Möller/Winter, VVG Anm. A. 67.

537 Canaris, NJW 1987, S. 609 (613).

538 siehe Argumentation für AVB.

539 Canaris, NJW 1987, S. 609 (613).

Hinsichtlich der Preise wird in der Literatur die Ansicht vertreten, dass der durch die Rechtsprechung kontrollierte Bereich zu sehr ausgedehnt worden ist. Eine Inhaltskontrolle im Bereich der Preisfestsetzung sollte durch die Rechtsprechung in der ausgeweiteten Form nicht stattfinden.[540] Horn argumentiert, dass bei der AGB-Gesetzgebung gem. §§ 305 ff. BGB vom Grundsatz der Preisgestaltungsfreiheit auszugehen ist. Das resultiert als Konsequenz aus der Privatautonomie des Verwenders. Der Verwender kann daher seine Entgelte der Höhe und dem Grund nach frei (in den Grenzen des § 138 BGB) festlegen.[541] Weitere Voraussetzungen für die Wirksamkeit einer derartigen Klausel sind, dass sie nicht überraschend ist und sich transparent für das Gegenüber darstellt.[542]

### 3. Erörterung

Die Einwände von Literatur und Bausparkassen gegen die durch die Rechtsprechung durchgeführte Kontrolle der Leistungsbestimmungen sind nicht überzeugend. Bereits in § 23 Abs. 3 AGBG wird deutlich, dass der Gesetzgeber von einer grundsätzlichen Inhaltskontrolle aller ABB ausgeht. Das ändert sich auch nicht durch den Wegfall der Privilegierung der AGB von Bausparkassen durch § 305a BGB.

Die Kontrolle kann nicht durch die aufsichtsbehördliche Vorprüfung ausgeschlossen werden, da eine vorhergehende Prüfung eine nachträgliche gerichtliche Kontrolle nicht ausschließen oder ersetzen kann.[543] Die Besonderheiten des Bauspargeschäftes werden nicht nur von der BaFin, sondern auch von den Gerichten berücksichtigt.[544] Das zeigt die Ausführlichkeit der Urteile, die sich mit der Inhaltskontrolle der ABB beschäftigt haben.[545] Die Tragweite der Kassation einer jeden Bestimmung, insbesondere hinsichtlich einer Rückwirkung, wird hinreichend dargestellt.

---

540 vgl. Horn, WM 1997, Sonderbeilage 1 S. 1; Joost, ZIP 1996, S. 1685; Canaris, WM 1996, S. 237; Meder, NJW 1996, S. 1849 f.; vgl. Präve bereits ZIP 1985, S. 449 (455).

541 vgl. zum Diskussionsstand: Bankrechtstag 2001 in Kiel, Mackenthun und Sonnenhol WM 2001, S. 1585 ff.

542 Horn, WM 1997, Sonderbeilage 1 S. 1.

543 BGH, ZIP 1998, S. 1054 (1059).

544 ZfR 1998, S. 597 = NJW 1998, S. 3200; BGH, ZIP 1991, S. 1054 ff.

545 BGH, ZIP 1987, S. 829 ff.; OLG Oldenburg, NJW 1988, S. 1101; LG Berlin, ZIP 1988, S. 1311 ff.; OLG Karlsruhe, 1986, S. 1500 ff.; OLG Karlsruhe, ZIP 1990, S. 1321 ff.; KG Berlin, ZIP 1990, S. 1325 ff.; BGH, ZIP 1991, S. 1054 ff.

Die durch Canaris geführte Diskussion hinsichtlich der Vertragsautonomie kann nicht überzeugen. Jede richterliche Kontrolle greift in das Preis-Leistungsgefüge ein, selbst wenn es um eine Korrektur nach § 138 BGB geht. Die vertragliche Ausgestaltung aller Produkte, insbesondere die der Bausparverträge und Versicherungsverträge, bilden die Grundlage für die Preise dieses „unsichtbaren“ Produktes.[546] Zudem kann auch die Art und Weise der Ausgestaltung der Nebenpflichten für den Interessenten ein Grund sein, einen höheren Preis zu zahlen, so dass auch Nebenpflichten das Preis-Leistungsgefüge beeinflussen.

Würde man der Auffassung von Canaris folgen, wäre eine Kontrolle von AGB in vielen Wirtschaftszweigen überhaupt nicht möglich. Hinzu kommt, dass gerade in den Bereichen, für die kaum gesetzliche Regelungen existieren, eine Überprüfung durch die Gerichte nicht möglich wäre, da es keine Normen gibt, anhand derer geprüft werden könnte. AGB-Klauseln, die die Leistung eines gesetzlich nicht geregelten Vertrages festlegen, würden als Leistungsbestimmung von der Kontrolle ausgenommen sein. Die Kontrolle darf sich nicht nur auf die in abweichenden dispositiven Gesetzesklauseln geregelten Vertragstypen beschränken, da sonst eine große Anzahl von Verträgen einer Überprüfung entzogen wäre.[547] Die Vertragstypen existieren nur durch ihre AGB und die darin enthaltenen Leistungsbestimmungen. Wären solche Bereiche völlig der richterlichen Kontrolle entzogen, so gäbe es außer dem freien Markt keine Kontrollinstanz. Sinn und Zweck der AGB-Gesetzgebung ist es jedoch gerade, ein gewisses Marktversagen zu Lasten des Kunden auszugleichen.

Dem Bausparer wird mit dem Bausparvertrag eine Leistung angeboten, die er annehmen oder ablehnen kann. Eine Möglichkeit, spezielle Bedingungen auszuhandeln, gibt es nicht, sondern die Bausparkasse legt ihre AGB vor, die angenommen werden müssen, wenn man einen Bausparvertrag abschließen will. Es muss den Gerichten zumindest teilweise möglich sein, gegen solche Leistungsbeschreibungen einzuschreiten, die dazu führen, dass der von den Parteien vorausgesetzte Vertragszweck gefährdet wird.[548]

Hinsichtlich der Preisargumentation ist anzumerken, dass es nicht um die Kontrolle der Hauptleistung geht, nämlich den Bausparvertrag und die durch die Bausparer zu zahlenden Beträge.

---

[546] vgl. Bergeest, S. 59; Fenyves, VersR 1976, S. 363 (364); Winter, in Bruck/Möller/Winter, VVG Anm. A 67.

[547] z.B. Bierlieferungsvertrag; Leasingvertrag, Bausparkassenvertrag und viele Versicherungsverträge; dazu: Erman/Hefermehl/O.Werner, § 8 AGBG Rn. 3.

[548] vgl. in dem Versicherungsbereich, Helm, NJW 1978, S. 129 (132); Bauer, BB 1978, S. 476 (480); Hansen, VersR 1988, S. 1110 ff.

Vor allen Dingen soll vermieden werden, dass der Bausparer unbewusst wesentlich mehr einzahlen muss, als er laut Vertrag annimmt.

Sollte ein Bausparer die schlechte Verzinsung zwar kennen, aber deren Auswirkung auf die Verlängerung seiner Sparzeit nicht durchschauen, so liegt hierin eine objektive Benachteiligung des Bausparers, auch wenn ihm das nicht klar ist. Bei höherer Verzinsung wäre es ihm möglich, seine Ansparphase wesentlich schneller zu beenden und in die Darlehensphase einzutreten.

Auch wenn der durchschnittliche Bausparer von dieser Benachteiligung keine Kenntnis hat, so muss es den Gerichten dennoch möglich sein, den Bausparer zu schützen. Dieser ist ohnehin bereits durch die Verwendung der AGB seitens der Bausparkasse bezüglich der Vertragsausgestaltungen und der tariflichen Bestimmungen derart benachteiligt, dass er auf rechtliche oder gerichtliche Hilfe angewiesen ist. Eine derartige Benachteiligung wird nicht durch die verschiedenen Verträge, die durch die Bausparkassen angeboten werden und die eine unterschiedlich hohe Belastung für die einzelnen Monate der Ansparphasen und Darlehensphasen vorsehen, kompensiert.

Die durch die Bausparkassenwirtschaft angesprochene unbedingte Notwendigkeit der Kontrollfreiheit, da eine Überprüfung der ABB einen besonderen Sachverstand voraussetze, kann als Argument nicht greifen. Es liegt auf der Hand, dass Richter und Gerichte wesentlich komplexere und schwierigere Sachverhalte und Verträge zu prüfen haben als die ABB der Bausparkassen oder Bausparverträge.

Das besondere Problem, dass bei der gerichtlichen Feststellung der Unwirksamkeit von ABB-Klauseln, die Einfluss auf den Leistungsumfang haben können, das kollektive Gefüge der Bausparverträge verändert werden kann, ist durch die Richter zu berücksichtigen.[549]

Durch die Unwirksamkeit bestimmter ABB-Klauseln können Rechtspositionen von Bauspargruppen verbessert bzw. die Rechtsposition einer anderen Bauspargruppe innerhalb einer Bauspargemeinschaft verschlechtert werden. Dieser mögliche Konflikt wird verschärft, wenn durch die Unwirksamkeit bestimmter ABB-Klauseln und die damit in Zusammenhang stehenden wirtschaftlichen Auswirkungen (Neuberechnung von Leistungen und Rückzahlungen) die Leistungsfähigkeit und Solvenz von Bausparkassen gefährdet wird.

[549] vgl. Horn, in Wolf/Horn/Lindacher, § 23 AGBG Rn. 427.

Das LG Berlin[550] hat eine sachgerechte Lösung gefunden. Die Unwirksamkeit von AGB-Klauseln, die sich als sekundäre Leistungsbeschreibungen und Nebenabreden darstellen und deren Unwirksamkeit weitreichende wirtschaftliche Folgen für die Bausparkassen hat, gilt nur für die Zukunft. Das ist eine Ausnahme vom Grundsatz der unbegrenzten Rückwirkung, die der BGH im Tilgungsverrechnungsurteil anwendete.[551]

Bei dem Urteil des LG Berlin ist die Notwendigkeit berücksichtigt worden, den Zielkonflikt, der für Bausparkassen entstehen kann, zu lösen. Die angesprochenen Klauseln sind bei den Kalkulationen der Bausparkassen berücksichtigt worden und können Auswirkungen hinsichtlich der wirtschaftlichen Leistungsfähigkeit der Bausparkassen haben. Die Bausparkassenbedingungen sind bereits vorher behördlich geprüft worden und dadurch ist ein rechtlich relevanter Vertrauensschutz begründet worden, der die Rückwirkung der Unwirksamkeit ausschließt.[552]

Der Argumentation des LG Berlin ist entgegenzuhalten, dass die Verwendung unzulässiger Klauseln keinen Vertrauensschutztatbestand schaffen kann.[553] Jedoch wird die wirtschaftliche Schieflage der Bausparkasse, in die sie durch die Verpflichtung der rückwirkenden Umsetzung eines Urteils kommt, der Bauspargemeinschaft nicht helfen und deshalb nicht im Interesse der Bausparer sein.

Die Rechtsprechung und große Teile der Literatur haben den Bereich der wirtschaftlichen Nachteile und grundlegenden Probleme gesehen. Zu diesen Problemen zählen u.a. der Bestandschutz des Kollektivs und Schwierigkeiten bei der Rückabwicklung der Verträge.

Mit dem Urteil des LG Berlin wurde durch die Rechtsprechung ein sachgerechte Lösungen entwickelt und umgesetzt.[554]

Die genannten Besonderheiten, die das Bausparkassenwesen und die Bausparverträge mit sich bringen, sowie die behördliche Kontrolle der Geschäftstätigkeit der Bausparkassen, müssen dementsprechend bei der Kontrolle der ABB nach den §§ 305 ff. BGB berücksichtigt werden. Die Besonderheiten des Bausparkassengeschäfts dürfen kein Freibrief sein, um die ABB kontrollfrei zu halten.

---

550 LG Berlin, ZIP 1988, S. 1344.

551 BGHZ 106, S. 42 (52).

552 LG Berlin ZIP 1988, S. 1311 ff. a.A. LG Frankfurt WM 1988, S. 613, (618 ff.).

553 BGH, NJW 1981, S. 1511 (1512); zustimmend Trinkner, in Löwe/Trinkner/ Graf v. Westphalen, § 17 AGBG Rn. 34 ff.

554 LG Berlin ZIP 1988, S. 1311 ff.

Die ABB unterliegen aus den genannten Gründen den Kontrollmaßstäben der Gesetzgebung zu den AGB.[555] Die Besonderheiten des Bausparkassengeschäftes können aber unter Umständen zur Rechtfertigung einer Benachteiligung des Kunden bzw. der Bausparer führen.

### 4. Ergebnis

Die sogenannten Primärleistungsbeschreibungen, die Höhe und Fälligkeit der Leistungen, Zinsen, Kosten, Gebühren, Reihenfolge der Zuteilung oder die Darlehenssicherung regeln, unterliegen keiner Inhaltskontrolle. Die Rechtsprechung und der Grossteil der Literatur haben sich insofern angenähert, als dass unmittelbare primäre Leistungsbeschreibungen kontrollfrei sind und gem. § 307 Abs. 3 BGB eine Inhaltskontrolle ausscheidet.[556] Der Ausschluss gilt nicht für die Modifikationen[557] der Leistungen in den AGB, die sogenannten sekundären Leistungsbestimmungen (Preisnebenabreden), die Preis und Leistung beeinflussen. Hierzu zählen Klauseln in den ABB über die Bemessung oder Änderung eines Entgelts, Zahlungsbedingungen, Fälligkeiten oder Wertsicherungsklauseln. Solche Nebenabreden, die die Leistungspflicht des Bausparers insgesamt erhöhen, aber nicht im direkten Zusammenhang mit der Leistung, also dem Bausparverhältnis stehen, sind kontrollfähig.

## IV. Leistungsbestimmende Klauseln in den MBB a.F. und n.F., die der Inhaltskontrolle durch § 307 Abs. 3 BGB entzogen sind

### 1. Höhe der Abschlussgebühr

Die Regelung der § 4 Abs. 1 Satz 1 MBB a.F., § 1 Abs. 2 Satz 1 MBB n.F. legen die Höhe der Abschlussgebühr für einen Bausparvertrag fest. Sie unterliegen nicht der Inhaltskontrolle, da sie einen Preis für eine bestimmte Leistung festlegen und dem Bausparer bewusst ist, dass diese Gebühr anfällt. Sie beträgt je nach Tarif 1 % bis 1,6 % der Bausparsumme. Sie ist unabhängig von den Ansparbeträgen oder

---

555 vgl. Horn, in Wolf/Horn/Lindacher, § 23 AGBG Rn. 728; Brandner, in Ulmer/Brandner/ Hensen, Anhang §§ 9-11 AGBG Rn. 194 a; vgl. auch BGH, ZIP 1991, S. 1054 (1059).

556 BGH, ZBB 1992, S. 129 (130); Horn, in Wolf/Horn/Lindacher, § 23 AGBG Rn. 425 ff.; Brandner, in Ulmer/Brandner/Hensen, § 8 AGBG Rn. 16 (21); Staudinger/Coester, § 8 AGBG Rn. 2.

557 Horn, in Wolf/Horn/Lindacher, § 23 AGBG Rn. 425.

den Darlehensraten zu sehen, da sie einen selbständigen Preis für den Abschluss des Bausparvertrages darstellt.

### 2. § 5 Abs. 1 Satz 1 MBB a.F., § 2 Abs. 1 MBB n.F.

§ 5 Abs. 1 Satz 1 MBB a.F. und § 2 Abs. 1 MBB n.F. legen den monatlich zu entrichtenden Regelsparbeitrag fest. Der Regelsparbeitrag ist die durch den Bausparer monatlich zu erbringende Leistung, welche die Bausparkasse ihren Berechnungen zugrundelegt. Eine Überprüfung der Höhe dieser Leistung ist nicht möglich. Die Einklagbarkeit der monatlichen Leistung ist ausdrücklich ausgeschlossen, obwohl es sich um eine Hauptleistungspflicht der Bausparer handelt.[558] Die Einklagbarkeit war in den früheren MBB für private und öffentlich-rechtliche Bausparkassen sogar bestimmt, wurde aber später gestrichen. Das ergibt sich aus der Natur des Bausparvertrages als Ansparvertrag; es werden durch den Bausparer finanzielle Leistungen erbracht, die er als Überschüsse zur Verfügung hat. Bei den Standardtarifen sind 4-5 v. Tausend der Bausparsumme als monatlicher Regelsparbeitrag vorgesehen. Wären die Regelsparbeiträge nach den ABB noch einklagbar, müsste die entsprechende Klausel kassiert werden, da sie den Bausparer unangemessen benachteiligen würde. Für den Fall des Unterliegens in einem Klagverfahren hätte der Bausparer monatlich Leistungen zu erbringen, die er sofort durch Kündigung oder spätestens mit Zuteilung zurückerhalten würde. Er hätte möglicherweise sofort nach Einzahlung auf sein Bausparkonto einen Rückzahlungsanspruch.

### 3. § 6 Abs. 1 MBB a.F., § 3 Abs. 1 MBB n.F.

Die Höhe der Verzinsung in der Ansparphase des Bausparvertrages wird durch diese Klauseln festgelegt. Je nach Tarif wird das Darlehen unterschiedlich verzinst. Die Höhe der Zinsen unterliegt keiner Inhaltskontrolle, da sie direkt Preis und Leistung im Kernbereich des Vertrages betreffen. Nullzinstarife sind theoretisch möglich, werden in der Praxis aber nicht angeboten.[559]

---

[558] vgl. LG Heilbronn, WM 2001, S. 566 f.

[559] vgl. Schäfer/Cirpka/Zehnder, § 5 Anm. 10a, und BSpkFb 3. Kap. 3.2 8.1.

### 4. § 7 Abs. 4 i.V.m. § 4 Abs. 2 MBöB a.F., § 13 Abs. 1 Satz 1 u. 3 MBöB n.F., § 13 Abs. 1 Satz 1 MBpB n.F. i.V.m. § 1 Abs. 2 Satz 3 MBB n.F.

Dem Bausparer wird durch die Klauseln eine Verringerung oder Ermäßigung der Bausparsumme ermöglicht, um so eine schnellere Zuteilung für den Bausparer zu erreichen. Die Bausparkasse kann die für den aufgegebenen Teil der Bausparsumme gezahlte Abschlussgebühr ganz oder teilweise auf einen neuen Bausparvertrag gem. § 4 Abs. 2 MBöB a.F. anrechnen. Kontrollierbar sind die Klauseln wiederum nicht. Eine teilweise Rückzahlung der Abschlussgebühr ist ebenso ausgeschlossen.

Bei Abschluss des Vertrages ist dem Bausparer bewusst, dass die gezahlte Gebühr nicht zurückerstattet wird. Wenn er die Leistung, für die er bezahlt hat, nicht in Anspruch nimmt, so kann das nicht durch das Kollektiv, dem die Gebühr zusteht, getragen werden. Der Teilbetrag, der durch die Verminderung der Bausparsumme „frei" wird, kann wieder voll in einen „neuen" Bausparvertrag eingebracht werden. Der anteilige Betrag der Abschlussgebühr ist als Gebühr für den Aufwand der Bausparkasse zu sehen, der durch die Verminderung der Bausparsumme auf die Bausparkasse zukommt. Der Bausparer hat unvorhergesehen eine höhere Bewertungszahl,[560] die eine frühere Auszahlung des Bauspardarlehens möglich macht. Als Gebühr ist der Teilbetrag nicht kontrollfähig. § 13 Abs. 1 Satz 1 u.3 MBöB n.F. und § 13 Abs. 1 Satz 1 MBpB n.F. regeln die Ermäßigung der Bausparsummen.

§ 1 Abs. 2 Satz 3 MBB n.F. legt fest, dass keine Rückzahlung der Abschlussgebühren, auch keine anteilige, erfolgt. Auch diese Klauseln sind als Leistungsbeschreibungen der Kontrolle entzogen.

### 5. § 8 Abs. 1 u. 3 MBpB a.F., §8 Abs. 1 u. 2 MBöB a.F., § 13 Abs. 5 Satz 1, 1. HS MBpB n.F., § 13 Abs. 2 Satz 1, 1. HS MBöB n.F.

Der Bausparer kann die ursprünglich vereinbarte Bausparsumme während der Ansparphase erhöhen. Dabei wird entweder ein Neuvertrag über die Erhöhungssumme abgeschlossen oder die bestehende Bausparsumme aufgestockt. Für den da-

---

[560] Bewertungszahl ist die Maßzahl, die über den Zeitpunkt der Zuteilung entscheidet, § 4 Abs. 5 MBöB, § 4 Abs. 2b MBpB. Mit der Bewertungszahl soll der Ansparverdienst des Bausparers möglichst objektiv und gerecht durch die Bausparkasse bewertet werden. Jede Bausparkasse hat eine unterschiedliche Berechnungsmethode für die Bewertungszahl.

durch entstehenden Aufwand wird eine Gebühr fällig. Das Preis-Leistungsgefüge unterliegt wie B. IV. Nr. 1 (Abschlussgebühr) keiner Kontrolle.

### 6. § 11 MBB a.F., § 4 Abs. 1-5 MBöB n.F.; § 4 Abs. 1 u.2 MBpB n.F.

Diese Klauseln regeln die Zuteilungsvoraussetzungen und die Reihenfolge der Zuteilung. Sie sind das Kernstück der MBB und gehören zum engsten Kernbereich des Bausparkassensystems. Sie beschreiben, wann und unter welchen Voraussetzungen die Zuteilung an die Bausparer, also die Leistung der Bausparkasse erfolgt. Den Gerichten ist dieser Bereich einer Kontrolle entzogen. Es wäre sonst für die Gerichte möglich, auf den Kernbereich des Bausparkassengeschäftes Einfluss zu nehmen. Das ist eindeutig in dieser einschneidenden Form durch den Gesetzgeber nicht gewollt. Die Klauseln sind der Inhaltskontrolle entzogen.[561]

### 7. § 20 Abs. 1 Satz 1 MBpB a.F., § 20 Abs. 2 Satz 1 MBöB a.F., § 11 Abs. 1 Satz 1 MBB n.F.

Die Höhe der Verzinsung im zweiten Teil des Bausparverhältnisses, also in der Darlehensphase, wird in § 20 Abs. 1 Satz 1 MBpB a.F., § 20 Abs. 2 Satz 1 MBöB a.F. und § 11 Abs. 1 Satz 1 MBB n.F. geregelt. Eine Überprüfung der Klauseln ist nicht möglich, da sie direkt im Kern das Preis-Leistungsverhältnis der Verträge betreffen.

### 8. Kontoführungsgebühren

Jeder Bausparer hat für sein Konto bei der Bausparkasse Gebühren zu entrichten. Die Gebühren unterliegen weder nach der Literatur noch der Rechtsprechung einer Inhaltskontrolle. Sie sind in § 30 Abs. 1 Satz 1 MBB a.F. und § 17 Abs. 1 Satz 1 MBpB n.F. festgelegt. In den MBöB n.F. ist eine ausdrückliche Kontoführungsgebühr nicht mehr genannt, vielmehr kann die Bausparkasse Kontoführungsgebühren als angemessenes Entgelt gem. § 17 Abs. 2 MBpB n.F. berechnen.

Hier fehlt jedoch die genaue Spezifizierung über die Höhe des entsprechenden Entgelts, so dass im Fall einer zu hohen Kontoführungsgebühr eine Überprüfung der Klausel anhand § 315 BGB möglich wäre.

---

[561] vgl. Palandt/Heinrichs § 307 Rn. 57 BGB; Brandner, in Ulmer/Brandner/Hensen, § 8 Rn. 26; Horn, in Wolf/Horn/Lindacher § 23 AGBG Rn. 425; Niebling, WM 1992, S. 845 (852).

Die Gerichte könnten in den Gebühren für die Konten jedoch Nebenleistungen zum Bausparvertrag sehen. Dann würden die Klauseln einer Kontrolle unterliegen. Wie bei der Argumentation zu den „Überweisungen" bei Canaris[562] geht er wohl eher von einer Kontrollfähigkeit dieser Klauseln des § 17 MBB n.F. aus, da sie das SKL im engeren Sinne nicht betreffen, sondern notwendige Nebenleistungen regeln. Dieser Ansicht kann jedoch nicht gefolgt werden, da hier Preis und Primärleistung überprüft würden.

### 9. § 30 Abs. 2 MBpB a.F., § 30 Abs. 3 MBöB a.F., § 17 Abs. 2 Satz 2 MBpB n.F., § 17 Abs. 2 MBöB n.F.

Die Bausparkasse berechnet Gebühren nach den jeweiligen Anforderungen für besondere Dienstleistungen im Auftrag des Bausparers, die nicht im regelmäßigen Ablauf des Bausparvertrages liegen. Hierfür liegt bei den Bausparkassen eine Gebührentabelle aus. Der Bausparer kann die Preise prüfen und vergleichen und dann darüber entscheiden, ob er die Dienstleistung in Anspruch nehmen möchte oder nicht. Eine Kontrolle der Höhe der

Gebühren ist nicht möglich. Ist die Leistung in der Gebührentabelle nicht vorgesehen, so wird die Gebühr nach billigem Ermessen in Anlehnung an § 315 BGB erhoben. Ferner sind Klauseln, wenn sie sich auf § 315 BGB beziehen, als deklaratorische Klauseln der Inhaltskontrolle entzogen.

---

562 Canaris, WM 1996, S. 237 (241 ff.).

# 6. Kapitel: Inhaltskontrolle gem. §§ 307 Abs. 1 u. 2, 308, 309 BGB

§ 307 Abs. 1 u. 2 BGB legt im Vergleich zu der allgemeinen Inhaltskontrolle im Vertragsrecht (§§ 134, 138, 242 BGB) verschärfte Inhaltsschranken fest. Das resultiert daraus, dass der Verwender von AGB die Freiheit der inhaltlichen Vertragsgestaltung einseitig in Anspruch nimmt. Für den Vertragspartner, hier den Bausparer, bleibt folglich nur die Entscheidung, ob er einen Vertrag abschließen will oder nicht.[563] Gerade deshalb ist es von Bedeutung, dass die ABB verständlich und transparent gestaltet sind. Durch die Inhaltskontrolle soll eine möglicherweise notwendige Wiederherstellung der Vertragsgerechtigkeit gewährleistet werden.

§ 307 Abs. 1 BGB enthält als Kernstück für eine Inhaltskontrolle eine Generalklausel, die als Wertmaßstab für die richterliche Inhaltskontrolle dient. § 307 Abs. 2 BGB konkretisiert die Generalklausel, indem typische rechtliche Kriterien (Regelbeispiele) formuliert werden, die regelmäßig die Unwirksamkeit des Vertrages begründen. Rechtstechnisch sind § 307 Abs. 1 u. 2 BGB jedoch als Auffangtatbestand zu den §§ 308 und 309 BGB zu sehen.[564]

Das Gesetz zur Modernisierung des Schuldrechts hat §§ 9 - 11 AGBG anscheinend unverändert als §§ 307 Abs. 1 u. 2, 308, 309 n.F. in das BGB übernommen.[565] Dabei ist aber zu berücksichtigen, dass die §§ 305 ff. BGB tatsächlich in einem gänzlich veränderten dogmatischen Zusammenhang mit vielen Änderungen, zum Teil in zentralen Bereichen des Schuldrechtes, stehen. Der Bezugsrahmen für die dispositiven Regelungen hat sich wesentlich verändert, so dass dies einschneidende, noch nicht in Gänze erkennbare, Rückwirkungen auf Inhalt und Anwendung der §§ 305 ff. BGB haben wird. Zunächst wird aber von einer in wesentlichen Teilen inhaltlich unveränderten Übernahme des AGBG in das BGB ausgegangen. An den Stellen, an denen inhaltliche Änderungen gegeben sind, z.B. die Kodifizierung des Transparenzgebotes, werden diese im Rahmen dieser Arbeit besonders berücksichtigt.

---

[563] vgl. van de Loo, S. 85.

[564] Palandt/Heinrichs, § 307 BGB Rn. 2; Brandner, in Ulmer/Brandner/Hensen, § 9 AGBG Rn. 8; vgl. MüKo/Basedow, § 307 BGB Rn. 21f.

[565] vgl. MüKo/Basedow, Vorb. § 307 BGB Rn.1; Palandt/Heinrichs, Vorb. § 307 BGB Rn 1; § 307 BGB Rn.1 .; Koch, WM 2002, S. 2173 ff.; vgl. v. Westphalen, NJW 2002 S. 12 ff.; Sonnenhol WM 2002, S. 1259 ff.; vgl. Pfeiffer, Änderung AGB-rechtlicher Vorschriften durch die Schuldrechtsreform, Rn. 1 ff.

## A. Inhaltskontrolle nach § 309 BGB

Die Klauselverbote des § 309 BGB begründen unabhängig von einer Wertungsmöglichkeit die Unwirksamkeit der jeweiligen Klausel.[566] Die meisten in § 309 BGB normierten Klauselverbote stellen sich als Konkretisierung von § 307 Abs. 2 BGB dar.[567]

Offensichtliche Verstöße in den MBB gegen die Regelbeispiele des § 309 BGB sind nicht gegeben.

Die Gerichte sind bisher wegen Verstößen gegen § 309 BGB, früher § 11 AGBG, kaum angerufen worden.

### I. Zinsaufschlagklausel

Der BGH erklärte die Klausel einer Bausparkasse, die einen Zinsaufschlag von 1 % bei

Nichtrückzahlung des Darlehens am Fälligkeitstage als pauschalisierten Verzugsschaden vorsah, im Rahmen des § 11 Nr. 5 AGBG, jetzt § 309 Nr. 5a BGB, für wirksam.[568] Da die Klausel der vereinfachten Durchsetzung eines als bestehend vorausgesetzten Schadensersatzanspruches dienen soll, handelt es sich um eine Schadensregulierung im Sinne des § 11 Nr. 5 AGBG. Das setzt voraus, dass sich die Höhe des pauschalisierten Ersatzes an dem geschätzten Ausmaß des typischerweise entstehenden Schadens orientiert.

Einer Bausparkasse entsteht durch die zeitweise Vorenthaltung ihr zustehender Gelder regelmäßig ein Schaden. Wegen ausgebliebener oder verspäteter Rückzahlungen kann die Bausparkasse gezwungen sein Kredite aufzunehmen, sie kann daran gehindert sein, anderweitig Geld auszuleihen oder mit dem Geld zu arbeiten.[569] Anzumerken bleibt, dass eine solche Schadensersatz-Klausel zwar zulässig wäre, aber in den MBB nicht mehr enthalten ist. Bausparkassen könnten jedoch eine derartige Klausel in ihre ABB einfügen.

---

[566] Palandt/Heinrichs, § 309 BGB Rn. 2; MüKo/Basedow, § 309 BGB Rn. 2.

[567] Palandt/Heinrichs, § 309 BGB Rn. 2; MüKo/Basedow, § 309 BGB Rn. 2.

[568] BGH, NJW 1983, S. 1542.

[569] Das Anlegen von Geldern ist der Bausparkasse nach den in § 4 Abs. 1 u. 3 und § 6 BSpkG vorgegebenen Anlageformen erlaubt.

## II. Ausschlussfrist für die klagweise Geltendmachung von Ansprüchen in den früheren MBB

Weder in den MBB a.F. noch in den MBB n.F. hat die Möglichkeit von Ausschlussfristen, wie sie in früheren ABB vorgesehen waren, Berücksichtigung gefunden. Dennoch ist es den einzelnen Bausparkassen unbenommen, bei den ABB eine Ausschlussfrist einzuführen.

Der BGH hielt zu Recht die formularmäßige Ausschlussfrist von einem Jahr für die Klageerhebung eines geltend gemachten Anspruchs des Kunden für wirksam.[570] Die Frist bezieht sich nur auf die Klageerhebung, deren Lauf mit der qualifizierten Ablehnung der geltend gemachten Ansprüche durch die Bausparkasse beginnt. Die Klausel fällt nicht in den Anwendungsbereich § 309 Nr.7b BGB (ehem. § 11 Nr. 7 AGBG).[571] Sinn und Zweck des § 309 Nr.7b BGB ist es, die Rechte des Kunden bei Nicht- und Schlechterfüllung zu sichern. Es soll verhindert werden, dass eine Begrenzung der Haftung eintritt. Die streitige Klausel verfolgt ein anderes Ziel. Der Bausparer kann sehr wohl seine Ansprüche geltend machen und einklagen. Er kann sie aber nur innerhalb einer bestimmten Frist geltend machen.

Durch den Beginn der Verjährungsfrist bei Ablehnung des Anspruchs durch die Bausparkasse wird sichergestellt, dass aufgrund verzögerter Bearbeitung der geltend gemachte Anspruch in der Zwischenzeit nicht verjährt. Es kann nicht geleugnet werden, dass nach Fristablauf eine Haftungsfreistellung gegeben ist. Die Haftungsfreistellung ist aber nicht als primärer Zweck der Klausel anzusehen. Das ergibt sich bereits aus der Laufzeit von einem Jahr.

Außerdem spricht gegen eine Anwendung von § 309 Nr.7b BGB, dass der BGH die Problematik unzulässiger Verjährungsregeln anhand des § 307 Abs. 1 u.2 (ehem. § 9 AGBG) prüft, nie aber anhand des § 309 Nr.7b BGB.[572] So können die Interessen der Verwender berücksichtigt werden, was bei § 309 Nr.7b BGB aufgrund der fehlenden Wertungsmöglichkeit nicht der Fall ist.

Die Ausschlussfrist dient, wie der vergleichbare § 12 Abs. 3 VVG, dem anerkennenswerten Bedürfnis der Bausparkasse[573] nach schneller Rechtssicherheit.

---

[570] BGH, ZIP 1989, S. 1054 (1059); vgl. LG Berlin, ZIP 1988, S. 1311 (1327).

[571] vgl. Löwe, in Löwe/Trinkner/Graf v. Westphalen, § 11 Nr. 7 AGBG Rn. 29; Staudinger/Coester-Waltjen, § 11 Nr. 7 u. Nr. 20 AGBG; a. A. Ulmer, in Ulmer/Brandner/Hensen, § 11 Nr. 7 AGBG Rn. 21; Erman/ Battis, § 276 BGB Rn. 80.

[572] vgl. BGH, ZIP 1986, S. 443 (444 ff.) = NJW 1986, S. 1171 (1172); BGH, NJW 1986, S. 1608 (1609); LG Berlin, ZIP 1988, S. 1311 (1327).

[573] KG Berlin, ZIP 1990, S. 1325.

Desgleichen kommt eine unangemessene Benachteiligung im Sinne von § 307 Abs. 1 BGB nicht in Betracht.[574]

Die Klausel belastet den Bausparer zwar erheblich und im Unterschied zur verjährten Forderung kann er mit dem ausgeschlossenen Anspruch auch nicht mehr aufrechnen,[575] aber dem steht das berechtigte Interesse der Bausparkasse nach schneller Rechtssicherheit und Klarheit über die Kalkulationsgrundlagen entgegen. Dazu kommt das ebenfalls beachtliche Interesse des Bausparkollektivs, da die Auswirkungen ohne die Ausschlussklausel unter Umständen ganz erheblichen Einfluss auf die Zuteilungsmasse haben können.[576] Durch die Bildung von Prozessrückstellungen für angemeldete, aber nicht gerichtlich verfolgte Ansprüche von Bausparern wird die Zuteilungsquote verringert bzw. die Wartezeit verlängert.[577] Kostspielige Zwischenfinanzierungen können die Folge sein.

Da die MBB derartige Klauseln nicht mehr vorsehen, hat sich diese Problematik auf den Einzelfall verlagert, wenn eine Bausparkasse ihre Gestaltungsmöglichkeiten entsprechend nutzt. Sollte eine Bausparkasse die Ausschlussfrist in ihre ABB einfügen, ist anzuraten den Aufrechnungsausschluss für derartige Forderungen nicht mit zu berücksichtigen. Ein Aufrechnungsausschluss benachteiligt die Bausparer unangemessen gem. § 307 Abs. 1 u. 2 BGB. Die Bausparkasse sollte bei Verwendung der entsprechenden Klausel in einem Ablehnungsschreiben auch auf die Klausel in den ABB hinweisen, um den Einwand einer überraschenden Klausel bereits im Vorfeld auszuschließen.

## B. Verbote gem. § 308 BGB

Kennzeichnend für Verbote des § 308 BGB ist, dass sie einen bestimmten Rechtsbegriff verwenden, der seinerseits einer richterlichen Wertung unterliegt. Durch § 308 BGB wird § 307 Abs. 1 u. 2 BGB konkretisiert.[578] Wie bei § 309 BGB ist ein Verstoß gegen § 308 BGB bisher nicht häufig vorgekommen. Die Problematik der Bedingungsänderung ohne Zustimmung des Bausparers[579] war Bestandteil einer Klage, die im folgenden kurz dargelegt wird.

---

[574] vgl. BGH, ZIP 1986, S. 443 (444); BGH, ZBB 1992, S. 129 (134).

[575] vgl. § 20 ABB.

[576] BGH, ZBB 1992, S. 129 (134).

[577] Brüggemeier/Friele, ZBB 1992, S. 137 (141).

[578] Palandt/Heinrichs, § 308 BGB Rn. 1.

[579] s.o. 4. Kap. A. III. 2.a).

Das Landgericht Berlin bejahte einen Verstoß gegen § 10 Nr. 4 AGBG, wortgleich jetzt mit § 308 Nr. 4 BGB, durch § 32 Abs. 3 MBB a.F..[580] Die Klausel gab den Bausparkassen die Möglichkeit, die ABB ohne Zustimmung der Bausparer, jedoch mit Genehmigung des BAKred für bestehende Verträge zu ändern. Sie fiel unter § 308 Nr. 4 BGB (ehem. § 10 Nr. 4 AGBG), da wichtige Vertragsteile berührt wurden, die den Vertragsgegenstand selbst betrafen,[581] wie z.B. die Verzinsung des Bauspardarlehens oder die Zuteilung des Bauspardarlehens.

§ 308 Nr. 4 BGB resultiert aus dem Grundsatz von „pacta sunt servanda". Daher muss eine Änderungsvereinbarung für den Vertragspartner zumutbar sein. Der Bausparer stellt sich in seinem Finanzierungsplan darauf ein, dass sich der meist für 15 Jahre abgeschlossene Vertrag zwischenzeitlich nicht in wesentlichen Teilen ändern wird.

Nach § 308 Nr. 4 BGB ist davon auszugehen, dass derartige Änderungsvorbehalte im Regelfall unzulässig sind und nur bei besonderen Tatbeständen wirksam sein können.[582]

Das Landgericht Berlin sah die Prüfung der Vertragsänderungen durch das damals noch existierende BAKred nach § 9 Abs. 1 i. V. m. § 8 Abs. 1 Nr. 3 BSpkG nicht als hinreichenden Grund an, da sich gem. der amtlichen Begründung zum BSpkG die Überprüfung hauptsächlich auf die Einhaltung der Bestimmungen des BSpkG und dessen Schutzzweck bezieht; auch aus § 9 Abs. 1 BSpkG ergebe sich nichts anderes, vielmehr erfasse § 9 Abs. 2 BSpkG (allerdings in der damaligen Fassung) ausdrücklich nur neue Verträge.[583] Es entsprach jedoch bereits der Praxis des damals noch existierenden BAKred, Änderungswünsche auch für bestehende Verträge zu genehmigen.[584]

Noch vor der Entscheidung des BGH wurde durch ein Änderungsgesetz[585] § 9 BSpkG dahingehend angepasst, dass die Änderung von ABB auf bestehende Verträge zugelassen wird. Es erfolgte eine Anpassung an die gesetzlichen Anforderungen und Erfordernisse für eine solche Bedingungsänderung.

---

[580] LG Berlin, ZIP 1988, S. 1332, vgl. S. 48 /49.

[581] vgl. Löwe, in Löwe/Trinkner/Graf v. Westphalen, § 10 Nr. 4 Rn. 7 AGBG.

[582] Löwe, in Löwe/Trinkner/Graf v. Westphalen, § 10 Nr. 4 Rn. 11 AGBG.

[583] LG Berlin, ZIP 1988, S. 1332.

[584] BT-DS 11/8089, S. 18 (19).

[585] Änderungsgesetz zum BSpkG vom 13.12.1990, BGBl I., S. 2770.

Anders als durch die Möglichkeit von Bedingungsänderungen sind die Prinzipien der Bauspargemeinschaft und des Kollektivs nicht zu gewährleisten. Häufig merkt ein Verwender erst mit Gebrauch der Bedingungen, ob diese sich als praxistauglich erweisen oder nicht. Bei einer Gemeinschaft wie der Bausparkassengemeinschaft ist es besonders wichtig, dass die Bedingungen angepasst werden können, da sich aufgrund der Vertragskonstellationen und des Ansparverhaltens ständig Änderungen ergeben können.

Die Bestimmungen, die geändert werden können, sind in den MBB a.F., n.F. numerisch aufgeführt. Es gibt Bereiche, in denen eine Zustimmung der Bausparer notwendig ist, und andere Bereiche, bei denen das nicht der Fall ist. Jedoch ist Voraussetzung für die Wirksamkeit der geänderten Klausel, dass die Änderung der Klausel zumutbar ist.

Demnach bezieht sich die „Zumutbarkeit" auf die Einräumung eines Gestaltungsraumes für die Bausparkasse und nicht auf die Ausnutzung desselben. Zumutbar ist eine Klausel, wenn sie Art, Grund und Ausmaß der vorbehaltenen Änderung erkennen lässt und ein triftiger Grund vorliegt.[586] Die Beschränkung der Änderungsvorbehalte gilt auch für die vorliegenden Dauerschuldverhältnisse.

## C. Regelbeispiele des § 307 Abs. 2 BGB

§ 307 Abs. 2 BGB beinhaltet zwei Regelbeispiele einer unangemessenen Benachteiligung, die Voraussetzung für die Unwirksamkeit einer Klausel nach § 307 Abs. 1 BGB ist. Das Vorliegen einer der beiden Tatbestände begründet die Vermutung, dass eine unangemessene Benachteiligung vorliegt. Diese Vermutung kann jedoch durch die Gesamtwürdigung aller Umstände widerlegt werden. § 307 Abs. 2 BGB hat § 9 Abs. 2 ABGB wörtlich in das BGB übernommen.

### I. Abweichung vom wesentlichen Grundgedanken gem. § 307 Abs. 2 Nr. 1 BGB

§ 307 Abs. 2 Nr. 1 BGB liegt das zunächst von der Rechtsprechung entwickelte Prinzip zugrunde, dass den Vorschriften des dispositiven Rechts bei der Inhalts-

---

[586] BGH, BB 1984, S. 233 f.

kontrolle von AGB eine Ordnungs- und Leitbildfunktion zukommt.[587] Unter das Tatbestandsmerkmal der „gesetzlichen Regelung" fallen alle Gesetze im materiellen Sinne, aber auch Gewohnheitsrecht und von Rechtsprechung und Lehre entwickelte Rechtsgrundsätze.[588]

Zur Ermittlung des wesentlichen Grundgedankens einer Klausel ist entscheidend, ob die abbedungene Norm des dispositiven Rechtes einem wesentlichen Schutzbedürfnis des Vertragspartners dient.[589] Unvereinbar ist die Abweichung von der gesetzlichen Regelung, wenn in die rechtlich geschützten Interessen der Vertragspartner in nicht unerheblichem Masse eingegriffen wird.[590]

Bei den Bausparverträgen und den für dieses Vertragswerk entwickelten MBB ist kein Verstoß gegen dieses Regelbeispiel ersichtlich. Die Grundideen der verschiedenen Vertragstypen, die dem Bausparvertrag innewohnen, werden ausreichend berücksichtigt. Es liegen keine unvereinbaren Abweichungen von den rechtlich geschützten Interessen der Bausparer vor.

## II. Gefährdung des Vertragszwecks gem. § 307 Abs. 2 Nr. 2 BGB

§ 307 Abs. 2 Nr. 2 BGB regelt, dass im Zweifel eine unangemessene Benachteiligung anzunehmen ist, wenn wesentliche Rechte oder Pflichten, die sich aus der Natur des Vertrages ergeben, so eingeschränkt werden, dass damit die Erreichung des Vertragszwecks gefährdet wird. Die Norm stellt auf die Natur des Vertrages als Prüfungsmaßstab ab. Dadurch werden die Verträge erfasst, für die eine gesetzliche Regelung im dispositiven Recht fehlt. Dazu gehören die Bausparverträge.[591]

Dabei knüpft § 307 Abs. 2 Nr. 2 BGB an die bereits vor Inkrafttreten des AGBG bestehende Rechtsprechung an, die die formularmäßige Aushöhlung von Kardinalspflichten für unzulässig erklärt hat.[592]

---

[587] BGHZ 41, S. 154; 54, S. 110; 89, S. 211; vgl. Palandt/Heinrichs, § 307 BGB Rn. 25.

[588] BGHZ 89, S. 211; 100, S. 163; 121, S. 18.

[589] Brandner, in Ulmer/Brandner/Hensen, § 9 AGBG Rn. 124; Wolf, in Wolf/Horn/Lindacher, § 9 AGBG Rn. 71; Palandt/Heinrichs, § 307 BGB Rn. 27.

[590] Palandt/Heinrichs, § 307 BGB Rn. 28; MüKo/ Basedow, § 307BGB Rn. 56.

[591] Palandt/Heinrichs, § 307 BGB Rn. 31; MüKo/Basedow, § 307 BGB Rn. 61.

[592] BGHZ 50, S. 206; 72, S. 208; BGH, NJW 1973, S. 1378.

Der Begriff „wesentliche Rechte und Pflichten" ist weiter zu verstehen als der Begriff der Kardinalspflicht. Darunter fallen vor allem die Pflichten, auf deren Erfüllung der Vertragspartner vertraut (und auch vertrauen darf) und die eine ordnungsgemäße Durchführung des Vertrages überhaupt erst ermöglichen.[593]

Eine Gefährdung des Vertragszweckes liegt für den Bausparer bereits dann vor, wenn durch die Minderung seiner Rechte oder die Vermehrung seiner Pflichten das mit der Vertragsbindung angestrebte wirtschaftliche Ziel nur mit wesentlichen Einschränkungen erreicht wird. Dabei beinhaltet der Begriff der Gefährdung weder eine schon bestehende Beeinträchtigung noch die totale Vereitelung des Vertragszweckes.[594] § 307 Abs. 2 Nr. 2 BGB ist durch die MBB in keiner Weise verletzt und der eigentliche Vertragszweck wird durch die MBB nicht gefährdet.

## D. Generalklausel zur Inhaltskontrolle von AGB

§ 307 Abs. 1 Satz 1 BGB ist die Generalklausel zur Inhaltskontrolle von AGB. Diese Norm setzt eine nach Treu und Glauben unangemessene Benachteiligung des Vertragspartners des Verwenders für die Unwirksamkeit einer Klausel voraus. Im Vordergrund der Norm steht der Schutz des Vertragspartners.

Eine Benachteiligung des Vertragspartners ist daran zu messen, ob der Verwender durch einseitige Vertragsgestaltung missbräuchlich eigene Interessen auf Kosten seines Vertragspartners durchzusetzen versucht und nicht bereits im Vorfeld die Interessen des Vertragspartners ausreichend berücksichtigt, um ihm einen angemessenen Ausgleich zuzugestehen.[595] Die Abweichung muss für den Vertragspartner Nachteile von einigem Gewicht begründen, um die Unwirksamkeit der Klausel nach sich zu ziehen.[596] Eine Benachteiligung ist nicht per se unzulässig. Vielmehr muss sie unter Würdigung der gesamten Umstände unangemessen sein. Die Interessen beider Parteien und die Anschauungen der beteiligten Verkehrskreise sind im Hinblick auf Gegenstand, Zweck und Eigenart des Vertrages zu

---

[593] BGHZ 103, S. 324; BGH, NJW 1985, S. 3017; BGH, NJW RR 1986, S. 272; BGH, NJW RR 1993, S. 561.

[594] vergleichbar mit dem Sicherungsrecht, siehe van de Loo, S. 91.

[595] BGH, NJW 2000, S. 1110; BGHZ 120, S. 108 (118);

[596] vgl. OLG Hamm, NJW 1997, S. 739; vgl. Palandt/Heinrichs, § 307 BGB Rn. 8.

prüfen.[597] Ein zu berücksichtigender Umstand kann auch darin liegen, dass der Verwender kollektive Gesamtinteressen, wie beispielsweise die eines Bausparkollektivs, wahrzunehmen hat.[598] Die schützenswerten Drittinteressen können, wenn man sie isoliert betrachtet, eine unangemessene Benachteiligung eines einzelnen Bausparers rechtfertigen.[599]

## I. Transparenzgebot gem. § 307 Abs. 1 Satz 2 BGB

### 1. Kodifizierung des Transparenzgebotes gem. § 307 Abs. 1 Satz 2 BGB

Das Transparenzgebot ist mit dem Gesetz zur Modernisierung des Schuldrechts[600] in § 307 Abs. 1 Satz 2 BGB kodifiziert worden. Der Verstoß gegen das Transparenzgebot wird dabei als Regelbeispiel einer unangemessenen Benachteiligung genannt. Die Kodifizierung des Transparenzgebotes trägt dem Urteil des EuGH in der Rechtssache C 144/ 99 Niederlande ./. Kommission vom 10. Mai 2001[601] Rechnung, in der dieser klarstellt, dass das Transparenzgebot des Art. 4 Abs. 2 und Art. 5 der Richtlinie 93/13/ EWG vom 5. April 1993 über missbräuchliche Klauseln eine ausdrückliche Regelung in den nationalen Umsetzungsgesetzen erfordert. Ob sich eine inhaltliche Änderung gegenüber dem geltenden deutschen Recht, in dem das Transparenzgebot von der Rechtsprechung entwickelt und verfeinert worden ist,[602] durch die Kodifizierung ergeben wird, kann auf Grund des neuen Bezugsrahmens des dispositiven Rechtes noch nicht endgültig entschieden werden. Zunächst ist aber von einem inhaltlich unveränderten Transparenzgebot, wie es durch die Rechtsprechung und Literatur entwickelt wurde, auszugehen.[603]

---

[597] BGH, NJW 1986, S. 2102; NJW 1987, S. 2576.

[598] BGHZ 64, S. 335; Wolf, in Wolf/Horn/Lindacher, § 9 AGBG Rn. 110; Palandt/Heinrichs, § 307 BGB Rn. 8.

[599] Palandt/Heinrichs, § 307 BGB Rn. 7.

[600] BGBl I, 2001, S. 3138.

[601] ZIP 2001, S. 1373 ff.

[602] vgl. Überbl. bei MüKo/ Basedow, § 307 BGB Rn. 48 ff.; BGHZ 115, S. 185; NJW 00, S. 651; 108, S. 57.

[603] siehe auch Begründung zur Beschlußempfehlung des Rechtsausschusses des Deutschen Bundestages, BT-Drs. 14/ 7052, S. 287.

## 2. Dogmatische Einordnung des Transparenzgebotes

Vor Inkrafttreten des Gesetzes zur Modernisierung des Schuldrechts war es umstritten, wo und in welcher Ausprägung das Transparenzgebot im AGBG anzusiedeln war. Insbesondere war es Gegenstand vieler Diskussionen, ob § 8 AGBG solche AGB-Klauseln einer Transparenzkontrolle gem. § 9 AGBG entzog, die Leistungsbeschreibungen enthielten. Das AGBG sollte eben nicht die gerichtliche Kontrolle von Leistungsangeboten und Preisen ermöglichen.[604] Die §§ 2 ff. AGBG waren hingegen durch § 8 AGBG nicht eingeschränkt und somit unterlagen Leistungsbestimmungen der Kontrolle gem. §§ 2 ff. AGBG. Daher wurde das Transparenzgebot auch teilweise im Rahmen des § 2 AGBG angesiedelt.[605]

Problematisch war außerdem, ob § 8 AGBG nach seinem Sinn und Zweck (u.a. nicht in die Marktregulierung einzugreifen) die Verständlichkeits- und Transparenzprüfung von Leistungsbeschreibungen ausschloss. An der grundsätzlichen Notwendigkeit, die Verwender von AGB zu einer transparenten AGB-Gestaltung zu verpflichten, wird in Literatur und Rechtsprechung nicht gezweifelt.

Dagegen waren der dogmatische Ansatz, der Umfang und die Ausgestaltung des Transparenzgebotes umstritten. Insbesondere wurde diskutiert, welcher Bedeutung ihm bei der Einbeziehung gem. § 2 Abs. 1 Nr. 2 AGBG (Kenntnisnahme in zumutbarer Weise) zukam und ob dann Raum für ein Transparenzgebot im Rahmen des § 9 Abs. 1 AGBG bleibt.

Das Transparenzgebot, als anerkanntes tragendes Prinzip des ehemaligen AGBG, der AGB-Kontrolle und der EG-Richtlinie 93/13, fand sowohl in § 2 Abs. 1 Nr. 2, § 3 und § 5 AGBG ( jetzt §§ 305 Abs. 2 Nr. 2, 305c Abs. 1, 305 c Abs. 2 BGB) und in einigen Klauseln der §§ 10-11 AGBG seinen Ausdruck.[606] Durch die Einführung des § 307 Abs. 1 Satz 2 BGB hat der Gesetzgeber das Transparenzgebot als eigenständigen Prüfungsmaßstab für eine unangemessene Benachteiligung

---

604 Palandt/Heinrichs, § 307 BGB Rn. 57, 59 ff.

605 Hansen, WM 1990, S. 1521 (1524); Wagner-Wieduwilt, WM 1990, S. 37 f.; Westermann, in FS für Steindorf, S. 817 f.

606 Palandt/Heinrichs, § 307 BGB Rn. 16 m.w.N.; MüKo/Basedow, § 307 BGB Rn. 51., Heinrichs, in FS f. Trinkner, 1995, S. 102 ff.; a.A. Benedict, NJW 2000, S. 190 ( 191 f.), der dafür eintritt, das Transparenzgebot in seiner jetzigen Erscheinungsform zu verabschieden, da es ein kaum kalkulierbares Risiko für die AGB – Verwender beinhaltet und da es für seine Existenz keine überzeugende rechtliche Begründung gäbe. Das Transparenzgebot würde sich nur als die Berücksichtigung eines unbeachtlichen Motivirrtums darstellen; vgl. auch Staudinger, WM 1999, S. 1546 f.

i.S.d. § 307 Abs. 1 Satz 1 BGB normiert.[607] Leistungsbeschreibungen gem. § 307 Abs. 3 BGB können seit Inkrafttreten des Gesetzes zur Modernisierung des Schuldrechts[608] in jedem Fall einer Transparenzkontrolle unterworfen werden.[609]

### 3. Entwicklung und Einordnung des Transparenzgebotes im AGBG

Zum Verständnis und zur Vollständigkeit wird kurz die Entwicklung und Einordnung des Transparenzgebotes in das AGBG dargestellt.

#### *a) Literatur*

Die Literatur ist weitgehend der Meinung, dass zur Verschaffung der Möglichkeit zumutbarer Kenntnisnahme gem. § 2 Abs. 1 Nr. 2 AGBG, jetzt § 305 Abs. 2 BGB, auch eine formell transparente Klauselwerksgestaltung erforderlich ist.[610] Ebenso steht § 2 Abs. 1 Nr. 2 AGBG, jetzt § 305 Abs. 2 BGB, der Einbeziehung einzelner Klauseln entgegen, die dem Kunden eine zumutbare Kenntnisnahme ihres Inhalts verwehrten.[611]

Im Gegensatz dazu ist die Frage, ob materiell intransparente AGB an § 2 Abs. 1 Nr. 2 AGBG scheitern können und wenn ja, mit welchen Anforderungen, äußerst umstritten. Der kleinste gemeinsame Nenner ist, dass für eine wirksame Einbeziehung gem. § 2 Abs. 1 Nr. 2 AGBG ein gewisses Maß an Verständlichkeit gefordert wird.[612]

---

[607] Der Gesetzestext des § 307 Abs. 1 S. 2 BGB lautet: „Eine unangemessene Benachteiligung kann sich daraus ergeben, dass die Bestimmung nicht klar und verständlich ist“.

[608] BGBl. I 2001, S. 3138.

[609] S.o. 5. Kap. B. II.

[610] MüKo/Basedow, § 305 BGB Rn. 49 ff.; Palandt/Heinrichs § 305 BGB Rn.39 ff.; Staudinger/Schlosser, § 2 AGBG Rn. 28; Ulmer, in Ulmer/Brandner/Hensen, § 2 AGBG Rn. 52; Wolf, in Wolf/Horn/Lindacher, § 2 AGBG Rn. 27.

[611] MüKo/Basedow, § 305 BGB Rn. 49 ff.; Wolf, in Wolf/Horn/Lindacher, § 2 AGBG Rn. 27; Ulmer, in Ulmer/Brandner/Hensen, § 2 AGBG Rn. 52.

[612] MüKo/Basedow, § 305 BGB Rn. 49; Staudinger/Schlosser, § 2 AGBG Rn. 28; Ulmer, in Ulmer/ Brand-ner/Hensen, § 2 AGBG Rn. 52; Wolf, in Wolf/Horn/Lindacher, § 2 AGBG Rn. 27.

Damit geht die Fragestellung einher, welche Bedeutung materieller Intransparenz bei § 9 Abs. 1 ABGB, jetzt § 307 Abs. 1 Satz 2 BGB, zufällt und welche Intransparenz in den Bereich des § 2 Abs. 1 Nr. 2 AGBG , jetzt § 305 Abs. 2 Satz 1, fällt.

Vereinzelte Auffassungen hielten die Transparenzkontrolle im Rahmen des § 9 Abs. 1 AGBG für völlig unerheblich. [613] Die gegenteilige Auffassung, die von einem überwiegenden Teil der Literatur vertreten wird, sah bereits den Vertragsabschluss mit einer für den Kunden unklaren, unverständlichen oder unüberschaubaren Geschäftsbedingung per se als unangemessene Benachteiligung im Sinne des § 9 Abs. 1 AGBG und damit als Unwirksamkeitsgrund an.[614]

Weitere Meinungen in der Literatur nahmen die Unwirksamkeit der AGB-Klauseln gem. § 9 Abs. 1 AGBG nur an, wenn sich aus der Intransparenz die Gefahr einer materiellrechtlich unangemessenen Benachteiligung ergab.[615]

*b) Rechtsprechung*

Soweit der BGH in den letzten Jahren die inhaltlich intransparente Gestaltung von AGB beanstandet hat, wurde nicht deren vertragliche Einbeziehung aufgrund der Anforderungen des § 2 Abs. 1 Nr. 2 AGBG in Frage gestellt, sondern sie wurden gem. § 9 AGBG für unwirksam erklärt.[616] Eine Inhaltskontrolle setzt nach Ansicht des BGH systematisch die wirksame Einbeziehung der AGB voraus. In der Rechtsprechung wurde der AGB-Transparenz beständig eine stärkere und eigenständigere Bedeutung beigemessen.

---

[613] Hansen, WM 1990, S. 1521 (1524); Wagner-Wieduwilt, WM 1990, S. 37 f.; Westermann, in FS für Steindorf, S. 817 f.

[614] Staudinger/Coester, § 9 AGBG Rn. 4; Brandner, in Ulmer/Brandner/Hensen, § 9 AGBG Rn. 86 ff.; Erman/Hefermehl/O.Werner, § 9 AGBG Rn. 19; Schäfer, S. 118.

[615] Wolf, in Wolf/Horn/Lindacher, § 9 AGBG Rn. 143; Koller, in Festschrift für Steindorff, S. 674 ff.; Westermann, S. 830; Heinrichs, in FS für Trinkner, S. 157.

[616] BGH, NJW 1999,S. 635f.= BGHZ 140, S. 25 (27f.); BGHZ 106, S. 42 (46 ff.); 106, S. 259 (263 ff.); BGH, NJW 1990, S. 2383; Schäfer, S. 42.

Seit dem Tilgungsverrechnungsurteil[617] wird die AGB-Transparenz als eigenständiges Angemessenheitskriterium gesehen,[618] die jetzt in der Kodifizierung ihre Bestätigung erfahren hat.

### *c) Stellungnahme*

Das Transparenzgebot ist als ein grundlegendes Prinzip einer jeden AGB-Kontrolle anzusehen.[619] Es soll ein umfassender Schutz des Vertragspartners gegenüber dem Verwender gewährleistet werden.

Grundsätzlich sprach nichts dagegen, die Transparenzkontrolle entweder im Rahmen des § 2 Abs. 1 Nr. 2 AGBG, jetzt § 305 Abs. 2 BGB, oder bei § 9 Abs. 1 AGBG, jetzt § 307 Abs. 1 u. 2 BGB, anzusiedeln.

Bei der Einbeziehung einzelner Klauseln in einen Vertrag sollten die Kriterien gem. § 2 Abs. 1 Nr. 2 AGBG, jetzt 305 Abs. 2 BGB, nicht zu streng angelegt werden, zumal bei der Norm mehr formelle Gesichtspunkte im Vordergrund standen, als bei der Frage nach der Unwirksamkeit gem. § 9 Abs. 1 AGBG, jetzt § 307 Abs. 1 u. 2 BGB. Daher war es sachgerecht und praktikabel, eine umfassende Transparenzkontrolle im Rahmen des § 9 Abs. 1 AGBG als eigenständige Prüfung durchzuführen.[620]

---

617 BGH, NJW 1989, S. 530.

618 BGH, NJW 1989, S. 582 (583); BGH, NJW 1990, S. 2383 (2384); BGH, NJW 1991, S. 2259 (2560); OLG Karlsruhe, WM 1991, S. 112; OLG Oldenburg, WM 1990, S. 2108; OLG Köln, NJW RR 1990, S. 499; OLG Nürnberg, NJW RR 1990, S. 688.

619 Heinrichs, in FS für Trinkner, S. 157.

620 vgl. Präve, VersR 2000, S. 138 f., der sich der Ansicht anschließt, dass das Transparenzgebot mit Recht dem § 9 AGBG entnommen wird. Er stellt dabei auf die Anforderungen dieses Gesetzes ( AGBG) ab, nämlich die Verständlichkeit, Bestimmtheit und Vollständigkeit, die ihrerseits in einem Spannungsverhältnis zueinander stehen. Dieses Spannungsverhältnis lässt sich nach Ansicht von Präve nur dadurch auflösen, dass nicht bereits bei der Verletzung eines dieser Gebote die Unwirksamkeit anzunehmen ist, sondern dass die Unwirksamkeit nur im Fall einer unangemessenen Benachteiligung des Versicherungsnehmers eintritt. Das würde eine zusätzliche wertende Betrachtung erfordern, also die Abwägung der Konsequenzen für den jeweiligen AGB-Verwender.

Für § 305 Abs. 2 BGB, wird verlangt, dass die Klauseln materiell fassbar und verständlich sein müssen.[621] Hingegen wird für § 307 Abs. 1 BGB, gefordert, dass die AGB so gestaltet sind, dass der rechtsunkundige Durchschnittsbürger in der Lage ist, die ihn benachteiligende Wirkung ohne Einholung von Rechtsrat zu erkennen.[622] Es wird stärker auf die Auswirkung und Folgen der Klausel abgestellt.

Der neu kodifizierte § 307 Abs. 3 BGB hat den Streit um die Kontrollierbarkeit von Leistungsbeschreibungen beendet, ob Leistungsbeschreibungen durch § 8 AGBG von einer Transparenzkotrolle ausgenommen waren. Insofern ist der Wortlaut des § 307 Abs. 3 BGB eindeutig und die Leistungsbeschreibungen unterliegen grundsätzlich einer Transparenzkontrolle

Für den Kunden ist es wichtig, dass er die Leistungsbestimmungen versteht und umfassend informiert ist. Dementsprechend sind solche Klauseln, die das Hauptleistungsversprechen einschränken, verändern, ausgestalten oder modifizieren, ohne weiteres inhaltlich dahingehend kontrollierbar, ob für den Kunden das Hauptleistungsversprechen hinreichend transparent bleibt.[623] Diese Anforderungen haben nichts mit einer gerichtlichen Kontrolle der Leistungen und deren Preisen zu tun.[624] Bei Vertragsabschluss steht das Informationsinteresse des Kunden hinsichtlich Preis und Leistung im Vordergrund und es geht nicht um eine Angemessenheitskontrolle derselben.

Da von Leistungsbeschreibungen aber ein besonders hohes Maß an Transparenz verlangt werden muss, ist die Entscheidung des Gesetzgebers sie einer Transparenzkontrolle zu unterziehen zu begrüßen.

Folglich ist Intransparenz per se, ohne Rücksicht auf das Hinzutreten einer inhaltlich unangemessenen Benachteiligung, ein selbständiges Merkmal unangemessener Vertragsgestaltung.[625] Dieses Ergebnis wird durch die Umsetzung der EG-Richtlinien für Verbraucherverträge bestätigt. Das Transparenzgebot ist in Art. 5

---

[621] vgl. Staudinger/Schlosser, § 2 AGBG Rn. 29; Palandt/Heinrichs 61. Aufl., § 2 AGBG Rn. 14; Palandt/ Heinrichs, § 305 BGB Rn. 41; Wolf, in Wolf/Horn/Lindacher, § 2 AGBG Rn. 27.

[622] BGHZ 106, S. 49; Palandt/Heinrichs, 61. Aufl. § 9 AGBG Rn. 18.

[623] BGH, VersR 2001, S. 843

[624] Staudinger/Coester, § 9 AGBG Rn. 145.

[625] MüKo/Basedow, § 307 BGB Rn. 51; Brandner, in Ulmer/Brandner/Hensen, § 9 AGBG Rn. 89; Präve, VersR 2001, 847; im Ergebnis auch BGH VersR 2001, 843 f.

Satz 1 der Richtlinie ausdrücklich vorgeschrieben[626] und die Vorgabe wurde mit dem Schuldrechtsmodernisierungsgesetz umgesetzt. Die Norm des § 307 Abs. 1 u. 2 BGB wurde gesetzestechnisch vor den § 307 Abs. 3 gestellt, so dass sich die Problematik für den Ausschluss von leistungsbestimmenden Klauseln von einer Transparenzkontrolle nicht mehr stellt. Durch die eindeutige Einordnung des Transparenzgebotes in § 307 Abs. 1 Satz 2 BGB vor § 307 Abs. 3 BGB und die Möglichkeit des Prüfungsausschlusses bei leistungsbestimmenden Klauseln, müssen sich alle leistungsbestimmenden Klauseln einer Transparenzkontrolle unterwerfen, bevor sie sich durch die Privilegierung in § 307 Abs. 3 BGB einer weiteren Kontrolle entziehen können. Die Privilegierung ist durch das Gesetz zur Modernisierung des Schuldrechts eindeutig vorgenommen worden.

### 4. Tatbestandliche Ausformung des Transparenzgebotes

#### *a) Begriffsbestimmung und das Klauselwerk der MBB*

Im wissenschaftlichen Bereich wird Transparenz auch als Klarheit, Verstehbarkeit, Erkennbarsein einer Materie oder auch als der Sinn von Rechtsbegriffen verstanden.[627] Bei der AGB-Kontrolle wird Transparenz mit Klarheit, Verständlichkeit, Eindeutigkeit und Durchschaubarkeit, bezogen auf das Klauselwerk insgesamt sowie die Regelungsinhalte einzelner Geschäftsbedingungen bzw. in ihrem Zusammenhang umschrieben.[628]

Das Klauselwerk der MBB als Ganzes, sowohl die MBB a.F. als auch MBB n.F., weist eine klare Gliederung auf. Die einzelnen Klauseln sind thematisch zusammengefasst und die unterschiedlichen Themenabschnitte sind chronologisch nach zeitlichem Ablauf des Vertrages geordnet. So ist es auch einem Rechtsunkundigen möglich, die Gliederung und ihre Systematik zu erkennen.

In den MBB a.F. sind die maßgeblichen Klauseln über das Zustandekommen des Bausparvertrages vorangestellt. Folgend werden die das Bausparguthaben betreffenden Klauseln behandelt, die für die Ansparphase von Bedeutung sind. Danach

---

626 MüKo/Basedow, § 307 BGB Rn. 48.

627 Schäfer, S. 5 ff.

628 BGH, VersR 2001, S. 841, (843); BGHZ 106, S. 259 (269) = BGH, NJW 1989, S. 5; BGH, NJW 1988, S. 1726 (1728); Erman/Hefermehl/O.Werner, § 9 AGBG Rn. 19.

kommt der Abschnitt „Änderung des Bausparvertrages" und im Anschluss werden die Zuteilungsregeln dargestellt. Darauf folgt, wie auch im tatsächlichen Ablauf, der Abschnitt „Bauspardarlehen". Für einen Vertragspartner ist es schnell möglich, sich in den MBB a.F. zurechtzufinden und bestimmte Klauseln sind problemlos ausfindig zu machen.

In den MBB n.F. ist eine ähnliche Gliederung beibehalten worden, die insgesamt aber deutlicher wurde. So ist in einer Präambel Inhalt und Zweck des Bausparens erläutert worden. Die anfallenden Gebühren werden in den folgenden Klauseln zusammengefasst, um so einer Unübersichtlichkeit bei Gebühren und Kosten entgegenzuwirken. In §§ 1 ff. MBB n.F. werden der Vertragsabschluss, die Zuteilung und die Voraussetzungen für die Auskehrung des Darlehens erläutert. Weitere Klauseln betreffen Ablauf bzw. Kündigung des Vertragsverhältnisses und die Bedingungsänderungen.

In allen MBB a.F., n.F. sind keine Klauseln enthalten, die von der Thematik her nicht dem jeweiligen Abschnitt zugeordnet werden können. Die einzelnen Abschnitte sind an den tatsächlichen Ablauf des Bausparverhältnisses (Bausparkasse zu Bausparer) angelehnt. So wird zunächst die Voraussetzung der Zuteilung behandelt, dann die Zuteilungsnachricht und die Bereithaltung der Bausparsumme durch die Bausparkasse.

Der Kunde soll die Möglichkeit haben, sich aus den AGB zuverlässig über seine Rechte und Pflichten bei der Vertragsabwicklung zu informieren. So kann er seine Rechte durchsetzen und ihm können keine unberechtigten Pflichten abverlangt werden.[629]

Wichtig ist auch bei der Betrachtung des gesamten Klauselwerkes die Preisklarheit. Sie soll verhindern, dass Preisbestandteile in AGB versteckt werden und somit das Preis-Leistungsverhältnis verschleiert wird. Der Kunde soll sich bei Vertragsabschluss schnell und zuverlässig über den Preis und die dafür angebotene Leistung als wichtigste Wettbewerbsparameter in der Marktwirtschaft informieren können.[630]

---

629 Wolf, in Wolf/Horn/Lindacher, § 9 AGBG Rn. 143; BGH, NJW 1988, S. 1726; NJW 1992, S. 3158.

630 BGH, NJW 1990, S. 2383; Wolf, in Wolf/Horn/Lindacher, § 9 AGBG Rn. 143.

### *b) Maßstab der Transparenz*

Für die Frage, ob AGB-Klauseln den Anforderungen des Transparenzgebotes entsprechen, ist das Verständnis des rechtsunkundigen Durchschnittskunden maßgebend.[631] Unerheblich sind dabei seine persönlichen Fähigkeiten und Kenntnisse.[632] Obgleich AGB notwendigerweise generellen Regelungscharakter besitzen, ist eine gruppentypische Differenzierung je nach Art des Vertrages und des Kundenkreises nicht ausgeschlossen.[633] Auch dürfen an die Transparenz von AGB keine unerfüllbaren oder unzumutbaren Anforderungen gestellt werden.[634] Umfangreiche Regelungen führen leicht zu Unüberschaubarkeit.[635] Unbestimmte Rechtsbegriffe können aus der Gesetzessprache grundsätzlich übernommen werden, ohne sie auszudifferenzieren oder ihnen Erläuterungen hinzufügen zu müssen.[636] Je weniger ein Durchschnittskunde mit der beanstandeten Regelung rechnen muss, um so mehr Transparenz ist erforderlich.[637]

Weiterhin ist bei den Transparenzanforderungen auf Seiten beider Vertragspartner die Bedeutung des Geschäftes sowie die Komplexität des Reglungsgegenstandes zu berücksichtigen.[638] Es ist aber kaum zu bewerkstelligen, möglichst einfache, übersichtliche Bedingungen zu formulieren, die gleichzeitig alle noch so außergewöhnlichen Fallkonstellationen berücksichtigen. Es kann schließlich nicht zu Lasten des Klauselverwenders gehen, wenn er versucht die ABB kurz und prägnant zu halten, auch wenn es dabei zu Unklarheiten kommt. Übersichtliche ABB sind vollständigen aber schwer verständlichen Bedingungswerken vorzuziehen.

Ein Bausparer wird besonders sorgfältig vorgehen, da der Bausparvertrag meist zur Altersvorsorge durch den Erwerb einer Immobilie dient. Daher ist auf einen Bausparer abzustellen, der zwar keine bausparrechtlichen Spezialkenntnisse be-

---

[631] BGHZ 112, S. 115 (118) = BGH, NJW 1990, S. 2383; BGHZ 106, S. 42 (46) = NJW 1989, S. 222.

[632] Heinrichs, in FS für Trinkner, S.157 (165).

[633] BGHZ 100, S. 241 (244) = NJW 1990, S. 1601; Brandner, in Ulmer/Brandner/Hensen, § 9 AGBG Rn. 80.

[634] BGH, NJW 1990, S. 2383; BGHZ 93, S. 252 (236) = NJW 1985, S. 853.; BGH, VersR 2001, S. 846

[635] BGH, NJW 1993, S. 2052 (2054); NJW 1990, S. 3197 (3198).

[636] BGH, NJW 1994, S. 1004 (1005); BGH, NJW RR 1990, S. 866 (888).

[637] BGH, NJW 1990, S. 2388 (2389).

[638] Heinrichs, in FS für Trinkner, S. 157 (166).

sitzt, das Klauselwerk aber aufmerksam durchsieht, verständig würdigt und versucht, erkennbare Sinnzusammenhänge zu berücksichtigen.[639] Für die meisten Bausparer handelt es sich dabei nicht um ein alltägliches Geschäft, so dass bei ihnen einerseits von Unerfahrenheit und andererseits von besonderem Interesse ausgegangen werden kann.

*c) Verschiedene Einzelausprägungen des Transparenzgebotes*

*aa) Verständlichkeitsgebot*

Ein Kernstück des Transparenzgebotes ist die Verständlichkeit. Es soll sichergestellt werden, dass der Kunde den Sinn und die Tragweite einer AGB-Regelung samt ihren Folgen durchschauen kann.[640] Für die Beurteilung der Transparenz ist der oben unter b) beschriebene Maßstab anzuwenden.

Intransparent sind solche Klauseln, die sprachlich scheinbar verständlich, aber inhaltlich nicht fassbar sind.[641] Intransparenz kann also nicht nur bei Klauseln vorliegen, die an sich schwer verständlich sowie bezüglich ihrer Folgen unklar sind, sondern auch, wenn zusammenhängende Regelungen und ihre nachteiligen Auswirkungen deshalb nicht erkannt werden, weil die einzelnen Teile an versteckten Stellen unübersichtlich oder an schwer miteinander in Zusammenhang zu bringenden Stellen stehen.[642] Insbesondere fällt hierunter die Herstellung von Markttransparenz, damit sich der Kunde über das Preis-Leistungsverhältnis oder das Bestehen einer Entgeltpflicht auch im Klaren ist.[643]

Zudem kann es vereinzelt geboten sein, um dem Verständlichkeitsgebot gerecht zu werden, dass der Verwender den Vertragspartner auf bestimmte Rechtsfolgen hinweist. Zweck eines solchen Hinweisgebotes ist es, dem Kunden durch Informationen seine Rechte zur Kenntnis zu bringen und ihn so vor nichtbedachten Nachteilen und Belastungen zu bewahren.

---

[639] So der BGH in BGH, NJW 1993, S. 2396, in dem auf einen Versicherungsnehmer abgestellt wurde.

[640] Wolf, in Wolf/Horn/Lindacher, § 9 AGBG Rn. 148.

[641] Heinrichs, in FS für Trinkner, S. 157 (167).

[642] BGH, NJW 1993, S. 2052 (2054); NJW 1992, S. 1097.

[643] BGH, VersR 2001, S. 844; Heinrichs, in FS für Trinkner, S. 157 (163).

Ein solches Hinweisgebot setzt ein besonderes Informationsinteresse des Kunden voraus.[644]

Unter dem Aspekt der Verständlichkeit wurden auch die Tilgungsverrechnungsklauseln der Kreditinstitute in Rechtsprechung und Lehre heftig diskutiert. Eine nachträgliche Tilgungsverrechnung ist grundsätzlich als Verstoß gegen das Äquivalenzprinzip anzusehen.[645] Es liegt aber keine unangemessene Benachteiligung vor, wenn der Kunde auf die zinssteigernde Wirkung der nachträglichen Tilgungsverrechnung unzweideutig hingewiesen worden ist.[646] Die Mitteilung über die Effektivzinshöhe muss rechtzeitig an die Schuldner erfolgen, um sie nicht zu benachteiligen.[647]

In seinem Wertstellungsurteil vom 17.01.1989[648] hat der BGH eine Wertstellungsklausel bei Sparkassen-AGB für unwirksam erklärt, wohingegen er bei Bausparkassen-AGB eine nachträgliche Wertstellungsklausel für zulässig erklärte.[649]

Ebenso wurde in dem Annuitätendarlehen- oder Hypothekenzinsurteil[650] die nachschüssige Tilgungsverrechnung anders bewertet, als im Bausparkassenurteil.

In den Urteilen statuierte der BGH die Transparenz als eigenes Prüfungskriterium, bekräftigte seine bisherigen Entscheidungen zum AGB-Recht und verschärfte die Anforderungen an die Transparenz.[651] Auch gerade wegen dieser verschärften Anforderungen rief es Erstaunen hervor, dass der BGH 1991 im Bausparkassenurteil einen Verstoß gegen das Transparenzgebot bei § 20 Abs. 1 Satz 2 und Satz 3 MBöB a.F. und § 20 Abs. 2, 2. Alternative MBpB a.F. verneinte.

---

644 Wolf, in Wolf/Horn/Lindacher, § 9 AGBG Rn. 149.

645 OLG Bremen, NJW 1991, S. 1837.

646 BGHZ 116, S. 2 ff.; 106, S. 47.

647 BGH, NJW 1992, S. 1098.

648 BGH, NJW 1989, S. 582 ff.

649 BGH, NJW 1991, S. 2561.

650 BGH, NJW 1989, S. 222 ff.; vgl. die nahezu gleich lautende Parallelentscheidung BGH III ZR 156/ 87.

651 BGH, NJW 1989, S. 582 ff.

Zur Erörterung der Problematik bedarf es einer kurzen Darstellung der entsprechenden Urteile.

#### *aaa) Wertstellungsurteil*

##### *(1) Wertstellungsurteil des BGH vom 17.01.1989*[652]

Bei diesem Wertstellungsurteil ging es um die Wirksamkeit einer Klausel in Sparkassen-AGB, wonach die Wertstellung von Bareinzahlungen auf Girokonten immer erst einen Tag nach der Einzahlung erfolgte. Es konnten sich für den Sparkassenkunden nachteilige Folgen im Zusammenhang mit der Zinsberechnung auf dem Girokonto ergeben. Die Zinsberechnung erfolgte durch die Bildung von Zwischensalden. Sobald der Zwischensaldo negativ war, waren Schuldzinsen (Überziehungszinsen) zu zahlen.

Als Urteilsbegründung wurde angeführt, dass ein Kontoinhaber bereits zum Zeitpunkt der Bareinzahlung Forderungsrechte gegen die Sparkasse erwirbt und nicht erst zum Zeitpunkt der Gutschrift (Wertstellung) auf seinem Girokonto.[653]

Die Wertstellungsklausel der Sparkasse bestimmte, dass Bareinzahlungen gerade nicht am Einzahlungstag als Habenposten in den Zwischensaldo eingehen, sondern erst am nächsten Tag gutgeschrieben werden, sich also erst mit eintägiger Verspätung bei der Zinsberechnung niederschlagen.

Die Klausel wurde wegen Verstoßes gegen das Transparenzgebot gem. dem damals noch geltenden § 9 Abs. 1 AGBG, jetzt § 307 Abs. 1 BGB, für unwirksam erklärt.[654]

Der BGH berief sich in dem Urteil auf das Gebot, die Rechte und Pflichten des Vertragspartners in den AGB eindeutig und verständlich darzustellen, damit der Kunde sich bei Vertragsabschluss hinreichend über die rechtliche Tragweite der Vertragsbedingungen klar werden kann. Ein Verstoß gegen das Transparenzgebot könne zur Unwirksamkeit gem. § 307 Abs. 1 BGB (ehem. § 9 Abs. 1 AGBG) führen.[655]

---

[652] BGH, NJW 1989, S. 582 ff.

[653] BGHZ 74, S. 129 (131 ff.); RGZ 105, S. 398 (399).

[654] BGH, NJW 1989, S. 582 (584 ff.).

[655] vgl. BGH, NJW 1989, S. 582 (583).

Die in den Sparkassen-AGB gegebenen Erläuterungen der Wertstellung als Beginn und Ende der Zinsberechnung bringe es für den durchschnittlichen Bankkunden nicht hinreichend verständlich zum Ausdruck, dass durch die hinausgezögerte Wertstellung für Bareinzahlungen Sollzinsen für in Wahrheit nicht in Anspruch genommene Kredite verlangt werden können.

Als zweites Hauptargument führte der BGH in seiner Entscheidung von 1989 an, dass bei einer anderen Wertstellung der Gutschrift als der taggleichen, der Bankkunde sein eigenes Kapital, das er bereits eingezahlt hat, zu verzinsen hat.[656]

*(2) Wertstellung im Bausparkassenurteil*

Das BGH-Urteil vom 09.07.1991 bezüglich der AGB einer LBS-Bausparkasse zeigt hinsichtlich der gleichen „Wertstellungsproblematik" eine andere Sichtweise.

Die streitige Klausel lautete:

*„Die Verzinsung beginnt für Sparzahlungen, die bis zum 15. eines Monats eingegangen sind, mit dem nächsten, sonst mit dem übernächsten Monatsersten."*

Nach dem damals noch geltenden § 6 Abs. 2 ABB a.F. begann die Verzinsung der Spareinzahlung, die bis zum 15. (oder 20.) eines Monats eingegangen waren, mit dem nächsten, sonst mit dem übernächsten Monat.

In der Einzahlungspraxis bedeutete das, dass Habenzinsen erst nach bis zu 44 Tagen durch die Bausparkasse berechnet und „bezahlt" wurden. Vom LG Berlin[657] und OLG Karlsruhe[658] wurden diese Klauseln als unwirksam angesehen.

Begründet wurde dies mit einem Verstoß gegen das Transparenzgebot.[659] Das KG Berlin[660] sah ebenso einen Verstoß gegen das Transparenzgebot. Das Urteil wurde jedoch in der Revisionsinstanz nicht bestätigt.[661]

---

[656] BGH, NJW 1989, S. 582 (583).

[657] ZIP 1988, S. 1311 (1313).

[658] NJW 1991, S. 362 (363).

[659] vgl. dazu Hellner, in FS für Steindorff, Quo Vadis AGB-Recht, S. 573; Koller, S. 667 und H. P. Westermann, Das Transparenzgebot- Ein neuer Oberbegriff der Inhaltskontrolle, S. 817; Hansen, WM 1990, S. 1521 ff.

[660] ZIP 1990, S. 1325.

[661] BGH, ZIP 1991, S. 1054 ff.

Der BGH ist in seiner Revisionsentscheidung nicht mehr darauf eingegangen, ob die Wertstellungspraxis zu einer unerwarteten Zusatzbelastung und damit zu einer unangemessenen Benachteiligung des Bausparers führen würde. Die technisch mögliche taggenaue Wertstellung bei Privatgirokonten, die seit der BGH-Entscheidung[662] für die Kreditinstitute üblich geworden ist, ist bei Bausparkassen nach Ansicht des BGH nicht notwendig. Gründe dafür werden nicht angegeben.[663] Weiter führt der BGH an, dass die Bausparkassenregelung transparent sei und der Kunde nicht unangemessen benachteiligt wird, weil ein Bausparvertrag ohnehin nicht als gewinnbringende Kapitalanlage angesehen wird.[664]

*(3) Literaturmeinungen zur Verzinsung der erbrachten Spareinlagen*

In der Literatur wurde das Urteil heftig diskutiert.

*(3.1) Horn*

Horn[665] sieht zwar eine Benachteiligung der Bausparer durch diese Regelung, aber daraus ergibt sich für ihn nicht automatisch ein Verstoß gegen § 9 AGBG.[666] Er stellt fest, dass zwei Faktoren zu berücksichtigen seien:

- die Länge des Zeitraumes der Zinslosigkeit
- die Möglichkeit der Kunden, durch geschickte Einzahlung auf diesen Zeitraum Einfluss zu nehmen.

Bei der damals geltenden Fassung der ABB war ein Zinsverlust von 10 bis 15 Tagen, auch durch geschickte Einzahlung, unvermeidbar.

---

[662] BGH, NJW 1989, S. 582 ff.; vgl. BGHZ 106, S. 259; Köndgen, in EWiR 1989, S. 111.

[663] vgl. BGH, ZIP 1991, S.1054 (1057 ff.).

[664] BGH, WM 1991, S. 1452 (1454), bekräftigend BGH, NJW 1992, S. 180 ff.; a. A. LG Frankfurt a. M., NJW 1992, S. 577.

[665] Horn, in Wolf/Horn/Lindacher, § 23 AGBG Rn. 444.

[666] Horn, in Wolf/Horn/Lindacher, § 23 AGBG Rn. 444; a. A. OLG Bremen, ZIP 1991, S. 436 (437 ff.).

Ferner führt er als Argument für die Wirksamkeit der Klausel an, dass sich die Angemessenheit von Leistung und Gegenleistung erst aus dem Gesamtgefüge des Bausparverhältnisses ergebe. Des Weiteren seien die Klauseln aufsichtsbehördlich kontrolliert und eine Verletzung des Transparenzgebotes könne daher nicht vorliegen.[667]

*(3.2) Brüggemeier/Friele und Basedow*

Brüggemeier/Friele[668] und Basedow [669] gehen gegen die Ansicht Horns und des BGH vor. Insbesondere greifen sie an, dass der BGH die Ansicht vertritt, bei Bausparverträgen gehöre die Verzinsung nicht zu den wesentlichen Grundregeln der gesetzlichen Regelung des Darlehensrechtes.[670] Der Zinsnachteil, also die geringe Verzinsung oder die Nichtverzinsung der eingezahlten Sparbeträge, sei der Preis für die Ausreichung des Kredits. Der Bausparer muss in der Ansparphase ohnehin nicht unerhebliche Zinsnachteile in Kauf nehmen, um später das zinsgünstige Darlehen zu erhalten. Basedow[671] führt weiter gegen das Bausparkassenurteil an, dass der durchschnittliche Bausparer wohl höhere intellektuelle Fähigkeiten mitbringe als ein durchschnittlicher Bankkunde. Ferner seien die Transparenzerfordernisse der Rechtsprechung in beiden Fällen unterschiedlich. Er gibt zu bedenken, dass der BGH einen Grundgedanken des Wertstellungsurteils, nämlich die Verletzung des Äquivalenzprinzips, nicht wieder aufgegriffen habe. Wenn die Bausparkasse taggleich Abzüge und Überweisungen auf einem Konto durchführen kann, muss das auch bei Gutschriften möglich sein.[672]

*(4) Stellungnahme*

Die Argumentation des BGH und von Horn vermag nicht zu überzeugen.

Bereits die geringe Verzinsung in der Ansparphase, mit der der Bausparer den Anspruch auf das zinsgünstige Darlehen erwirbt, ist ein Nachteil. Warum er außerdem noch die verspätete Verzinsung bei der Einzahlung in Kauf nehmen muss,

---

[667] Horn, in Wolf/Horn/Lindacher, § 23 AGBG Rn. 444.

[668] ZBB 1992, S. 137 (142).

[669] MüKo/Basedow, § 307 BGB Rn. 281.

[670] Brüggemeier/Friele, ZBB 1992, S. 137 (142).

[671] MüKo/Basedow, § 307 BGB Rn. 281.

[672] MüKo/Basedow, § 307 BGB Rn. 281.

ist nicht einzusehen.[673] Durch die späte Anrechnung der Einzahlung reduziert sich außerdem der in den MBB angegebene Ansparzins.

Auch die angebliche Angemessenheit der ehemaligen Klausel aus der Besonderheit des Bausparkassengeschäftes und des Sparer-Kassen-Leistungsverhältnisses zu konstruieren, ist nicht schlüssig. Der Bausparer gibt der Bausparkasse ein für ihn schlecht verzinstes Darlehen und er muss auf die tatsächlich noch geringere Verzinsung hingewiesen werden.

In der Ansparphase erhält der Bausparer durch die späte Wertstellung weniger Zinsen, als ihm vertraglich zugesichert ist. Zwar ist für den Bausparer aus der Variante zu § 20 MBpB a.F. eine andere Wertstellungsvariante zu entnehmen, aber auf die Folgen für die Verzinsung wird er nicht hingewiesen.

Intransparent ist, dass der angegebene Zinsertrag in der Ansparphase von z.B. jährlich 2,5 % auf die eingezahlte Rate nicht erreicht werden kann, da die Verzinsung des eingezahlten Geldes bis zu 44 Tage später beginnt als bei taggenauer Verrechnung.

Durch die Verzögerung bei der Einzahlung z.B. am 16.1. und der Wertstellung am 1.3. wird die Verzinsung von 2,5 % für das Jahr auf 2,1795 % reduziert.[674]

---

[673] vgl. Brandner, in Ulmer/Brandner/Hensen, Anhang §§ 9-11 AGBG Rn. 194 a.

[674] Beispielrechnung: 1000 Euro werden am 16.1.eingezahlt. Diese werden nach Ansicht des Bausparers nach den ABB mit 2,5 % verzinst. Daraus ergibt sich der Betrag von 25 Euro Zinsen p.a. Da der Betrag aber erst am 16. 1 eingezahlt worden ist, wird sich der Jahreszins (für 360 Tage) um 16 Tage verringern,1,11 Euro. Der Zinsertrag wäre bei taggenauer Verrechnung somit 23,88 Euro. Es ergibt sich ein Zinsertrag pro Tag i.H.v. 0,0694 Cent ( 25 Euro : 360 Tage = 0,0694 Cent pro Tag).
Wird der Einzahlungsbetrag aber erst 44 Tage später gutgeschrieben, werden die Zinsen für die Tage nicht gebucht ( 44 x 0,0694 = 3,0536 Euro). Die Verzinsung reduziert sich somit im Ansparjahr um diesen Betrag (23,88 Euro ./. 3,0536 = 20,8264 Euro) auf 20,8264 Euro. Dieser Zinsertrag ist auf die 1.000 Euro für 1 Jahr anzurechnen, abzüglich der 16 Tage im Januar (Einzahlung erst am 16.1.) 20,8264 : 344 = 0,06054 Cent pro Tag x 360 für den sich daraus zu errechnenden Jahreszins = 21,795 Euro. Der Jahreszins auf 1.000 Euro bei Wertstellung zum 1.03. ist somit 2,1795%. Die in den ABB angezeigte Verzinsung wäre falsch. Das wird aber nicht in den ABB dargelegt. Bei 33 Mio. abgeschlossenen Bausparverträgen, von denen sich ca. 10 Mio. in der Ansparphase befinden, kann das Argument der Bagatellbenachteiligung nicht herangezogen werden, wenn 3 Euro zustehender Zinsen nicht gutgeschrieben werden. Sollte der Ansparbetrag am 16.11. eingezahlt werden, wird der jeweilige Betrag nicht mehr in dem Einzahlungsjahr verzinst. Der Zinsnachteil akkumuliert sich über den Zeitraum der gesamten Ansparphase, so dass die angegebene Verzinsung von z.B. 2,5% in der Ansparphase nie erreicht werden wird.

Die Klausel ist sowohl intransparent als auch eine unangemessene Benachteiligung. Der Bausparer wird im Normalfall nicht merken, dass er im Einzahlungsjahr eine schlechtere Verzinsung als die angegebenen 2,5 % hat.

Das wurde durch den BGH nicht ausreichend berücksichtigt. Das Zusammenspiel der verschiedenen Klauseln führt zu einer Verringerung des effektiven Jahreszinses[675] und somit zur Unwirksamkeit der angegebenen Verzinsungsklausel. Auch wenn die Klausel deutlich die Verrechnungsart darlegt, macht sie nicht deutlich, dass die Verzinsung sich in der Ansparphase um bis zu 15 % von der angegebenen Verzinsung verringert. Die Verringerung in der Verzinsung müsste in der Klausel deutlich dargelegt werden, um sie als transparent würdigen zu können.

Der BGH legte in seiner Urteilsbegründung auch nicht dar, warum bei der Kontogutschrift bei Privatgirokonten ein anderer Maßstab anzulegen sei als bei der Kontogutschrift bei Bausparern in der Ansparphase. Das Hauptargument des BGH in der Entscheidung von 1989 war, dass bei einer anderen Wertstellung der Gutschrift als der taggleichen, der Bankkunde sein eigenes Kapital, das er bereits eingezahlt hat, zu verzinsen hat.[676]

Dieses Hauptargument konnte im Bausparkassenurteil naturgemäß nicht gelten, da in der Ansparphase der Bausparer keine Schuldzinsen zahlt und diese nicht zur Tilgung eines Darlehens oder Rückführung einer Überziehung dienen. Nur zu Beginn des Vertrages, wenn die Abschlussgebühr in Rechnung gestellt wird, kann das Bausparkonto ins Soll geraten. Nur für diesen Zeitraum ist die Problematik zum Bankkunden, der sein Konto überzogen hat, deckungsgleich.[677]

---

[675] vgl. OLG Karlsruhe, ZIP 1990, S. 1321 (1322).

[676] BGH, NJW 1989, S. 582 (583).

[677] Dieses Argument gilt erst, wenn die Abschlussgebühr gezahlt ist. Zunächst muss die Abschlussgebühr durch den Bausparer gezahlt werden. Wenn sie nicht durch eine Einmalzahlung erbracht wird, werden alle eingehenden Zahlungen gem. § 1 Abs. 2 S. MBB n.F. zunächst auf die Abschlussgebühr verrechnet. Das bedeutet, dass das Bausparkonto des Bausparer zunächst ins „Soll" gestellt wird und er dafür Zinsen zu entrichten hat. Allerdings ist in den ABB nicht eindeutig geregelt, ob und wie hoch Überziehungen des Bausparkontos zu verzinsen sind. Vielmehr muss diese Regelung aus § 16 Abs. 1 i.V.m. § 17 Abs. 2 MBB n.F. hergeleitet werden. Die Höhe der Überziehungszinsen ist nicht in den ABB geregelt. Diese müsste in den Preisübersichten geregelt sein. Durch die Belastung des Kontokorrents mit der Abschlussgebühr und der damit einhergehenden Sollstellung, ist dieses Konto für diesen Zeitraum genauso zu sehen, wie ein normales Kontokorrent bei einer Bank, das im Soll steht. Die Ausgangslage ist also vergleichbar.

Das Urteil bedeutet ferner eine grundsätzlich andere Behandlung des Einzahlungsprinzips von Bankkunden bei Kreditinstituten. Statt einer Verzinsung durch das Kreditinstitut muss der Kunde sein eingezahltes Geld der Bausparkasse, auf Grund der verzögerten Wertstellung, zinslos zur Verfügung stellen. Das ist ein Verstoß gegen die Grundsätze des Gelddarlehensrechtes, vgl. § 488 Abs. 1 Satz 2 BGB. Der Bausparer hat einen Nachteil. Er muss zwar seine Ansparzahlungen nicht noch einmal verzinsen, wie möglicherweise ein Bankkunde, aber er stellt unter Umständen der Bausparkasse sein Geld für bis zu 44 Tage zinsfrei zur Verfügung.

Eine Belastung, wie bei einem überzogenen Girokonto, ist beim Bausparer aber nicht gegeben. Der Bausparer müsste nicht wie bei einem Girokonto Überziehungszinsen zahlen, obwohl keine Überziehung bei taggleicher Wertstellung mehr vorliegt.

Vielmehr würde seine Guthabenverzinsung in der Ansparphase später beginnen, da der durch die Bausparkasse zu verzinsende Betrag erst später gutgeschrieben wird. Dieser Zinsnachteil bewirkt eine längere Ansparphase, als dies bei taggenauer Verzinsung der Fall ist. Überzieht der Bausparer sein Girokonto, um seinen Verpflichtungen bei der Bausparkasse rechtzeitig nachzukommen, werden Zinsen fällig. Erhält er dann verspätet Guthabenzinsen auf dem Ansparkonto, hat er einen doppelten Zinsnachteil.

Die Unwirksamkeit wird auch nicht durch die Einstufung der Bauspareinlage als nicht zu verzinsende Geldanlage beseitigt,[678] da der Bausparer davon ausgeht, dass seine eingezahlten Beträge sofort verzinst werden. Die möglicherweise rechtmäßige „Nichtverzinsung“ über einen bestimmten Zeitraum ist dem „durchschnittlichen“ Bausparer nicht bewusst und kann ihm auch nicht vermittelt werden. Er kann dies auch nicht aus den MBB entnehmen. Eine Eingruppierung als Darlehen eigener Art, die keine Geldanlage ist, also nicht der Erzielung von Zinsen dienen soll, ist nicht nachzuvollziehen.[679] Insbesondere auch die Entwicklung des Kapitalanlageverhaltens nach den erheblichen Kurseinbrüchen der jüngsten Vergangenheit an der Börse und die sinkende Rendite der meisten Anlageformen haben dazu geführt, dass das Bausparen durchaus als Form der Kapitalanlage attraktiv erscheinen kann. Es wird also mehr denn je auf die Kenntnis der realen Verzinsung in der Ansparphase ankommen, um für den Kunden eine Vergleichbarkeit mit anderen Anlageformen zu gewährleisten. Auch wird beim Abschluss des Bausparvertrages regelmäßig eindeutig die Vorstellung geweckt, dass es sich um eine Kapitalanlage handelt. Trotzdem wird in keinem Anbahnungs- oder Ab-

[678] vgl. Schäfer/Cirpka/ Zehnder § 1 Anm. 3.

[679] so aber Schäfer/ Cirpka/ Zehnder § 1 Anm. 3.

schlussgespräch seitens der Bausparkasse erwähnt werden, dass in der Ansparphase teilweise keine Zinsen auf die eingezahlten Beträge gezahlt werden. Das müsste eindeutig als eine Klausel mit dem Hinweis „Zinslosigkeit eingezahlter Ansparbeträge" in die ABB eingeführt werden. Erst dann würde den Transparenzanforderungen entsprochen werden.

Damit die Klausel trotz der vorgenannten Argumente wirksam bleibt oder die Wirksamkeit wiederhergestellt wird, müsste das Bausparkollektiv von den Zinsnachteilen des einzelnen Bausparers profitieren. Das ist aber nicht der Fall.

Die Vorteile kommen den einzelnen Bausparern nicht zu Gute, da sie in der Darlehensphase die ausgeliehenen Beträge voll verzinsen müssen, obwohl der Bausparkasse die Gelder in den 44 Tagen zinsfrei zur Verfügung gestellt werden.

Alle im Kollektiv haben zwar denselben Nachteil, aber es ergibt sich kein Vorteil für die Gemeinschaft. Es ist also kein „Nullsummenspiel" zu Gunsten der Bausparer, sondern nur eine Kumulation der Nachteile der einzelnen Bausparer. Auch die Möglichkeit der Bausparkasse, den Bausparern die Darlehen früher zur Verfügung zu stellen, bringt im Normalfall nur der Bausparkasse Vorteile.

Durch die MBB a.F. werden die Bausparer genauso unangemessen benachteiligt, wie es bei den Bankkunden im Wertstellungsurteil festgestellt worden ist.

Die MBB in § 6 Abs. 1 MBB a.F. haben mittlerweile die taggenaue Verzinsung der Zahlungseingänge festgelegt. Dennoch ist das Urteil des BGH in seiner vorliegenden Form vom 09.07.1991 so ergangen und nicht durch die neuere BGH-Rechtsprechung hinsichtlich der Bausparkassenbedingungen revidiert worden.

Zieht man die Rechtsprechung und die Gesetzgebung der letzten Jahre hinsichtlich der Kreditinstitute und der Verbraucher heran, so wird deutlich, dass der Verbraucherschutz immer mehr in den Vordergrund getreten ist. Sollte eine Bausparkasse entgegen den MBB andere Bausparbedingungen für ihren Verkehr nutzen und sich dabei auf die alte Rechtsprechung berufen, so müsste eine neue Beurteilung der MBB stattfinden. Die Rechtsprechung müsste im Hinblick auf den Verbraucherschutz andere Maßstäbe ansetzen, als es der III. Senat des BGH im Jahr 1991 getan hat. Diese Prognose findet sich in dem Urteil des BGH vom 09.05.2001 zur Transparenz von Klauseln in der kapitalbildenden Lebensversicherung bestätigt.[680] Hier hat das Gericht erneut klar zum Ausdruck gebracht, dass der Gesichtspunkt der Verständlichkeit nicht nur eine verständliche Formulierung vor-

[680] BGH, VersR 2001, S. 841 ff.

aussetzt, sondern dass die Klauseln auch wirtschaftliche Nachteile und Belastungen des Kunden so weit erkennen lassen, wie dies nach den Umständen gefordert werden kann.[681] Er stellt dabei für Kapitalanlageprodukte die Anforderung auf, dass ihre Rendite in der Weise für den Kunden erkennbar sein muss, dass ein Vergleich mit konkurrierenden Angeboten ohne weiteres möglich ist.[682] Wie schon oben ausgeführt, muss man den Bausparvertrag durchaus als Form der Kapitalanlage betrachten, so dass schon aus diesem Grunde die Rechtsprechung des BGH auch auf den Bausparvertrag zu übertragen ist. Darüber hinaus steht der Bausparvertrag in Konkurrenz mit anderen Formen der Immobilienfinanzierung, wie etwa der Finanzierung über eine kapitalbildende, meist fondsgestützte Lebensversicherung, in die monatliche Zahlungen geleistet werden, während das Immobiliendarlehen tilgungsfrei gestellt ist. Um für den Kunden eine hinreichende Markttransparenz herzustellen, wird man mit der Rechtsprechung des BGH eine Klarstellung der wahren Verzinsung der Bauspareinlagen während der Ansparphase verlangen müssen.

In den § 11 MBB n.F. hat die taggenaue Berücksichtigung des Eingangs der Zahlungen bei der Verzinsung und Tilgung des Bauspardarlehens Einzug gehalten. § 11 MBB n.F. regelt ausdrücklich, dass die Zahlungen taggleich verrechnet werden müssen. Bei der Verzinsung der Sparzahlungen in der Ansparphase wurde dies nicht ausdrücklich festgehalten.[683]

Die Bausparkassenwirtschaft geht zwar immer noch von einer Wirksamkeit der alten Klauseln aus,[684] sie empfiehlt die Klauseln aber nicht mehr in den MBB. Es ist verwunderlich, dass weder in der Fachliteratur der Bausparkassen[685] noch in den Kommentierungen zu den Bausparkassenbedingungen, z.B. bei Pfeiffer,[686] auf die Wertstellung der geleisteten Sparbeiträge eingegangen wird. Ab wann die eingezahlten Beträge, die den Bausparkassen als Regelsparbeiträge zufließen, verzinst werden, ist nicht eindeutig festgelegt.

Nach § 488 Abs. 1 BGB ist der Darlehensnehmer verpflichtet, einen geschuldeten Zins zu zahlen. Ab wann diese Verzinsung jedoch beginnt, ist nicht klar formu-

---

[681] BGH, VersR 2001, S. 844.

[682] BGH, VersR 2001, S. 844.

[683] vgl. BGH, WM 1997, S.1192, - Wertstellung II -; vgl. auch BSpkFb Kap. 3. 2. Nr. 8 mit Verweisen auf Schimansky, in Bankrechts-Handbuch, § 47 Rn. 33f.

[684] BSpkFb, Kap 3.2 Nr. 8.

[685] BSpkFb, Kap.3.2 Nr.1 u. 2.

[686] Pfeiffer, Allg. Bausparbedingungen, Rn. 8.

liert. Auch in der Kommentierung ist lediglich festgehalten, dass die Verzinsung „in der Regel taggenau mit der Gutschrift auf dem Bausparkonto"[687] beginnt. Dabei ist mit Bausparkonto das Konto des einzelnen Bausparers bei der Bausparkasse gemeint und nicht ein Sammelkonto, auf dem die Bausparkassen möglicherweise die Zahlungseingänge zunächst zusammenfassen.

Wenn keine Vereinbarung zwischen dem Darlehensnehmer (der Bausparkasse) und dem Darlehensgeber (dem Bausparer) über die Verzinsung getroffen worden ist ( § 488 Abs. 1 Satz 2 und Abs. 2 BGB), so beginnt die Zinspflicht im Zweifel mit der Auszahlung,[688] das heißt, wenn der Bausparer der Bausparkasse das Geld zur Verfügung stellt.[689] In den MBB n.F. wird keine Vereinbarung über die Fälligkeit der Verzinsung der Regelsparbeiträge getroffen. Als Rechtsfolge des Darlehensrechtes hat die Verzinsung mit Eingang des Geldes bei der Bausparkasse zu erfolgen. In den MBB ist hierüber keine Vereinbarung getroffen worden, so dass auch keine Zweifelsauslegung, wie bei der Kommentierung angeführt, notwendig sein kann. In den MBB müsste eine eindeutige Regelung über die Verzinsung der eingehenden Sparbeiträge erfolgen. Die Verpflichtung zur Zinszahlung ist im Darlehensrecht auch nicht dispositiv,[690] da sonst kein Darlehen vorliegt. Die Höhe der Zinsen, Laufzeit und Fälligkeit sind hingegen abdingbar. Da aber bereits in der Ansparphase ein Darlehen vorliegt ( s.o.) ist eine Vereinbarung über die zu zahlenden Zinsen unabdingbar. Auch Pfeiffer[691] geht nur auf die Zinsberechnung in der Darlehensphase ein. Ein sinnvoller Zusammenhang des § 16 MBB n.F. soll erst mit § 11 MBB n.F. herbeigeführt werden können. Danach sollen Zinsen erst in der Darlehensphase taggenau berücksichtigt werden. Warum kein Bezug zu § 3 MBB, also taggenaue Berücksichtigung der Zahlungen in der Ansparphase, herangezogen wird, ist nicht klar.

Für eine Wertstellungsklausel in der Ansparphase könnte als Beispiel § 11 MBB n.F. herangezogen werden, der eine Zinsberechnung bei taggenauer Verrechnung aller Einzahlungen bestimmt. Da in den MBB eine derartige Klausel für die Einzahlungen nicht vorgesehen ist, ist es wahrscheinlich, dass es Bausparkassen gibt, die keine taggenaue Berücksichtigung der Einzahlungen durchführen. Da diese

---

[687] BSpkFb Kap. 3.2. Nr. 8.

[688] Palandt/Putzo, § 488 BGB Rn. 20.

[689] Schimansky, in Bankrechts-Handbuch, § 47 Rn. 34.

[690] Palandt/Putzo § 488 BGB Rn. 2.

[691] Pfeiffer, Allg. Bausparbedingungen, Rn . 46 ff.

Art der Wertstellung in den MBB nicht vorgesehen ist, die Sparzahlung aber ein Darlehen an die Bausparkasse ist, gilt das Darlehensrecht gem. § 488 ff. BGB, das eine Zinspflicht mit Auszahlung festlegt, sofern keine andere Regelung getroffen ist. Es sollte eine klarstellende Klausel in die MBB eingeführt werden, z.B. als Abs. 3 von § 3 MBB n.F.

*bbb) Annuitätendarlehen- oder Hypothekenzinsurteil*

*(1) Annuitätendarlehen- oder Hypothekenzinsurteil des BGH vom 24.11.1988*[692]

Der BGH hatte die Wirksamkeit einer Tilgungsklausel bei Annuitätendarlehen in den AGB einer Hypothekenbank zu prüfen, die auszugsweise wie folgt lautete:

*1. Das Darlehen ist jährlich mit ... % zu verzinsen und mit jährlich ... % zzgl. der durch die fortschreitende Minderung des Kapitals ersparten Zinsen zu tilgen.*

*2. Zur Verzinsung und Tilgung ist damit eine gleichbleibende Jahresleistung in Höhe von ... % des ursprünglichen Darlehensbetrages zu entrichten.*

*Die in der Jahresleistung enthaltenen Zinsen sind jeweils nach dem Stand des Kapitals am Schluss des vergangenen Tilgungsjahres berechnet.*

*3. Die vorstehenden Leistungen sind in vierteljährlichen Teilbeträgen zu erbringen.*

Aufgrund dieser Tilgungsklausel berechnete die Hypothekenbank die Zinsen während des gesamten Jahres nach dem Kapitalstand zum Ende des Vorjahres, ohne die im Laufe des Jahres erbrachten Tilgungsleistungen zu berücksichtigen. Im Ergebnis zahlte der Kunde Zinsen auf eine im Verlauf des Jahres bereits getilgte Kapitalschuld.

Das Zusammenspiel von Ziff. 1 und Ziff. 3 der Tilgungsklauseln führte zu einer Erhöhung des effektiven Jahreszinses - der Kunde musste in Wirklichkeit mehr Zinsen zahlen als aus Ziff. 1 der Klausel hervorging - und somit zu einer Verteuerung des Kredites.[693]

---

[692] BGH, NJW 1989, S. 222 ff.; vgl. die nahezu gleich lautende Parallelentscheidung BGH III ZR 156/ 87.

[693] vgl. BGH, NJW 1989, S. 222 (223); Taupitz, JuS 1989, S. 520 (521).

Der BGH prüfte, ob es sich hierbei um eine unangemessene Benachteiligung des Kunden im Sinne des § 9 Abs. 1 AGBG, jetzt § 307 Abs. 1 Satz 1 BGB, handelte und führte dazu aus:

„Allein die Tatsache, dass Zinsen nicht von der tatsächlich noch bestehenden Kapitalschuld, sondern von einem höheren, fingierten Kapitalstand berechnet würden, sei zwar ein Nachteil für den Darlehensnehmer, führe aber noch nicht zur Unwirksamkeit der Regelung.[694] Die Bank könne sich u. a. auf § 20 Abs. 2 Hypothekenbankgesetz berufen, der den Banken ausdrücklich die Möglichkeit eröffne, bei vierteljährlichen Teilzahlungen die Zinsen für das ganze Jahr dennoch nach dem Kapitalstand am Schluss des Vorjahres zu berechnen. Fingierte Zinsrechnungsfaktoren könnten grundsätzlich hingenommen werden, wenn ihre Auswirkungen für den Kunden hinreichend erkennbar gemacht würden".[695] Das sei hier jedoch nicht der Fall.

Der Maßstab von Treu und Glauben verpflichtet den Verwender von AGB, die Rechte und Pflichten seines Vertragspartners möglichst klar und durchschaubar darzustellen. Ein Verstoß gegen das Transparenzgebot könne zur Unwirksamkeit gem. § 9 Abs. 1 AGBG, jetzt § 307 Abs. 1 Satz 1 BGB, führen.[696] Wenn eine Nebenabrede ihre preiserhöhende Wirkung nicht hinreichend erkennbar werden lasse, sondern sie verschleiere, könne gerade das den Ausschlag geben, die Regelung als eine unangemessene Benachteiligung des Kunden zu bewerten.

Nur wenn der Kunde den AGB den effektiven Jahreszins und die Tilgungsmodalitäten entnehmen könne, sei ihm ein Preisvergleich mit den Angeboten anderer Banken möglich.[697] Eine entsprechend transparentere Klauselgestaltung bereitet der Bank keine unüberwindlichen Schwierigkeiten. Die verwendete Klausel benachteilige den Kunden in unangemessener Weise. Wegen Verstoßes gegen das Transparenzgebot sei sie gem. § 9 Abs. 1 AGBG, jetzt § 307 Abs. 1 Satz 2, unwirksam.[698] Das OLG Bremen ging bei der Auslegung dieses Urteils sogar soweit,[699] dass bereits eine nachträgliche Tilgungsverrechnung als Benachteiligung im Sinne von § 9 Abs. 2 Satz 1 AGBG, jetzt § 307 Abs. 2 Satz 1 BGB, zu sehen ist.

---

[694] BGH, NJW 1989, S. 222 (223).

[695] BGH, NJW 1989, S. 222 (224).

[696] BGH, NJW 1989, S. 222 (224).

[697] BGH, NJW 1989, S. 222 ff.

[698] BGH, NJW 1989, S. 222 (225).

[699] OLG Bremen, ZIP 1991, S. 436; vgl. Anm. Reifner, in EWiR 1991, S. 317.; vgl. LG Frankfurt a. M., NJW 1992, S. 577.

In der Literatur ist das Urteil des BGH zutreffend dahingehend interpretiert worden, dass allein die Angabe der effektiven Verteuerung durch die nachträgliche Tilgungsverrechnung den Informationsanforderungen genügt.[700]

*(2) Bausparkassenurteil des BGH*[701]

Die Klauseln § 20 Abs. 1 Satz 2 und 3 MBöB a.F., § 20 Abs. 1 2. Alternative MBpB a.F., wonach Zinsen vierteljährlich nach dem Stand des Darlehens zu Beginn des Kalendervierteljahres berechnet werden und Tilgungsbeträge sich vom Beginn des auf ihren Eingang folgenden Kalendervierteljahres in der Zinsberechnung auswirken, blieb durch den BGH sowohl formell als auch materiell unbeanstandet.[702]

Obwohl fast auf den Tag genau ein Jahr zuvor in dem Urteil vom 10.07.1990 die sachliche Unangemessenheit nachträglicher Tilgungsverrechnung bereits angedeutet wurde, ist die Ansicht aufgegeben worden.[703] Das gilt auch hinsichtlich der Sondertilgungen, die auch erst im nächsten Kalendervierteljahr Berücksichtigung finden. Als Begründung wird genannt, dass der Bausparer die Möglichkeit hat, die Sondertilgung erst am Ende des Kalendervierteljahres zu leisten. Es soll von der Entscheidung des Bausparers abhängen, ob und wie hoch sein Zinsnachteil ist. Der BGH erkannte an, dass sich Tilgungsbeiträge ähnlich wie beim Wertstellungsurteil erst zu Beginn des nächsten Quartals in der Zinsberechnung auswirken. Dennoch benötigt ein Bausparer nach Ansicht des BGH weniger Schutz als ein Darlehensnehmer bei Universalbanken hinsichtlich der Durchschaubarkeit der Geschäftsbedingungen. Das wurde durch den BGH nochmals klargestellt. Er wies auch darauf hin, dass der Bausparer zeitweise für Darlehen, die er bereits zurückbezahlt hat, noch Zinsen zahlen muss.[704] Trotzdem entspricht die Klausel laut BGH den notwendigen Transparenzanforderungen und sei somit nicht unwirksam.

---

[700] Metz, NJW 1991, S. 668; vgl. Brüggemeier/Friele, ZBB 1992, S. 137 (142).

[701] BGH, ZIP 1991, S. 1054 ff.

[702] BGH, ZIP 1991, S. 1054 (1057 ff);vgl. dazu bereits LM AZ 9 O 432/86 und Besprechung von Bruchner, WuB 1987, S. 1201f.

[703] vgl. dazu Brüggemeier/Friele, ZBB 1992, S. 137 (142).

[704] BGH, ZIP 1991, S. 1054 (1057 ff.) = ZBB 1992, S. 129 (132).

*(3) Literaturmeinungen zum Bausparkassenurteil*

In der Literatur finden sich zu dem Bausparkassenurteil unterschiedliche Ansichten.

*(3.1) Horn*

Horn[705] erkennt die Argumente des BGH an und führt in Anlehnung an diesen weiter aus, dass die nicht taggenaue Verrechnung einen relativ geringen Zinsnachteil für den Bausparer bedeutet. Weiter beruft er sich auf die Argumentation für die Wertstellungsklausel.[706] Es sei den Bausparkassen nur dieselbe Gestaltungsfreiheit zugestanden worden wie den Universalbanken.[707]

Horn schließt sich weiterhin der Auffassung des BGH an, dass aufgrund der geringen Summe keine unangemessene Benachteiligung der Bausparer vorläge, und stimmt auch darin zu, dass die Transparenz der Klauseln gewährleistet sei.[708]

*(3.2) Andere Literaturmeinungen*

Brüggemeier/Friele[709] greifen zunächst die falsche Systematik bei der Prüfung durch den BGH an. Zum Schutz der Bausparer wäre § 9 Abs. 2 Nr. 1 AGBG, jetzt § 307 Abs. 2 Nr. 1 BGB, die richtige Norm für eine Prüfung gewesen und das Transparenzgebot hätte zunächst nicht herangezogen werden sollen. Hinsichtlich des Arguments des BGH, dass Sondertilgungen erst am Ende des Kalendervierteljahres gezahlt werden können, stellte er klar, dass die Klauselkonvolute der Versicherungsunternehmen und Bausparkassen ohnehin nicht von den Kunden nachvollzogen werden könnten.[710]

Außerdem merkt er an, dass von der gesetzgeberischen Idee, dass der Kunde einen finanzmathematisch berechneten Effektivzins genannt bekommt, um einen echten

[705] Horn, in Wolf/Horn/Lindacher, § 23 AGBG Rn. 445.

[706] siehe Wertstellungsurteil zu § 6 Abs. 2 ABB, BGH, ZIP 1991, S. 1054 ff.; s.o. aaa).

[707] vgl. BGH, ZIP 1992, S. 129 (132).

[708] Horn, in Wolf/Horn/Lindacher, § 23 AGBG Rn. 445.

[709] Brüggemeier/Friele, ZBB 1992, S. 137 (142).

[710] Brüggemeier/Friele, ZBB 1992, S. 137 (142).

Vergleich möglich zu machen und Markttransparenz herbeizuführen,[711] nicht mehr viel übrig sei.[712] Abschließend folgert er unter Bezug auf Hensen,[713] dass, wenn auf der einen Seite auf eine Klarstellung bezüglich der ökonomischen Konsequenzen verzichtet wird und auf der anderen Seite die höhere Schutzbedürftigkeit der Bausparer bejaht wird, sich der Aspekt der sachlichen Unangemessenheit geradezu aufdrängt. Er sieht jedoch die Kumulation der Nachteile der Bausparer im Verhältnis zur Bausparkasse als so gravierend an, dass sich das synallagmatische Verhältnis von Bausparkasse und Bausparer eindeutig zum Nachteil des Bausparers verschiebt.[714]

Sowohl beim Wertstellungsurteil als auch beim Tilgungsverrechnungsurteil sind die Allgemeinen Geschäftsbedingungen immer zu Lasten der Verwender ausgelegt worden, so dass die Sparkassen und Banken die Zinsnachteile zu tragen hatten.[715] Das wurde beim Bausparkassenurteil entgegengesetzt entschieden, so dass die Bausparer alle Zinsnachteile tragen müssen.

*(4) Erörterung*

Der BGH hat in seinem Bausparkassenurteil viele Argumente, die für eine Benachteiligung der Bausparer sprechen, angeführt. Trotzdem geht er im Urteil von der Wirksamkeit der Klausel aus und zwar sowohl hinsichtlich der Beurteilung der unangemessenen Benachteiligung als auch hinsichtlich der Transparenz. Die Sichtweise des BGH ist nicht nachzuvollziehen. Die gesamte Urteilsbegründung scheint darauf abzuzielen, die Klausel für wirksam erklären zu wollen.

Zunächst kann dem Argument der geringen Zinsnachteile durch die spätere Verrechnung nicht gefolgt werden. Bei ca. 20 Mio. Bausparverträgen in der Darlehensphase kann nicht von geringen Nachteilen gesprochen werden. Sollte jeder Bausparer pro Jahr nur einen Zinsnachteil von 5,- € haben, so ergibt dies bereits eine Summe von über 100 Mio. €.

---

[711] vgl. Köndgen, Grund und Grenzen des Transparenzgebotes in AGB-Recht, NJW 1989, S. 943.

[712] Brüggemeier/Friele, ZBB 1992, S. 137 (142).

[713] Hensen, EWiR 1991, S. 841 f.

[714] Brandner, in Ulmer/Brandner/Hensen, Anhang zu §§ 9-11 AGBG Rn. 194 a.

[715] MüKo/Basedow, § 307 BGB Rn. 281; Brandner, in Ulmer/Brandner/Hensen, Anhang zu §§ 9-11 AGBG Rn. 194 b.

Kurz erwähnt sei die Problematik der massenhaften Bagatellnachteile. Sie tritt auf, wenn eine in Massen verwendete, in AGB enthaltene Regelung dem Einzelkunden isoliert betrachtet einen unerheblichen Nachteil zufügt, der sich aber im Kollektiv der Kunden des Verwenders weit über die Grenzen der Unerheblichkeit hinaus summiert. Die Unangemessenheit wird nicht dadurch beseitigt, dass der einzelne Bausparer nur in unwesentlicher Höhe benachteiligt wird.[716]

Hier greift auch das Argument nicht, dass diese Beträge zugunsten des Bausparkollektivs verrechnet werden. Dann würden dieselben Bausparer später bevorzugt werden, die vorher benachteiligt wurden. Da sich die Bausparer bereits in der Rückzahlungsphase befinden, können sie aus diesem Zinsnachteil der Bauspargemeinschaft keinen Vorteil mehr erhalten. Es ist nicht ersichtlich, warum sie neben den Zinsnachteilen in der Ansparphase (s.o.), durch die der Anspruch auf das zinsgünstige Darlehen erworben wurde, auch noch Zinsnachteile in der Darlehensphase in Kauf nehmen sollen.[717] Außerdem stehen die Gewinne der Bausparkasse nicht den Bausparern, sondern der Bausparkasse zu. Dass die Nachteile der Bausparer in der Darlehensphase den Bausparern in der Ansparphase zu gute kommen, ist ebenso nicht der Fall. Die Bausparer in der Ansparphase erhalten keine Ausschüttung und ihre Wartezeit verkürzt sich auch nicht. Sie müssen zunächst selbst ihre Bewertungszahl für die Auskehrung erreichen. Die Vorteile aus der Verrechnung fließen voll der Bausparkasse zu, ohne Vorteile für die Bausparer.

Auch Horns Argumentation scheint zunächst das Bausparkassenurteil zu stützen.[718] Er erklärt dann aber weiter, dass die „materielle Unangemessenheit der nachschüssigen Tilgungsverrechnung sich grundsätzlich eher vermeiden" ließe, wenn „Zinsberechnung und Tilgungsfälligkeit sich im gleichen Zeitrhythmus und Zinsrhythmus bewegen". Er geht also von der Benachteiligung der Bausparer aus, stellt diese aber wegen der Höhe des Zinsnachteiles als nicht gravierend dar. Da es sich aber insgesamt um dreistellige Millionenbeträge handelt, kann das Argument nicht ausschlaggebend sein (s.o.).

Das Ergebnis der Diskussion ist, dass die meisten Bausparkassen ihre Darlehenszinsen monatlich auf der Basis taggenauer Verrechnung aller Gutschriften und Belastungen (§ 20 Abs. 1 Satz 2 MBpB a.F.; § 20 Abs. 2 Satz 2 MBöB a.F., § 11 Abs. 1 Satz 2 MBB n.F.) berechnen.

---

[716] vgl. BGH, NJW 1994, S. 318f.

[717] vgl. Brandner, in Ulmer/Brandner/Hensen, Anhang zu §§ 9-11 AGBG Rn. 194 b.

[718] Horn, in Wolf/Horn/Lindacher, § 23 AGBG Rn. 445.

Eine Klausel, nach der Zinsen vierteljährlich nach dem Stand des Darlehens zu Beginn des Kalendervierteljahres berechnet werden, ist jedoch unwirksam.

Die Tilgungsbeiträge wirken sich von dem Beginn des auf ihren Eingang folgenden Kalendervierteljahres in der Zinsberechnung aus (vgl. Variante zu § 20 Abs. 2 Satz 3-5 MBpB a.F.). Das hat zur Folge, dass die Bausparer einen bereits zurückbezahlten Teil des Darlehens noch verzinsen müssen. Ob das dem Durchschnittsbausparer klar ist, mag bezweifelt werden.

Diese Verrechnungsmöglichkeit ist in den MBB n.F. nicht mehr vorgesehen.

Auch eine Formulierung in den MBpB a.F., die die höher werdende Verzinsung gegenüber dem Bausparer anzeigt bzw. ausweist (vgl. Variante zu § 20 Abs. 1 Satz 5 MBpB a.F.), versucht die Intransparenz zu beseitigen. Der Bausparer zahlt mehr Zinsen als von ihm angenommen. Aber die Formulierung, die in § 20 Abs. 1 MBpB a.F. unter Bezug auf den Effektivzins genannt wird, ist intransparent und benachteiligt den Bausparer unangemessen.[719]

Es ist nicht klar, wie die Bausparkasse einen richtigen Effektivzins errechnen will, wenn sie nicht weiß, wie hoch der Zinsnachteil des einzelnen Bausparers durch die Tilgungsverrechnung ist. Die pauschale Feststellung in den MBpB a.F., dass die Erhöhung der Verzinsung im effektiven Jahreszins enthalten sei, lässt den Schluss zu, dass die Berechnung des effektiven Jahreszinses nicht korrekt sein kann. Die Zinsnachteile variieren nach dem Zeitpunkt der Einzahlung, so dass auch der Effektivzins, der auf Grundlage dieses Zinsnachteiles errechnet werden müsste, variieren muss. Das darf er aber nicht, da er für die Dauer des Bausparvertrages fest steht. Die Klausel ist somit auch noch irreführend und folglich unwirksam.

Es ist davon auszugehen, dass es noch Bausparkassen gibt, die eine derartige Verrechnung heute nutzen. Angesichts der BGH-Rechtsprechung ist das möglich. Das BGH-Urteil ist aber aus den angeführten Argumenten nicht nachvollziehbar.

---

[719] Die Klausel lautet: „ Die im Laufe eines Kalendervierteljahres anfallenden Zinsen, werden am Ende des Kalendervierteljahres mit den eingegangenen Tilgungsbeiträgen (Abs. 2) und anderen Zahlungseingängen verrechnet. Die hierdurch bedingte Erhöhung der Verzinsung ist im effektiven Jahreszins enthalten".

In § 11 MBB n.F. werden diese verschiedenen Möglichkeiten nicht mehr empfohlen. Die Bausparkassenwirtschaft führt aber ausdrücklich an, dass die bisherige Art der Verrechnung durch den BGH gebilligt wurde.[720]

*ccc) Erörterung und Zusammenfassung des Annuitäten- oder Hypothekenzinsurteils und des Wertstellungsurteils des BGH*

Im Hypothekenzinsurteil vom 24.11.1988 und im Wertstellungsurteil vom 17.01.1989 hat der BGH andere Wertungsmaßstäbe gegenüber Banken und Bankkunden angesetzt, als im Bausparkassenurteil vom 09.07.1991. Warum verschiedene Maßstäbe angesetzt worden sind, ist für Außenstehende nicht nachvollziehbar.

Im Ergebnis sollen die Bausparer hinsichtlich ihres Einzahlungstermins bei der Bausparkasse besondere Sorgfalt walten lassen, um nicht Nachteilen bei bestimmten Zins- und Tilgungsverrechnungen ausgesetzt zu sein. Trotzdem ist es ihnen nicht möglich, Zinsnachteile für einen Zeitraum von 10 bis 15 Tagen zu vermeiden. Die entsprechenden Klauseln in den ABB sind nicht für unwirksam erklärt worden.

Für Bankkunden gilt es als unzumutbar, wenn Einzahlungen erst am nächsten Tag verrechnet werden. Gerade in diesem Falle könnte man von geringen Nachteilen für Bankkunden sprechen, die eine Wirksamkeit der Klauseln zur Folge hätte. Vielmehr wird bei der gleichen Sachlage bei Bausparern von geringen und bei Bankkunden von schwerwiegenden Nachteilen ausgegangen. Für die Rechtfertigung dieser unterschiedlichen Betrachtungsweisen werden unterschiedliche Erwartungshorizonte von Bausparern und Bankkunden unterstellt, die aber tatsächlich nicht vorhanden sind.

Das Anlegen verschiedener Wertungsmaßstäbe für die Kreditinstitute überrascht. Die Bausparkassen haben das Urteil erfreut zur Kenntnis genommen und haben dennoch entsprechende Änderungen in ihre MBB eingearbeitet.

In den MBB der öffentlich-rechtlichen Bausparkassen ist diese Art der Tilgungsverrechnung nicht mehr vorgesehen. Die privaten Bausparkassen haben in ihren MBB diese Möglichkeit der Verrechnung als Alternative noch offengelassen. Um dem Transparenzgebot in jedem Falle gerecht zu werden, wird in den Formulierungen der genaue Zinssatz genannt, der durch die nachträgliche Verzinsung und Tilgungsverrechnung anzusetzen ist.

---

[720] vgl. BSpkFb Kap. 3 3.2 Nr. 8.

Ob dieser Zinssatz jedoch korrekt errechnet werden kann, muss wegen der vielen Variabeln (Tag der Einzahlung oder Beginn der Verzinsung) bezweifelt werden.

Die Bausparkassenbedingungen sind durch Angabe des nachteiligen Zinssatzes angeblich eindeutig und transparent formuliert. Den meisten Bausparern wird es somit nicht auffallen, wenn sie höhere Zinsen zahlen, als sie aus den ABB entnehmen. Meist wird ihnen eine bestimmte Rate genannt, die sie in der Rückzahlungsphase zu erbringen haben. Der Bausparer wird diese meist unüberprüft und im Vertrauen auf die richtige Berechnung durch die Bausparkasse zurückzahlen. In den seltensten Fällen wird er eine Überprüfung oder Nachberechnung der monatlichen Raten anhand der ABB vornehmen.

Die unterschiedlichen Urteile sind nicht nachzuvollziehen. Die Tilgungsverrechnungsklauseln bei den ABB der Bausparkassen in ihrer damals geltenden Fassung sind intransparent, benachteiligen die Bausparer unangemessen und sind daher unwirksam.

*ddd) Tilgungsverrechnungsklausel bei Nebenkosten und Gebühren*

Die Tilgungsverrechnungsklausel spielt auch bei der Frage der Zulässigkeit einer Klausel eine Rolle, durch die Kosten, Gebühren und ggfls. Versicherungsbeiträge der Darlehensschuld zugeschlagen werden und wie diese verzinst und getilgt werden; vgl. § 20 Abs. 3 MBB a.F., § 11 Abs. 1 Satz 2 MBB n.F. i.V.m. § 11 Abs. 3 MBpB n.F., § 11 Abs. 4 MBöB n.F..

- Denkbar wäre ein Verstoß gegen § 309 Nr. 4 BGB oder § 307 Abs. 2 Satz 1 n.F. i. V. m. § 488 Abs. 2 BGB.

Es ist gewohnheitsrechtlich anerkannt, dass bei Kontokorrentverhältnissen gem. § 355 HGB[721] ohne Mahnung Zinsen aus dem periodisch ermittelten Saldo verlangt werden können. Daher wird eine mögliche Unwirksamkeit gem. § 309 Nr. 4 BGB wegen eines Zinsanspruches, ohne dass es auf die Verzugsvoraussetzungen ankommt, geheilt.

---

[721] Beim Bausparkonto handelt es sich um ein Kontokorrent, vgl. 6. Kap. D IV.12.

Es entspricht der banküblichen Praxis, dass eine staffelmäßige Zinsberechnung vorgenommen wird.[722]

- Eine unangemessene Benachteiligung gem. § 307 Abs. 2 Satz 1 n.F. i.V.m. § 488 Abs. 2 BGB würde nach Ansicht des LG Berlin vorliegen, wenn eine einmalige Gebühr verzinst werden müsste.[723] Um Zinsen für ein Darlehen erheben zu können, ist eine vertragliche Vereinbarung im Sinne des § 488 Abs. 2 BGB notwendig. Entscheidend ist es daher, ob es sich durch die Zuschlagung der Kosten, Gebühren und Versicherungsbeiträge zur Darlehensschuld um ein weiteres Darlehen der Bausparkasse an den Bausparer handelt.

Der Darlehensbegriff beinhaltet das Überlassen von Kapital, für das Zinsen erhoben werden. In bezug auf Gebühren und Kosten ist das zweifelhaft. Aufgrund der angefallenen und fälligen Kosten und Gebühren wird diese Geldschuld durch die MBB in ein Darlehen umgewandelt.[724]

Damit die Gebühren als Darlehen behandelt werden können, müsste darüber eine Vereinbarung gem. § 311 Abs. 1 BGB getroffen werden. Diese Vereinbarung ist durch § 11 Abs. 3 MBöB n.F. und § 11 Abs. 4 MBpB n.F. gegeben. Es wird ein weiterer Darlehensvertrag über die „Kostenschulden" geschlossen. Dabei gewährt die Bausparkasse dem Bausparer eine Stundung, wenn sie die Nebenforderung zunächst nur auf sein Kontokorrent einstellt.[725] Begleicht der Bausparer den Anspruch der Bausparkasse auf Gebühren sofort, fallen keine Zinsen an. Dies setzt allerdings voraus, dass der Bausparer umgehend erfährt, dass Kosten angefallen sind. Ansonsten werden die Gebühren dem Darlehen zugeschlagen und die Laufzeit des Darlehens zuzüglich der anfallenden Zinsen verlängert sich. Die Verzögerung der Rückzahlung des Darlehens durch die vorrangige Verrechnung von Zahlungen mit den Nebenforderungen ist keine unangemessene Benachteiligung der Bausparer.[726]

---

[722] BGH NJW 1998, S. 991 ( 992), der die Klausel auch an § 307 Abs. 2 Nr.1 misst; vgl. Pfeiffer, Allg. Bausparbedingungen, Rn. 48 ff.; MüKo/Basedow § 309 Nr. 4 BGB Rn. 5.

[723] LG Berlin, ZIP 1988, S. 1332.

[724] vgl. Palandt/Putzo, § 488 BGB Rn. 27.

[725] BGH, ZIP 1991, S. 1057.

[726] Vgl. BGH, ZIP 1991, S. 1057; Pfeiffer, Allg. Bausparbedingungen, Rn. 48 u. 50; BSpkFb Kap. 3. 3.4, 31

Der BGH[727] nahm im Bausparkassenurteil hinsichtlich der dem Darlehen zugeschlagenen Gebühren keine unangemessene Benachteiligung an, obwohl sich damals die Problematik für den Bausparer noch wesentlich nachteiliger darstellte. Die Gebühren wurden wie sonstige Zinsen monatlich verrechnet. Zudem hielt der BGH die strittige Klausel für transparent und klar formuliert. Für den Kunden seien somit die Konsequenzen hinreichend deutlich erkennbar.

Brüggemeier/Friele[728] merken zu Recht an, dass es der Bausparkasse bei geringeren Beträgen zugestanden werden kann, keine einzelnen Rechnungen aufzustellen. Wären diese notwendig, hätte der Bausparer den Vorteil, dass Zinsen erst ab Verzug anfallen.

Bei Beträgen von mehreren Hundert Euro müssen jedoch Zweifel angemeldet werden. So fallen beispielsweise Kosten für die Beleihungswertermittlung von im Durchschnitt nur 0,2 – 0,5 % vom Darlehensbetrag oder 1 – 1,5 % vom Beleihungswert an. Der Beleihungswert ist im Normalfall bis zu 20 % unter dem Verkehrswert eines Objektes anzusetzen.[729] Richtigerweise müsste dem Bausparer also die Gelegenheit gegeben werden, einmalige Gebühren und Kosten sofort zu begleichen, bevor sie dem Darlehen zugeschlagen werden.

Um Zinsen auf Nebenforderungen durch sofortige Zahlung vermeiden zu können, muss der Bausparer Kenntnis von dem fälligen Anspruch haben. Dabei ist besonders zu berücksichtigen, dass Bausparkassen lediglich einmal im Jahr,[730] meist nach Ablauf des Kalenderjahres, einen Kontoauszug erstellen und dem Bausparer zusenden.[731]

---

[727] BGH, ZIP 1991, S. 1054 (1057 f.).

[728] ZBB 1992, S. 137 (140).

[729] Der Beleihungswert ist der Wert, der dem Beleihungsgegenstand von der Bausparkasse unter Berücksichtigung aller für die Bewertung maßgebenden Umstände beigemessen wird (Ertragswert; Bauwert; Bodenwert; Verkehrswert), vgl. BSpkFb Kap. 2, § 7 Nr. 21.

[730] Dieser einmalige Rechnungsabschluss benachteiligt den Bausparer nicht unangemessen, da nur wenige Buchungen, meist nur die Ansparzahlungen des Bausparers und die Zinsgutschrift, auf dem Konto vorgenommen werden. Die Buchungen sind dem Bausparer zum Großteil ohnehin bekannt, vgl. Pfeiffer, Allg. Bausparbedingungen, Rn. 49.

[731] Das Saldoanerkenntnis erfolgt nach einer Frist von 2 Monaten durch den Bausparer, sofern er nicht widerspricht. Sowohl die Frist von 2 Monaten gem. § 16 MBB , als auch die Erklärungswirkung bei Unterlassen des Widerspruchs, verstoßen nicht gegen § 308 Nr. 5 noch § 307 Abs.2 S. 1; vgl. Pfeiffer, Allg. Bausparbedingungen, Rn. 48 ff.

Wenn z.B. zu Beginn eines Jahres die Beleihungswertermittlung durchgeführt und diese in Rechnung gestellt wird, erfährt der Bausparer möglicherweise erst Ende des Jahres davon. In der Zwischenzeit hat eine entsprechende Verzinsung stattgefunden. Zwar entstehen mit taggenauer Verrechnung nicht so hohe Zinsen wie mit der nachträglichen Tilgungsverrechnung, aber dennoch ist im Interesse der Bausparer zu fordern, dass sie sofort über anfallende Kosten und den Zeitpunkt, ab dem verzinst wird, informiert werden. Eine solche Informations- und Hinweispflicht ist Ausfluss des Transparenzgebotes. Der Bausparer muss die Möglichkeit haben, Zinsen für Kosten und Gebühren zu vermeiden, die ursprünglich nicht von der Darlehenssumme erfasst waren. Eine Informations- und Hinweispflichtpflicht ist bisher in den MBB a.F., n.F. nicht vorgesehen. Um unnötig hohe Kosten für Erstellung und Versandt der Unterrichtungsschreiben zu vermeiden, sollte eine Bagatellgrenze von z.B. 50 € in die MBB eingeführt werden.

*bb) Bestimmtheitsgebot als weitere Ausprägung des Transparenzgebotes*

Das Bestimmtheitsgebot soll gewährleisten, dass die tatbestandlichen Voraussetzungen und die Rechtsfolgen einer AGB-Klausel so genau beschrieben werden, dass für den Verwender keine ungerechtfertigten Beurteilungsspielräume entstehen und der Kunde abschätzen kann, wie der Verwender von seinen Befugnissen Gebrauch machen wird.[732]

Bestimmte Beurteilungsspielräume lassen sich jedoch nicht vermeiden, da AGB für eine Vielzahl von Verträgen und damit für sehr unterschiedliche Fallgestaltungen abgefasst sind. Ob ein gerechtfertigter Beurteilungsspielraum vorliegt, unterliegt einer Gültigkeitskontrolle im Rahmen der Einhaltung des Bestimmtheitsgebotes. Wenn der Verwender hingegen seinen Beurteilungsspielraum nutzt, so unterliegt die Ausübung einer Kontrolle nach § 315 Abs. 3 BGB.[733]

Die AGB sollen so genau, bestimmt und konkret sein, dass sich der Vertragspartner ohne fremde Hilfe über seine Rechte informieren kann. Zur Wahrung des Bestimmtheitsgebotes kann sich unter Umständen eine Verpflichtung zur Differenzierung ergeben, wenn für verschiedene, aber typische Fallgestaltungen unter-

[732] BGH NJW 2000, S. 658; BGHZ 112, S. 115 (118); Wolf, in Wolf/Horn/Lindacher, § 9 AGBG Rn. 150; Heinrichs, in FS für Trinkner, S. 157 (163).

[733] Heinrichs, in FS für Trinkner, S. 157 (163).

schiedliche Beurteilungen hinsichtlich der Angemessenheit zu treffen sind.[734] Da auch Leistungsbeschreibungen AGB sind und sie ebenfalls einer Kontrolle nach dem Transparenzgebot unterliegen, gilt auch für sie das Differenzierungsgebot.

*aaa) Bestimmbarkeit der Leistungen nach der Tarifwahl*

Das Kernstück des Bausparvertrages wird durch die Tarifwahl festgelegt. Dadurch wird den unterschiedlichen Bedürfnissen und Leistungsmöglichkeiten der Bausparer Rechnung getragen. Es gibt Bau- und Kaufwillige mit mittelfristigem Baugeldbedarf, Schnellsparer, die eine möglichst schnelle Zuteilung ihres Bausparvertrages anstreben oder auch Sparer ohne Verwendungsabsicht für ein Bauspardarlehen, die im Bausparvertrag eine sichere Kapitalanlage sehen.[735]

Um die verschiedenen Ziele jeweils angemessen zu verwirklichen, ist eine Differenzierung der Ansprüche, realisiert durch verschiedene Tarife, notwendig. Die verschiedenen Tarife haben Auswirkungen sowohl auf die Höhe der Sparbeträge, die Dauer der Ansparphase, die Zuteilungsvoraussetzung als auch auf die Zinshöhe.

Die Tarifwahlmöglichkeit entspricht dem aus dem Massenprinzip abzuleitenden Gebot der Gleichbehandlung. Ungleiche Ziele, Bedürfnisse und verschiedene Leistungsfähigkeit werden unterschiedlich behandelt, es wird also differenziert.[736] Daher dienen die unterschiedlichen Tarife dem Interesse der Bausparer und des Bausparkollektivs. Kein Bausparer soll finanziellen Nutzen auf Kosten der Zuteilungsmasse ziehen. Aus den Tarifen ergeben sich für die Bausparer und die Bausparkasse bestimmbare Leistungspflichten.

Das Differenzierungsgebot setzt voraus, dass es sich um eine typische und abgrenzbare Fallgestaltung handelt. Für atypische Einzelfälle gilt das Differenzierungsgebot nicht.[737]

---

[734] OLG Hamm, NJW RR 1992, S. 444 (445); Heinrichs, in FS für Trinkner, S. 157 (168).

[735] vgl. die verschiedenen Tarife und Tarifgruppen der privaten und öffentlichen Bausparkassen.

[736] vgl. hierzu Differenzierungspflicht BVerfG 1981, S. 221 (225); und im Versicherungsrecht van de Loo, S. 98.

[737] BGH, NJW 1985, S. 320 (321); Wolf, in Wolf/Horn/Lindacher, § 9 AGBG Rn. 152.

*bbb) Bestimmbarkeit der Leistungspflichten bei der Risikolebensversicherung (§ 15 Abs. 3 ABB früher geltende Fassung)*

Vergleichend soll hier ein Blick auf den früher geltenden § 15 Abs. 3 ABB geworfen werden:

*„Die Bausparkasse kann als weitere Sicherheit den Abschluss einer Risikolebensversicherung verlangen."*

Die Klausel war bereits in den MBB a.F., die ab 1992 galten, nicht mehr so vorgesehen.[738]

Im Gegensatz zum LG Berlin hielt das KG Berlin in der 2. Instanz die Klausel für unwirksam.[739] Es sah in der Klausel eine Möglichkeit zur nachträglichen einseitigen Vertragsgestaltung, die unter Umständen zu einer erheblichen Mehrbelastung für den Bausparer führe, ohne dass die Voraussetzungen hinreichend bestimmt und somit für ihn voraussehbar und kontrollierbar wären. Aufgrund der Klausel könne die Bausparkasse die Gewährung des Darlehens von der Stellung einer weiteren Sicherheit in Form der Risikolebensversicherung abhängig machen, deren Prämien den Bausparer noch zusätzlich belasten würden.

Ein berechtigtes Interesse an einer solchen Klausel ist von Seiten der Bausparkasse nicht zu erkennen.[740] Für den Fall, dass der Hauptverdiener eines Haushaltes ausfällt, ist die Bausparkasse weiter durch die Immobilie abgesichert.

Die Regelung ist in § 8 MBB n.F. nur noch als Option vorgesehen.

*ccc) Bestimmbarkeit des Nachbesicherungsbegehrens der Bausparkasse gem. § 15 Abs. 8 MBpB a.F.*

Unter dem Aspekt der mangelnden Bestimmtheit ist § 15 Abs. 8 MBpB a.F. zu prüfen. Die Klausel in § 15 Abs. 8 MBpB a.F. lautet:

*„Die Bausparkasse hat gegenüber dem Bausparer jederzeit Anspruch auf die Verstärkung der ihr eingeräumten Sicherheiten, wenn sich diese nachträglich als unzureichend erweisen."*

---

[738] Hegmanns, EWiR 1990, S. 317 f. zur Unwirksamkeit dieser Verpflichtung des Bausparers.

[739] KG Berlin, NJW RR 1990, S. 544, 546 ff.

[740] KG Berlin, NJW 1990, S. 544 ff.; Brüggemeier/Friele, ZBB 1992, S. 137 (143).

Zunächst könnte die Klausel schon wegen eines Verstoßes gegen § 492 Abs. 1 Nr. 7 BGB angreifbar sein. Für Verbraucherdarlehen verlangt § 492 Abs. 1 Nr. 7 BGB eine Angabe der zu bestellenden Sicherheiten im Kreditvertrag. Für den Fall des Verstoßes hat der Kreditgeber keinen Anspruch auf Sicherheiten, wenn der Nettodarlehensbetrag unter 50.000 Euro liegt, vgl. § 494 Abs. 2 Satz 6 BGB. Abweichende Vereinbarungen zum Nachteil des Bausparers sind gem. § 506 BGB unwirksam. Die Anwendbarkeit der §§ 491 ff. BGB (Verbraucherdarlehen) auf Bausparkassendarlehen ergibt sich aus § 491 Abs. 1 BGB. Der Nachbesicherungsanspruch wäre somit bei Darlehen unter 50.000 € unwirksam.[741]

Bei Darlehen über 50.000 € könnte noch eine Sicherheit nachträglich verlangt werden, wenn die Klausel dem Bestimmtheitsgebot genügt.

Maßgeblich ist der Empfängerhorizont des Bausparers. Es ist für ihn schwer erkennbar, unter welchen Voraussetzungen ein Anspruch der Bausparkasse auf Verstärkung der ihr eingeräumten Sicherheiten bestehen kann.

Bereits fraglich ist, wie das Merkmal „nachträglich als unzureichend erweisen" zu verstehen ist. Maßgeblicher Zeitpunkt der Erstbewertung ist der Vertragsabschluss.

Einerseits kann sich die Bewertung nachträglich als falsch erweisen und auf Grund dieser Fehleinschätzung die Sicherheit unzureichend sein. Es kann aber auch der Fall gemeint sein, dass zum maßgeblichen Zeitpunkt richtig bewertet wurde, aber später die Sicherheit an Wert verloren hat.

Der Fall der Fehlbewertung fällt in den Risikobereich der Bausparkasse, da sie über das notwendige Fachwissen für eine Wertermittlung verfügt und sich mangelhafte Arbeit ihrer Mitarbeiter zurechnen lassen muss.

Der Bausparer hat ein berechtigtes Interesse, darauf vertrauen zu können, dass die von ihm bei Vertragsabschluss gestellten Sicherheiten, die zunächst auch von der Bausparkasse als ausreichend angenommen wurden, dem Sicherungsbedürfnis der Bausparkasse entsprechen, auch wenn sich der Immobilienmarkt ungünstig entwickelt. Die Sicherheiten können nach § 7 MBB n.F. in der Regel nur Grundpfandrechte an inländischen Immobilien sein.

---

[741] vgl. Münstermann/Hannes § 4 Rn. 232.

Auf Grund welcher Faktoren sich der Wert einer Immobiliensicherheit vermindern kann, kann nicht eindeutig festgelegt werden. Es kann in jedem Fall nur durch eine Neubewertung der Immobilie unter anderen Rahmenbedingungen, als zum Zeitpunkt der Darlehensausreichung, eine Wertminderung festgestellt werden. Die Entwicklung der Rahmenbedingungen ist nicht vorhersehbar. Zukunftsbezogene Fehleinschätzungen der Bausparkasse im Hinblick auf die Rahmenbedingungen dürfen sich nicht zu Lasten des Bausparers auswirken.

Die Kreditinstitute müssen also zum Zeitpunkt des Abschlusses des Darlehensvertrages das bestehende (Rest-)Risiko abschließend kalkulieren und dem Bausparer auf dieser Grundlage die Anforderungen an die durch ihn zu bestellenden Sicherheiten benennen.[742]

Es ist für den Bausparer schwer abzuschätzen und zu kontrollieren, wann sich Sicherheiten als „unzureichend" erweisen.

Die Bausparkassenwirtschaft geht unter Berufung auf die Urteile des BGH von 1981 und 1984 von der Wirksamkeit einer solchen Nachbesicherungsklausel aus. Danach soll eine Vereinbarung im Kreditvertrag über eine bestimmte Sicherheit keine Individualvereinbarung sein, die eine Nachbesicherung ausschließt.[743] Es wird sogar soweit gegangen, dass wenn die Sicherheitenlage bei Vertragsschluss bekannt war und die Bausparkasse nach Vertragsschluss eine Sicherheitenverstärkung verlangt, dieser Anspruch wirksam ist.[744]

Dieses Nachbesicherungsbegehren würde der Bank jedoch nur einen Anspruch auf bankmäßige Sicherheiten gewähren.[745] Als bankmäßige Sicherheiten gelten solche, die leicht und schnell verwertet werden können.[746]

Indem sich die Bausparkassenwirtschaft in diesem Zusammenhang noch auf die Urteile des BGH beruft, ignoriert sie die Entwicklung der Gesetzgebung in Hinblick auf Verbraucherschutz und Rechtsprechung zum Transparenzgebot, insbesondere des Bestimmtheitsgebot der letzten zwei Jahrzehnte.

---

742 vgl. Nickolaus, S. 168 f., der allerdings nur die MBB a.F. zugrunde legt und keine Bewertung der MBB n.F. vornimmt.

743 BGH WM 1981, S. 150, 151.

744 BGH, WM 1984, S. 1179.

745 BGH, WM 1981, S. 150.

746 BGH, NJW 1990, S. 1356 (1358).

Es muss auch durch die Bausparkassen berücksichtigt werden, dass die Urteile vor Inkrafttreten des Verbraucherkreditgesetzes gefällt worden sind. Die dem letztgenannten Urteil zugrunde liegenden Tatsachen wären heute als sittenwidrig gem. § 138 BGB einzustufen. Es könnte der Eindruck entstehen, dass die Bausparkasse den Vertrag nur abgeschlossen hat um einen neuen Bausparer zu gewinnen und nach Unterzeichnung die von ihr als besser eingestuften Sicherheiten erlangen will. Eventuell hat der Bausparer gerade den Vertrag mit der Bausparkasse abgeschlossen, die eine bestimmte Sicherheit bei den Vertragsverhandlungen nicht mit einbezogen hat.

Entscheidend ist die Frage, in wessen Risikobereich es fällt, wenn sich die Werthaltigkeit einer Immobiliensicherheit im Nachhinein verschlechtert.

Aus der Klausel geht nicht hervor, auf welcher Grundlage festgestellt wird, dass eine Sicherheit als „nachträglich unzureichend“ eingeschätzt wird. Der Immobilienmarkt ist in den Jahren 2000 – 2003 eingebrochen. Konsequenterweise müsste jetzt für alle durch die Bausparkasse finanzierten Immobilien eine neue Bewertung vorgenommen werden. Das würde für viele Engagements bedeuten, das eine Nachbesicherung verlangt werden könnte, da sich die Sicherheit nachträglich verschlechtert hat. Außerdem nennt die Klausel nicht, wer die Bewertung der Immobilien vornimmt: ein Mitarbeiter der Bausparkasse, ein externer Sachverständiger oder ein Immobilienmakler.

Ferner wird nicht deutlich, wann von „nachträglich unzureichenden Sicherheiten“ gem. § 15 Abs. 8 MBpB a.F. durch die Bausparkasse ausgegangen wird (Verringerung des Sicherheitenwertes in Prozent oder Euro), die ein Nachbesicherungsbegehren rechtfertigen würden. Nach der vorliegenden Klausel wäre bereits bei einem Wertverfall einer Immobilie von 0,1 % oder 100 Euro eine Nachbesicherungsverlangen möglich. Das ist in der Praxis nicht durchsetzbar, wäre aber von der Klausel gedeckt.[747]

Es ist an Hand der Klausel nicht bestimmbar, ob dieselben Sicherheiten durch die Bausparkasse neu eingeschätzt werden oder ob eine Verschlechterung auch anderer Sicherheiten (z.B. Bürge ist nach Südamerika ausgewandert) zu einer Nachbesicherungsverpflichtung führen. [748]

---

[747] vgl. Nickolaus, S. 169, der davon ausgeht, dass zumindest das bei Vertragsabschluß geltende Äquivalent aus dem Gleichgewicht gekommen sein muss und dass dann ein Nachbesicherungsanspruch besteht.

[748] vgl. Pfeiffer, Allg. Bausparbedingungen, Rn. 61, 71; Nickolaus, S. 168 ff.

Für den Bausparer ist nicht erkennbar unter welchen Vorraussetzungen ein berechtigtes Nachbesicherungsinteresse besteht, wie die Notwendigkeit einer Nachbesicherung festgestellt wird und wie die Nachbesicherung zu erfolgen hat.

Die Klausel ist zu unbestimmt, benachteiligt den Bausparer daher unangemessen gem. § 307 Abs. 1 Satz 1 BGB und ist somit unwirksam. Die Unwirksamkeit beruht auch auf dem Verstoß gegen die Vorschriften des Verbraucherdarlehens gem. §§ 491 ff. BGB (Darlehen unter 50.000 Euro).

Somit genügt § 15 Abs. 8 MBpB a.F. nicht den Anforderungen des Bestimmtheitsgebotes und es liegt ein Verstoß gegen § 307 Abs. 1 Satz 1 BGB vor. Das allgemein gültige Nachbesicherungsinteresse gem. § 15 Abs. 8 MBpB ist in den MBB n.F. nicht mehr vorgesehen.

*ddd) Bestimmbarkeit des Nachbesicherungsbegehrens der Bausparkasse gem. § 21 b) MBB a.F. und § 12 b) MBB n.F.*

§ 21 b) MBB a.F. und § 12 b) MBB n.F. lauten sinngemäß, dass die Bausparkasse das Darlehen zur sofortigen Rückzahlung kündigen kann, wenn *„keine ausreichende Sicherung des Bauspardarlehens mehr besteht und trotz Aufforderung weitere Sicherheiten nicht innerhalb angemessener Frist“* gestellt werden.

Die MBpB n.F. ergänzen die Klausel durch die Formulierung in § 12 b) MBpB n.F.: „...der Wert der Sicherheiten sich so vermindert hat, dass ...“.

Während § 15 Abs. 8 MBB a.F. einen eigenen Anspruch der Bausparkasse auf Nachbesicherung bestimmt, ist die Nachbesicherungsverpflichtung gem. § 21 b) MBB a.F. und § 12 b) MBB n.F. eine Obliegenheit, die bei Verletzung zur einem Kündigungsrecht der Bausparkasse führt.

Das Nachbesicherungsbegehren in den § 21 b) MBB a.F. und § 12 b) MBB n.F. ist nach den Normen über das Verbraucherdarlehen, §§ 491 ff. BGB, für Darlehen unter 50.000,00 Euro unwirksam.[749]

Geheilt werden kann ein Verstoß nicht. Vielmehr muss bereits im Kreditvertrag eine mögliche Nachbesicherung mit aufgenommen werden. Dabei muss die später

---

[749] siehe oben ccc)

zu bestellende Sicherheit ausdrücklich genannt werden.[750] Nur so können die Anforderungen des § 492 Abs. 1 Nr. 7 BGB erfüllt werden. Andere Vereinbarungen wären gem. § 506 Abs. 1 BGB bei Darlehen unter 50.000 Euro unwirksam.

Jedoch gilt auch für diese Klauseln das unter ccc) zur allgemeinen Nachbesicherungsklausel Gesagte. Dem Bestimmtheitserfordernis wird nicht ausreichend Rechnung getragen.

Pfeiffer[751] geht davon aus, dass die Klausel der MBpB n.F. wirksam ist. Dabei beschränkt er aber den Anwendungsbereich auf den Fall einer unvorhergesehenen nachträglichen Untersicherung. Weiter sei die Klausel der MBöB wohl unwirksam, da sie kcine Beschränkung auf diese nachträgliche Untersicherung vorsieht.

Diese Klauselauslegung ist in dem Umfang nicht nachvollziehbar.

Zunächst wird nicht deutlich, worin Pfeiffer den tatsächlichen Unterschied in den Klauseln sieht. Er geht bei dem MBöB von dem Fall einer nachträglichen Untersicherung aus, ohne dass es darauf ankommen soll, ob diese durch eine Wertminderung der Sicherheit eingetreten ist.

Wie soll denn sonst eine nachträgliche Untersicherung „entstehen“, als durch eine Verminderung der Sicherheitenwerte?[752] Das gilt auch für die Vermögensverhältnisse eines Bürgen. Auch durch die Verarmung eines Bürgen würde eine nachträgliche Untersicherung entstehen, die durch eine Verminderung der Sicherheitenwerte zu begründen ist.

Weiter ist bei Pfeiffer die Herleitung bei der Klausel der MBpB für die in der Klausel liegende Beschränkung auf die „unvorhergesehene Untersicherung“ nur teilweise nachzuvollziehen. Wie soll eine derartige unvorhergesehene Untersicherung aussehen und wer soll diese wann feststellten? Hier fehlt es weitgehend an der Bestimmtheit der Klausel.

Es müsste durch Sachverständigengutachten festgestellt werden, dass die Immobilie einem Wertverfall unterworfen war. Diese Anforderung könnte in der Klausel

---

[750] vgl. dazu Bülow, § 4 VerbrKrG Rn 110; jedoch ist diese Regelung in der Praxis kaum umsetzbar. Ein Kunde wird sehr erstaunt sein, wenn ihm mitgeteilt wird, dass er für den Fall der Wertminderung seiner Immobilie weiter folgende Sicherheiten zu stellen hat. Das würde viele Bausparer vom Abschluss eines Bausparvertrages abhalten.

[751] Pfeiffer, Allg. Bausparbedingungen, Rn. 73.

[752] Fehleinschätzungen des Wertes einer Immobilie durch die Bausparkassen liegen in ihrem Risikobereich und rechtfertigen kein Nachbesicherungsbegehren ( s.o.).

definiert werden. Dann könnte auch ein Nachforderungsbegehren der Bausparkasse auf den Sicherheitenwert vor Wertverfall abgestellt werden und ein Nachbesicherungsbegehren klar formuliert werden, um das Äquivalenzverhältnis, wie es bei Abschluss des Darlehensvertrages war, wieder herzustellen. Dem Äquivalenzverhältnis ist bei Bausparverträgen wegen des Bausparkollektives ein größeres Gewicht beizumessen, als bei Darlehensverträgen mit andern Kreditinstituten. Andererseits ist aber zu berücksichtigen, dass es um die Kündigung und damit Fälligstellung einer Forderung aus einem Darlehensverhältnis geht, häufig somit um die Existenz des Bausparers.

Der BGH setzt für die Wirksamkeit von Kündigungsklauseln voraus, dass die Vertragsverletzungen so schwer sind, dass typischerweise das Festhalten am Vertrag unzumutbar ist. Dabei müssen aber die schutzwürdigen Belange des Bausparers ausreichend Berücksichtigung finden.[753]

Der Bausparkasse steht nach § 490 Abs. 1 BGB ein außerordentliches Kündigungsrecht nur noch zu, wenn sich die Vermögensverhältnisse des Bausparers oder der Wert der gestellten Sicherheit so verschlechtert hat, dass die Rückerstattung des Darlehens gefährdet wird. Wenn sich aber an der Liquidität des Darlehensnehmers, also des Bausparers, keine Änderungen ergeben haben, ist die Rückzahlung des Darlehens nicht gefährdet. Dabei ist es zunächst gleichgültig, wie hoch ein Wertabschlag an der Immobilie vorzunehmen ist. Die Bausparkasse wird das Darlehen nicht wirksam kündigen können, auch wenn keine Nachsicherheiten bestellt wurden, solang der Bausparer seine Darlehensraten bedient.

Für den Fortbestand der Werthaltigkeit der Sicherheiten hat die Bausparkasse, wie jedes andere Kreditinstitut, ein berechtigtes Sicherungsinteresse. Anlass und Umfang ergeben sich aus dem Sicherungszweck selbst.[754] Bei der Übersicherung eines Kreditinstitutes greift § 138 BGB.[755]

Die Klauseln § 21 b) MBB a.F. und § 12 b) MBB n.F. sind wegen mangelnder Bestimmtheit und wegen teilweisen Verstößen gegen die Verbraucherdarlehensvorschriften des BGB unwirksam.[756]

---

[753] BGH, ZIP 1991, S. 1054; für zulässig erklärt der BGH ein Kündigungsrecht, wenn 2 fällige Leistungsraten nach Zugang einer schriftlichen Mahnung nicht innerhalb eines Monats bezahlt werden (ehemals § 21 Abs. 2 a ABB).

[754] AG Berlin, NJW 1990, S. 544 ff; BGH, NJW 1981, S. 1363.

[755] Brandner, in Ulmer/Brandner/Hensen, Anh. § 9–11 AGBG Rn. 658b.

[756] a.A. Nickolaus, S. 169.

*cc) Richtigkeitsgebot bzw. Täuschungsverbot*

Das Richtigkeitsgebot ergänzt das Verständlichkeits- und Bestimmtheitsgebot.

Eine unangemessene Benachteiligung wird darin gesehen, dass die Klausel dem Verwender die Möglichkeit eröffnet, wegen der unrichtigen oder irreführend dargelegten Rechtslage begründete Ansprüche des Vertragspartners abzuwehren oder ihm unberechtigte Pflichten abzuverlangen.[757]

Zu diesem Gebot der Richtigkeit gehört auch die Vollständigkeit der Klausel. So kann es für den Kunden irreführend sein, wenn eine Aufzählung der ihm zustehenden Rechte oder die Wiedergabe der Tatbestandsvoraussetzungen von Ansprüchen unvollständig ist. Doch auch hier dürfen die Anforderungen an die Vollständigkeit nur im Rahmen des Zumutbaren liegen.[758]

In den MBB a.F., n.F. liegen keine Verletzungen dieses Gebotes vor.

## II. Unangemessene Benachteiligung gem. § 307 Abs. 1 Satz 1 BGB unter Berücksichtigung des Bausparkassenrechtes

Die Wirksamkeit einer Klausel bestimmt sich danach, ob durch die Regelung der Vertragspartner des Verwenders unangemessen benachteiligt wird. Maßstab ist das Gebot von Treu und Glauben gem. § 242 BGB. § 307 Abs. 1 Satz 1 BGB hat gegenüber Abs. 2 eigenständige Bedeutung, weil die in Abs. 2 gegebenen Konkretisierungen nicht alle kritischen Fälle abdecken.

§ 307 Abs. 1 Satz 1 BGB ist Generalklausel und somit Herzstück der Normen über die Unwirksamkeit von AGB.[759] Durch das Verbot der unangemessenen Benachteiligung soll ein angemessener vertraglicher Interessenausgleich erreicht werden. Ein Verstoß gegen § 307 Abs. 1 Satz 1 BGB liegt vor, wenn der Verwender bei der Vertragsgestaltung seine eigenen Interessen durchzusetzen versucht, ohne die Interessen des Vertragspartners von vornherein hinreichend zu berücksichtigen. Bei der Prüfung einer Klausel wegen unangemessener Benachteiligung ist von der Rechtslage auszugehen, die ohne die Klausel bestehen würde.[760]

---

[757] BGH, NJW 1991, S. 2630 (2632); BGHZ 104, S. 82 (97) = NJW 1988, S. 1726.

[758] Wolf, in Wolf/Horn/Lindacher, § 9 AGBG Rn. 54.

[759] MüKo/Basedow, § 307 BGB Rn. 21 ff.; Palandt/Heinrichs § 307 BGB Rn. 2.

[760] BGH NJW 1994, S. 1070.

Es ist aber auch der Grundsatz von Treu und Glauben im Sinne von § 242 BGB heranzuziehen.[761]

Da die Generalklausel für die Prüfung einer Klausel schwer zu fassen und inhaltlich unbestimmt ist, ist die von Fastrich[762] bereits für das AGBG vorgeschlagene Prüfungsreihenfolge zu wählen, da sie die Prüfung sachgerecht strukturiert und daher überzeugt.

Die Angemessenheit einer Klausel wird in einem „zweistufigen Verfahren" geprüft.

- Zunächst wird mit Hilfe des Leitbildes die geltende Rechtslage ohne die beanstandete Klausel entwickelt. An dieser geltenden Rechtslage als Maßstab wird dann die zu überprüfende Klausel gemessen. Dabei muss die Klausel zum Nachteil des Kunden abweichen.
- Ob die nachteilige Abweichung unangemessen ist, wird dann in einem zweiten Schritt nach Abwägung der Interessen geprüft.

Je stärker der Vertragspartner durch die kritische Klausel belastet wird, um so früher ist eine unangemessene Benachteiligung des Vertragspartners zu bejahen.[763] Liegt ein berechtigtes Verwenderinteresse vor, kann die fragliche Regelung oft nur dann in Einklang mit Treu und Glauben gebracht werden, wenn sie möglichst kundenfreundlich ausgestaltet ist.[764]

Die Individualinteressen des einzelnen Vertragspartners finden keine Berücksichtigung, vielmehr ist auf die typische Interessenlage der beteiligten Kreise abzustellen. Wie auch bei der Auslegung von AGB ist die maßgebliche Betrachtungsweise überindividuell, generalisierend, typisierend und von den konkreten Umständen des Einzelfalles absehend.[765]

---

761 Palandt/Heinrichs § 307 BGB Rn. 6; MüKo/Basedow § 307 BGB Rn. 24.

762 Fastrich, § 10 Abs. 1.

763 BGH, NJW 1980, S. 831; BGH, NJW 1981, S. 1509; Ulmer, in Ulmer/Brandner/Hensen, § 9 AGBG Rn. 73.

764 BGH, NJW 1987, S. 1931 f.; BGH, NJW 1986, S. 1608; BGH, NJW 1991, S. 2141 f.

765 BGHZ 98, S. 303; BGHZ 110, S. 244; Palandt/Heinrichs § 307 Rn. 4; Brandner, in Ulmer/ Brandner/ Hensen, § 9 AGBG Rn. 78.

Auszugehen ist bei einer umfassenden Würdigung der Interessen der Beteiligten von dem Gegenstand, dem Zweck und der Eigenart des Vertrages.[766] Die zu prüfende Klausel ist vor dem Hintergrund des gesamten Vertrages auszulegen und zu bewerten.[767] Zu berücksichtigen sind jedoch auch Rationalisierungsbestrebungen des Verwenders.[768] Diese müssen aber gegenüber höherrangigen Interessen des Kunden zurücktreten.[769]

### III. Interessenabwägung im Rahmen des § 307 Abs. 1 BGB, insbesondere die Berücksichtigungsfähigkeit von Drittinteressen

Grundsätzlich kommt es bei der Inhaltskontrolle auf die Abwägung der Interessen der Vertragspartner an. Sprechen mehrere Gesichtspunkte für bzw. gegen die Angemessenheit einer Klausel, muss eine wertende Abwägung stattfinden. Es kommt normalerweise ausschließlich auf die Interessen der Vertragsparteien an.[770] Nur unter bestimmten Voraussetzungen können auch die Interessen am Vertrag unbeteiligter Dritter ins Gewicht fallen.[771] Unter anderem kann der Verwender sich auf Drittinteressen hinsichtlich der beanstandeten Klauseln berufen, wenn er die gleichberechtigten Interessen der durch die Klausel insgesamt begünstigten Vertragspartner zu wahren hat.[772] Das ist insbesondere bei kollektiven Vertragselementen der Fall.[773] Wer, wenn nicht die Bausparkasse, sollte die Interessen des Kollektivs aller Bausparer schützen?

### IV. Prüfung von Klauseln der MBB gem. § 307 Abs. 1 Satz 1 BGB

#### 1. Erhöhung der Bausparsumme bei Nichtabnahme des Darlehens oder Überzahlung gem. § 14 MBB a.F., § 5 Abs. 2 u.3 MBB n.F.

Gem. § 12 MBB a.F., § 4 Abs. 1 Satz 2 MBpB n.F., § 4 Abs. 6 MBöB n.F. wird dem Bausparer die Zuteilung der Bausparsumme angekündigt. Nach fast allen

---

766 BGH, NJW 1987, S. 2576 f.; BGH, NJW 1986, S. 2102 f.

767 BGHZ 106, S. 263 (264).

768 BGH, NJW 1981, S. 118; BGH, NJW 1996, S. 988.

769 BGH, NJW 1993, S. 2444.

770 vgl. Ulmer, in Ulmer/Brandner/Hensen, § 9 AGBG Rn. 124.

771 BGH, NJW 1982, S. 180; BGH, NJW 1980, S. 2473; Palandt/Heinrichs, § 307 BGB Rn. 7; von Hoyningen-Huene, § 9 Rn. 165; a.A. Habersack, Verfahrensfreiheit und Drittinteressen 1992.

772 BGH, NJW 1984, S. 2816.

773 Palandt/Heinrichs, § 307 BGB Rn. 8; Wolf, in Wolf/Horn/Lindacher, § 9 AGBG Rn. 110; aber a.A. MüKo/Basedow, § 307 BGB Rn. 47.

MBB wird er außerdem aufgefordert, binnen einer bestimmten Frist zu erklären, ob er die Zuteilung annimmt. Nimmt der Bausparer diese Zuteilung nicht an, wird gem. § 14 MBB a.F., § 5 Abs. 2 u. 3 MBB n.F. der Bausparvertrag fortgesetzt. Unter bestimmten Voraussetzungen kann der Bausparer die Erhöhung der Bausparsumme beantragen.

*a) Fortsetzung des Bausparvertrages bei Nichtabnahme*

§ 14 Abs. 2 MBB a.F., § 5 Abs. 3 MBB n.F. haben die Fortsetzung des Bausparvertrages zum Inhalt. Der Begriff „fortgesetzt" gem. § 14 Abs. 2 S. 1 MBB a.F., § 5 Abs. 3 S. 1 MBB n.F. bedeutet im bausparkassenrechtlichen Sinn, dass der Bausparer seine Rechte aus der Zuteilung jederzeit geltend machen kann.

In § 14 Abs. 2 Satz 2 MBB a.F. ist geregelt, dass im Falle der verspäteten Beantragung der Zuteilung dem Bausparer sogar die Bausparsumme vorweg bereitgestellt wird. Das Besondere dabei ist, dass er nicht mehr dem Pool der Zuteilungsanwärter angehört, sondern in den Kreis derer eingegliedert worden ist, die die Zuteilung bisher noch nicht angenommen haben. Für den Termin der Auszahlung ist die Reihenfolge des Eingangs der „verspäteten" Abforderung entscheidend.

Nach § 5 Abs. 3 Satz 2 MBB n.F. ist der Bausparer lediglich bei einem zukünftigen Zuteilungstermin vorrangig zu berücksichtigen. Die neuen MBB geben den Bausparkassen mehr Ermessensspielraum, wann sie den Bausparern, die „verspätet" eine Zuteilung beantragen, das Darlehen zuteilen. AGB-rechtlich bestehen gegen die Klauseln keine Bedenken, da die Bausparer ihre Zuteilung nach der Leistungsfähigkeit der Bausparkassen erhalten. Sollten sie eine spätere Zuteilung als vorgesehen wünschen, so ist es verständlich, dass sich die Bausparkasse einen Spielraum zubilligt, wann sie das abgeforderte Darlehen zuteilt.

Die Klauseln sind transparent und benachteiligen den Bausparer nicht unangemessen.

*b) Der Bausparer zahlt auf den zuteilungsreifen Bausparvertrag weiter ein (z. B. vermögenswirksame Leistungen) und der Vertrag wird gem. § 14 MBB a.F., § 5 Abs. 2 u. 3 MBB n.F. fortgesetzt*

Zahlt der Bausparer auf den bereits zuteilungsreifen Bausparvertrag weiter ein, könnte „fortgesetzt" auch bedeuten, dass er einen weiteren Bauspar- oder Anschlussvertrag abschließt und eine Abschlussgebühr entrichten muss. Das wird in der Regel dem Willen des Bausparers nicht entsprechen.

Vielmehr könnte das weitere Einzahlen auf den Bausparvertrag auch zur Folge haben, dass Überzahlungen, die die vertraglich vereinbarte Ansparsumme übersteigen, wie das Bausparguthaben behandelt werden.[774] Das bedeutet, dass eine Verzinsung des Guthabens inklusive der Überzahlung gem. § 6 Abs. 1 MBB a.F., § 3 Abs. 1 MBB n.F. erfolgt.

Wie bereits aus Wortlaut „fortgesetzt“ zu entnehmen ist, wird weder gegen den Willen des Bausparers ein neuer Bausparvertrag noch ein Anschlussvertrag oder ein Erhöhungsvertrag abgeschlossen. Der bisherige Vertrag wird lediglich fortgeführt.

Für den Abschluss eines Neuvertrages sind zwei sich deckende Willenserklärungen unabdingbar. Der ausdrückliche Wille des Bausparers ist notwendig, um den überzahlten Betrag in einem neuen Vertrag gem. § 8 Abs. 1 Satz 1 MBB a.F., § 13 Abs. 1 n.F. umzuwandeln.

Bei diesem „Erhöhungsvertrag“ wird dann eine neue Abschlussgebühr fällig.

Auch aus § 3 Abs. 1 Satz 2 MBöB a.F. kann nicht auf den automatischen Abschluss eines Anschlussvertrages geschlossen werden. § 3 Abs. 2 MBöB a.F. legt nur fest, dass einem Antrag auf Abschluss eines Bausparvertrages die Einzahlung eines Betrages zum Zweck des Abschlusses eines Bausparvertrages gleicht.

Hierbei steht aber der Wille des Bausparers im Vordergrund, durch die Einzahlung einen Vertrag abzuschließen.[775] Genau diese Absicht kann dem „Überzahler“ eines Bausparvertrages aber nicht unterstellt werden.

Es ist also in dem Begriff „fortgesetzt“ in § 14 MBB a.F., § 5 Abs. 2 u.3 MBB n.F. nicht der Abschluss eines Anschlussvertrages zu sehen. Das würde den Bausparer unangemessen benachteiligen und die Klausel wäre unwirksam, da er gegen seinen Willen einen neuen Bausparvertrag abschließen würde.

### *c) Zahlungseinstellung ohne weitere Reaktion*

Denkbar ist auch, dass der Bausparer nach der Zuteilungsmitteilung die weitere Einzahlung auf das Guthaben einstellt und das Guthaben bei der Bausparkasse

---

[774] vgl. § 2 Abs. 3 MBöB a.F., § 2 Abs. 2 MBpB a.F., § 3 Abs. 1 MBöB n.F.. In den MBpB n.F. wurden derartige Überzahlungen nicht bestimmt. Sie werden wohl unter Sonderzahlungen gem. § 2 Abs. 2 MBpB n.F. subsumiert. Sonderzahlungen in der Sparphase sind aber von der Zustimmung durch die Bausparkasse abhängig.

[775] Der schriftliche Antrag muss dann unverzüglich folgen, § 3 Abs. 1 Satz 3 MBöB a.F.

belässt, ohne es abzufordern.[776] Problemlos dürfte es sein, wenn dem Bausparer eine Frist zur Annahme des Bauspardarlehens gesetzt wurde und diese fruchtlos verstreicht. Dies kann nicht anders behandelt werden, als bei Nichtabnahme (siehe unter a). Das Darlehen würde nicht bereitgestellt werden, sondern lediglich zu einem späteren Zeitpunkt zugeteilt.

Anders ist die Konstellation, wenn nur eine Zuteilungsmitteilung ohne Fristsetzung erfolgt oder die Zuteilung angenommen wurde und daraufhin das bereitgestellte Darlehen nicht abgerufen wurde.

Der Bausparer gewährt der Bausparkasse ein Darlehen und hat im Gegenzug Anspruch auf das zinsgünstige Darlehen der Bausparkasse, welches er noch nicht in Anspruch nimmt. Für das bereitgestellte Darlehen erhebt die Bausparkasse gem. § 13 Abs. 2, Abs. 3 MBpB a.F., § 13 Abs. 2 MBöB a.F., § 6 Abs. 2 MBB n.F. Bereitstellungszinsen. Sollte der Bausparer auf die Zuteilungsmitteilung aus unbekannten Gründen nicht reagieren (z.B. im Krankheits- oder Todesfall) besteht die Möglichkeit, dass sich das Guthaben, welches z. B. mit 2,5 % verzinst wird, verringert, da die Bereitstellungszinsen i.H.v. 3,5 % für das nicht in Anspruch genommene Darlehen an dem Guthaben zehren.[777] Durch die Verrechnung wird das eingezahlte Bausparguthaben wieder unter die zuteilungsreife Höhe fallen und es würden keine Bereitstellungszinsen mehr anfallen.

Der Zinsgewinn der Folgejahre wird die Zuteilungsreife nach einer bestimmten Zeit wieder herstellen, so dass wieder Bereitstellungszinsen anfallen.

Der Ablauf kann sich durch Zins- und Gebührenänderungen ständig wiederholen, so dass die Bausparkasse das ihr gegebene Darlehen nicht mehr verzinst. Die Regelung wäre unklar und würde den Bausparer unangemessen benachteiligen. Der Vertragszweck wäre ernsthaft gefährdet, da bei dieser Art der Berechnung die gegenseitige Verzinsung der Darlehen aufgehoben werden würde. Es läge ein Verstoß gegen § 307 Abs. 2 Satz 2 BGB vor.

---

[776] z.B. weil er von einer sicheren und gut verzinsten Geldanlage ausgeht.

[777] Beispielsfall: Der Bausparer hat 20.000,- Euro eingezahlt, die zu 2,5 % verzinst werden, so dass sich pro Jahr eine Gutschrift von 500,- Euro ergibt. Im Gegenzug dafür hat er einen Anspruch auf ein Darlehen in Höhe von 30.000,- Euro, welches er jedoch nicht in Anspruch nimmt und das mit 3,5 % Bereitstellungszinsen verzinst werden muss. Hieraus ergibt sich für die Bereitstellungszinsen eine Zinsbelastung von Euro 1.050,- pro Jahr. Dies bedeutet, dass der Bausparer theoretisch 550,- Euro pro Jahr von seinem Guthaben verliert. Sein Konto, auf dem ein Guthaben in Höhe von 20.000,- Euro angelegt ist, verringert sich entgegen dem Bauspargedanken im 1. Jahr um 550,- Euro. Damit fällt sein Guthaben unter die Mindestansparsumme, so dass keine Zuteilung mehr erfolgen kann. Es sind bis zur erneuten Zuteilungsreife keine Bereitstellungszinsen mehr zu zahlen.

Die Bausparkasse könnte über das zur Verfügung gestellte Geld verfügen, ohne dem Bausparer hierfür Zinsen zahlen zu müssen. Der Ablauf ist aber nur dann endlos möglich, wenn die Bausparkasse nicht von ihrem Recht Gebrauch macht, den Darlehensauszahlungsanspruch gem. § 9 Abs. 2 Satz 2 MBB n.F. untergehen zu lassen. Hierzu ist sie aber auf Grund des Vertragsverhältnisses und dem sich daraus ergebenden Vertrauensverhältnisses nach Treu und Glauben verpflichtet.

§ 13 Abs. 4 Satz 2 MBöB a.F. und § 9 Abs. 2 MBB n.F. legen fest, dass die Bausparkasse nach Ablauf einer bestimmten Frist nicht mehr verpflichtet werden kann, dem Bausparer das Darlehen zur Verfügung zu stellen. Mit dem Wegfall der Verpflichtung entfällt auch der Anspruch auf die Zahlung der Bereitstellungszinsen, so dass der Bausparer dann sein an die Bausparkasse gegebenes Darlehen verzinst erhält.

Die Regelung ist sachgerecht, da sich das angesparte Kapital nicht mehr verringert. Vielmehr wird das vom Bausparer eingezahlte Geld der Bausparkasse als normal zu verzinsendes Darlehen gegeben.

Bei den MBpB a.F. fehlt eine ähnliche Klausel wie § 13 Abs. 4 Satz 2 MBöB a.F.. Sinnvoll wäre ein Ende der Bereitstellungs- oder der Zuteilungspflicht nach einem vorher genannten Zeitraum festzulegen, um eine deutliche und klare Regelung zu haben.

Weiter ist in § 9 MBB n.F. bestimmt, dass eine Verkürzung des Darlehensanspruchs erfolgen kann, wenn der Bausparer nach erfolgter Zuteilung nicht das gesamte Darlehen binnen einer Frist von zwei Jahren abruft. Die Regelung war bereits in § 13 Abs. 2 MBpB a.F., § 13 Abs. 5 MBöB a.F. berücksichtigt. Da der Bausparer in allen Klauseln auf die Rechtsfolgen seines Handelns ausdrücklich hingewiesen worden ist, sind die Klauseln nicht als unangemessen i.S.v. § 307 Abs. 1 Satz 1 BGB anzusehen.

Die Klauseln sind transparent, und der Bausparer wird nicht unangemessen benachteiligt. Er hatte über einen Zeitraum von zwei Jahren die Möglichkeit, das Darlehen abzurufen. Die anschließende Verkürzung seines Darlehensanspruchs benachteiligt ihn wegen des Zeitablaufes von 24 Monaten nicht. Die Bausparkasse planen können, zu welchem Zeitpunkt und in welcher Höhe die Darlehen abgefordert werden, um sich auf die weiteren Zuteilungen einstellen zu können.

## 2. Abforderung der Ansparsumme

Wenn der Bausparer die Bausparsumme nicht abfordert, sondern nur die Ansparsumme, ist er durch § 4 Abs. 2 MBB a.F. darauf hingewiesen worden, dass er die Abschlussgebühr nicht zurückerhält. Er kann die Abschlussgebühr nur in einen neuen Vertrag einfließen lassen.

In den MBB n.F. ist die Regelung hinsichtlich der Abschlussgebühr in § 1 Abs. 2 Satz 3 MBB n.F. ebenso eindeutig. Der Bausparer erhält seine Abschlussgebühr in keinem Fall zurück. Die Regelung ist transparent und benachteiligt die Bausparer nicht unangemessen.[778]

## 3. Risikolebensversicherungen zur Absicherung des Darlehens gem. § 17 MBB a.F., § 8 MBB n.F.

### *a) Fakultativer Abschluss einer Risikolebensversicherung*

Bis zu einem Verbandsklageverfahren 1988 gab es mehrere Bausparkassen, die den Bausparer für die Darlehensphase zum Abschluss einer Risikolebensversicherung verpflichteten. Teilweise war der Bausparer sogar verpflichtet die Versicherung bei demselben Institut abzuschließen, mit dem der Bausparvertrag abgeschlossen worden war. Die Klausel wurde durch die Rechtsprechung kassiert.[779]

Die MBB haben sich in der Weise angepasst, dass § 17 MBpB a.F. nur die Überschrift „Risikolebensversicherung" hat. Durch § 8 MBpB n.F. wird vorgeschlagen, dass auf Wunsch des Bausparers eine Risikolebensversicherung vermittelt werden kann. Die MBöB n.F. haben auch nur die Überschrift Risikolebensversicherung in § 8 MBöB n.F. übernommen.

---

[778] Die Problematik hinsichtlich der Abschlussgebühr wird in 6. Kap. D. IV. Nr. 12 noch ausführlich besprochen.

[779] KG Berlin NJW RR 1990, S. 544 (546): Die Klausel, dass die Bausparkasse als weitere Sicherheit den Abschluss einer Risikolebensversicherung verlangen kann, sah das KG als unverhältnismäßig an und erkannte für diesen Anspruch auch keine klare Gegenleistung. Zunächst hängt mit der Risikolebensversicherung eine Gesundheitsprüfung zusammen, von der nicht mit Sicherheit vorauszusagen ist, wie sie ausfällt. Bei der Prüfung könnten Gesundheitsrisiken festgestellt werden, die nicht unerhebliche Mehrkosten für den Versicherungsnehmer bedeuten würden. Hinzu kommt, dass diese unübersehbaren Mehrkosten ohne klare Gegenleistung für den Bausparer sind. Ob er seine Familie absichern will oder nicht, obliegt ihm und ist nicht durch die Bausparkasse zu bestimmen, die ohnehin ausreichend besichert ist.

Die Formulierungen sind Ergebnis des Urteils des KG Berlin, nach dem die Voraussetzungen des einseitigen Leistungsbestimmungsrechts der Bausparkasse nicht hinreichend konkretisiert waren.[780] Hinzu kam die Überlegung, dass die sonstigen Sicherheiten, die zur Besicherung des Darlehens beitragen, als genügend anzusehen sind. Die Risikolebensversicherung als Zusatzsicherheit könnte zu einer Übersicherung der Bausparkasse führen.

Die meisten Bausparkassen bieten wie § 17 MBöB a.F. zur Absicherung und zum Schutz der Familie des Darlehensnehmers den Abschluss einer Risikolebensversicherung an. Deren Beiträge verringern sich entsprechend der noch ausstehenden Valuta. Die Versicherung dient sowohl dem Schutz der Familie des Darlehensnehmers und als auch der Risikoabsicherung der Bausparkasse.

### *b) Obligatorische Risikolebensversicherung*

Ist die Risikolebensversicherung obligatorisch mit der Darlehensgewährung verbunden, so müssen die ABB eine entsprechende Klausel enthalten. Die Bausparkasse schließt für den Bausparer eine Risikolebensversicherung ab, die im Normalfall ohne Gesundheitsprüfung und ohne eventuelle Aufschläge ist. Diese Gruppenversicherung ist meist besonders günstig und die Beiträge werden mit den monatlichen Zahlungen verrechnet.[781]

Der Bausparer hat auch die Möglichkeit, eine bereits abgeschlossene Risiko- oder Kapitallebensversicherung als Sicherheit an die Bausparkasse abzutreten.

### *c) Fazit*

Der Abschluss einer Risikolebensversicherung ist in § 17 MBöB a.F. transparent gestaltet. Der Bausparer kann aus verschiedenen Überlegungen heraus eine Risikolebensversicherung abschließen, aber er ist nicht mehr dazu verpflichtet.

Die Klausel ist nicht überraschend. Sie ist vom Standort in den ABB deutlich als Sicherheit für die Darlehensausreichung vorgesehen. Die Gründe, die zur Unwirk-

---

[780] KG Berlin NJW RR 1990, S. 544 (546); vgl. BGHZ 93, S. 252; vgl. Pfeiffer, Allg. Bausparbedingungen, Rn. 64f.

[781] Schäfer/Cirpka/Zehnder, § 5 Anm. 41; BSpkFb 3.4.22, S. 178 ff.

samkeit der Klausel gem. dem Urteil des KG Berlin führten,[782] sind nicht mehr gegeben. Eine unangemessene Benachteiligung ist nicht mehr zu befürchten. Der „nicht unerhebliche" nachträgliche Eingriff in das Vertragsgefüge, dessen Voraussetzungen nicht hinreichend vorhersehbar oder kontrollierbar sind,[783] besteht nicht mehr.

Bereits bei Abschluss des Bausparvertrages ist dem Bausparer bei der Wahl der entsprechenden Variante bewusst (z.B. mit Gruppen-Risikolebensversicherung), welcher Teil seiner monatlichen Rückzahlungsrate in die Risikolebensversicherung fließt. Die Höhe der Verpflichtung ist klar und er wird in der Darlehensphase nicht überrascht bzw. unangemessen benachteiligt. Die Klausel kann in dieser Form unbeanstandet bleiben.

Dadurch, dass die Klauseln in den MBB n.F. nicht berücksichtigt sind, ergeben sich für die MBB die angesprochenen Probleme nicht mehr. Es liegt jetzt an den einzelnen Bausparkassen, wie sie die Regelung hinsichtlich der Risikolebensversicherungen ausfüllen. Dabei müssen sie aber die entsprechenden Vorgaben gem. § 9 Abs. 3 Ziff. 9 BSpkG beachten.

#### 4. Absicherung der Gesamtfinanzierung

§ 18 MBB a.F., § 7 Abs. 3 Satz 1 MBB n.F. sehen eine Absicherung der Gesamtfinanzierung als Voraussetzung für die Auskehrung des Darlehens vor. Es ist zu prüfen, warum die Bausparkasse die Absicherung der Gesamtfinanzierung als Voraussetzung für die Darlehensauskehrung sieht und ob diese Voraussetzung als eine unangemessene Benachteiligung gem. § 307 Abs. 1 Satz 1 BGB zu beanstanden ist.

Die verlangte Offenlegung der Gesamtfinanzierung könnte einen unzulässigen Eingriff in den Persönlichkeitsbereich des Bausparers bedeuten. Die Wirksamkeit der Klausel lässt sich nur aufgrund des im Bausparkassenbereich geltenden Kollektivgedankens und dem Sicherheitsinteressen von Kreditinstituten allgemein begründen. Dabei geht das Interesse des Bausparkollektivs über das übliche Sicherungsinteresse anderer Kreditinstitute hinaus. Selbst wenn die gestellten Sicherheiten erfolgreich verwertet werden könnten, würde es bei Zahlungsschwierigkeiten

---

[782] Das KG Berlin sah die Möglichkeit der Bausparkasse den Abschluss einer Risikolebensversicherung zu verlangen, gleichgültig welche Kosten für den Bausparer dadurch anfallen, als unwirksam an.

[783] KG Berlin NJW RR 1990, S. 544 (546).

zu Verzögerungen bei der Rückführung des Darlehens kommen. Das geht dann zu Lasten der Zuteilungsmasse. Um die Wartezeit der anderen Bausparer möglichst kurz zu halten, ist daher ein reibungsloser Ablauf besonders wichtig, da der Ablauf nicht nur, wie z. B. bei einer Geschäftsbank, Auswirkungen auf die Bilanz und den Ertrag hat, sondern auch auf die Zuteilungszeiträume.

Die Kenntnis der Gesamtfinanzierung stellt sicher, dass das Objekt, auf das die Grundschuld oder Hypothek zu Gunsten der Bausparkasse eingetragen ist, den festgelegten Beleihungswert hat bzw. nach Fertigstellung des Bauvorhabens haben wird. Die Bausparkasse möchte durch die Klausel erreichen, dass das besicherte Bauprojekt nicht abgebrochen wird, weil der Bausparer Finanzierungsprobleme hat. Ferner muss die regelmäßige Rückführung der Verbindlichkeiten gesichert sein.

Im Interesse und zur Sicherheit des Kollektivs ist es notwendig, die Gefahr eines Ausfalls zu minimieren. Um das zu gewährleisten, sichern die Bausparkassen die Darlehen über Grundschulden oder Hypotheken gem. § 7 Abs. 1 MBB n.F. ab. Die sind jedoch nur werthaltig, wenn die besicherten Objekte auch fertiggestellt sind. Der Verkehrswert einer Bauruine steht in keinem Verhältnis zu den Aufwendungen für die Erstellung. Um der Gefahr der Nichtfertigstellung des Bauvorhabens zu begegnen, ist sicherzustellen, dass die Darlehensauskehrung nur stattfindet, wenn das Gesamtfinanzierungskonzept steht. Außerdem kann die Bausparkasse bei Kenntnis der Gesamtfinanzierung ersehen, welche anderen finanziellen Möglichkeiten dem Bausparer im Bedarfsfall zur Verfügung stehen. Die Klausel, die die Gesamtfinanzierung betrifft vermeidet die Gefahr eines Ausfalls für die Bausparkasse und ist existenzsichernd für den Bausparer.

Weiter ist zu berücksichtigen, dass die Hypotheken oder die Grundschulden, die zugunsten der Bausparkassen eingetragen werden, häufig nicht erstrangig sind. Dadurch erhöht sich die Ausfallwahrscheinlichkeit des Kredites für die Bausparkasse. Um so wichtiger ist es, dass die Gesamtfinanzierung gesichert ist.

Die Klauseln sind transparent, für den Bausparer nachzuvollziehen und benachteiligen ihn nicht in unangemessener Weise. Der Eingriff in den Persönlichkeitsbereich kann vernachlässigt werden, da bei fast jeder Darlehensausreichung eine Vermögensübersicht durch den Kunden einzureichen ist.

### 5. Kündigung des Bauspardarlehens durch die Bausparkasse gem. § 21 Satz 2 a) MBpB a.F., § 21 Abs. 2 a) MBöB a.F., § 12 a) MBpB n.F., § 12 a) MBöB n.F.

In den MBB a.F. bzw. n.F. ist festgelegt, dass die Bausparkasse das Bauspardarlehen zur sofortigen Rückzahlung kündigen und fällig stellen kann, wenn:

- der Darlehensnehmer mit mindestens zwei Zins- und Tilgungsbeiträgen in Verzug geraten ist

  und

- die Raten auch nach Zugang einer schriftlichen Mahnung, in der auf die Kündigungsmöglichkeit hingewiesen wurde, nicht binnen einer von der Bausparkasse vorgegebenen Frist gezahlt hat.[784]

Eine AGB-Regelung über das Kündigungsrecht eines Darlehensgebers bei Nichterfüllung der Darlehenspflichten wäre zwar grundsätzlich zulässig, sie muss aber die schutzwürdigen Belange des Schuldners hinreichend berücksichtigen. D.h. sie sollte die Möglichkeit der Fortführung des jeweiligen Darlehensverhältnisses durch nachträgliche Zahlung der ausstehenden Raten berücksichtigen und regeln.

Voraussetzung für ein Kündigungsrecht sind Vertragsverletzungen, die so schwerwiegend sind, dass sie ohne Berücksichtigung des Einzelfalles eine vorzeitige Vertragsbeendigung rechtfertigen, weil die Fortsetzung des Vertragsverhältnisses für den Darlehensgeber unzumutbar ist.[785]

Eine Benachteiligung des Darlehensnehmers kann vorliegen, wenn die Aufhebung der Kündigung durch spätere, rückwirkende Zahlung nicht möglich ist. Im Mietrecht kann z.B. durch nachträgliche Zahlung der Mieten der Zustand wie vor der Kündigung wieder hergestellt werden. Das wäre bei langfristigen Vertragsverhältnissen wie einem Bausparvertrag angemessen. Das Sparer-Kassen-Leistungsverhältnis ist das Ergebnis eines Vertrages, der über eine durchschnittliche Laufzeit von 15 Jahren abgeschlossen wird.

Die in den MBB a.F. vorgeschlagene Klausel ist das Ergebnis des Bausparkassenurteils von 1991.[786] Es wurde ein Ratenrückstand von mindestens zwei Rückzahlungsraten festgesetzt. Das ist das Minimum, welches der BGH als gerade noch zulässig festgestellt hatte. Er hatte eine Anlehnung an das Mietrecht (§ 554 BGB) und an das Verbraucherkreditgesetz (ehemals § 12 Abs. 1 VerbrKrG), jetzt § 498 BGB, vorgenommen. Insgesamt wurde dem Bausparer aber nicht die Möglichkeit

---

[784] Die Frist sollte nicht unter 2 Wochen festgelegt sein. Das wäre eine Frist wie sie beim Verbraucherdarlehen gem. § 498 Abs. 1 Nr. 2 BGB festgelegt wurde. Jedoch gelten sie nach 498 Abs. 3 die §§ 498 Abs. 1 und 2 BGB nicht für Immobiliardarlehen. Daher sind die dort genannten Kündigungsvoraussetzungen nicht für Bauspardarlehen als Immobiliardarlehen anwendbar.

[785] BGHZ 95, S. 362 (373 ff.).

[786] vgl. BGH, ZIP 1991, S. 1054 (1058).

eingeräumt, die Kündigungsfolgen nachträglich durch Befriedigung des Gläubigers zu beseitigen. Das Argument kann auch für die MBB n.F. als einschlägig angesehen werden.

Die Kündigung kann den Bausparer vor für ihn unüberwindliche Schwierigkeiten stellen, da eine Umschuldung zu diesen günstigen Konditionen nicht möglich sein wird.[787]

Der BGH[788] hat in seiner Entscheidung angeführt, dass die Benachteiligung des Bausparers schon in der Ansparphase beginnt. Die Benachteiligung wird durch das spätere zinsgünstige Darlehen teilweise kompensiert. Der Bausparer hat durch die lange Ansparphase bereits ein anderes Vertragsverhältnis zu seiner Bausparkasse aufgebaut als ein durchschnittlicher Kreditnehmer bei einem Kreditinstitut. Aufgrund dieses Vertrauensverhältnisses sollte die Bausparkasse dem Bausparer die Möglichkeit einräumen, die rückständigen Raten nachzuzahlen.

Ein wirtschaftlicher Nachteil für die Bausparkasse und die Gemeinschaft der Bausparer wäre durch die Einräumung einer Nachzahlungsfrist nicht gegeben. Die Abwicklung bzw. Beendigung des Vertragsverhältnisses würde die Bausparkasse mit höheren Kosten belasten und eine höhere Einbusse bedeuten als die Nachteile und die Kosten, die bei der Bearbeitung und Überwachung des Vertrages entstehen würden. Die Sicherheitenlage der Bausparkasse würde sich nicht verschlechtern. Der Bausparer wird im Fall der Illiquidität vor allen anderen Zahlungsverpflichtungen bemüht sein, seine Verbindlichkeiten für sein Eigenheim oder seine Wohnung zurückzuführen. Auch gegenüber anderen Gläubigern verschlechtert die Bausparkasse ihre Sicherheitenlage nicht, wenn sie dem Bausparer die Möglichkeit der Nachzahlung einräumt. Sie kann in das Vermögen des Bausparers angesichts der Zwangsvollstreckungsunterwerfungsklausel in der Grundschuld gem. § 15 Abs. 2 Satz 2 MBpB a.F., § 15 Abs. 5 Satz 3 MBöB a.F., § 7 Abs. 5 MBpB n.F., § 7 Abs. 6 MBöB sofort vollstrecken. Mögliche Zwangssicherungshypotheken im Grundbuch durch andere Gläubiger wären nachrangig.

Die Klauseln in den MBB a.F. und n.F. müssten im Falle einer erneuten Überprüfung für unwirksam erklärt werden. Die in dem ersten BGH-Urteil angeführten Argumente gelten auch für die überarbeiteten Klauseln. Im Hinblick darauf, dass der Bausparkasse rein rechnerisch kein wirtschaftlicher Nachteil entstehen würde, wenn sie eine Nachzahlungsklausel einbaut, müsste die Klausel neu überarbeitet werden. In Anlehnung an das derzeitige Miet- oder Versicherungsrecht sollte dem

---

787 BGH, ZIP 1991, S. 1054 (1058).

788 BGH, ZIP 1991, S. 1054 (1058).

Bausparer eine Nachzahlungsmöglichkeit mit Vertragsfortführungsoption zugestanden werden. Falls der Bausparkasse dadurch Kosten oder Gebühren entstehen, könnten diese in die AGB bzw. in die Gebührenliste aufgenommen werden und der Bausparer kann verpflichtet werden, diese zu tragen.

Die Klauseln § 21 Satz 2 a) MBpB a.F., § 21 Abs. 2 a) MBöB a.F., § 12 a) MBpB n.F., § 12 (a) MBöB n.F. müssten wegen des Verstoßes gegen § 307 Abs. 1 Satz 1 BGB für unwirksam erachtet werden, da die Bausparer durch sie unangemessen benachteiligt werden.

### 6. Zugangsfiktion gem. § 24 MBB a.F.

§ 24 MBB a.F. legt eine Zugangsfiktion zugrunde, so dass Mitteilungen der Bausparkasse als dem Bausparer zugegangen gelten, wenn sie an die letzte der Bausparkasse bekannte Adresse gesandt worden sind.[789] Im Hinblick auf § 10 Nr. 6 AGBG, jetzt § 308 Nr. 6 BGB, wurden jedoch Mitteilungen von besonderer Bedeutung davon ausgenommen.[790] Eine solche liegt vor, wenn sie für den Vertragspartner, also den Bausparer, nachteilige Rechtsfolgen mit sich bringt.[791]

Dazu gehört insbesondere die Kündigung eines Darlehensvertrages.[792] Die Zugangsfiktion entfaltet keine Wirkung, wenn die schriftliche Mitteilung als unzustellbar an die Bausparkasse zurückgegangen ist,[793] die Bausparkasse die Unzustellbarkeit zu vertreten hat oder ein begründeter Anlass zu der Annahme besteht, dass die Sendung wegen einer Störung des Postbetriebes nicht zugegangen ist. Außerdem muss die Bausparkasse den Nachweis führen, z. B. durch einen abgezeichneten Umschlag oder einen Versandvermerk, dass sie die zuzustellende Mitteilung auch abgesandt hat. Bei der Vielzahl von Einschränkungen stellt die Zugangsfiktion keine Erleichterung mehr für die Bausparkasse dar. Die Anzahl der Schreiben, für die der Zugang fingiert werden kann, ist durch diese Einschränkung verschwindend gering.

---

789 vgl. § 24 Abs. 1 Satz 1 MBB a.F.

790 vgl. § 24 Abs. 1 Satz 2 MBB a.F.

791 Staudinger/Coester-Waltjen, § 10 AGBG Nr. 6 Rn. 6; Wolf, in Wolf/Horn/Lindacher, § 10 Nr. 6 AGBG Rn. 8; Schmidt, in Ulmer/Brandner/Hensen, § 10 Nr. 6 AGBG Rn. 7.

792 Bay. OLG, BB 1980, S. 283 (285).

793 Das OLG Stuttgart hat eine Klausel für unwirksam erklärt, die besagte, eine Erklärung gelte als zugegangen, wenn sie mit dem postalischen Vermerk „unbekannt verzogen" an den Absender zurückkommt, in BB 1977, S. 908.

Änderungen der ABB werden im Normalfall in den Hauszeitschriften abgedruckt und allen Bausparern mitgeteilt. Hier könnte eine Fiktion hilfreich sein. Allerdings gelten die ABB-Änderungen, da der Vertrag betroffen ist, als Änderungen mit besonderer Bedeutung, so dass der Zugang nicht wirksam fingiert werden kann und eine erneute Zustellung notwendig wäre. Das bedeutet, dass selbst bei einer ABB-Änderung, die als normaler Postversand verschickt wird, von keiner Zustellungsfiktion mehr ausgegangen werden kann. Für den Jahresabschluss gelten die gleichen Argumente.

Die Klausel stellte keine Erleichterung für die Bausparkasse dar. Ein Bausparkunde wird sich nicht darüber beschweren, dass er ein unwichtiges Schreiben nicht erhalten hat. Er wird sich nur beschweren, wenn er ein wesentliches Schreiben, bei dem ein Zugang ohnehin nicht fingiert werden kann, nicht erhalten hat. Die Bausparkasse wird dann erneut ein Schreiben, vermutlich als Einschreiben-Rückschein oder per Bote an den Bausparer senden.

Festzuhalten ist, dass die Klausel wirksam ist. Der eigentliche Zweck wie er bei Abfassung der MBB a.F. vorgesehen war, kann nicht mehr erfüllt werden. In den MBB n.F. ist die Klausel nicht mehr vorgesehen.

## 7. Gültigkeit von Absprachen mit der Hauptverwaltung

### *a) Willenserklärungen von Bausparern gem. § 24 Abs. 1 Satz 5 MBpB a.F.*

In § 24 Abs. 1 Satz 5 MBpB a.F. wird festgelegt, dass besondere Absprachen nach Abschluss des Bausparvertrages nur gelten, wenn sie mit der Hauptverwaltung vereinbart worden sind. Ferner legt § 24 Abs. 1 Satz 4 MBpB a.F., § 24 Abs. 2 Satz 1 MBöB a.F. fest, dass eine Erklärung des Bausparers nur dann wirksam wird, wenn sie der Bausparkasse schriftlich zugegangen ist. Die MBB n.F. sehen keine Schriftformklauseln vor.

Bei § 24 Abs. 2 Satz 1 MBöB a.F. ist nur von einer *Willenserklärung* die Rede, wohingegen die MBpB a.F. von einer Erklärung ausgehen.

Jedoch wird bei den MBpB a.F. aufgrund der räumlichen Nähe zu Satz 5 wiederum eine schriftliche Fixierung aller Abreden nach Abschluss gefordert. Es ist zwar nicht ausdrücklich formuliert, dass „nach“ Vertragsabschluss die Schriftform für die Gültigkeit der Absprachen notwendig ist, aber eine derartige Auslegung liegt nahe.

Die Rechtsprechung hält richtigerweise Schriftformklauseln für nichtig,[794] die Absprachen „nach“ Vertragsabschluss zwischen dem Kunden und einem bevollmächtigten Vertreter des Verwenders ohne schriftliche Bestätigung für unwirksam erklären.[795]

Bei der Formulierung einer Schriftformklausel ist darauf zu achten, dass dem Bausparer nicht die Verpflichtung auferlegt werden kann, alle Erklärungen, die nach Vertragsabschluss abgegeben werden, schriftlich festzuhalten. Problematisch könnte sein, ob die Formulierung so weit gefasst ist, dass sie Vereinbarungen einschließt, die nach Vertragsabschluss von dem Verwender selbst getroffen werden.[796] Häufig werden nach Vertragsabschluss telefonische Vereinbarungen getroffen, für die es eine schriftliche Fixierung nicht gibt.

Es wäre unbillig, wenn es dem Bausparer durch die oben genannte Schriftformklausel in den MBpB a.F. unmöglich wäre, seine Rechte aus der Individualvereinbarung, die er mit einem Erfüllungsgehilfen bzw. Mitarbeiter der Bausparkasse getroffen hat, geltend zu machen.[797] Eine Schriftformklausel ist nach § 307 Abs. 2 Nr. 1 BGB unwirksam, wenn sie zur Folge hat, dass der Vorrang der Individualabrede gem. § 305b BGB unterlaufen würde.[798] Die Individualabrede kann nie durch eine Schriftformklausel in den AGB abbedungen oder eingeschränkt werden.[799]

§ 24 Abs. 1 MBpB a.F. legt eine aber derartige Auslegung nahe. Die Sätze 4 und 5 in § 24 Abs. 1 MBpB a.F. stehen so im Zusammenhang der MBB a.F., dass sie augenscheinlich eine schriftliche Fixierung von Absprachen nach Vertragsabschluss verlangen. Es ist nicht auszuschließen, dass sich ein Mitarbeiter der Bausparkasse gegenüber einem Bausparer, auf die Klausel als Schriftformklausel beruft.

Die vorliegende Klausel gilt nur für allgemeine Willenserklärungen, aber nicht für Individualabsprachen zwischen der Bausparkasse und dem Bausparer. Eine Wil-

---

[794] s.o. 4. Kap. D. I. 2.

[795] BGH, NJW 1986, S. 1809 (1810); BGH, NJW 1985, S. 320 (322).

[796] Wolf, in Wolf/Horn/Lindacher, § 9 AGBG Rn. S 39.

[797] vgl. BGH, NJW 1991, S. 2559 ff.; 1985, S. 320 (322).

[798] Palandt/Heinrichs, § 307 BGB Rn. 146; MüKo/Basedow § 305 b Nr. 11f.; Wolf, in Wolf/ Horn/Lindacher, § 9 AGBG Rn. S 32; vgl. dazu ausführlich Teske ,1990.

[799] BGH, NJW 1983, S. 1853; MüKo/Basedow § 305 b Nr. 11 BGB ; Wolf, in Wolf/ Horn/ Lindacher, § 9 AGBG Rn. S 32.

lenserklärung des Bausparers wird nach dieser Klausel erst gültig, wenn sie der Bausparkasse schriftlich zugeht. Welche Art von Erklärung dies sein soll, wird in den ABB nicht weiter spezifiziert. Hierbei könnte man z. B. an eine Kündigung oder die Rücknahme von Vollmachten denken. Es wäre sachgerecht, dass sich die Bausparkasse in solchen Fällen selbst verpflichtet, mündliche Absprachen schriftlich zu bestätigen. In solchen Bestätigungsschreiben könnte sie eine Widerrufsfrist für den Bausparer festlegen.

Eine Unsicherheit hinsichtlich der Verpflichtung des Bausparers, sich schriftlich zu äußern, liegt bereits bei § 24 Abs. 1 Satz 4 MBpB a.F. vor. Darin wird festgelegt, dass die Erklärung erst dann wirksam wird, wenn sie der Bausparkasse schriftlich zugeht, „sofern nicht ausdrücklich etwas anderes bestimmt ist". Jede Individualvereinbarung, die ein Bausparer nach Vertragsabschluss anstrebt, beginnt mit einer Erklärung, die der Bausparer gegenüber der Bausparkasse abgibt. Das müsste nach den MBpB a.F. in jedem Falle schriftlich geschehen, da die Erklärung sonst nicht wirksam wäre. Die Klausel ist in den MBpB a.F. nicht eindeutig formuliert und somit unwirksam. Es ergeben sich Auslegungsmöglichkeiten zu Gunsten der Bausparkasse, die dem Bausparer nicht bekannt sind. Es müsste eine Anpassung der MBpB a.F. an die eindeutige Regelung der MBöB a.F. erfolgen.

Schriftformklauseln, die für die Abgabe einseitiger Erklärungen und Gestaltungserklärungen, wie Wandlung, Rücktritt oder Kündigung, für die § 309 Nr. 13 BGB gilt, sind grundsätzlich zulässig. Im Interesse der Rechtssicherheit werden sich Bausparer und Bausparkasse schriftlich austauschen.

In den MBB n.F. sind aus dem Bestreben nach Rechtssicherheit derartige Klauseln gänzlich gestrichen. Die verschiedenen Auslegungsmöglichkeiten haben sich durch das Streichen der Klauseln erübrigt. Es gelten jetzt die zivilrechtlichen Bestimmungen für Bausparverträge und die entsprechenden Absprachen.

Gem. dem OLG Frankfurt am Main hätten die Bausparkassen die Möglichkeit, eine andere Klausel zu verwenden, die ausdrücklich als wirksam angesehen wurde: *„Es ist mir/ uns bekannt, dass mündliche und schriftliche Nebenabreden ungültig sind, soweit sie nicht durch die ... Bausparkasse schriftlich bestätigt sind".*[800]

---

[800] 13 U 93/ 1 O 92; vgl. Schäfer/Cirpka/Zehnder, § 4 Anm. 29.

Der Ansicht des OLG Frankfurt ist nicht zu folgen. Für die Gültigkeit der Nebenabrede ist wieder eine Bestätigung durch die Bausparkasse notwendig. Die Bausparkasse muss nicht reagieren, wenn eine Absprache vorgenommen worden ist und sie die Absprache nicht anerkennen will. Der Bausparer wird hingegen von der Wirksamkeit der Absprache ausgehen. Die Absprache ist nach der Klausel aber nicht wirksam, weil sie nicht schriftlich durch die Bausparkasse bestätigt wurde.

Die Klausel hätte zur Folge, dass der Bausparer nach Abschluss des Vertrages hinsichtlich etwaiger Nebenabreden auf die Bestätigung durch die Bausparkasse warten müsste und gezwungen wäre zu überprüfen, ob die Bestätigung eingeht. Ist das nicht der Fall, müsste der Bausparer reagieren und nachforschen. Wenn die Bausparkasse nicht reagiert, würde daraus lediglich dem Bausparer ein Nachteil erwachsen.[801]

Der BGH hat richtigerweise mit dieser Begründung bereits derart gestaltete Schriftformklauseln verworfen.[802]

*b) Absprachen mit der Hauptverwaltung*

§ 24 Abs. 1 Satz 5 MBpB a.F. regelt, dass der Bausparer nach Vertragsabschluss nur mit der Hauptverwaltung Absprachen treffen kann. Die MBöB a.F. beinhalten eine solche Bestimmung nicht. § 24 Abs. 1 Satz 5 MBpB a.F. ist als Fortsetzung von § 3 Abs. 3 MBpB a.F. zu sehen. § 3 Abs. 3 MBpB a.F. legt die besonderen Abreden fest, die zur Wirksamkeit *vor* und *bei* Vertragsabschluss schriftlich bestätigt werden müssen. § 24 Abs. 1 Satz 5 MBpB a.F. bestimmt die besonderen Absprachen *nach* Vertragsabschluss, die nach der höchstrichterlichen Rechtsprechung[803] keiner schriftlichen Bestätigung mehr bedürfen. Nach der gefestigten Rechtsprechung des BGH ist eine Schriftformklausel unwirksam, wenn sie *nach* Vertragsabschluss getroffene mündliche Vereinbarungen zwischen dem Kunden und einem bevollmächtigten Vertreter des Verwenders ohne schriftliche Bestätigung für unwirksam erklärt.[804] Die vorliegende Klausel ist wirksam. Sie ist das Ergebnis des Musterprozesses, der die Unterteilung in „vor", „bei" und „nach" Vertragsverhandlungen vornahm und für die Bausparkassenbedingungen einführ-

---

[801] Vgl. 4. Kap. D. I. 2.

[802] BGH, NJW 1986, S. 1809 (1810).

[803] BGH, NJW 1986, S. 1809 (1810); BGH, NJW 1985, S. 320 (322).

[804] BGH, NJW 1986, S. 1809 (1810); BGH, NJW 1985, S. 320 (322).

te. Eine Absprache mit der Hauptverwaltung wird nur in den MBpB a.F. verlangt. Die Beschränkung auf die Absprachen mit der Hauptverwaltung ist zulässig. Die Absprachen mit der Hauptverwaltung können aber auch mündlich getroffen werden. Sie machen die Gültigkeit der Absprachen mit einem zum Vertragsabschluss bevollmächtigten Mitarbeiter der Bausparkasse nicht mehr von anderen Voraussetzungen abhängig.

Die MBB n.F. haben diese Klauseln völlig aus Ihren Empfehlungen gestrichen, um die Gefahr der Unwirksamkeit bereits im Vorfeld auszuschließen.

### 8. Haftung bei vertragswesentlichen Auskünften gem. § 27 MBB a.F.

Eine Bausparkasse haftet nach den MBB a.F. bei der Erteilung von Auskünften oder Ratschlägen nur für grobes Verschulden, es sei denn, es handelt sich um vertragswesentliche Auskünfte oder Ratschläge. Weiter haftet sie gem. § 27 MBB a.F. für leichte Fahrlässigkeit, soweit sie einer vertragswesentlichen Pflicht zur Erteilung von Auskünften nachkommt. Hinsichtlich der nichtvertragswesentlichen Auskünfte ist eine Freizeichnung für leichte Fahrlässigkeit zulässig, wenn sie die Haftung für Vorsatz und grobe Fahrlässigkeit bestehen lassen.[805] Das ergibt sich bereits aus § 309 Nr. 7 b) BGB, da jede weiterführende Beschränkung unwirksam wäre.

Eine weitergehende Beschränkung würde vertragswesentliche Pflichten zwischen den Parteien, die sich aus der Natur des Vertrages ergeben, so einengen, dass eine Gefährdung des Vertragszwecks gegeben wäre.[806] Eine Freizeichnung wäre daher auch nach § 307 Abs. 2 Nr. 2 BGB unwirksam. Diese beschränkte Möglichkeit der Freizeichnung resultiert aus einem Urteil des BGH, in dem die Unzulässigkeit einer Haftungsbeschränkung bei Verletzung einer „Kardinalpflicht“ festgestellt wurde.[807] Die Freizeichnungsmöglichkeit würde die Aushöhlung von vertragswesentlichen Rechten und Pflichten bedeuten.[808] Die Banken haften bei der Erfüllung von derartigen Auskünften für jede Art von Verschulden. Freizeichnungen für leichte Fahrlässigkeit, wie sie vorher möglich waren, sind nicht mehr zuläs-

---

[805] Horn, in Wolf/Horn/Lindacher, § 23 AGBG Rn. 435.

[806] vgl. BGH, WM 1984, S. 1053 (1055).

[807] BGH, WM 1984, S. 364 (365).

[808] BGH, WM 1984, S. 364 (365).

sig.[809] Dabei werden die Pflichten genannt, deren Erfüllung erst die ordnungsgemäße Durchführung des Vertrages ermöglichen und auf deren Erfüllung der Vertragspartner vertraut.[810]

Die vorliegenden MBB a.F. sind nicht zu beanstanden und wurden der Rechtsprechung angepasst. Die einzelnen Klauseln berücksichtigen die Wichtigkeit und die wesentlichen Bestandteile des Vertrages.

Bei den Empfehlungen in den MBB n.F. sind Haftungsausschlüsse nicht mehr vorgesehen. Die Abgrenzung, ob vertragswesentliche Auskünfte vorliegen, ist schwierig zu treffen und die Rechtsprechung tendiert zu einer Haftung des Verwenders der AGB. Die Haftungsbeschränkungen und -ausschlüsse richten sich nach den zivilgesetzlichen Regelungen.

### 9. Vertragsübertragung und -abtretung gem. § 22 MBB a.F., § 14 MBB n.F.

Die Klauseln regeln die Abtretbarkeit von Rechten und Pflichten aus dem Bausparvertrag mit einem Zustimmungsvorbehalt seitens der Bausparkasse. Die MBB a.F., n.F. geben dem Bausparer die Möglichkeit, seinen Bausparvertrag mit allen Rechten und Pflichten an einen Dritten zu übertragen. Ebenso kann er einzelne Ansprüche und Rechte, die er gegenüber der Bausparkasse geltend machen kann, an einen Dritten abtreten. In § 399 BGB ist geregelt, dass eine Abtretung durch Vereinbarung mit dem Schuldner ausgeschlossen werden kann. Gem. § 400 BGB ist eine Forderung nicht abtretbar, wenn sie nicht pfändbar ist.

#### *a) Übertragung des Bausparvertrages als Ganzes*

Für die Wirksamkeit der Übertragung eines Bausparvertrages mit allen Rechten und Pflichten muss die Bausparkasse der Übertragung zustimmen (§ 22 Abs. 1 MBöB a.F., § 22 Satz 1 MBpB a.F., § 14 MBB n.F.). Die Klausel ist weder überraschend im Sinne von § 305c BGB, noch intransparent im Sinne von § 307 BGB.

---

[809] vgl. Schwintowski/Schäfer, Bankrecht § 1 Rn. 38; Hopt, in Bankrechts-Handbuch, § 1 Rn. 41f. und Siol, in Bankrechts-Handbuch, § 43, Rn 31f.

[810] vgl. BGH, ZBB 1992, S. 129 (135); Die notwendigen europarechtlichen Anforderungen an das AGBG sind mit der Angleichung an die Richtlinie 93/13/EWG im Jahre 1996 umgesetzt worden. Danach sind Haftungsbeschränkungen für leichte Fahrlässigkeit gem. § 9 Abs. 1 AGBG möglich, wenn diese Beschränkungen den Grundgedanken des § 276 BGB ausreichend berücksichtigen, vgl. Brors, ZIP 1998, S. 1663 ff.

Die Zustimmungsbedürftigkeit ergibt sich aus dem engen Vertragsverhältnis zwischen der Bausparkasse und dem Bausparer, das im Normalfall über mehrere Jahre besteht. Der Bausparkasse soll es auf diese Weise möglich sein mit darüber zu entscheiden, wer für die nächsten Jahre der Vertragspartner ist bzw. wer Schuldner aus dem Bausparvertrag wird.[811]

Die Bausparkassen führen das Argument an, dass die freie Veräußerlichkeit bei zuteilungsnahen oder bereits zugeteilten Verträgen das Zuteilungsverhältnis im Hinblick auf ein größeres Interesse an der Zuteilung durch den Vertragsübernehmer das Bausparkollektiv ungünstig beeinflussen kann.[812]

Aus dieser Besorgnis heraus haben sich einige Bausparkassen dazu entschlossen, nur die Übertragung auf nahe Angehörige[813] zuzulassen ( gem. § 22 Abs. 1 Satz 1 2. HS MBöB a.F., § 14 MBB n.F.). Ansonsten erteilt die Bausparkasse die notwendige Zustimmung nicht. Die Bausparkasse muss jedoch die Interessen des Bausparers in angemessener Weise berücksichtigen.[814] Es ist jedoch zu beachten, dass bei dieser Abtretungsproblematik nicht der Anspruch auf Auszahlung des Bausparguthabens gemeint ist. Die Ansprüche sind zu trennen.

Da Bausparkassen bei Abtretungen stets ihre Zustimmung geben müssen, ist nicht ersichtlich, welche Vorteile eine Einschränkung auf nahe Angehörige hat.

Die Kreditwürdigkeit lässt sich nicht aus einem Verwandtschaftsverhältnis herleiten. Auch kann aus dem Verwandtschaftsgrad nicht auf eine besondere Zuverlässigkeit des neuen Vertragspartners geschlossen werden. Die Bausparkasse wird ohnehin im Interesse des Kollektivs eine Überprüfung des zukünftigen Vertragspartners durchführen. Er muss allgemeine Voraussetzungen, wie z.B. Kreditwürdigkeit erfüllen. Zu dem kann die Bausparkasse die Erfüllung bestimmter Auflagen als Voraussetzung für ihre Zustimmung stellen.

---

[811] Dabei ist zu berücksichtigen, dass das BGB nur die Übernahme einzelner Schulden oder die Abtretung einzelner Forderungen kennt. Es sind keine Normen bzgl. der rechtsgeschäftlichen Übertragung ganzer Schuldverhältnisse vorhanden. Gesetzlich ist die Vertragsübernahme nur als Folge anderer Rechtsgeschäfte vorgesehen, z.B. BGB § 613a; 581 Abs. 2; VVG § 69. In Literatur und Rechtsprechung ist es aber mittlerweile anerkannt, dass es rechtsgeschäftlich möglich und auch zulässig ist, ein ganzes Schuldverhältnis zu übertragen; vgl. dazu BGHZ 95, S. 94; Larenz, § 35 Abs. III; Palandt/Heinrichs, § 398 BGB Rn. 38.

[812] Laux, Die Bausparfinanzierung, S. 53; BSpkFb 3. Kap. 3.5 Nr. 8.

[813] Angehörige i.S.v. § 15 AO.

[814] vgl. Schäfer/Cirpka/Zehnder, § 5 Anm. 36.

Der Vorbehalt, dass die Zustimmung zur Übertragung des Vertrages in der Regel nur an Verwandte erteilt wird, ist nicht als überraschend im Sinne von § 305c BGB anzusehen. Das Näheverhältnis zwischen den Vertragspartnern beim Bausparvertrag scheint die Bausparkasse durch diese Art der Einschränkung erhalten zu wollen. Außerdem sind derartige Klauseln allgemein üblich und die Notwendigkeit der Zustimmung ist nur aus sachlichen Erwägungen in die MBB aufgenommen worden.[815]

Um auf die Bedürfnisse der Bausparkasse einzugehen und ihre Bedenken hinsichtlich der Zuteilungsprognosen zu berücksichtigen, ist die Regelung zu empfehlen, dass für den Fall der Vertragsabtretung ein befristeter Zuteilungsausschluss gilt. Diese Regelung haben einige Bausparkassen in ihren ABB getroffen.[816] Damit ist die Bausparkasse zumindest der Sorge enthoben, dass durch mehrere Übertragungen das Zuteilungsverhältnis gestört werden könnte.

Gegen die Wirksamkeit eines temporären Zuteilungsausschlusses könnte allerdings sprechen, dass nicht einzusehen ist, warum die Bausparkasse einer Übertragung des Vertrages zustimmt, nachdem sie den neuen Vertragspartner überprüft hat und sich dann noch eine weitere Frist für die Zuteilung einräumen lässt. Das Verhalten des neuen Vertragspartners macht die Regelung nicht notwendig. Es ist für die Bausparkasse gleichgültig, von wem der Vertrag gekündigt wird oder an wen das Bausparguthaben ausgezahlt wird.

In der Darlehensphase ergibt sich auch kein Unterschied. Die Bausparkasse wird erst nach Überprüfung des neuen Vertragspartners der Übertragung oder der Abtretung zustimmen. Ein echter Zuteilungsengpass kann sich für die Bausparkasse nicht ergeben, da sie immer die Möglichkeit hat, auf einen späteren Zuteilungstermin zu verweisen. Da die Bausparkasse aber ein berechtigtes Interesse hat, ist die Klausel auch mit einem befristeten Zuteilungsausschluss wirksam. Der Zessionar hat im Gegensatz zum Zedenten sicherlich großes Interesse an dem Bauspardarlehen. Die Bausparkasse geht aber bei ihren Berechnungen und Zuteilungsprognosen von einem bestimmten Prozentsatz von Bausparern aus, die nur den Vertrag ansparen, aber kein Darlehen ausgekehrt bekommen möchten. Viele Abtretungen könnten die Prognosen der Bausparkassen verschieben.[817]

---

[815] Schäfer/Cirpka/Zehnder, § 5 Anm. 36.

[816] vgl. BSpkFb 1997, 3. Kap 3.6 Nr. 2.

[817] BSpkFb, 3. Kap. 3.5 Nr. 8, mit dem Argument der Veränderung der wartezeitverkürzenden Momente (Vertragsauflösung unter Darlehensverzicht).

Die Regelungen in § 22 MBpB a.F. sind näher an der Praxis. Nach Zustimmung und Überprüfung durch die Bausparkasse ist eine Übertragung möglich. Die Bausparkasse wird immer im Interesse des Bausparkollektivs als Verwalter für das Bausparvermögen handeln.

Die MBB n.F. haben in § 14 MBB n.F. die Klausel aus den MBpB a.F. übernommen.

*b) Teilweise Übertragung von Rechten und Pflichten aus dem Bausparvertrag (§ 22 Abs. 3 MBöB a.F., § 22 Satz 3 MBpB a.F., § 14 Satz 2 MBB n.F.)*

Eine Differenzierung bei der Abtretung verschiedener Rechte aus dem Bausparvertrag vorzunehmen, wie in den MBB formuliert, ist nicht überzeugend.

Für die Übertragung des Darlehensanspruches müssten dieselben Argumente gelten wie für den Vertrag, der auf dieses Darlehen ausgerichtet ist. Ein Bauspardarlehensvertrag setzt immer ein besonderes Vertrauensverhältnis voraus, da die Zahlungen nur für ein Bauvorhaben verwendet werden dürfen. Das ist ausdrücklich im BSpkG geregelt, gilt aber auch für alle anderen Baudarlehen. Der Grund hierfür ist die Besicherung des Darlehens durch das Bauwerk und die Ansprüche der Bauunternehmer.[818]

Daher ist der Anspruch auf Abtretung des Darlehens nur zulässig, wenn die Verwendung der Gelder für ein Bauvorhaben sichergestellt ist oder alle Beteiligten, also Darlehensgeber, Bauunternehmer, Bauhandwerker etc. zustimmen.[819] Von einer Überprüfung des neuen Darlehensnehmers durch den Kreditgeber ist ohnehin auszugehen.[820]

§ 14 Satz 2 MBB n.F. sieht neben dem Rückzahlungsanspruch des Bausparguthabens für die Abtretung weiterer Ansprüche einen Erlaubnisvorbehalt vor.

Sollte die Bausparkasse mit der Übertragung des Vertrages nicht einverstanden sein, so ist zumindest der Anspruch auf Rückzahlung des Bausparguthabens abge-

---

818 Palandt/Putzo, vor § 488 BGB Rn. 14-15.

819 vgl. Palandt/Putzo, vor § 488 BGB Rn. 14-15.

820 a.A. zu diesem Themenkomplex Horn, in Wolf/Horn/Lindacher, § 23 AGBG Rn. 442: Horn geht davon aus, dass der Anspruch auf das Bauspardarlehen nach dem Gesetz über die Sicherung von Bauförderungen (vom 01.06.1909 RGBL 449) unabtretbar und unpfändbar ist.

treten (§ 22 Abs. 3 MBöB a.F., § 22 Satz 3 MBpB a.F., § 14 Satz 1 MBB n.F.). Jede Einschränkung dieser Möglichkeit wäre ein Verstoß gegen § 307 BGB oder § 305c BGB. Der Bausparer könnte über sein Guthaben nicht mehr frei verfügen.

#### *aa) Unwirksamkeit gem. § 305c BGB*

Es ist zu untersuchen, ob ein Verbot der Abtretung der Forderung auf Rückzahlung des Sparguthabens ungewöhnlich im Sinne von § 305c Abs. 1 BGB wäre oder nicht.[821]

Dem Bausparer wäre bei solch einem Abtretungsverbot die Möglichkeit genommen, über sein Guthaben zu verfügen. Die Klausel wäre als überraschend anzusehen, da der Bausparer nicht mehr frei über sein eigenes Vermögen verfügen könnte. Das würde besonders ins Gewicht fallen, da er gegenüber der Bausparkasse keine eigenen finanziellen Verpflichtungen hat. Die Klausel wäre unwirksam.

#### *bb) Unwirksamkeit gem. § 307 Abs. 1 BGB*

Eine Unwirksamkeit könnte auch gem. § 307 Abs. 1 Satz 1 BGB begründet sein, wenn kein schützenswertes Interesse des Verwenders gegeben ist oder die berechtigten Belange des Gläubigers für eine freie Abtretungsmöglichkeit überwiegen.[822]

Wolf und Hadding/van Look sehen in Abtretungsverboten, die nicht durch ein als schutzwürdig anzuerkennendes Interesse gerechtfertigt sind, einen Verstoß gegen § 307 Abs. 1 Satz 1 BGB.[823] Die Rechtsprechung sowie Klamroth, Matthies, Heinrichs u.a. sehen dieses etwas weiter und stellen fest, dass auch in Anlehnung an § 399 BGB Abtretungsverbote grundsätzlich nicht zu beanstanden sind, da sie an sich keine unangemessene Benachteiligung des Gläubigers bedeuten.[824] Gerade im Hinblick auf das langandauernde Vertragsverhältnis zwischen Bausparkasse und Bausparer ist es nicht zu vertreten, dass der Bausparer in der Ansparphase

---

[821] Staudinger/Schlosser, § 3 AGBG Rn. 8.

[822] BGH, NJW 1997, S. 3434 (3435); Staudinger/Coester, m.w.N. § 9 AGBG Rn. 253.

[823] Wolf, in Wolf/Horn/Lindacher, § 9 AGBG Rn. A 22; Hadding/van Look, WM Sonderbeilage 7/1998, S.11.

[824] BGH, NJW 1997, S. 34 (35); NJW RR 1991, S. 763 ff.; NJW 1990, S. 1601, 1602; NJW 1990, S. 109 (110); BGHZ 56, S. 173 (175); Palandt/Heinrichs, § 307 BGB Rn. 69; Klamroth, Abtretungsverbot in AGB, BB 1984, S. 1842; Matthies, Abtretungsverbote und verlängerte Eigentumsvorbehalte, WM 1981, S. 1042; Schmidt-Salzer, F 198, 171; Staudinger/Coester, m.w.N. § 9 AGBG Rn. 253.

über einen langen Zeitraum hinweg nicht über das eingezahlte Geld verfügen bzw. es abtreten kann. Vielleicht liegt es gar nicht in seinem Interesse oder in dem des Zessionars, sich das Geld auszahlen zu lassen, sondern es könnte als Sicherheit für einen anderen Vertrag verwendet werden. Der Bausparvertrag könnte bestehen bleiben und der Bausparer könnte weiter in den Bausparvertrag einzahlen. Im Bausparverhältnis wird ebenso wie in anderen vertraglichen Beziehungen das Interesse des Gläubigers an der Verwertung seiner Forderung einem Abtretungsverbot unter dem Gesichtspunkt des § 307 Abs. 1 Satz 1 BGB entgegenstehen.[825]

Weiter liegt kein schützenswertes Interesse der Bausparkasse vor. Sie muss mit den eingezahlten Beträgen rechnen können, aber die Abtretung bedeutet nicht notwendigerweise die Auskehrung der Gelder. Der abgetretene Anspruch auf Auszahlung des Guthabens muss, falls es durch den Zessionar abgefordert wird, nicht schneller ausgekehrt werden, als es bei einer normalen Zuteilung oder Kündigung der Fall wäre. Das bedeutet, dass kein Nachteil für die Bausparkasse entsteht. Demgegenüber ist der Bausparer ohnehin in seiner Verfügbarkeit über das angesparte Geld erheblich beeinträchtigt, da er es nicht sofort, sondern erst nach einer Wartezeit ausgezahlt bekommt. Schließlich kann den Interessen der Bausparkasse an einer Vermeidung der Nachteile, die immer mit einem Gläubigerwechsel einhergehen – Risiko der nicht schuldbefreienden Zahlung an den Altgläubiger, Aufwand der Prüfung bei Mehrfachabtretungen – dadurch begegnet werden, dass die Abtretung von ihrer Zustimmung abhängig gemacht wird.[826]

*cc) Ergebnis*

Sollten Bausparkassen ein Abtretungsverbot in ihren ABB bestimmten, wäre die Klausel gem. §§ 305c und 307 Abs. 1 BGB unwirksam.

### 10. Legitimationsprüfung im Todesfall gem. § 25 MBB a.F., § 19 MBB n.F.

Im Falle des Todes des Bausparers verlangt die Bausparkasse gem. § 25 MBB a.F., § 19 MBB n.F. zum Nachweis der nunmehrigen Verfügungsberechtigung die Vorlage eines Erbscheins und unter Umständen weitere gerichtliche Zeugnisse. Anders als bei der Lebensversicherung, wo neben dem Nachweis über den Tod

---

[825] vgl. Hadding/van Look, WM, Sonderbeilage 7/1998, S. 11, m.w.N.

[826] vgl. Hadding/van Look, WM, Sonderbeilage 7/1998, S. 11

und die Todesursache des Versicherten lediglich der Versicherungsschein vorzulegen ist, genügt im Bausparkassenrecht für den Nachweis der Verfügungsberechtigung nicht die Vorlage der Bausparurkunde.[827] Bei der Lebensversicherung wird der Begünstigte, der aus dem Versicherungsschein ersichtlich ist, die Leistung erhalten, wenn er im Besitz des Versicherungsscheines ist.[828]

Die unterschiedliche Behandlung des Nachweises der Verfügungsberechtigung im Todesfall beruht auf den unterschiedlichen Funktionen und rechtlichen Ausgestaltungen von Lebensversicherungen und Bausparverträgen. In beiden Fällen handelt es sich um die Berechtigung an einem von Dritten verwalteten Kapital. Bei der Kapitallebensversicherung soll der Begünstigte jedoch direkt die Vorteile aus der abgeschlossenen Versicherung erhalten, weil die Lebensversicherung gerade zu diesem Zweck abgeschlossen worden ist, während bei einem Bausparvertrag die alleinige Rechtszuständigkeit und Forderungsberechtigung bei dem Bausparer liegt und mithin im Todesfalle bei dessen Rechtsnachfolger. Demgemäss ist bei der Lebensversicherung nicht von Belang, wer Erbe des Versicherten ist. Vielmehr ist der Begünstigte aus der Lebensversicherung der Berechtigte der Versicherungsleistung, unabhängig von der Rechtsnachfolge des Versicherten. Demgegenüber kann die Bausparkasse den Schutz des redlichen Schuldners gem. §§ 2367; 2366 BGB nur erlangen, indem sie ihre Leistungen an den Erbscheininhaber erbringt. Tut sie dies, wird sie von ihrer Leistungspflicht frei, ungeachtet dessen tatsächlicher Berechtigung.[829] Die Vorlage der Bausparurkunde ist nicht ausreichend für die schuldbefreiende Wirkung einer Auszahlung des angesparten Betrages.

Den Bausparkassen steht jedoch die Möglichkeit gem. § 25 MBB a.F., § 19 MBB n.F. offen, beim Tod eines Kunden die Vorlage einer beglaubigten Testamentsablichtung und des Eröffnungsprotokolls als ausreichenden Nachweis anzuerkennen.[830] Die Regelung ist jedoch insofern problematisch, als die Vorlage des Testaments in Ausfertigung oder beglaubigter Ablichtung nebst Eröffnungsprotokoll keine Gewähr dafür bietet, dass das Testament wirksam ist. Gleichwohl erlauben die Klauseln der §§ 25 MBB a.F., 19 MBB n.F. nach verbreiteter Rechtsansicht eine schuldbefreiende Leistung an den im Testament genannten Erben, wenn die

[827] vgl. Bremen OLGZ 65, S. 173.

[828] vgl. BGH, NJW 1992, S. 3278.

[829] MüKo/Promberger, § 2367 BGB Rn. 3.

[830] vgl. § 2260 BGB.

Bausparkasse keinen Anhalt für Zweifel an der Erbenstellung hat.[831] Auch wenn diese gegenüber dem Verlangen nach Erbscheinvorlage unbürokratischere Praxis einen schnelleren Weg zur Abwicklung des Bausparverhältnisses nach dem Tode des Bausparers darzustellen scheint, spricht einiges dafür, die Erbscheinvorlage zu verlangen. Zum einen kann nicht davon ausgegangen werden, dass die Auffassung von der befreienden Wirkung der Auszahlung auf Vorlage des Testaments vor jedem Gericht bestand hat zumal auch der klagende Erbe versuchen kann, der Bausparkasse nachzuweisen, dass sie Zweifel an der Erbenstellung hätte haben müssen. Zum anderen ist es im Falle des Auftretens von Zweifeln an der testamentarisch verfügten Rechtsnachfolge nicht im wohlverstandenen Interesse des tatsächlichen Erben, wenn sich die Bausparkasse unbürokratisch gegeben hat. Es sollte daher wegen des § 2367 BGB in jedem Fall auf die Vorlage des Erbscheins bestanden werden.

Die Bausparkassen gehen in § 25 Abs. 2 MBB a.F. bereits von einer Möglichkeit der Haftung durch diese Art des Vorgehens bei Erbfällen aus, sofern die Bausparkassenmitarbeiter auf die Wirksamkeit der Legitimationsurkunde vertraut haben.[832] Der BGH hat den Haftungsausschluss in AGB für leichte Fahrlässigkeit bei der Echtheitsprüfung von Dokumenten zugelassen.[833] Er begründet es damit, dass die Echtheitsprüfung von Urkunden bei derart gelagerten Fällen nicht zu den wesentlichen Vertragspflichten zählt.[834] Der Haftungsausschluss der Bausparkassen in § 25 Abs. 2 MBB a.F. ist somit nicht zu beanstanden. Hier ist noch anzuführen, dass die Regelung auch gelten würde, wenn der Erbschein vorgelegt werden würde. Insoweit ist die Änderung der Klausel nicht erforderlich.

In § 19 MBB n.F. ist eine Änderung vorgenommen worden. Die Unternehmen stellen sich haftungsfrei für den Fall, dass der in den Urkunden als Erbe oder Testamentsvollstrecker bezeichnete nicht berechtigt ist und die Bausparkasse fahrlässig keine Kenntnis davon hatte. Die Klausel ist gleichfalls nicht zu beanstanden, da sie nur bei leichter Fahrlässigkeit einen Haftungsausschluss vorsieht und nicht bei grober Fahrlässigkeit oder Vorsatz.

---

[831] OLG Celle, NJW 1998, S. 82 ff.; BSpkFb 3. Kap. 3.6 Nr. 9; Palandt/Edenhofer, vor § 2353, Rn. 5.

[832] Es ist zu berücksichtigen, dass die Rechte aus dem Bausparvertrag mit dem Ableben des Bausparers unmittelbar auf den Begünstigten übergehen. Diese Ansprüche gehören demnach nicht zum Nachlass des Verstorbenen und sind dem direkten Zugriff der Nachlassgläubiger entzogen, vgl. Stäuber/ Walter, § 2 Nr. 5 b) (1).

[833] BGH, NJW 1990, S. 255 (255).

[834] vgl. BGH, NJW 1990, S. 255 (256).

## 11. Aufrechnung gem. § 28 MBB a.F., § 18 Abs. 1 u. 2 MBB n.F.

### *a) Aufrechnung durch den Bausparer gem. § 18 Abs. 1 MBB n.F.*

Die Beschränkung der Aufrechnungsbefugnis des Bausparers auf nicht bestrittene oder rechtskräftig festgestellte Gegenforderungen gem. § 18 MBB n.F. genügt den Anforderungen des § 309 Abs. 3 BGB. Jedoch dürfen die Aufrechnungsrechte der Verbraucher die unter Nr. 1b) des Anhanges der RL 93/ 13 /EWG Art. 3 III fallen und Schadensersatzansprüche begründen, nicht ausgeschlossen werden. Insoweit ist die Wirksamkeit der Klausel nach EU-Recht nicht gesichert.[835]

### *b) Aufrechnung durch die Bausparkasse gem. § 28 Abs. 1 MBB a.F., §§ 18 Abs. 2 MBB n.F.*

Die Bausparkassen können gegenüber den Bausparern auch bei nicht fälligen Forderungen gem. § 18 Abs. 2 MBB n.F. aufrechnen. Der Bausparer wird durch die Klausel nicht unangemessen benachteiligt, da sie sich nur auf Forderungen aus anderen Bausparverträgen bezieht. Bei dieser Auslegung ist sie wirksam.[836] Die früher durch die Bausparkassen versuchte Begründung, dass sie auch mit ihren bedingten oder befristeten Ansprüchen aufrechnen könnte, war unwirksam und wird nicht mehr vorgeschlagen.[837]

## 12. Bausparkonto als Kontokorrent gem. § 29 Abs. MBB a.F., § 16 Abs. 1 Satz 1 MBB n.F.

Die Bausparkasse führt das Bausparkonto als Kontokorrent und schließt es in der Regel zum Ende eines Kalenderjahres ab, vgl. §§ 29 Abs. 1 Satz 1 MBB a.F. und §§ 16 Abs. 2 MBB n.F.[838] Es erfolgt keine Unterrichtung der Bausparer über die zwischenzeitlichen Zahlungsbewegungen auf seinem Konto. Da die Bewegungen auf dem Konto aber grundsätzlich gering sind und kein normaler Zahlungsverkehr über das Konto abgewickelt wird, ist das keine unangemessene Benachteili-

---

[835] vgl. Palandt/Heinrichs § 310 BGB Rn. 30; Pfeiffer, Allg. Bausparbedingungen, Rn. 76.

[836] vgl. BGH, NJW 1991, S. 2559 (2563) und Pfeiffer, Allg. Bausparbedingungen, Rn. 76.

[837] BGH, NJW 1991, S. 2559 (2263); Brüggemeier/Friele ZBB 1992, S. 137 (139); Pfeiffer, Allg. Bausparbedingungen, Rn. 76.

[838] vgl. Schreiben des BAKred, vom 16.1.1976, wegen des Kontokorrentcharakters des Bausparkontos.

gung.[839] Die Bausparer sollten aber über hohe Belastungen auf dem Konto, z.B. ab 50 Euro unterrichtet werden, um die anfallenden Zinsen durch Ausgleich des Kontos zu vermeiden. Der Aufwand bei der Bausparkasse wäre gering und könnte automatisiert umgesetzt werden.

Ein Kontokorrentverhältnis setzt im Sinne von § 355 HGB lediglich auf einer Seite die Beteiligung eines Kaufmannes voraus. Daher kann ein Kontokorrent auch im Verhältnis Kreditinstitut und private Person verabredet werden.[840]

Die Besonderheiten der Kontokorrentabrede mit den Bausparern hinsichtlich der Auszahlungen, Zinsen und Entgelte sind bereits bei der Tilgungsverrechnung ausführlich besprochen worden.[841]

## 13. Freigabe von Sicherheiten gem. § 15 Abs. 10 Nr. 1 MBpB a.F., § 15 Abs. 7 Nr. 1 MBöB a.F.

§ 15 Abs. 10 Nr. 1 MBpB a.F., § 15 Abs. 7 Nr. 1 MBöB a.F. regeln die Freigabe von Sicherheiten auf Verlangen des Bausparers, wenn die vereinbarte Deckungsgrenze nicht nur vorübergehend überschritten wird. Die Deckungsgrenze ergibt sich aus § 15 Abs. 10 Satz 2 MBpB a.F., § 15 Abs. 7 Nr. 2 MBöB a.F. und sieht einen Aufschlag von 20 % auf die Verbindlichkeiten des Bausparers vor. Durch die Freigabe soll einer möglichen Übersicherung der Bausparkasse entgegengetreten werden. Eine Übersicherung wird bereits dann angenommen, wenn der Wert der Sicherheit 150 % der besicherten Forderung ausmacht.[842] Durch die Freigabeklausel soll der Wechsel im Warenbestand bei Sicherungsübereignungen[843] und bei Globalzessionen[844] Berücksichtigung finden.[845]

Die Abtretung von Lohn-, Gehalts- und Provisionsansprüchen als Sicherheiten haben in den MBB a.F. bzw. n.F. keinen Niederschlag gefunden. Das hängt mit

---

[839] vgl. 6. Kap. D. I. 2. ddd): Die Tilgungsverrechnungsklausel bei Nebenkosten und Gebühren.

[840] vgl. Baumbach/Hopt/Hopt, HGB, 31. Aufl., § 355 Rn. 3 u. 18; K. Schmidt, HandelsR § 21 IV 3; a.A. Reifner, NJW 1992, S. 340; vgl. auch ausführlich zu Kontokorrent: Schimansky, in Bankrechts-Handbuch, § 47 Rn. 21 ff.

[841] vgl. 6. Kap. D I 2. ddd).

[842] BGH Großer Senat, BGHZ 137, S. 212 = BGH, ZIP 1998, S. 235 (242 ff.).

[843] BGH, NJW 1992, S. 1626.

[844] BGH, ZIP 1991, S. 997.

[845] vgl. BSpkFb 3.5.18, S. 176 ff.

der sehr restriktiven Rechtsprechung der letzten Jahre zusammen. Grundsätzlich ist eine Abtretung dieser Ansprüche aber möglich. Zweck, Umfang und die Voraussetzungen, unter denen von dieser Abtretung Gebrauch gemacht werden darf, müssen deutlich sein. Ein angemessener Interessenausgleich[846] ist dabei unabdingbar.[847] Die globale Abtretung aller Lohn-, Gehalts- und Sozialleistungsansprüche ist wegen Unbestimmbarkeit unwirksam.[848] Die Rechtsprechung hat strenge Voraussetzungen an die Wirksamkeit von Lohn- und Gehaltsabtretungen gesetzt.[849]

- Wenn die Voraussetzung unter der die sicherungshalber abgetretene Forderung vom Sicherungsnehmer verwertet werden darf, nicht hinreichend bestimmt wird, ist diese Abtretung unwirksam;

- bei Übersicherung, die eine spätere Freigabe nicht vorsieht (dafür gelten jetzt die Formulierungen gem. § 15 Abs. 10 MBöB a.F. und § 15 Abs. 7 MBpB a.F.), z. B. bei Lohn- und Gehaltsabtretung ohne zeitliche Begrenzung, ist die Abtretung unwirksam.

Aus dem Wesen des Sicherheitenvertrages folgt, dass die Interessen des Sicherungsgebers zu berücksichtigen sind. Seine wirtschaftliche Bewegungsfreiheit soll nicht zu sehr eingeschränkt werden.

Der Vertrag und die Bestellung von Sicherungseigentum oder die Sicherungsabtretung von Forderungen begründen immer ein derartiges Treueverhältnis.[850] Daraus ergibt sich auch die Verpflichtung der Bausparkasse als Sicherungsnehmer, Sicherheiten vor Beendigung des Vertrages freizugeben, soweit sie nicht mehr zur Sicherung des Kredites benötigt werden.[851]

---

[846] BGHZ 108, S. 98 (104).

[847] vgl. zu diesem Themenbereich Wolf, in Wolf/Horn/Lindacher, § 9 AGBG Rn. 116 ff.

[848] BGH, NJW 1989, S. 2383, 2384.

[849] BGHZ 108, S. 98 (105 ff.).

[850] BGH, WM 1998, S. 227; BGH, WM 1997, S. 715 (735); BGH, WM 1996, S. 1128.

[851] vgl. BGHZ 133, S. 25 (30); BGHZ 124, S. 308 (384 ff.); BGHZ 124, S. 371, (375 ff.); BGH, WM 1997, S. 750; BGH, WM 1997, S. 1197 (1199); Horn, in Wolf/Horn/Lindacher, § 23 AGBG Rn. 754; a.A. Sehrig, BB 1998, S. 801 ff.

In den MBB n.F. hat die Freigabe von Sicherheiten keine Berücksichtigung gefunden. Es gelten die durch die Rechtsprechung entwickelten Grundsätze für die Freigabe von Sicherheiten.

Die Klauseln sind nicht zu beanstanden.

### 14. Gesamtschuldnerische Mithaftung der Ehegatten gem. § 15 Abs. 6 MBpB a.F., § 15 Abs. 5 Satz 2 MBöB a.F., § 7 Abs. 7 MBpB n.F., § 7 Abs. 8 MBöB n.F.

Die Mitverpflichtung der Ehegatten in den MBB ist kein AGB-rechtliches Problem. Die Zivilgerichte[852] und das Bundesverfassungsgericht[853] haben sich in den letzten Jahren wiederholt mit der Wirksamkeit der Verträge von mitverpflichteten Ehegatten auseinandergesetzt. Dabei wurde die AGB-rechtliche Wirksamkeit nicht problematisiert. Die Gerichte haben ein besonderes Augenmerk auf die wirtschaftliche Überforderung der Mitverpflichteten gerichtet. Die Unwirksamkeit einer Mitverpflichtung kann sich aus der finanziellen Überforderung ergeben.[854]

Die Klauseln sind weder als überraschend einzustufen, noch benachteiligen sie die Vertragspartner unangemessen. Außerdem sind sie transparent. Sie betreffen nicht das direkte Vertragsverhältnis zwischen dem Bausparer und der Bausparkasse. Der Grundsatz der Privatautonomie ist bei Volljährigen grundsätzlich anzunehmen, gilt aber in Fällen der Mitverpflichtung von vermögenslosen und einkommenslosen Angehörigen nicht uneingeschränkt.

Der BGH hat einzelne Kriterien entwickelt,[855] wann von einer Überforderung auszugehen ist.[856]

Die vorliegenden Klauseln sind nicht zu beanstanden. Sie gehen bereits auf die Möglichkeit ein, dass die Mitverpflichtung nicht gerechtfertigt sein könnte. Es besteht jedoch grundsätzlich die Möglichkeit, die Ehegatten mitzuverpflichten.

---

[852] BGH, ZIP 1999, S. 1257; BGH, WM 1995, S. 1995, S. 237.

[853] BVerfG, ZIP 1993,S. 1775 (1779); BVerfG, WM 1994, S. 1837; BVerfG, WM 1996, S. 948.

[854] vgl. zum Themenbereich Nobbe/Kirchhof, BKR 2001, S. 5 ff.

[855] vgl. BGH, ZIP 1999, S. 1257; BGH, ZIP 1997, S. 406 (409); BGH, WM 1998. S. 2366 f.

[856] vgl. zusammenfassend Palandt/Heinrichs § 138 BGB Rn. 37-38i. Für die Wirksamkeit der Bürgschaften siehe auch BSpkFb 3. Kap. 3.4. Nr. 15. Durch die Änderung des Geschäftsverteilungsplanes sind dem XI. Zivilsenat seit dem 1.1.2001 die neu eingehenden Revisionen in Streitigkeiten über Bürgschaften zugeteilt worden.

Dabei müssen die engen Grenzen der Rechtsprechung für die Wirksamkeit Berücksichtigung finden.

## 15. Kündigungsrecht des Bausparers gem. § 9 Abs. 1 MBpB a.F., § 9 Abs. 2 MBöB a.F., § 15 Abs. 1 Satz 1 MBpB n.F., § 15 Abs. 1 Satz 1 MBöB n.F.

Bei Kündigung eines Bausparvertrages durch den Bausparer legen § 9 Abs. 1 MBpB a.F., § 9 Abs. 2 MBöB a.F., § 15 Abs. 1 Satz 1 MBpB n.F., § 15 Abs. 1 Satz 1 MBöB n.F. die Modalitäten fest. Jedem Bausparer steht gem. § 9 Abs. 1 MBpB a.F., § 9 Abs. 2 MBöB a.F., §15 Abs. 1 Satz 1 MBB n.F. ein jederzeitiges Kündigungsrecht zu, d. h. der Bausparer kann, auch unabhängig von einer Bedingungsänderung, in der Ansparphase den Vertrag ohne Angabe von Gründen kündigen.

### *a) Kündigung in der Ansparphase*

Der Bausparer soll, wenn sich seine wirtschaftliche Situation im Laufe der Ansparphase ändert, nicht finanziell überfordert werden. Er muss sich unter Verlust des Anspruches auf die Darlehensgewährung von dem Bausparvertrag lösen können. Wenn der Bausparer die Ansparleistungen nicht erbringen kann, wird er auch nicht der Lage sein, die monatlichen Zins- und Tilgungsleistungen nach Auskehrung des Darlehens zu erbringen. Diese sind meist höher als die monatlichen Belastungen in der Ansparphase. Den Bausparer jetzt auf Grund des Vertrages zu verpflichten weiter einzuzahlen, obwohl bereits klar ist, dass er den Darlehensanspruch später nicht geltend machen kann, wäre unzweckmäßig. Jedes besparen eines Bausparvertrages, ohne Inanspruchnahme eines Darlehens, ist ein finanzieller Vorteil für die Bausparkasse, so dass kein schutzwürdiges Interesse der Bauspargemeinschaft besteht.[857]

Die Durchsetzung der Ansparleistungen des Bausparers wäre wohl auch sittenwidrig. Die Bausparkasse würde den Bausparer gerichtlich dazu verpflichten die Voraussetzungen für einen Anspruch zu schaffen, den die Bausparkasse gegen sich gelten lassen müsste; sie könnte aber bei der Inanspruchnahme des Darlehens durch den Bausparer unter Verweis auf die eigenen AGB (z.B. Sicherstellung der Gesamtfinanzierung) die Auszahlung des Darlehens verweigern.

---

[857] vgl. Pfeiffer, Allg. Bausparbedingungen, Rn. 74; Wolf, in Wolf/Horn/Lindacher § 23 AGBG Rn. 440; BSpkFb 3.6.Nr.11.

Außerdem entsteht der Bausparkasse kein Schaden, wenn der Bausparer seine Ansparbeträge nicht weiter leistet.[858] Eine zu starke Einschränkung der Kündigungsmöglichkeiten des Bausparers in der Ansparphase wäre gem. § 307 Abs. 1 BGB unwirksam.[859]

Die MBB a.F. bieten dem Bausparer für den Fall der Kündigung, aber der noch nicht erfolgten Rückzahlung die Möglichkeit, den Vertrag durch Wiederaufnahme der Zahlungen fortzuführen, vgl. § 9 Abs. 1 und Abs. 2 Satz 2 a.F., § 9 Abs. 4 MBpB a.F..

In dem so gefassten Kündigungsrecht ist keine Benachteiligung des Bausparers oder ein AGB-Verstoß gem. § 307 Abs. 1 BGB zu sehen. Die Klausel ist auch transparent.

*b) Kündigung in der Darlehensphase*

In der Darlehensphase kündigt ein Bausparer in der Regel nicht. In diesem Stadium hat er den Vorteil der günstigen Darlehenskonditionen. Sollte er dennoch seine Verbindlichkeiten zurückführen wollen, kann er sein Sondertilgungsrecht nutzen. Das steht ihm nach § 20 a Abs. 6 MBöB a.F., § 20 Abs. 5 MBpB a.F., § 11 Abs. 5 Satz 1 MBpB n.F., § 11 Abs. 6 Satz 1 MBöB n.F. zu. Die Sondertilgung kann er auf die Hauptschuld und die aufgelaufenen Zinsen verrechnen lassen und so eine Reduzierung der Höhe seiner monatlichen Belastungen erreichen.[860] Das Recht ist eine Begünstigung des Bausparers. Der Bausparer wird folglich durch die Klausel nicht benachteiligt oder überrascht.

---

[858] Auf einen möglichen Margenschaden (sie möchte das Geld mit Ertrag weiterverleihen) hat die Bauspar-kasse bereits konkludent durch §§ 11 MBB n.F. (Sondertilgungsrecht) verzichtet. Wenn sie diesen Schaden nicht gegenüber dem Darlehensnehmer in der Darlehensphase geltend macht, kann sie ihn auch nicht gegenüber dem Bausparer in der Ansparphase geltend machen.

[859] vgl. Pfeiffer, Allg. Bausparbedingungen, Rn. 74; Wolf, in Wolf/Horn/Lindacher § 23 AGBG Rn. 440; BSpkFb 3.6.Nr.11.

[860] Durch die Möglichkeit der jederzeitigen Sondertilgung wird dem Gebot des Art. 8 der Verbraucherkreditrichtlinie Rechnung getragen, nach der eine vorzeitige Teiltilgung zu einer Absenkung der Gesamtkreditkosten führen muss, vgl. BSpkFb, 3.4.und Pfeiffer, Allg. Bausparbedingungen, Rn. 53 ff.

### *c) Weiterführung des Vertrages nach Kündigung*

In § 15 Abs. 2 MBB n.F. ist die Weiterführung eines Vertrages nach Kündigung durch den Bausparer, aber vor Rückzahlung des Guthabens, nicht vorgesehen. Die Bausparkasse führt den Vertrag bis zur Auszahlung auf Antrag des Bausparers weiter. Die Bedeutung der neuen Formulierung ist nicht eindeutig.

Sollte die Klausel so zu verstehen sein, dass der Bausparer einen Antrag stellen muss, damit sein zur Rückzahlung gekündigtes Darlehen weiter verzinst wird, wäre diese Klausel als eine Benachteiligung des Bausparers anzusehen und als überraschend einzustufen. Der Bausparer gibt der Bausparkasse weiterhin ein Darlehen, welches er zur Rückzahlung fällig gestellt hat. Nach der jetzigen Klausel müsste er einen weiteren Antrag stellen, damit das Darlehen weiter verzinst wird. Davon geht der Bausparer ohnehin aus. Die Regelung ist unwirksam. Es ist nicht ersichtlich, warum der Bausparer einen Antrag stellen muss, um weiterhin Zinsen für ein durch ihn gegebenes Darlehen zu erhalten, bis das Darlehen durch die Bausparkasse zurückgezahlt werden kann. Die neue Regelung hält bei dieser Auslegung einer Überprüfung nicht stand.

Die Streichung der früheren Klausel, dass der Bausparer sich nach Kündigung aber vor Auszahlung des Darlehens den Bausparvertrag wieder einrichten lassen kann (§ 9 Abs. 4 MBpB a.F., § 9 Abs. 2 Satz 2 MBöB a.F.), ist deswegen vorgenommen worden, weil von der Klausel kein Gebrauch gemacht wurde. Des weiteren ergab sich für die Bausparkasse ein erhöhter Verwaltungsaufwand, falls der gekündigte Bausparvertrag wieder eingerichtet werden sollte. Aufgrund der allgemein niedrigen Kündigungsquoten[861] bei Bausparverträgen stellen sich die Probleme selten.

Sollte § 15 Abs. 2 MBB n.F. als Neufassung des § 9 MBB a.F. gemeint sein, so ist die Formulierung unglücklich gewählt und müsste überarbeitet werden.

### *d) Rückzahlung der Abschlussgebühr nach Kündigung durch den Bausparer gem. § 4 Abs. 2 Satz 1 MBB a.F., § 1 Abs. 2 Satz 3 MBB n.F.*

Im Falle der Kündigung des Bausparvertrages durch den Bausparer wird die gezahlte Abschlussgebühr nicht erstattet.

---

[861] vgl. BSpkFb 3. Kap 3.5 Nr. 11.

Bei allen Vereinen, Genossenschaften und ähnlichen Institutionen wird bei Eintritt eine Aufnahmegebühr fällig. Sie wird bei Austritt nicht zurückgezahlt. Dabei kann nicht von überraschenden Klauseln ausgegangen werden. Die bezahlten Aufnahmegebühren werden benötigt, um die Mitglieder zu erfassen und in das jeweilige System zu integrieren. Der Verwaltungsaufwand und die hiermit in Zusammenhang stehenden Kosten werden durch die Aufnahmegebühr gedeckt.

Die Abschlussgebühr der Bausparkassen ist als Aufnahmegebühr anzusehen. Der Bausparer wird in die Bauspargemeinschaft aufgenommen, die jeweiligen Konten werden eröffnet, Sachbearbeiter bei der Bausparkasse für Rückfragen zur Verfügung gestellt, die Provisionen des Vermittlers werden gezahlt[862] etc.. Die Abschlussgebühr finanziert die entstehenden Aufwendungen. Insoweit ist es für den kündigenden Bausparer nicht überraschend, dass er seine Abschlussgebühr nicht zurückerhält.

Darüber hinaus ist die Abschlussgebühr ein für den Bausparvertrag übliches Entgelt. Es gibt keinen Bausparvertrag ohne diese Abschlussgebühr.[863] ABB, die eine Abschlussgebühr nicht vorsehen, sind nicht genehmigungsfähig.[864] Dementsprechend ist die Abschlussgebühr in den Bausparbedingungen beziffert ausgewiesen. Im Gegensatz zu den Abschlusskosten einer Lebensversicherung ist die Abschlussgebühr daher für jeden Bausparer transparent und ihre Finanzierungsfunktion für die verschiedenen bei Vertragsabschluss anfallenden Kosten nicht überraschend. Überdies sind die Leistungen einer Bausparkasse ähnlich wie bei der Eröffnung eines Girokontos mit einem Bündel von Rechten und Pflichten verbunden, die gerade in der Abschlussphase einen besonderen Beratungsaufwand bedingen, dessen Entgeltlichkeit zu erwarten ist.[865] Auch aus diesen Gründen ist es daher für den Bausparer – anders als für den Versicherungsnehmer einer Lebensversicherung[866] - nicht überraschend, wenn die Abschlussgebühr nach vorzeitiger Vertragskündigung einbehalten wird.

Die Bausparkassen haben in ihren ABB bestimmt, dass die Gebühr einbehalten wird. Die Klausel ist weder intransparent noch benachteiligt sie den Bausparer unangemessen.

---

[862] Schäfer/Cirpka/Zehnder, § 5 BSpkG Anm. 31.

[863] Schäfer/Cirpka/Zehnder, § 5 BSpkG Anm. 31.

[864] Schäfer/Cirpka/Zehnder, § 5 BSpkG Anm. 31.

[865] Schäfer/Cirpka/Zehnder, § 5 BSpkG Anm. 31.

[866] vgl. BGH, VersR 2001, S. 841 ff.

*e) Zeitliche Versetzung der Rückzahlung der Ansparsumme nach Kündigung durch den Bausparer gem. § 9 Abs. 2 MBpB a.F., § 9 Abs. 3 MBöB a.F., § 15 Abs. 1 MBB n.F.*

Um die Zuteilungsaussichten der kurz vor der Zuteilung stehenden Bausparer nicht durch Kündigungen zu gefährden, sehen die Bedingungen aller Bausparkassen bei einer Kündigung des Bausparvertrages eine Rückzahlungsfrist des Bausparguthabens einschließlich der Zinsen von 3-12 Monaten vor. Da der Bausparer eine gewisse Zeit auf die Rückzahlung des Darlehens, das er der Bausparkasse gegeben hat, warten muss, könnte er durch die Verzögerung überrascht bzw. benachteiligt sein.

Dem Bausparer ist bei Abschluss seines Bausparvertrages bekannt, dass er nicht mit einem festen Zuteilungstermin rechnen kann. Das ergibt sich bereits aus der Natur des Bausparvertrages. Die Bausparkasse kann nicht vorhersehen, wann ausreichend Gelder eingezahlt sind, um die zuteilungsreifen Verträge zu bedienen. Insoweit ist nicht ersichtlich, warum der Bausparer, als Mitglied der Bausparergemeinschaft, im Falle einer durch ihn veranlassten Kündigung, die Ansparsumme sofort zurückerhalten soll. Die Gelder stehen der Bausparkasse nicht zur Verfügung, da sie verpflichtet ist, eingegangene Gelder so bald wie möglich zuzuteilen.

Insoweit kann nicht von einer benachteiligenden oder überraschenden Klausel gem. § 305c Abs. 1 BGB ausgegangen werden. Der Bausparer weiß, dass es nicht feststeht, zu welchem Zeitpunkt die Leistungen der Bausparkasse fließen. Das gilt auch für die Rückzahlung der Ansparsummen bei Kündigung.

Durch die Verzögerung der Auszahlung ist der ehemalige Bausparer nicht unangemessen benachteiligt.

Praktisch ist die Rückzahlungsbestimmung kaum mehr von Bedeutung. Die Rücklagen und finanziellen Mittel der Bausparkassen sind mittlerweile so ausreichend, dass fast immer eine zügige Rückzahlung erfolgt. Das in Aussichtstellen der Rückzahlung zum nächsten Zuteilungstermin ist mithin nicht als überraschend einzustufen.

## 16. Transparenz und Wirksamkeit der Gebührenklauseln und der Nebenpreisabreden in den MBB der Bausparkassen MBB a.F., n.F.

Das Transparenzgebot gewinnt besondere Bedeutung bei Gebühren und Nebenpreisabreden in AGB. Der Preis selbst ist gem. § 307 Abs. 3 BGB der materiellen

Inhaltskontrolle nach §§ 307 Abs. 1 und 2 BGB entzogen.[867] Der Ausschluss gilt nur insoweit, als dem Vertragspartner ein vollständiges und wahres Bild über die Höhe des Preises vermittelt wird.[868] Dabei verlangt der BGH keine allumfassende Ausführlichkeit oder Belehrung. Er fordert aber, dass, wenn es möglich und dem Verwender zumutbar ist, eine für den Durchschnittskunden verständliche Klausel gewählt wird.[869] Das entspricht Artikel 4 Abs. 2 und Art. 5 EU-Richtlinie. Eine Preisklausel in Verbraucherverträgen ist nur wirksam, wenn sie klar und verständlich abgefasst ist. Der Inhaltskontrolle unterliegen auch Klauseln, die den Preis modifizieren.[870]

### *a) Zinsänderungsklauseln gem. § 32 Abs. 1 MBpB a.F., § 32 Abs. 3 MBöB a.F., § 21 Abs. 2 i.V.m. § 3 MBB n.F.*

Das Interesse eines Darlehensgebers, die Darlehensverzinsung durch Zinsänderungsklauseln an veränderte Verhältnisse anzupassen, findet bei der Rechtsprechung grundsätzlich Anerkennung.[871] Dabei sind die verschiedenen Gebühren und Nebenpreisabreden, wie z. B. Zinsänderungsklauseln zu beachten. Voraussetzung für die Wirksamkeit einer Zinsänderungsklausel ist, dass in der Klausel entweder die Voraussetzungen und der Umfang der Zinsänderung so weit wie möglich konkretisiert sind[872] oder dem Darlehensnehmer ein Lösungsrecht vom Vertrag eingeräumt wird.[873] Dabei sind Klauseln insgesamt unbedenklich, welche eine Anpassung an kapitalmarktbedingte Änderungen der Refinanzierungskonditionen ermöglichen, sofern beim Sinken der Kapitalmarktzinsen eine Verpflichtung zur Verminderung des Zinsniveaus verankert ist.[874]

---

867 s.o. 5. Kap. A.

868 BGH, BB 1990, S. 1656 ff.

869 BGH, BB 1990, S. 1656.

870 BGH, VersR 2001, S. 843.

871 vgl. BGH Entscheidung vom 17.03.1999 (IV. ZR 218/97), vgl. zum Diskussionsstand, Habersack, WM 2001, S.753 ff. m.w.N.; Schimansky, WM 2001, S. 1169 ff.; Derleder, WM 2001, S. 2029 ff.; Bruchner, BKR 2001, S. 16 ff.

872 BGH, WM 1999, S. 2545 ( 2547); Peters, in Bankrechts-Handbuch, § 81 Rn.74f.

873 Ulmer, in Ulmer/Brandner/Hensen, § 11 AGBG Rn. 22; Metz, BKR 2001, S. 21 ff. In diesem Beitrag werden u.a. die neuen Formulierungsvorschläge des Bundesverbandes Deutscher Banken und der Volks- und Raiffeisenbanken einer Überprüfung unterzogen.

874 BGHZ 97, S. 212; OLG Köln, BB 1998, S: 1916f. Die Wirksamkeit der bislang verwendeten Zinsanpassungsklauseln wird durch die Literatur teilweise bestritten. Habersack (WM 2001, S. 753 ff.) geht davon aus, dass die verwendeten Klauseln intransparent und damit unwirksam

Das Problem tritt insbesondere bei Kreditinstituten auf, die sich auf dem freien Kapitalmarkt refinanzieren. Die Banken refinanzieren sich im Wesentlichen über andere Kreditinstitute, die Landesbanken oder die EZB. Das Zinsniveau, an dem sich die zu refinanzierende Bank orientiert ändert sich täglich, so dass sich auch die Refinanzierungskosten täglich ändern.

Bausparkassen refinanzieren sich im Gegensatz dazu fast ausschließlich über die Einlagen der Bausparer. Die Bausparkassen haben sich gerade von der Zinsentwicklung des freien Zins- und Kapitalmarktes gelöst. Eine Zinsanhebung für Darlehen bei Bausparkassen soll aufgrund veränderter wirtschaftlicher Rahmenbedingungen nicht möglich sein. Der Bausparkasse werden die Einlagen immer zu denselben Konditionen zur Verfügung gestellt und diese ändern sich während der Vertragslaufzeiten nicht. Somit bleiben die Refinanzierungskosten der Bausparkassen konstant. Es ist angestrebt, dem Bausparer das Darlehen zu unveränderten Konditionen zur Verfügung zu stellen. Auf die Auskehrung zu den günstigen Darlehensbedingungen hat der Bausparer bereits durch die Ansparphase einen Anspruch.

Trotz der besonderen Art der Refinanzierung hat die Bausparkasse die Möglichkeit, die Zinsen sowohl in der Ansparphase als auch in der Darlehensphase gem. § 32 Abs. 1 MBpB a.F., § 32 Abs. 3 MBöB a.F., § 21 Abs. 2 i.V.m. § 3 MBB n.F. zu verändern. Dabei bedürfen die Zinsänderungen der Genehmigung durch die BaFin. Von Seiten der Bausparer ist keine Zustimmung erforderlich.

Die Zinsänderung für bestehende Verträge muss gem. § 9 Abs. 1 Satz 2 BSpkG zur hinreichenden Wahrung der Belange der Bausparer in ihrer Gesamtheit erforderlich sein. Für die Bausparkasse ist sie ein notwendiges Instrument der Kollektivsteuerung.[875] Die Rechtsprechung sieht in diesem Fall keine Benachteiligung der einzelnen Bausparer. Ein eventueller Eingriff in das Äquivalenzverhältnis des Einzelvertrages [876] wird durch die kollektive Verbundenheit im Bausparverhältnis gerechtfertigt.

sind. Das LG Köln (WM 2001, S. 201f.) hat entschieden, dass die von einer Bank verwendete Zinsanpassungsklausel intransparent und unwirksam ist. Die Kammer verkennt dabei nicht, dass der BGH in seiner Entscheidung vom 6.3.1986 derartige Klauseln für wirksam gehalten hat. Dennoch seien damals die Grundsätze des Verbraucherkreditgesetzes und das Transparenzgebot noch nicht so weit entwickelt gewesen.

[875] BSpkFb 3.8.5, S. 193.

[876] KG Berlin, NJW RR 1990, S. 544, 559; vgl. BGH, WM 1991, S. 1452 ff.; Lehmann/Schäfer/Cirpka, § 9 Rn. 1b.

Der Bausparkasse ist kein generelles Recht eingeräumt, die vertraglichen Verhältnisse des Bausparvertrages im nachhinein zu ändern. Das würde gegen den Bestimmtheitsgrundsatz bei schuldrechtlichen Verträgen verstoßen.[877]

Laut BGH ist die Möglichkeit, die Vertragsbedingungen für bestehende Bausparverträge zu ändern, im Hinblick auf § 9 Abs. 1 Satz 2 BSpkG und die damit in Zusammenhang stehende notwendige behördliche Prüfung und Genehmigung für Bausparkassen wirksam.[878] Dabei kann die Eventualität des behördlichen Genehmigungsvorbehaltes auch in den engen Grenzen einer behördlichen Privatrechtsgestaltung anerkannt werden.

Der Aspekt der denkbaren Benachteiligung der Bausparer soll durch einen Genehmigungsvorbehalt ausgeschlossen werden. Durch die Notwendigkeit der behördlichen Genehmigung gem. § 8 Abs. 1 BSpkG ist das einseitig gewinnorientierte Interesse der Bausparkasse weitestgehend ausgeschlossen.

Die Eingriffsmöglichkeit der BaFin ist daher richtig und notwendig. Es muss die Möglichkeit bestehen, sowohl den Veränderungen der wesentlichen Rahmenbedingungen für das Bauspargeschäft[879] als auch einem Wandel im Verhalten der Bausparer[880] Rechnung zu tragen. Die Wahrung der Interessen des Kollektivs ist nur dann gewährleistet, wenn die Änderung der tarifbestimmenden Merkmale für bereits bestehende Verträge möglich ist.[881]

Eine Notsituation der Bausparkasse soll zum Schutz der Bausparer durch einen Eingriff der BaFin überwunden werden können. Der Eingriff stellt eine Privatrechtsgestaltung dar, die aber bereits durch die Rechtsprechung für das früher für die Aufsicht zuständige Versicherungsaufsichtsamt anerkannt worden ist.[882] Der damit in Zusammenhang stehende Eingriff in die Eigentumsrechte gem. Artikel 14 GG ist dabei zu vernachlässigen,[883] da es bei dieser Art von Änderungen um die Existenz der Bausparkasse geht. Für den Fall, dass die BaFin nicht eingreifen würde, besteht die Gefahr für den Bausparer, einen wesentlich höheren finanziel-

---

[877] Horn, in Wolf/Horn/Lindacher, § 23 AGBG Rn. 431; BSpkFb 3.8.5, S. 193.

[878] BGH, WM 1991, S. 1452.

[879] z.B. Sparbereitschaft der Bausparer, Entwicklung des Eigenheimbaus, die Bausparförderung, gesetzliche Veränderung.

[880] z.B. Kündigung, Leistung von Sonderzahlungen.

[881] vgl. Amtliche Begründung zum Änderungsgesetz 1990 zu § 9.

[882] vgl. BGHZ 2, S. 55, 58 ff.; BGH, NJW 1976, S. 2257.

[883] Horn, in Wolf/Horn/Lindacher, § 23 AGBG Rn. 433.

len Verlust zu erleiden. In der behördlichen Genehmigung liegt keine fingierte Genehmigung durch den einzelnen Bausparer. Der Bausparer kann später gegen die veränderten Vertragsbedingungen im Wege der Zivilklage vorgehen.

Die Zinsänderungsklausel der Bausparkassen hat als Teil des Bedingungsänderungsvorbehalts einen anderen Stellenwert als bei den Geschäftsbanken oder Sparkassen. Die Banken und Sparkassen können bei variabel ausgelegten Darlehen die Zinsen ändern und den wirtschaftlichen Gegebenheiten anpassen.

Ebenso ist es Versicherungen möglich, die Versicherungsbedingungen und Gebühren entsprechend den wirtschaftlichen Anforderungen zu verändern. Insbesondere ist bei langfristig abgeschlossenen Versicherungen eine entsprechende Anpassung der Bedingungen erforderlich. Der BGH hat in einer Entscheidung[884] jedoch eine Anpassungsklausel für unwirksam erklärt, weil der Versicherungsnehmer entgegen dem Gebot von Treu und Glauben unangemessen benachteiligt würde. Außerdem sei die betreffende Klausel nicht hinreichend klar formuliert. Die Klausel, die eine Umgestaltung der Bedingungen für bestehende Verträge bei geänderten Gesetzen, neuer höchstrichterlicher Rechtsprechung und Verwaltungspraxis des BAV (jetzt BaFin) oder der Kartellbehörde festlegt, kann zur Benachteiligung der Versicherten führen.

Die Bedingungsänderungsklauseln bei Bausparkassen sind unter anderen Gesichtspunkten zu sehen. Zinsanpassungen dürfen nur vorgenommen werden, wenn sich die Bausparkasse in einer für sie nachteilig veränderten Lage befindet. Das heißt, dass sie sich wirtschaftlich in einer wesentlich anderen Situation befindet, als bei Vertragsabschluss. Eine entsprechende Regelung in den ABB ist zulässig.

### *b) Verzicht auf die Abnahme des Bausparkassendarlehens nach der Zuteilung § 13 MBB a.F.*

#### *aa) Nichtabnahmeentschädigung*

Wird ein verbindlich zugesagtes Darlehen durch den Kreditnehmer nicht abgenommen, steht dem Kreditgeber in der Regel eine Nichtabnahmeentschädigung zu.[885] Eine Nichtabnahmegebühr könnte fällig werden, wenn der Bausparer end-

---

[884] BGH Entscheidung vom 07.03.1999 (IV ZR 218/97); vgl. auch BGH VersR 2000, S. 47f. in dem die Unwirksamkeit bestimmter Tarifänderungsklauseln für die Kfz-Haftpflichtversicherung festgestellt wurde.

[885] Der Anspruch eines Darlehensgebers ergab sich vor dem Gesetz zur Modernisierung des

gültig auf die Zuteilung verzichtet. Bei den Bausparkassen ist jedoch eine sog. Nichtabnahmeentschädigung, wie bei anderen Kreditinstituten, nicht vorgesehen.

Vom Grundsatz her wäre eine Klausel in dem MBB gem. § 305c Abs. 1 BGB nicht als überraschend anzusehen,[886] da der Bausparer sicherlich mit einer derartigen Gebühr rechnet.[887] Die Höhe der Nichtabnahmeentschädigung richtet sich in der Berechnung nach denselben Grundsätzen wie die Vorfälligkeitsentschädigung.[888]

Bei Bausparkassen ist die Nichtabnahmeentschädigung aufgrund des jederzeitigen Sondertilgungsrechtes gem. § 13 MBB a.F.; § 11 Abs. 6 MBöB n.F.; § 11 Abs. 5 MBpB n.F. jedoch nicht durchsetzbar. Um eine Nichtabnahmeentschädigung zu sparen, könnte der Bausparer das Darlehen annehmen und mit der Valutierung auf seinem Konto unter Ausnutzung des Sonderkündigungsrechtes taggleich die Valuta zurückanweisen. Dann hätte er die möglicherweise anfallende Nichtabnahmeentschädigung umgangen. Das ihm zustehende Sondertilgungsrecht erlaubt ihm jederzeit die Sondertilgung seines Bauspardarlehens in beliebiger Höhe,[889] ohne dass eine Vorfälligkeitsentschädigung anfällt. Auf Grund der Umgehungsmöglichkeit haben die Bausparkassen auf die Geltendmachung einer Nichtabnahmeentschädigung verzichtet.

*bb) Weitere Problembereiche der Nichtabnahme*

Die Nichtabnahme des Darlehens bzw. der Verzicht auf die Zuteilung zieht die beiden selben Problembereiche wie die Kündigung des Bausparvertrages in der Ansparphase durch den Bausparer nach sich:

Schuldrechts aus § 326 Abs. 1 Satz 2 a.F. BGB. Die §§ 280 ff. BGB gelten auch für den Darlehensvertrag. Der Darlehensgeber kann daher gem. § 281 BGB einen Anspruch auf Schadenersatz statt der Leistung gegen den Darlehensnehmer begründen, MüKo/Ernst § 281 BGB Rn. 118 ff.; BGH, WM 2001, S. 20 (21f.).; Bruchner, in Bankrechts-Handbuch, § 80 Rn. 6; vgl. zur Berechnung der Nichtabnahmeentschädigung BGH, WM 2001, S. 20 (24).

[886] BGH, NJW RR 1986, S. 467 (468).

[887] Eine Klausel wäre als überraschend anzusehen, wenn aufgrund einer Neubewertung von Sicherheiten das Gesamtkonzept scheitert und die Finanzierung vom Darlehensgeber abgelehnt wird.

[888] Bruchner, in Bankrechts-Handbuch, § 80 Rn. 6; MüKo/Ernst § 281 BGB Rn. 118f; Nobbe, Bankrecht 1999, 7. Aufl. S. 231; BGHZ 136, S.161 ( 168 ff. – 171).

[889] Bis zur Tilgung der gesamten Darlehensschuld.

*aaa) Was geschieht mit dem Bausparguthaben aus der Ansparphase?*

Das eingezahlte Guthaben aus der Ansparphase wird im Falle der Abforderung inklusive der Zinsen an den Bausparer ausgezahlt. Dieser muss dann, wenn die entsprechenden Bindungsfristen noch nicht abgelaufen sind, den Nachweis über die Steuer- und Prämienunschädlichkeit erbringen. Der Bausparer kann gem. § 13 Abs. 1 Satz 1 MBöB a.F. das Guthaben jederzeit abfordern. Die Regelung ist in den MBpB a.F. nicht ausdrücklich erwähnt. Es ist aber davon auszugehen, dass der Wortlaut in § 13 Abs. 1 MBpB a.F. *„Mit Annahme der Zuteilung stellt die Bausparkasse dem Bausparer sein Bausparguthaben....bereit"* so auszulegen ist.

Die MBB n.F. § 6 Abs. 1 Satz 2, 1. HS haben die deutliche Formulierung des § 13 Abs. 1 Satz 1 MBöB a.F. übernommen. Eine andere Auslegung als die, dass der Bausparer nach der Zuteilung jederzeit über sein Bausparguthaben verfügen darf, wäre als überraschend einzustufen. Um jeden Zweifel auszuräumen, haben sich die MBB n.F. für eine eindeutige Formulierung entschieden. Es ist nicht notwendig, dass das Bausparguthaben in Baumassnahmen investiert wird. Der Bausparer ist berechtigt, das Guthaben anderweitig zu verwenden. Jede Einschränkung der Verfügungsbefugnis wäre als sittenwidrig einzustufen und würde keiner rechtlichen Überprüfung standhalten.[890]

*bbb) Was geschieht mit der Abschlussgebühr?*

Verzichtet der Bausparer nicht nur vorübergehend auf die Inanspruchnahme des Bauspardarlehens, so sehen verschiedene Bausparkassen wie bei der Kündigung unterschiedliche Regelungen vor.

Einige Bausparkassen erstatten eine Summe in Höhe der Abschlussgebühr. Die Regelung ist nicht zu beanstanden.

Andere Bausparkassen rechnen die bereits gezahlte Abschlussgebühr ganz oder teilweise auf die Abschlussgebühr eines neu abgeschlossenen Bausparvertrages an (vgl. § 13 Nr. 6 MBöB a.F.). Die Regelung entspricht dem Transparenzgebot und ist nicht als überraschend einzustufen. Der Bausparer erhält dementsprechend seine einmal eingezahlte Abschlussgebühr nicht zurück, sondern sie verbleibt bei der Bausparkasse.[891]

Eine Aufnahmegebühr, die der Abschlussgebühr vergleichbar ist, wird z.B. auch bei Vereinen nicht zurückgezahlt. Der Bausparer bleibt Mitglied des Kollektivs und hat einen Bausparvertrag. Er ist jedoch nicht verpflichtet, auf diesen einzuzah-

---

[890] vgl. s.o. 6. Kap. D. IV. Nr. 9, Die Abtretung der Ansparsumme gemäß §§ 398 ff. BGB.

[891] für den Abschluss eines neuen Vertrages dieses Bausparers.

len. Der Bausparer hat also durch die Nichtabnahme des Darlehens keine finanziellen Nachteile.

Alle Regelungen sind transparent, da sie in den ABB deutlich formuliert sind. Darüber hinaus sind sie in den richtigen Kontext der ABB eingebunden.

Die teilweise Anrechnung der Abschlussgebühr in den MBöB a.F. auf einen neuen Vertragsabschluss hat keinen Einfluss auf die neu empfohlenen MBB n.F. gehabt. In die MBB n.F. ist die Regelung nicht übernommen worden. § 1 Abs. 2 Satz 3 MBB n.F.[892] legt fest, dass die gezahlte Abschlussgebühr nicht zurückgezahlt, herabgesetzt oder ermäßigt wird. Die Klausel ist aus den angeführten Gründen transparent und nicht überraschend.

#### *c) Bereitstellungszinsen gem. § 13 Abs. 3 MBpB a.F., § 13 Abs. 2 MBöB a.F., § 6 Abs. 2 MBB n.F.*

Bereitstellungszinsen sind nicht als Schadenersatz für den Darlehensgeber zu sehen, sondern als ein Entgelt für die Möglichkeit, das Darlehen jederzeit abzurufen.[893] Die Bereitstellungszinsen werden für den Teil des noch nicht ausgezahlten Darlehens berechnet.

Die Klauseln § 13 Abs. 4 MBöB a.F., § 13 Abs. 2 MBpB a.F. sehen bei Nichtabnahme des Darlehens eine Verkürzung des Darlehensanspruches oder sogar den Verlust der Zuteilung des Darlehens vor. In der Regel wird der Auszahlungsanspruch in der Höhe einer Bausparrate gekürzt. Sinn der Klausel ist es zu verhindern, dass die Bausparkasse durch zu viele aufgelaufene Auszahlungsverpflichtungen aus früheren Zuteilungsperioden belastet wird. So wird das Bausparkollektiv geschützt und der Abbau offener Zahlungsverpflichtungen ermöglicht.[894]

Die Höhe der Bereitstellungsgebühr ist in den verschiedenen Bausparbedingungen unterschiedlich festgelegt. Es handelt sich um eine Extragebühr, die nur fällig wird, wenn der Bausparer als Darlehensnehmer von den vertraglichen Vereinba-

---

[892] In den MBöB n.F. sind es § 1 Abs. 2 S. 3 und 4.

[893] BGH, NJW 1986, S. 467 (468); Bruchner, in Bankrechts-Handbuch, § 78 Rn. 96; Canaris, Bankvertragsrecht, Rn. 1226; Wolf, in Wolf/Horn/Lindacher, § 9 AGBG D28.

[894] vgl. BSpkFb 3. Kap. 3.3 Nr. 15.

rungen abweicht bzw. sie verletzt. Für den Bausparer ist es nicht überraschend, wenn er für eine Vertragsverletzung zusätzliche Aufwendungen erbringen muss. Sollte eine Bausparkasse Bereitstellungszinsen erheben, ohne sie in den ABB aufgenommen zu haben, so wäre die Klausel als überraschend einzustufen.

Bei zeitweiligem Nichtabruf des Darlehens erfolgt zum einen die mögliche Kürzung des abrufbaren Teiles des Darlehens und zum anderen die Pflicht zur Verzinsung des nicht abgerufenen Teiles in Höhe von bis zu 3,0 %.[895] Bei der monatlichen Verkürzung der Anspruchshöhe des Bauspardarlehens bei Nichtabruf ist aber durch die Bausparkasse zu beachten, dass sich die Bereitstellungszinsen monatlich auf eine verringerte Summe beziehen, da sie sonst Bereitstellungszinsen für den nicht mehr existierenden Auszahlungsanspruch in Rechnung stellen. Zu beachten ist auch, ob die Zinsen nach dem Auszahlungsanspruch ab dem Monatsersten oder dem Monatsletzten berechnet werden.

Der Wortlaut von § 13 Abs. 3 MBpB a.F., § 13 Abs. 2 MBöB a.F. ist nicht eindeutig, da er lediglich von dem „bereitgehaltenen Bauspardarlehen" spricht. Die Bereithaltungszinsen müssten sich daher, falls der Darlehensanspruch gekürzt wird, ebenso monatlich verringern. Sollte das nicht der Fall sein, wäre das, unter Berufung auf die jeweiligen Klauseln in den Bausparkassenbedingungen, sowohl intransparent als auch überraschend. Bereits ab dem 2. Monat der Verzögerung der Auszahlung, in dem Bereitstellungszinsen gezahlt werden müssten, müssten diese nur auf den verringerten Darlehensbetrag gezahlt werden. Sollte der verringerte Auszahlungsanspruch nicht berücksichtigt werden, läge eine Verzinsung vor, die über 3,0 % liegt.

Das wäre für den Bausparer intransparent und überraschend. Intransparent auf Grund des Wortlautes der ABB, aus denen eine Anpassung der Bereitstellungszinsen an die verringerten Darlehensansprüche nicht eindeutig hervorgeht. Überraschend deswegen, weil der Bausparer mehr Bereitstellungszinsen zu zahlen hätte, als die ursprünglich ausgewiesenen 3,0%.

Da die meisten Bausparkassen aber die Darlehenszinsen monatlich auf der Basis taggenauer Berücksichtigung aller Gutschriften und Belastungen verrechnen (§ 20 Abs. 2 Satz 2 MBöB a.F. und § 20 Abs. 1 Satz 2 MBpB a.F., §§ 3; 11 MBB n.F.), ist bei der Berechnung der Bereitstellungszinsen auch von der richtigen Berechnung anhand des tatsächlichen bestehenden Auszahlungsanspruches auszugehen.

---

[895] BGH NJW 1994, S. 1275; BGH NJW 1986, S. 1807; Bruchner, in Bankrechts-Handbuch, § 78, Rn. 96.

Dennoch muss auf eine hinreichend deutliche Formulierung geachtet werden. Die Bausparkassen nehmen in der Regel sog. Bereitstellungs- oder Bereithaltungszinsen i.H.v. 2-3 %. Die Höhe des Darlehens ist maßgeblich dafür, ob 3 % Bereithaltungszinsen als zu hoch anzusehen sind.

Die Höhe der Bereitstellungszinsen sollte aber aus den genannten Gründen in moderatem Rahmen bleiben, da es häufig nicht im Einflussbereich der Bausparern liegt, wann sie die zuteilungsreifen Gelder abfordern. Vielmehr sind es oftmals äußere Faktoren, wie z.B. der Baufortschritt, die Eintragung der Sicherheiten im Grundbuch o.ä., auf die der Bausparer keinen Einfluss hat und die die Möglichkeit der Abforderung behindern. Insoweit ist die Festlegung einer Bereithaltungsgebühr in Höhe von 3 % in den ABB nicht als Verstoß anzusehen. Der Bausparer hat bereits bei Abschluss des Vertrages eine Abschlussgebühr entrichtet, die die Bausparkasse für viele Aufwendungen entschädigt. Diese fällt bei einer Darlehensaufnahme bei einer Geschäftsbank nicht an. Daher versuchen einige Kreditinstitute über derartige Gebühren Erträge zu generieren. Bei den Bausparkassen ist das bereits durch die Abschlussgebühr beglichen, so dass die anderen Gebühren, z.B. Bereithaltungszinsen, auch im Interesse der Rechtssicherheit für die ABB [896] moderat ausfallen sollten (vgl. § 308 Nr. 7 BGB).[897] Außerdem kommt für die Bereitstellungszinsen keine Angemessenheitskontrolle nach § 309 Nr. 5a, 6 BGB in Betracht, da es sich dabei weder um eine Verzugsschadensersatzpauschale noch um eine Vertragsstrafe handelt.[898]

Die MBB n. F. haben in § 6 Abs. 2 einen einfacheren Terminus gewählt. Danach ist das Bauspardarlehen von dem Zeitpunkt der Bereitstellung an zu verzinsen. Außerdem wurde eine einheitliche Regelung in § 9 Abs. 2 MBB n.F. gefunden, die eine anteilige Kürzung der Darlehensansprüche nicht mehr vorsieht. Vielmehr verliert der Bausparer nach einem festgelegten Zeitraum[899] seinen Anspruch auf Auszahlung des Darlehens, es sei denn, er hat die Verzögerung der Abforderung des Darlehens nicht zu vertreten. Die Bausparkasse muss vor Ablauf dieser Frist den Bausparer nochmals auf die Rechtsfolge, nämlich den Verlust des Auszahlungsanspruchs, hinweisen.

---

[896] vgl. Staudinger/Coester-Waltjen, § 10 Nr. 7 AGBG Rn. 12.

[897] Staudinger/Coester-Waltjen, §10 Nr. 7 AGBG Rn. 12.

[898] OLG Koblenz, ZIP 1983, S. 557, Staudinger/Hopt/Mülbert, § 607 BGB a.F. Rn. 368; Bruchner, in Bankrechts-Handbuch, § 78, Rn. 96.

[899] in der Regel 2 Jahre ( MBB n.F. § 9 Abs. 2 ).

Die MBB n.F. sind nicht zu beanstanden. Die Klauseln sind übersichtlicher als die MBB a.F.. Hinsichtlich ihrer Wirksamkeit bestehen keine Bedenken.

### *d) Darlehensauszahlungsgebühr gem. § 19 MBpB a.F., § 19 Abs. 1 und 2 MBöB a.F., § 10 MBB n.F.*

Eine Bearbeitungsgebühr für ein auszukehrendes Darlehen kann in banküblicher Höhe ohne einen Verstoß gegen § 307 BGB ausbedungen werden.[900] § 19 MBpB a.F., § 19 Abs. 1 und 2 MBöB a.F., § 10 MBB n.F. legen die Höhe und die Fälligkeit der Darlehensauszahlungsgebühr fest. Die Klauseln sind nicht gem. § 307 Abs. 3 BGB als Leistungsbestimmung der Inhaltskontrolle gem. §§ 307 Abs. 1 u.2, 308, 309 BGB entzogen, da es sich bei diesen Klauseln um Nebenleistungspflichten handelt.

#### *aa) Aufgeldvariante ( Agio )*

§ 19 MBB a.F., und § 6 MBB n.F. legen Darlehensauszahlungsgebühren fest. Sie werden bei Auszahlung des Darlehens als einmalige Gebühr fällig.

Bei der Auszahlung des Bauspardarlehens wird gem. § 19 MBB a.F. die Darlehensgebühr in Höhe von 2 – 3 % der Darlehenssumme fällig. Die Gebühr wird dem Darlehen bei Auszahlung zugeschlagen und ist wie das Darlehen zu verzinsen.

Daraus ergibt sich für den Darlehensnehmer eine Rückzahlungsverpflichtung für ein Darlehen i.H.v. 102 % oder 103 % des Nennbetrages der Darlehenssumme. Die Gebühr wird bei vorzeitiger Darlehenstilgung weder ganz noch anteilig erstattet.[901]

Nach Ansicht der Bausparkassenwirtschaft stellt diese Variante der Gebühr ein laufzeitunabhängiges Entgelt dar, das als Abgeltung des einmaligen Verwaltungsaufwandes zu verstehen ist.[902] Da die verschiedenen Bausparkassen unterschiedliche Tarife haben, bleibt in den einzelnen ABB der Bausparkassen festzustellen, ob die Bausparer die Möglichkeit haben, zwischen verschiedenen Aufschlagvarianten zu wählen.[903]

---

[900] BGH, NJW RR 1989, S. 494 (497).

[901] vgl. § 19 Abs. 3 MBöB a.F.

[902] BSpkFb 3. Kap. 3.4 Nr. 26 f.

[903] BSpkFb 3. Kap. 3.4 Nr. 26 f.

Die MBB und etliche Bausparkassen haben eine eindeutige Variante des Aufschlages gewählt, so dass hinsichtlich der Rückzahlung bei vorzeitiger Ablösung und Sondertilgung keine rechtlichen Probleme entstehen, da hierzu höchstrichterliche Entscheidungen vorliegen.[904]

*bb) Disagiovariante*

Unter Disagio versteht man den Unterschied zwischen dem Nennbetrag des Darlehens und der dem Darlehensnehmer tatsächlich zugeflossenen Summe. Das bedeutet, dass der Darlehensnehmer 100 % des Nennbetrages des Darlehens zurückführen muss, obwohl er nach Abzug von 3 % Disagio lediglich 97 % des Darlehensbetrages ausgezahlt bekommt.

Die Rechtsprechung geht davon aus, dass die Vereinbarung eines solchen Disagio eine vorweggenommene Zinszahlung darstellt.[905] Die Zahlung sei eine Vorleistung, die vom Prinzip der Gleichzeitigkeit des Leistungstausches abweiche.[906] Sie ist im Zweifel als ein laufzeitabhängiger Ausgleich für einen niedrigen Nominalzins zu sehen und nicht den laufzeitunabhängigen Nebenkosten zuzurechnen.[907]

Die frühere Funktion des Disagios als Risikoprüfungskosten oder Abgeltung der Abschlusskosten ist nicht mehr gegeben.[908] Vielmehr steht jetzt der Entgeltcharakter des Disagios im Vordergrund.[909] Nach Ansicht der Rechtsprechung ist eine Klausel, nach der das Disagio bei vorzeitiger Rückzahlung des Darlehens nicht wenigstens anteilig zurückgezahlt wird, wegen eines Verstoßes gegen § 307 Abs. 1 u. 2 BGB unwirksam, wenn durch das Disagio die laufzeitabhängigen Kosten schon bei Vertragsabschluss steigen.[910]

---

[904] BGH, ZIP 1990, S. 848; vgl. zu diesem Themenbereich Nobbe: Die höchstrichterliche Rechtsprechung zum Bankenrecht, Rn. 818.

[905] BGH , NJW 1998, S. 1062; NJW 1990, S. 2250; NJW RR 1989, S. 947.

[906] vgl. Wolf, in Wolf/Horn/Lindacher, § 9 AGBG Rn. D14.

[907] BGH, NJW 1990, S. 2250; zur Änderung der höchstrichterlichen Rechtsprechung Bruchner, in Bankrechts-Handbuch, § 78, Rn. 39 ff.

[908] Bruchner, in Bankrechts-Handbuch, § 78, Rn. 39.

[909] Bruchner, in Bankrechts-Handbuch, § 78, Rn. 39f.

[910] BGH, NJW 1990, S. 2250.

Sollte das Disagio aber als laufzeitunabhängige Entschädigung für den erbrachten Aufwand und als Ausgleich für das Rückzahlungsrisiko dienen,[911] so ist die Disagiovariante wirksam und nicht zu beanstanden, wenn sie ausdrücklich als solche festgelegt wurde.[912]

Die Rückzahlung des Disagios bei vorzeitiger Rückführung des Darlehens hängt davon ab, ob es als laufzeitabhängig oder laufzeitunabhängig einzuordnen ist.[913] Dabei liegt es im Ermessen der Vertragsparteien, wie sie im Rahmen ihrer Vertragsgestaltungsfreiheit das Disagio einstufen und welche Rechtsfolgen sie für den Fall der vorzeitigen Vertragsbeendigung vorsehen.[914]

*aaa) Laufzeitabhängigkeit des Disagios*

Von der Laufzeitabhängigkeit des Disagios bei einer Bausparkasse ist dann auszugehen, wenn der Bausparer ein Wahlrecht hat, bei dem die Höhe des Disagios die Höhe des Nominalzinses beeinflusst.

Sollte eine derartige Klausel durch die Bausparkasse gewählt werden, muss dem Bausparer ein Erstattungsanspruch in der Form zugestanden werden, dass ihm das Disagio in anteiliger Höhe erstattet wird, wenn das Darlehen vorzeitig zurückgeführt wird.[915] Ansonsten wäre diese Klausel als laufzeitabhängig unwirksam.[916]

Im Zweifel ist das Disagio als laufzeitabhängiger Ausgleich für einen niedrigen Nominalzins anzusehen.[917]

---

[911] BGH, NJW 1985, S. 1831.

[912] BGH, NJW 1990, S. 2250; Wolf, in Wolf/Horn/Lindacher, § 9 AGBG D 14.

[913] Ferner muss berücksichtigt werden, ob das Bausparverhältnis durch die Bausparkasse oder den Bausparer gekündigt wurde. Vgl. zu diesem Themenbereich BGH WM 1996, S. 2047 (2048); BGH, ZIP 1994, S. 938 f.

[914] Bruchner, in Bankrechts-Handbuch, § 78, Rn. 36.

[915] vgl. die Berechnung des Erstattungsbeitrages bei OLG Düsseldorf, NJW-RR 1995, S. 313; OLG Koblenz, WM 1995, S. 797, (798); vgl. zu dem Anspruch auf anteilige Disagioerstattung bei Kündigung des Bauspardarlehens durch die Bausparkasse das BSpkFb, 3. Kap. 3.4 Nr. 27.

[916] BGH ZIP 1990, S. 848 (850).

[917] vgl. BGH, ZIP 1992, S. 825, (826).

*bbb) Laufzeitunabhängige Entschädigung*

Ist hingegen in den ABB genau bestimmt, dass das Disagio für die Aufwendungen erbracht wird, die dem Darlehensgeber entstanden sind, und entspricht die Höhe den berechenbaren Bedürfnissen, so könnten diese als wirksam anzusehen sein.

Die Höhe kann 2 – 3 % der Darlehenssumme betragen.[918] Unter steuerlichen Gesichtspunkten haben bereits 4,5 % Disagio einer Inhaltskontrolle durch den BGH standgehalten.[919] Bei der Ausformulierung der ABB ist genau darauf zu achten, dass das Disagio erst fällig wird, wenn der Darlehensgeber dem Bausparer das Darlehen ausbezahlt.

Die Auszahlung auf ein Notaranderkonto[920] ist dabei nicht ausreichend[921], es sei denn, dies wird in den ABB ausdrücklich bestimmt.[922]

*cc) Fazit*

Eine genaue Fassung der ABB-Tarife ist notwendig, um Unsicherheiten wegen des Agio bzw. Disagios im Vorfeld auszuräumen.

In § 19 MBöB a.F. wäre eine deutliche Spezifizierung als Agio oder Disagio notwendig, da sowohl von einer Darlehensgebühr als auch von Disagio die Rede ist. Es wird nicht genau unterschieden, wofür welche Gebühr einbehalten werden soll.

Eine Überprüfung des § 19 MBöB a.F. ergibt eine Intransparenz, da nicht eindeutig ist, ob Disagio als Abzug gemeint ist oder die Darlehensgebühr als Aufschlag. Sollte Disagio als Abzug gemeint sein, so würde das aus der Fassung von § 19 Abs. 1, 2, 3 MBöB a.F. nicht hervorgehen. Die Klausel soll aber den Bausparkassen die Wahl lassen, welche Variante sie in ihren ABB wählen. In § 19 MBpB a.F. ist eine Darlehensgebühr erwähnt, die dem Bauspardarlehen zugeschlagen werden

918 vgl. BGH, NJW 1985, S. 1831.

919 BGH, NJW RR 1986, S. 467 (468).

920 Die Rückzahlungsverpflichtung beginnt noch nicht mit der Auszahlung des Darlehens an den Treuhänder: Der BGH hat die Darlehensbedingungen einer Bausparkasse für unwirksam erklärt, in denen normiert war, dass Zahlungen an einen Treuhänder ( z.B. Notar) für Rechnung und Gefahr des Darlehensnehmers erfolgen und dass so eine Rückzahlungspflicht begründet wird; BGH, NJW 1998, S. 3200; ZfIR 1998, S. 597f. Heinrichs, NJW 1999, S. 1596 (1604).

921 BGH, NJW 1985, S. 1831.

922 Wolf, in Wolf/Horn/Lindacher, § 19 AGBG D 14.

soll, so dass von einer Aufgeldvariante auszugehen ist. Die Formulierung ist eindeutig und transparent und sollte daher auch für die MBöB a.F. verwendet werden.

Die in § 6 MBB n.F. gewählte Variante ist eindeutig und transparent. Die verschiedenen Möglichkeiten werden nicht vermengt, sondern es wird lediglich die Agio-Variante vorgeschlagen. An diese Empfehlung sollten sich die Bausparkassen im Interesse der Rechtssicherheit halten.

*e) Ergebnis der Kontrolle der Gebühren und Nebenpreisabreden in den MBB*

Insgesamt ist festzuhalten, dass die Anzahl der durch die Bausparkassen in ABB anzurechnenden Gebühren durchschaubar und übersichtlich ist.

§ 4 MBB a.F., § 1 MBB n.F. legen für alle Bausparkassen eine Abschlussgebühr fest. Diese ist der Höhe nach als Leistungsbestimmung der Kontrolle entzogen.[923] Sollte dennoch eine Überprüfung als möglich angesehen werden, ist die Klausel nicht zu beanstanden.

Die Formulierung und der Zweck in den MBB sind eindeutig. Von einem Verstoß gegen das Transparenzgebot kann nicht ausgegangen werden.

§ 8 MBB a.F., § 13 Abs. 5 MBpB n.F., § 13 Abs. 3 MBöB n.F. sind als Erhöhungsgebühr und Zusammenlegungsgebühr ebenso Leistungsbeschreibungen, die einer Kontrolle entzogen sind. Wenn dennoch eine Kontrolle dieser Gebühren durchgeführt wird, dann wären sie als transparent anzusehen, so dass sich eine weitere Überprüfung erübrigt. Die Erhöhungsgebühr bei Erhöhung der Bausparsumme ist anteilig an der jeweiligen Abschlussgebühr zu berechnen.

§ 9 der MBB a.F. i.V.m. § 4 MBB a.F., der die Einbehaltung der Abschlussgebühr im Falle der Kündigung festlegt, ist transparent und nicht überraschend. Die Klausel ist dementsprechend nicht zu beanstanden. Die MBB n.F. haben eine transparente Regelung in § 1 MBB n.F. gefunden, die jede Rückzahlung der Abschlussgebühr, auch bei Kündigung durch die Bausparkasse, ausschließt.

§ 13 Abs. 3 MBB a.F. und § 6 Abs. 2 MBB n.F. legen fest, dass die Erhebung von Bereitstellungszinsen möglich ist. Die Verwender der ABB müssen auf die Höhe der Zinsen achten.

---

[923] s.o. 5. Kap. A. II.

Die Darlehensgebühr in § 19 MBpB a.F., § 10 MBB n.F. ist grundsätzlich nicht zu beanstanden und hat sich den entsprechenden Forderungen der Rechtsprechung angepasst. Hierbei ist die Formulierung in § 19 MBöB a.F. zu berücksichtigen. Die Spezifizierung ist nicht eindeutig, da ein Disagio oder ein Agio angenommen werden kann. Das kann den Bausparer nachhaltig belasten, so dass diese Klausel unwirksam wäre, wenn die Bausparkassen sie in dieser Form übernähmen. Die Regelung der MBB n.F. geht von einem Agio aus und ist transparent gestaltet. Die Kontoführungsgebühren gem. § 30 Abs. 1 MBB a.F. sowie die Kosten für die besonderen Aufträge gem. § 30 Abs. 3 MBöB a.F., § 30 Abs. 2 MBpB a.F., § 17 MBB n.F. werden nach der Gebührentabelle abgerechnet. Diese durch den Bausparer verursachten Kosten liegen außerhalb der Leistungen des normalen Vertragsverhältnisses und können daher durch die Bausparkasse zusätzlich berechnet werden. Die Klausel ist ebenso wenig intransparent wie überraschend. Es ist selbstverständlich, dass ein Bausparer, der Anforderungen an die Bausparkasse stellt, die außerhalb des üblichen Vertragsverhältnisses liegen, gesondert bezahlen muss. Ein überraschender Charakter kann ausgeschlossen werden, da diese Posten in dem Abschnitt § 30 MBB a.F./ § 17 MBB n.F. Kosten und Gebühren aufgezählt sind.

Eine Intransparenz ist nicht gegeben, da Bezug auf die Gebührentabelle, die zu den AGB gehört, genommen wird. Alle MBB n.F. beziehen sich auf gesonderte Gebührentabellen, die die einzelnen Gebühren konkretisieren. Die Gebühren in den MBB sind bis auf die angesprochenen Bereiche bei Fälligkeit des Disagios und der Berechnung der Bereitstellungszinsen bei Reduzierung des Darlehensbetrages, in denen klarere Formulierungen notwendig wären, überschaubar und transparent. Die Bedingungsänderungsmöglichkeiten, wozu auch die Zinsänderungsmöglichkeiten gem. § 32 Abs. 1 MBpB a.F., § 32 Abs. 3 MBöB a.F., § 21 MBB n.F. zählen, sind nicht zu beanstanden. Sie sollen das Bestehen der Bausparkassen garantieren. Einer willkürlichen Änderung der Bausparkassenbedingungen steht der Überprüfungsvorbehalt der BaFin entgegen, so dass ein Missbrauch ausgeschlossen ist.[924]

---

[924] vgl. zu diesem Themenbereich auch Basedow in VersR, 1999, S. 1045f., der davon ausgeht, dass Intransparenz eine nicht völlig zu vermeidende Begleiterscheinung von AGB ist. Eine transparente Gestaltung von AGB ist nicht immer möglich, vor allem nicht bei Dauerschuldverhältnissen, wie z.B. bei einem Versicherungsvertrag. Bei diesem ist eine Verweisung auf künftige Daten nicht zu vermeiden. Die AGB müssen so gestaltet sein, dass die naturgegebene Unsicherheit der Zukunft für den Vertragspartner nicht dadurch vergrößert wird, dass den AGB-Verwendern unbeschränkte Ermessensspielräume für die künftige Beeinflussung der Rechte und Pflichten des Kunden eingeräumt werden. Bei den MBB ist diese Änderungsmöglichkeit bereits durch die verschiedenen Kontrollinstanzen bei der Änderung der ABB eingeschränkt. Der Bausparkasse ist kaum noch ein entsprechender Ermessensspielraum eingeräumt.

# 7. Kapitel: Rechtsfolgen der Unwirksamkeit einer Klausel der Allgemeinen Bausparbedingungen

## A. Einleitung

In § 306 BGB werden die Rechtsfolgen für den Fall geregelt, dass AGB im Rahmen der AGB-Kontrolle nicht Vertragsbestandteil geworden oder für unwirksam erklärt worden sind.[925] § 306 entspricht wörtlich dem ehemaligen § 6 AGBG.

Sowohl nach der höchstrichterlichen Rechtsprechung[926] als auch nach der Begründung des Regierungsentwurfes zum AGBG[927] steht der Schutz des Vertragspartners, also des Bausparers, und nicht der des Verwenders im Vordergrund.

Nach § 139 BGB ist ein Rechtsgeschäft insgesamt nichtig, wenn ein Teil dieses Rechtsgeschäftes nichtig ist, es sei denn, dass es auch ohne diesen nichtigen Teil vorgenommen worden wäre. Durch die Norm soll verhindert werden, dass den Parteien anstatt des von ihnen gewollten Rechtsgeschäftes ein Geschäft mit anderem Inhalt aufgedrängt wird.[928] § 139 BGB geht davon aus, dass gerade die Individual- bzw. Kernabreden unwirksam sind. Bei Rechtsgeschäften, bei denen AGB verwendet werden, ist jedoch eine andere Interessenlage gegeben, so dass § 139 BGB nicht passt.[929]

Der Schutz und das Bestandsinteresse des Kunden und der Verbraucher müssen besonders berücksichtigt werden.[930] Das geschieht dadurch, dass für den Fall der Unwirksamkeit der AGB die Individualabreden, die den eigentlichen Vertragskern bilden, immer noch im vollen Umfang wirksam sind.[931]

---

[925] MüKo/Basedow, § 306 BGB Rn. 1.

[926] BGH, WM 1996, S. 2018, (2020); BGH, WM 1996, S. 436 ( 438).

[927] BT-DS 7/ 3919, S. 20 f.

[928] Palandt/Heinrichs, § 139 BGB Rn. 1.

[929] Palandt/Heinrichs, § 306 BGB Rn. 1; Soergel/Stein, § 6 AGBG Rn. 1; MüKo/Basedow, § 306 BGB Rn. 1.

[930] Palandt/Heinrichs, § 306 BGB Rn. 1; Soergel/Stein, § 6 AGBG Rn. 1.

[931] MüKo/Basedow, § 306 BGB Rn. 1; Soergel/Stein, § 6 AGBG Rn. 1.

Sollte die Nichteinbeziehung der AGB oder insbesondere die Unwirksamkeit einzelner AGB-Klauseln den Vertrag im ganzen unwirksam werden lassen wie bei § 139 BGB, hätten beide Vertragspartner, wenn sie den Vertrag bereits teilweise erfüllt haben, wegen der bereits erbrachten Leistungen einen vollständigen Rückabwicklungsanspruch. Allerdings könnte sich dann ein Vertragspartner auf Entreicherung gem. § 818 Abs. 3 BGB berufen.

Im Bausparkassenbereich, der auf langjährigen Vertragsverhältnissen aufbaut, könnte die Anwendung des § 139 BGB insbesondere in der Darlehensphase für die Vertragsparteien verheerende Folgen nach sich ziehen.

Der einzelne Bausparer, der als Kunde vor AGB geschützt werden soll, wäre besonders in der Darlehensphase betroffen. Er müsste bei Anwendung des § 139 BGB das Darlehen sofort an die Bausparkasse zurückführen, wozu er im Regelfall nicht in der Lage ist. Weiter bliebe zu berücksichtigen, dass der Bausparer in Folge der Nichtigkeit des Vertrages gem. § 139 BGB unter Umständen genau die Ansprüche verlieren würde, die er gegen die Bausparkasse geltend machen wollte.[932] Fraglich wäre, ob hier ein Schadensersatzanspruch des Bausparers gegen die Bausparkasse geltend gemacht werden könnte.[933]

Die Interessen der Bausparkasse und damit des Kollektives sind auch zu berücksichtigen. Eine Auflösung des Vertrages ist für das Kollektiv und die Bausparkasse besonders in der Ansparphase nachteilig. Es müsste aufgrund des § 139 BGB ein neuer Vertrag geschlossen werden. Dieser könnte sich für einen der Vertragspartner hinsichtlich Zinsen oder anderer Bedingungen schlechter gestalten.

Zwar ist es der Bausparkasse untersagt, feste Zusagen über den Zeitpunkt der Zuteilung zu geben, aber bei einer Vertragsauflösung wäre es fraglich, ob überhaupt

---

[932] vgl. MüKo/Basedow, § 306 BGB Rn. 1.

[933] Der Schaden des Bausparers liegt darin begründet, dass die AGB der Bausparkasse unwirksam sind oder in der Feststellung der Unwirksamkeit einer ABB-Bedingung. Deshalb müsste der gesamte Vertrag oder der jeweilige Vertragsabschnitt rückabgewickelt werden. Das in der Ansparphase eingezahlte Geld wäre durch die Bausparkasse bereits an den Bausparer zurückgezahlt worden. Der Schadensersatzanspruch gegen die Bausparkasse als Verwender würde hier auf einen Schadensersatz wegen culpa in contrahendo herauslaufen (vgl. OLG Oldenburg, WM 1996, S. 1397 (1398); Wolf, in Wolf/Horn/Lindacher, § 6 AGBG Rn. 54 ff.; Bauer, BB 1978, S. 477; Palandt/Heinrichs, § 306 BGB Rn. 13; Erman/Hefermehl/O.Werner, § 6 AGBG Rn. 23). Der Bausparer müsste unter Umständen bei einem anderen Kreditinstitut zu schlechteren Konditionen finanzieren. Ihm würde durch höhere Zinsen und anfallende Gebühren ein Schaden entstehen. Begründet wurde die Schadensersatzpflicht des Verwenders (als Initiator der AGB), wegen der Vertragsmängel, aus denen sich die Unwirksamkeit des Vertrages ergibt (vgl. BGH NJW 1988, S. 197 (198); BGHZ 99, S. 101 (107); OLG Oldenburg WM 1996, S. 1397 (1398); Brandner, in FS Oppenhoff, S. 11 ff.).

noch ausreichend Gelder eingezahlt werden, um für andere Bausparer eine Zuteilung zu ermöglichen. Der Bestand der Bauspargemeinschaft wäre unter Umständen gefährdet.

Weder dem Kunden, noch dem Vertragspartner ist damit gedient, wenn das gesamte Vertragswerk unwirksam wird. Dem Kunden ist es nicht zuzurechnen, dass bestimmte Klauseln in den AGB des Verwenders unwirksam sind. Eine Überprüfung auf deren Wirksamkeit ist dem Kunden nicht zuzumuten.

Andererseits ist der Verwender im Normalfall an der Durchführung des Vertrages mit dem teilnichtigen Bestandteil interessiert. Das findet seinen Ausdruck darin, dass die meisten Verwender in ihren AGB die Klausel verwenden, dass bei Unwirksamkeit einzelner AGB-Bestimmungen der Vertrag im übrigen wirksam bleiben soll.[934]

Es gibt bestimmte Einzelfälle, in denen der Verwender den Vertrag nicht geschlossen hätte, wenn ihm die Unwirksamkeit einer Klausel bekannt gewesen wäre. Aus diesem Grund kann aber nicht von der Unwirksamkeit des Vertrages ausgegangen werden. Der Verwender hat allein die Möglichkeit der Einflussnahme auf den Inhalt und die Formulierungen seiner AGB. Dabei ist ihm bewusst, dass der Vertrag nur in den Grenzen des gesetzlich Zulässigen wirksam ist. Es wäre unbillig, wenn der Verwender die Möglichkeit gem. § 139 BGB hätte, sich auf die Unwirksamkeit des Vertrages zu berufen und es ihm offen stände, die Risiken, die sich aus der Unwirksamkeit der von ihm selbst formulierten AGB-Klauseln ergeben, auf den Kunden abzuwälzen.

In § 306 BGB ist deswegen entgegen der Norm des § 139 BGB vorgeschrieben, dass die restlichen Vertragsbestandteile trotz der Lückenhaftigkeit des Vertrages grundsätzlich wirksam sind.[935] An die Stelle der nichteinbezogenen oder unwirksamen Klausel tritt das abbedungene dispositive Recht.[936] Eine richterliche Vertragsergänzung und die Berücksichtigung der Gebräuche des Handelsverkehrs werden jedoch nicht ausgeschlossen.[937]

---

[934] MüKo/Basedow, § 306 BGB Rn. 2.

[935] vgl. MüKo/Basedow, § 306 BGB Rn. 2f.

[936] MüKo/Basedow, § 306 BGB Rn. 3; Soergel/Stein, § 6 AGBG Rn. 1.

[937] vgl. BGH, BB 1973, S. 635 (636); Basedow, ZHR 1986, S. 469, (491).

Als Folge aus § 306 Abs. 1 BGB ergibt sich gem. § 306 Abs. 2 BGB, dass die gesetzlichen Vorschriften an die Stelle der nichteinbezogenen unwirksamen Klauseln treten sollen. § 306 Abs. 3 BGB regelt als Ausnahme die Unwirksamkeit des gesamten Vertrages, die sich ergebe, wenn sich das Festhalten am Vertrag durch die richterlichen Ergänzungen als unzumutbare Härte darstellen würde.

Eine unzumutbare Härte ist z.B. dann anzunehmen, wenn die Bausparkasse in ihrer Existenz durch ein Festhalten an dem Vertrag gefährdet wäre. Auf den einzelnen Bausparer wäre diese Regelung dann entsprechend anzuwenden.

In den §§ 305 ff. BGB ist nicht geregelt, welche Schadensersatzpflichten den Verwender wegen der Nichteinbeziehung oder der Unwirksamkeit von Klauseln treffen. Daher haftet der Verwender dem Vertragspartner nach den allgemeinen zivilrechtlichen Normen.

## B. Regelung des § 306 Abs. 1 BGB

Die Norm regelt die Fälle, in denen AGB als Ganzes oder als Teil unwirksam bzw. nicht Vertragsbestandteil geworden sind.

### I. Grundsätzliches

Grundsätzlich soll im Fall der Teilunwirksamkeit eines Vertrages der Restvertrag wirksam bleiben. § 306 Abs. 1 BGB regelt diesen Fall abweichend von § 139 BGB, der bei Teilunwirksamkeit eines Rechtsgeschäftes die Gesamtnichtigkeit des Vertrages vorsieht, sofern nicht anzunehmen ist, dass der Vertrag auch ohne den wegfallenden Teil abgeschlossen worden wäre. Der Vertrag bleibt also im Übrigen wirksam.[938] Das entspricht dem Interesse beider Parteien.

Der Vertragskern bleibt trotz der Unwirksamkeit einzelner AGB-Klauseln wirksam. Die kontrollierbaren AGB betreffen üblicherweise Nebenpflichten und keine primären Leistungspflichten oder Vertragsbestandteile.Die Regelung gilt allgemein, da es gleichgültig ist, warum die Klausel unwirksam geworden ist (z. B. wegen § 305c Abs. 1 BGB).

---

[938] BGHZ 22, S. 90 (93); BGHZ 51, S. 55 (57); BGH, NJW 1970, S. 29 (30); MüKo/Basedow, § 306 BGB Rn. 1; Schmidt-Salzer, AGB 2. Aufl. 1977, Rn. F50 f.; L. Raiser, Das Recht der AGB 1935, S. 319 ff.; Schmidt, in Ulmer/Brandner/Hensen, § 6 AGBG Nr. 4.

## II. Regelung des § 306 Abs. 1, 1. und 2. Variante BGB

§ 306 Abs. 1, 1. Variante BGB versteht unter „nicht Vertragsbestandteil geworden", dass die AGB nicht wirksam in den Vertrag mit einbezogen wurden, also nie Vertragsinhalt waren.[939]

Die Regelung des § 306 Abs. 1 BGB gilt deswegen nur dann, wenn die „willensunabhängigen" Voraussetzungen der Einbeziehung der AGB nicht gegeben sind, also der Verwender seiner Kenntnisverschaffungsobliegenheit gem. § 305 Abs. 2 und 3 BGB nicht genügt hat oder dem Hinweiserfordernis nicht nachkam.

Die neue Regelung der Einbeziehung von AGB im Gesetz zur Modernisierung des Schuldrechts führt dazu,[940] dass die Mitarbeiter der Bausparkasse die Bausparer bei Vertragsabschluß jetzt sorgfältiger auf die ABB hinweisen müssen.

Anders liegt der Fall, wenn die Klausel wegen ihres überraschenden Charakters gem. § 305c Abs. 1 BGB nicht Vertragsbestandteil wird.

Die ABB sind bisher nicht wegen § 305 c Abs. 1 BGB für unwirksam erklärt worden bzw. wegen des überraschenden Charakters überprüft worden. Das resultiert aus der mehrfachen Vorab-Überprüfung der MBB. Überraschende Klauseln wären bereits vor der Veröffentlichung der Empfehlung gestrichen worden. Die Bausparkassen orientieren sich entsprechend eng an den MBB, so dass eine überraschende Klausel nicht wahrscheinlich ist.

Fehlt dahingegen das Einverständnis eines Vertragspartners mit der Geltung der AGB, so ist die Wirksamkeit des Vertrages nach §§ 154, 155 BGB zu beurteilen.[941] § 306 Abs. 1, 2. Variante BGB betrifft Klauseln, die zwar wirksam einbezogen wurden, aber nach anderen Vorschriften der §§ 305 ff. BGB unwirksam sind, z.B. wegen einer unangemessenen Benachteiligung gem. § 307 Abs. 1 BGB.

---

[939] vgl. Soergel/Stein, § 6 AGBG Rn. 4.

[940] Die früher geltende Privilegierung des § 23 Abs. 3 AGBG ist mit dem Gesetz zur Modernisierung des Schuldrechts weggefallen.

[941] Schmidt, in Ulmer/Brandner/Hensen, § 6 AGBG Rn. 8; Erman/Hefermehl/O.Werner, § 6 AGBG Rn. 3; Wolf, in Wolf/Horn/Lindacher, § 6 AGBG Rn. 8.

### III. Teilunwirksamkeit von AGB als Rechtsfolge gem. § 306 Abs. 1, 3. Variante BGB

Mit dieser Norm wird die Teilunwirksamkeit von AGB, d.h. die Unwirksamkeit einzelner Klauseln angesprochen.

Voraussetzung für das Fortbestehen des Vertrages ist zunächst die Wirksamkeit des Rechtsgeschäftes. Damit steht die Teilbarkeit des Rechtsgeschäftes in unmittelbarem Zusammenhang. Sollte durch die Kontrolle ein Teil für unwirksam erklärt worden sein, muss der Restvertrag Bestand haben können.[942] Das ergibt sich aus der Formulierung des § 306 Abs. 1 BGB: „...im übrigen wirksam bleibt". Aus der Norm muss gefolgert werden, dass, um eine sinnvolle Ergänzung des Vertrages vornehmen zu können, die Teile noch wirksam sind, die sich objektiv als die wesentlichen Bestandteile darstellen. Es handelt sich also um die essentialia negotii.[943]

Eine Besonderheit beim Bausparvertrag ist, dass die wesentlichen Vertragsbestandteile durch AGB geregelt werden. Der Kernbereich des Vertrages muss unberührt bleiben, da sonst der Vertrag nicht mehr auf § 306 Abs. 1 BGB gestützt werden kann.

Meistens wird der Kernbereich des Vertrages nicht betroffen, da die primären Leistungsbeschreibungen ihrem Inhalt nach nicht kontrollfähig sind.[944]

Das Produkt des Bausparvertrages wird durch die ABB ins Leben gerufen. Es unterliegt aber hinsichtlich der essentialia negotii nur einer eingeschränkten Inhaltskontrolle gem. §§ 305 Abs. 2 - 305c Abs. 2 BGB und dem Transparenzgebot gem. 307 Abs. 1 Satz 2 BGB.

### IV. Die Gesamtunwirksamkeit des Vertrages als Rechtsfolge des § 306 Abs. 1 BGB

In Ausnahmefällen kann sich eine Gesamtunwirksamkeit eines Bausparvertrages ergeben. Das setzt voraus, dass nicht einzelne herausnehmbare Klauseln unwirksam sind, sondern der Vertrag als Ganzes.

---

942 Schmidt, in Ulmer/Brandner/Hensen, § 6 AGBG Rn. 10.

943 Soergel/Stein, § 6 AGBG Rn. 6; Schmidt, in Ulmer/Brandner/Hensen, § 6 AGBG Rn. 10.

944 s.o. Kap.5 B: III.3

### 1. Sittenwidrigkeit der jeweiligen Hauptleistungspflicht

Zunächst könnte die Sittenwidrigkeit der jeweiligen Hauptleistungspflicht zur Gesamtunwirksamkeit des Vertrages führen.

Die gegenseitigen Leistungspflichten sind eindeutig durch die ABB bestimmt. Die entsprechenden, meist niedrigen Zinssätze und die jeweiligen Rückzahlungsraten werden genau vereinbart. Eine weitere Belastung der Bausparer wird eindeutig in den ABB formuliert. Die Belastungen sind nach den ABB überschaubar und bedeuten keine Erhöhung der jeweiligen Darlehensraten und Rückzahlungsraten.[945] Die Höhe der Rückzahlungsraten im Verhältnis zum Darlehensbetrag ergibt sich aus den hohen Tilgungsanteilen in den Darlehensverträgen. Das hat den Vorteil, dass die Darlehen schnell zurückgeführt werden.[946] Bei Bausparverträgen ist von einer Sittenwidrigkeit der jeweiligen Hauptleistungspflichten nicht auszugehen.

### 2. Gesamtunwirksamkeit des Vertrages gem. § 138 BGB wegen zu hoher Belastungen des Bausparers in der Darlehensphase

Im Darlehensrecht ergibt sich häufig die Problematik, dass die Gesamtbelastung des Darlehensnehmers wesentlich höher ist, als von ihm erwartet bzw. aus dem Darlehensvertrag ersichtlich war.

Nicht die Zinshöhe ist in diesen Fällen sittenwidrig, sondern die sich aus den AGB weiter ergebenden Kosten (z.B. Gebühren ) führen zu einer wesentlich höheren wirtschaftlichen Belastung des Kunden.[947] Die Unwirksamkeit der Verträge ergibt sich aus der Sittenwidrigkeit des gesamten Vertragswerkes. Insoweit ist § 306 Abs. 1 BGB nicht heranzuziehen und auch ein „Restdarlehensvertrag", der weiterhin Bestand haben würde, ist nicht gegeben.

Aus den ABB ist genau ersichtlich, welche Kosten durch den Abschluss des Vertrages auf den Bausparer zukommen. In den MBB a.F. zahlt der Bausparer die Abschlussgebühren gem. § 4 MBB a.F. und gem. § 30 MBB a.F. die sonstigen Kosten und Gebühren.

---

[945] s.o. Kap. 6 D: IV. hinsichtlich der Gebühren.

[946] vgl. BGH, NJW 1979, S. 805 ff.; BGHZ 80, S. 153 (161, 171); Schmidt, in Ulmer/Brandner/ Hensen § 6 AGBG Rn. 21.

[947] vgl. BGHZ 80, S. 153, (161, 171ff.); BGH, NJW 1979, S. 805 ff.; Schmidt, in Ulmer/Brandner/ Hensen, § 6 AGBG Rn. 21 ff.

Die MBB n.F. regeln die Gebühren und Kosten in einem gesonderten Abschnitt, der zwischen der Präambel und den MBB platziert ist. Es wird eine Aufzählung der in dem jeweiligen Tarif anfallenden Entgelte, Gebühren und Zinsen vorgenommen.

Von einer Sittenwidrigkeit in der Ansparphase, in der der Bausparer die Bausparraten einzahlt und so der Bausparkasse ein Darlehen gewährt, ist nicht auszugehen. Die Ansparbeträge werden in § 5 Abs. 1 MBB a.F., § 2 Abs. 1 MBB n.F. festgelegt und mit Abschluss des Vertrages mitgeteilt. Der Bausparer bestimmt bei Vertragsabschluss, über welche Bausparsumme er den Vertrag abschließen bzw. welche monatliche Sparleistung er erbringen will. Ferner wird die Guthabenverzinsung nach § 6 MBB a.F., § 3 MBB n.F. festgelegt und dem Bausparer bekannt gegeben.

Die Verzinsung und die Tilgungshöhe in der Darlehensphase sowie die Gebühr für die Darlehensausreichung (§§ 19 und 20 MBB a.F., §§ 10 u.11 MBB n.F.) werden im Vorfeld mit dem Bausparer besprochen. Die Raten werden nach § 20 MBB a.F., § 11 MBB n.F. berechnet. Sonstige Kosten kommen auf den Bausparer nicht zu, es sei denn, er wünscht besondere Dienstleistungen. Bei Darlehensausreichung wird die Darlehensgebühr dem Darlehen zugeschlagen, so dass sich die Darlehensrate erhöht (§ 19 MBB a.F., § 10 MBB n.F.). Die Höhe der Raten ist dem Sparer bei Abschluss des Vertrages bekannt. Hinzu kommen die zu zahlende Kontogebühr nach § 30 MBB a.F., § 17 MBB n.F..

### 3. Gesamtunwirksamkeit bei einer Vielzahl zu beanstandender Klauseln

In Literatur und Rechtsprechung ist umstritten, ob bei der Unwirksamkeit einer Vielzahl zu beanstandender Klauseln der Vertrag als Ganzes unwirksam wird.[948]

Gerade für den Fall, dass viele Klauseln unwirksam sind, ist der Verbraucher zu schützen. Bei der Unwirksamkeit werden normalerweise nur Nebenbedingungen durch die Kontrolle von AGB erfasst. Die Hauptleistungspflichten der Parteien bleiben weiterhin bestehen. Dem Verwender soll es nicht zugute kommen, dass er

[948] BGH, WM 1990, S. 1198 (1200); NJW 1990, S. 567 (569); NJW 1986, S. 928 (930); Schmidt, in Ulmer/Brandner/Hensen, § 6 AGBG Rn. 22; vgl. Wolf, in Wolf/Horn/Lindacher, § 6 AGBG Rn. 45; vgl. MüKo/Basedow, § 306 BGB Rn. 8, Rn. 21.

durch eine Konstruktion von unwirksamen Klauseln von seiner Hauptleistungspflicht befreit wird. Das wäre im Ergebnis unbillig. Die Gesamtunwirksamkeit durch den Wegfall vieler Klauseln wird sich nur dann ergeben, wenn bei atypischen Verträgen, also Verträgen, die nicht gesetzlich konkret geregelt sind, eine Vielzahl von Klauseln unwirksam sind und eine Anpassung im Wege der Auslegung oder der ersatzlose Wegfall der Klauseln zu einem völlig anderen Vertragsinhalt geführt hätte.[949] Diese frühe Rechtsprechung[950] wurde durch den BGH beibehalten. Tatsächlich wurden die Verträge trotz vieler unwirksamer Klauseln für wirksam gehalten.[951]

Hieraus ergibt sich die Gefahr, dass der wesentliche Vertragscharakter durch das dispositive Recht oder durch die ergänzende Vertragsauslegung des Gerichts so verändert wird, dass der Vertragsinhalt dem Parteiwillen nicht mehr entspricht.[952]

*a) Literatur*

Teile der Literatur gehen davon aus, dass der Vertrag weiter Bestand hat und durch dispositives Recht ergänzt wird.[953] Die Richter betreiben eine Rechts- und Vertragsergänzung, die zum Ergebnis haben kann, dass einem Vertrag eine wesentliche Inhaltsänderung widerfährt. Als Notbremse wird durch Schmidt § 306 Abs. 3 BGB (ehem. § 6 Abs. 3 AGBG) angeführt.[954] Danach werden die Verträge unwirksam, wenn das Festhalten an ihnen unter Berücksichtigung der gem. § 306 Abs. 2 BGB (ehem. § 6 Abs. 2 AGBG) durchgeführten Ergänzungen eine unzumutbare Härte für eine Vertragspartei ergeben würde. Den Parteien obliegt es darüber zu entscheiden, ob eine unzumutbare Härte vorliegt oder nicht.

---

[949] vgl. BGHZ 51, S. 55, (59) (Automatenaufstellungsvertrag); vgl. BGH, NJW 1983, S. 159, (160). (162); BGH, NJW 1971, S. 1034 (1035).

[950] BGHZ 51, S. 55 (59 ff. ) = NJW 1969, S. 230 f.

[951] vgl. Schmidt, in Ulmer/Brandner/Hensen, § 6 AGBG Rn. 22.

[952] BGHZ 150, S. 55 (59 ff.); BGH, NJW 1970, S. 29 (30); BGH, NJW 1981, S. 159 (160 ff.); a.A. Wolf, in Rechtsgeschäftliche Entscheidungsfreiheit und vertraglicher Interessenausgleich 1970, S. 291; Wolf, in Wolf/Horn/Lindacher, § 6 AGBG Rn. 45 ff.; Hager, JZ 1996, S. 175 ff.; vgl. zu dem Themenbereich Schmidt, in Ulmer/Brandner/Hensen, § 6 AGBG Rn. 22.

[953] MüKo/Basedow, § 306 BGB Rn. 21; Palandt/Heinrichs § 306 BGB Rn. 6; Schmidt, in Ulmer/Brandner/ Hensen, § 6 AGBG Rn. 22.

[954] Schmidt, in Ulmer/Brandner/Hensen, § 6 AGBG Rn. 22.

*b) Rechtsprechung*

Die Rechtsprechung geht davon aus, dass bei einer Vielzahl von unwirksamen Klauseln der Vertrag auch weiterhin gilt, sofern der wesentliche Vertragsinhalt nicht verändert wird. Ist der wesentliche Vertragsinhalt betroffen, geht auch die Rechtsprechung von der Unwirksamkeit des Vertrages aus.[955]

*c) Stellungnahme*

Literatur und Rechtsprechung haben sich im Ergebnis soweit angenähert, dass der Vertrag als Ganzes unwirksam ist, wenn der wesentliche Vertragsbestandteil als Folge der Klauselkontrolle unwirksam wird. Das hat der BGH im Automatenaufstellungsurteil entschieden.[956] Ein Gericht ist demnach nicht befugt, den Parteien die von ihm für richtig gehaltenen Vertragsauslegungen und Gestaltungen aufzudrängen, wenn dadurch dem gesamten Vertrag ein anderer Charakter zukommt. Führen weder die ergänzende Vertragsauslegung noch dispositives Recht zu einem akzeptablen Ergebnis, so geht das Gericht von der Unwirksamkeit des gesamten Vertrages aus. Diese Ansicht ist für den Fall bestätigt worden, dass aufgrund der Unwirksamkeit einiger Klauseln die gerichtlich durchgeführte Ergänzung zu einer wesentlichen Vertragsänderung führt, aus der sich eine neue Vertragsgestaltung ergibt, die von den Parteien nicht gewollt ist.[957]

Der wesentliche Unterschied der einzelnen Meinungen liegt darin, dass bei einer gerichtlichen Vertragsergänzung das Gericht darüber zu entscheiden hat, ob die Unwirksamkeit der Klauseln zur Unwirksamkeit des Vertrages führt oder, wie in der Literatur teilweise vertreten, die Parteien selbst unter Anwendung des § 306 Abs. 3 BGB entscheiden, ob die Neugestaltung des Vertrages für sie eine unzumutbare Härte darstellt.

Im Ergebnis ist der Ansicht der Literatur zu folgen. Der Grundsatz der Vertragsfreiheit sollte auch bei einer Unwirksamkeitserklärung hinsichtlich der einzelnen AGB-Klauseln berücksichtigt werden. Die Parteien können dann selber entscheiden, ob die durch das Gericht erfolgte Ergänzung dem Willen der einzelnen Vertragsparteien entspricht. Die Parteien haben sich vertraglich gebunden. Die Auseinandersetzung über die einzelnen Klauseln in Bezug auf deren Unwirksamkeit oder vertragliche Ergänzung ist Aufgabe des Gerichtes. Die Parteien entscheiden

---

955 vgl. BGHZ 51, S. 55 (59 ff.).

956 BGHZ 51, S. 57 (58); BGH, NJW 1971, S. 1034, (1035); BGH, WM 1974, S. 626 (627 ff.).

957 BGH, NJW 1987, S. 184 (185); NJW 1986, S. 928 (930); NJW 1985, S. 53 (54).

dann selbst, ob sie unter den nun festgesetzten Bedingungen an dem Vertrag festhalten wollen.

Der Verwender, dem im Normalfall durch die Unwirksamkeit seiner AGB eine Benachteiligung nach Vertragsabschluss widerfährt, wird der Ansicht sein, dass die Gestaltung des Vertragsverhältnisses durch die Gerichte für ihn nachteilig ist. Ihm obliegt es, eine unangemessene Härte durch die Rechtsfortentwicklung des Gerichtes nachzuweisen. Das sollte ihm auch nicht durch die Gerichte abgenommen werden. Der Verwender hat den Vorteil, die AGB in den Vertrag einzubringen, so dass die Beweislast für die unzumutbare Härte, die ihn durch die neue Vertragsgestaltung trifft, gerechtfertigt ist.

Dem Kunden des Verwenders obliegt es bei einer wesentlichen Änderung des Vertragsinhalts, den Vertrag wegen unzumutbarer Härte für unwirksam erklären zu lassen. Sollte sich tatsächlich der wesentliche Vertragsinhalt geändert haben, so wird es ihm möglich sein, die unzumutbare Härte nachzuweisen. Das gilt insbesondere für den Fall, dass sich der wesentliche Vertragsinhalt so geändert hat, dass er kein Interesse mehr an dem Fortbestehen des Vertrages haben kann.

Hinsichtlich der ABB und der Bausparverträge wird immer eine Auslegung und Ergänzung der Darlehensverträge durch das Gericht möglich sein. Das Darlehensrecht, an dem sich das Gericht orientiert, gibt viele Anhaltspunkte, die einen Interessenausgleich, auch bei einem Wegfall vieler Klauseln, ermöglichen.

Jedoch ist durch die gesetzliche Regelung vieler ABB im BSpkG, der BSpkV und die Vorgabe der MBB, die Unwirksamkeit einer Vielzahl von ABB-Klauseln nicht zu befürchten.

## C. Ergänzung des Vertragsinhaltes nach gesetzlichen Vorschriften oder durch richterliche Vertragsfortbildung nach § 306 Abs. 2 BGB

Die Norm des § 306 Abs. 2 BGB hat lediglich klarstellende Funktion, da ohnehin gesetzliche Regelungen gelten, wenn vertragliche Regelungen wegfallen oder unwirksam sind.[958]

[958] Schmidt, in Ulmer/Brandner/Hensen, § 6 AGBG Rn. 24.

## I. Ergänzungsbedürftigkeit

Voraussetzung für die Lückenfüllung anhand des § 306 Abs. 2 BGB ist, dass durch den Wegfall einer Klausel das Vertragswerk ergänzungsbedürftig geworden ist.[959] Die Ergänzungsbedürftigkeit ist dann gegeben, wenn sich die vertragliche Regelung als unvollständig darstellt. Das ist der Fall, wenn die gesamten AGB nicht Bestandteil eines Vertrages geworden sind. Davon kann bei ABB nicht ausgegangen werden, da auch die Hauptleistungspflichten in den ABB geregelt sind.

Sollten eine oder mehrere Klauseln wegfallen, so bleibt der Vertrag im Übrigen wirksam, sofern es sich bei den weggefallenen Klauseln nicht um essentialia negotii handelt.

### 1. Lückenfüllung durch dispositives Recht

Fehlt es an einem gesetzlichen Vertragstyp, der zur Lückenfüllung herangezogen werden kann, so ist durch das Gericht zu prüfen, ob nicht die allgemeinen Vorschriften des Allgemeinen Teils des BGB oder des Schuldrechtes herangezogen werden können. Das ist insoweit notwendig, als die Normen, die als dispositives Recht jetzt Bedeutung erlangen, vorher durch die jeweiligen AGB abbedungen werden sollten. Verdrängtes Gesetzesrecht tritt wieder an die Stelle der unwirksamen Klausel, wenn diese nicht ersatzlos gestrichen werden kann.

#### *a) Allgemeine gesetzliche Regelungen*

Zu den allgemeinen gesetzlichen Regelungen gehören nicht nur die einschlägigen Gesetzesregelungen des Zivilrechts oder des BSpkG, sondern insbesondere auch Handelsbräuche[960] und ungeschriebene Rechtsgrundsätze.[961]

Die Einordnung des Bausparvertrages als schuldrechtlicher Vertrag wirft keine Probleme auf. Der Bausparvertrag und die ihn gestaltenden ABB stellen sich sowohl in der Ansparphase als auch in der Darlehensphase als Darlehensvertrag im Sinne der §§ 488 ff. BGB dar.[962]

---

[959] Soergel/Stein, § 6 AGBG Rn. 8.

[960] BGH, BB 1973, S. 635, 636; vgl. Basedow, ZHR (150) 1986, S. 469 (491) m. w. N.

[961] BGH, NJW 1996 S. 2093 u. 2788; Palandt/Heinrichs, § 306 BGB Rn. 6; vgl. Schmidt, Harry, S. 161 ff.; Canaris, ZIP 1996, S. 1109 (1115); Soergel/Stein, § 6 AGBG Rn. 14.

[962] s.o. 3. Kap. B. III. 1.

Es gibt für eine richterliche Inhaltskontrolle einen vorgegebenen gesetzlichen Maßstab. Im Falle der Unwirksamkeit von Klauseln kann das Gericht auf das allgemeine Darlehensrecht zurückgreifen und entsprechende Ergänzungen einfügen. Das zeigt sich bereits in der Begründung des BGH im Bausparkassenurteil.[963] Der BGH greift ohne weitere Ausführungen in seiner Urteilsbegründung auf die damals noch geltenden §§ 607 ff. a.F BGB zurück. Die überwiegende Zahl der Klauseln ist auf das Darlehensrecht zurückzuführen. Das gilt insbesondere für Klauseln hinsichtlich der Verzinsung von Sparleistungen, die Einzahlung und Verrechnung der jeweiligen Einzahlungen etc. (vgl. §§ 2, 5, 6, 15, 18, 19, 20, 21, 22, 30 MBB a.F.; § 23 MBpB a.F.; §§ 16, 30 MBöB a.F., Entgelt und Gebührenübersicht; §§ 1, 2, 3, 6, 10, 11, 13, 16, 17 MBB n.F.).

Im Bausparkassenrecht bedeutet nicht jede Kassation einer Klausel automatisch eine Vertragslücke. Häufig kann eine Klausel ersatzlos gestrichen werden. Ob durch den Wegfall einer Klausel eine Lücke im Vertragswerk entsteht, bedarf dann der Einzelbewertung.[964]

*b) Bausparkassenrechtliche Ergänzungsmöglichkeiten*

Bevor auf allgemeine Vorschriften des BGB zur Lückenfüllung zurückgegriffen wird, ist zu prüfen, ob spezielle bausparkassenrechtliche Regelungen vorhanden sind. Entsprechende Vorschriften finden sich im BSpkG und in der BSpkV, aus denen sich in einigen Fällen auch ein gesetzliches Leitbild ableiten lässt.

Hier muss die Lückenfüllung unterbleiben, wenn die Anwendung des dispositiven Rechtes zu einer wesentlichen Änderung des Charakters des Vertrages oder zu einer völligen Umgestaltung desselben führt, die dem Parteiwillen nicht mehr entspricht.[965] Dabei ist insbesondere zu berücksichtigen, dass die ABB nicht lediglich ein typisches gesetzliches Schuldverhältnis ausgestalten, sondern geprägt sind von den Besonderheiten des Bausparverhältnisses. Zu nennen sind dabei an erster Stelle die Verknüpfung von Ansparphase und Darlehensphase und die bausparspezifischen Verhältnisse der Verzinsung von Guthaben und Darlehen sowie das kollektive Konzept des Bausparens.[966] Diese Besonderheiten haben z.B. in § 9 BSpkG

---

[963] BGH, ZIP 1992, S. 129, ( 133, 135 ff.).

[964] vgl. BGH, ZIP 1992, S. 129 (135 ff.).

[965] BGH, NJW RR 1990, S. 1076 (1077); NJW 1985, S. 53 (56); NJW 1983, S. 159 (162); vgl. Schmidt, in Ulmer/Brandner/Hensen, § 6 AGBG Rn. 30.

[966] Horn, in Wolf/Horn/Lindacher, AGBG § 23, Rn. 424

ihren Niederschlag gefunden, wo im Hinblick auf die Notwendigkeit gleichgearteter Bausparverträge und aufsichtsbehördlicher Eingriffe im Interesse der Bausparergemeinschaft die Möglichkeit von Bedingungsänderungen und Privatrechtsgestaltungen eingeräumt werden. Als Besonderheit ist weiter das Verbot der Zusage über Zuteilung und Auszahlung nach § 4 Abs. 5 BSpkG zu nennen, das im Interesse kollektiven Geschäftsverlauf der Bausparkasse ist. Aber auch darüber hinaus ist zu klären, inwieweit die Regelungen des BSpkG und der BSpkV Vorgaben für die Ausgestaltung des Vertragsverhältnisses machen.

## 2. Lückenfüllung durch ergänzende Vertragsauslegung

Sollte eine Lückenfüllung durch dispositives Recht nicht möglich sein und ist der Parteiwille durch die ersatzlose Streichung der nichtigen Klausel nicht gewahrt, ist die Lücke durch ergänzende Vertragsauslegung gem. §§ 131, 157 BGB zu füllen.

Zulässig ist diese ergänzende Vertragsauslegung also nur, wenn

- dispositives Recht, das stets Vorrang vor der Auslegung hat, keine Regelung zur Lückenfüllung bietet,
- der ersatzlose Wegfall der Klausel den eindeutigen Parteiinteressen widerspricht und
- der Vertrag konkrete Anhaltspunkte gibt, in welcher Weise die Parteien eine Lücke geschlossen hätten, wenn ihnen die Unwirksamkeit der Klausel bekannt gewesen wäre.[967]

Für die ergänzende Auslegung eines lückenhaften Vertrages gilt ein objektiv genereller Maßstab, der sich an den Interessen und dem hypothetischen Willen der an dem betreffenden Geschäft üblicherweise beteiligten Parteien orientiert.

Das Gericht muss nach Treu und Glauben die Regelungen einsetzen, die bei sachgerechter Abwägung der beiderseitigen Interessenlagen wahrscheinlich durch die Parteien vereinbart worden wären, sofern die Unwirksamkeit der Klausel bekannt gewesen wäre. Die ergänzende Vertragsauslegung scheidet aber aus, wenn verschiedene Gestaltungsmöglichkeiten in Betracht kommen.

---

[967] grundlegend BGHZ 90, S. 69 (75 ff.); vgl. BGH, NJW 1996, S. 1213 (1215); NJW 1996, S. 2092 (2093 ff.).

Das Gericht hat nicht die Möglichkeit, selbst wenn es eine Lösung für angemessen hält, diese den Vertragsparteien aufzuzwingen, wenn sie dem offensichtlichen Parteiwillen widerspricht.[968]

Insbesondere ist darauf zu achten, dass das Verbot der geltungserhaltenden Reduktion unwirksamer Klauseln nicht durch ergänzende Vertragsauslegung umgangen wird.[969]

Die Problematik der richterlichen bzw. ergänzenden Vertragsauslegung wird sich bei den ABB selten ergeben. Wie oben dargestellt, orientiert sich der Bausparvertrag an den Normen des Darlehensrechts. Hinzu kommen die gesetzlichen Normen des BSpkG und der BSpkV, die dem Gericht eine Möglichkeit zur Ergänzung des Vertrages geben. Selbst der Inhalt der ABB ist teilweise gesetzlich geregelt, so dass ein Rückgriff auf die gesetzlichen Normen für das Gericht immer möglich sein wird. Dabei bleibt zu berücksichtigen, dass den Gerichten bei der Lückenfüllung ein größerer Beurteilungs- und Gestaltungsspielraum eröffnet wird als dies bei Individualverträgen der Fall ist. Das Gericht muss demnach darauf achten, dass nicht nur auf den jeweiligen einzelnen Bausparer und den durch ihn abgeschlossenen Vertrag Rücksicht genommen wird, sondern dass hier objektive Maßstäbe angelegt werden.

Der Bausparer ist Mitglied der Gemeinschaft der Bausparer und alle Bausparer haben mit der Bausparkasse ihre Verträge zu denselben Bedingungen abgeschlossen. Das Gericht muss sowohl die Interessen der Gemeinschaft der Bausparer als auch die des einzelnen Bausparers bei der ergänzenden Vertragsauslegung berücksichtigen.

## II. Abdingbarkeit von § 306 Abs. 2 BGB

Die Möglichkeit der Abdingbarkeit von § 306 Abs. 2 BGB, also der Lückenfüllung durch dispositive Normen oder richterliche Vertragsfortbildung, ist in der Literatur heftig umstritten.[970]

---

[968] BGHZ 93, S. 29 (41); BGHZ 107, S. 273 (276 ff.); Soergel/Stein, § 6 AGBG Rn. 16; Schmidt, in Ulmer/Brandner/Hensen, § 6 AGBG Rn. 17; Trinkner, BB 1984, S. 491; a.A. Wolf, in Wolf/ Horn/ Lindacher, § 6 AGBG Rn. 21; Bechthold, in BB 1983, S. 1636 (1639).

[969] BGHZ 90, S. 69 (76 ff.); BGH, NJW 1985, S. 621 (622 ff.); vgl. zum Diskussionsstand Mü-Ko/Basedow, § 306 BGB Rn. 12 ff.

[970] vgl. Soergel/Stein, § 6 AGBG Rn. 17 ff. m.w.N.

Die ganz herrschende Meinung bejaht eine Abdingbarkeit durch Individualvereinbarung,[971] wobei dies auch in der Weise als zulässig erachtet wird, dass einer Partei das Recht eingeräumt wird, einseitig eine Ersatzbestimmung zu treffen.[972] Für die ergänzende Regelung, die der Verwender in die AGB einbringt, sollen die §§ 307-309 ff. BGB als Maßstab gelten. Grundsätzlich ist daher eine individualvertragliche Einigung zur Abbedingung von § 306 Abs. 2 BGB möglich.

In den ABB ist eine derartige Regelung nicht vorgesehen. Ohnehin werden sich die Bausparkassen bemühen, Individualvereinbarungen zu unterbinden, um die Übersichtlichkeit nicht zu gefährden. Sollten sie dennoch die Möglichkeit der Abbedingung in allen Verträgen „individualvertraglich" regeln, so würde sich hieraus wiederum ein AGB-Charakter ergeben.

Umstritten ist aber, ob und in welchem Umfang formularmäßig von § 306 Abs. 2 BGB abgewichen werden kann.

Während bloße salvatorische Klauseln, die eine Ersetzungs-, Umdeutungs- oder Neuverhandlungspflicht unter Wahrung und zur Erreichung des Zwecks der Klausel statuieren, überwiegend als unwirksam angesehen werden,[973] werden formularmäßige Ersetzungsklauseln, die den Verwender ermächtigen, einseitig eine Ersatzregelung für eine unwirksame Klausel zu treffen, zunehmend für grundsätzlich zulässig erachtet.[974]

Das Problem von salvatorischen Klauseln im engeren Sinne[975] ergibt sich nicht, da derartige Klauseln nicht in die MBB aufgenommen worden sind. Häufig stellen sie jedoch einen Verstoß gegen das Verständlichkeitsgebot des § 305 Abs. 2 u. 3 BGB dar [976] und sind mit dem Transparenzgebot unvereinbar.[977]

---

[971] Soergel/Stein, § 6 AGBG Rn. 17; Erman/Hefermehl/O.Werner, § 6 AGBG Rn. 17; Staudinger/Schlosser, § 6 AGBG Rn. 11.

[972] Soergel/Stein, § 6 AGBG Rn. 17; differenzierend Lindacher, in Wolf/Horn/Lindacher, § 6 AGBG Rn. 47 ff.

[973] vgl. Soergel/Stein, § 6 AGBG Rn. 18 m.w.N.

[974] BGH, VersR 1999, S. 697 ff.; Prölss, in Prölss/Martin, Vorbem. I Rn. 109; Präve, VersR 1999, S. 699 f.; differenzierend: Matusche-Beckmann, NJW 1998, S. 112 ff.; Lindacher, in Wolf/Horn/Lindacher, § 6 AGBG Rn. 47 ff.

[975] Als Beispiel für eine salvatorische Klausel: „Die Haftung wird beschränkt, soweit gesetzlich zulässig" oder „Die Haftung ist ausgeschlossen, soweit dies im Rahmen der Rechtsordnung zulässig ist".

[976] Palandt/Heinrichs, Vorb. v. § 307 BGB Rn. 13; MüKo/Basedow § 305 BGB Rn. 71.

[977] vgl. BGHZ 96, S 1408f.; ähnl. KG Berlin, NJW 1998, S.829 f.

Demgegenüber ist die Problematik der Abdingbarkeit des § 306 Abs. 2 BGB für das Bausparkassenrecht wegen der Bedingungsänderungsklauseln der Allgemeinen Bausparbedingungen insofern von Bedeutung, als dass die Bausparkasse auch im Falle der Unwirksamkeit einer Klausel ihrer Allgemeinen Bausparbedingungen von der formularmäßig eingeräumten Befugnis zur Bedingungsänderung Gebrauch machen kann. Eine solche Änderung wird man im Rahmen und unter den Voraussetzungen des § 9 Abs. 1 Satz 1 bis 3 BSpkG uneingeschränkt für zulässig erachten müssen,[978] weil diese Regelung die Unwirksamkeit einer Klausel als Grund für eine Änderung der Allgemeinen Bausparbedingungen nicht ausschließt. Sofern vorgebracht wird, dass die Genehmigung nach § 9 Abs. 1 BSpkG nichts an der Überprüfbarkeit anhand der Vorschriften über die Allgemeinen Geschäftsbedingungen ändere (§§ 305 ff. BGB),[979] ist dem insoweit zuzustimmen, dass eine auf Grund der Ermächtigung zur Bedingungsänderung erfolgte Klauseländerung selbstverständlich der gerichtlichen Überprüfung unterliegt. Die Ermächtigung zur Bedingungsänderung selbst ist unter den in § 9 Abs. 1 Sätze 1 bis 3 BSpkG aufgeführten Voraussetzungen formularmäßig zulässig.

Auch darüber hinaus wird eine Änderung der Allgemeinen Bausparbedingungen infolge der Unwirksamkeit einer Klausel der Allgemeinen Bausparbedingungen zulässig sein. Dies ergibt sich zunächst daraus, dass § 9 Abs. 1 Satz 4 BSpkG die Zulässigkeit solcher Änderungen uneingeschränkt voraussetzt, was der Tatsache Rechnung trägt, dass das Bausparverhältnis – ebenso wie z.B. das Versicherungsverhältnis – in überdurchschnittlich starkem Maße durch die Verwendung von AGB geprägt ist, die auch einen Teil der Leistungsbeschreibungen beinhalten und dass es sich bei diesen Branchen um kollektiv ausgerichtete Geschäftssysteme handelt, die in erheblichem Maße auf die gleichmäßige Anwendung behördlich genehmigter AGB angewiesen sind[980]. Des weiteren sorgt die Zustimmungsbedürftigkeit der Änderung, wie sie in den Bedingungsänderungsklauseln vorgesehen ist, dafür, dass auch die Interessen des Bausparers gewahrt bleiben, so dass keine Notwendigkeit besteht, den Vertragsparteien über § 306 Abs. 2 BGB eine Regelung aufzuzwingen, die von ihnen nicht gewollt ist.[981]

---

[978] vgl. BGH, NJW 1991, S. 2559, 2563 und oben 4. Kapitel, D. II. 1. b).

[979] Hensen, in Ulmer/Brandner/Hensen, AGBG Anh. §§ 9-11, Rn. 194c.

[980] vgl. Ulmer, in Ulmer/Brandner/Hensen, AGBG § 23, Rn. 52

[981] vgl. oben 4. Kapitel, D. II.

Im Übrigen wären formularmäßige Bedingungsänderungsklauseln immer auch nach den Maßgaben zulässig, die der BGH für entsprechende Klauseln der Versicherungsvertragsrechts aufgestellt hat.[982] Unter der Voraussetzung, dass durch die Unwirksamkeit einer Klausel ein Punkt, der nach den Vorstellungen redlich und vernünftig denkender Parteien regelungsbedürftig ist, keiner angemessenen Regelung unterliegt, dass also das Fehlen dieser Regelung eine erhebliche Vertragsstörung indiziert und dass eine Regelung des dispositiven Gesetzesrechts nicht vorhanden ist, könnte die Bausparkasse also in den Allgemeinen Bausparbedingungen ermächtigt werden, die Bedingungen zu ergänzen oder zu ersetzen. Eine solche Ersetzungsklausel genügt aber nur dann den Anforderungen des § 307 Abs. 1 BGB, wenn sie eine Schlechterstellung des Bausparers als bei Vertragsschluss nicht zulässt.[983]

### III. De lege ferenda: Vertragsanpassung entsprechend § 172 VVG

Wegen der strengen Auslegung der Vorschriften des BGB zu den Allgemeinen Geschäftsbedingungen haben formularmäßige Bedingungsanpassungsklauseln nur eine geringe Bedeutung.[984] Darum ist zu überlegen, inwieweit § 172 VVG ein Vorbild liefern könnte für einen de lege ferenda zu schaffenden Weg zur Anpassung Allgemeiner Bausparbedingungen im Falle der Unwirksamkeit einzelner Klauseln.

§ 172 VVG sieht für einen Bereich der Lebensversicherungsverträge vor, dass unter bestimmten Voraussetzungen Prämienanpassungen (§ 172 Abs. 1 Satz 1 VVG), Änderungen der Bestimmungen zur Überschussbeteiligung (§ 172 Abs. 1 Satz 2 VVG) und Ersetzungen von unwirksamen Versicherungsbedingungen (§ 172 Abs. 2 VVG) durch den Versicherer vorgenommen werden können, wobei - jedenfalls für die ersten beiden Fälle - die Mitwirkung eines Treuhänders erforderlich ist, wenn die Änderungen nicht bereits der Genehmigung der Aufsichtsbehörde bedürfen. Der Treuhänder soll zur Wahrung der Belange der Versicherten eine außergerichtliche Richtigkeitskontrolle der Änderungen gewährleisten.[985]

Bei der Beantwortung der aufgeworfenen Frage nach dem Modellcharakter des § 172 VVG für das Bausparkassenrecht ist vorwegzuschicken, dass eine Über-

---

982 BGH, VersR 1999, S. 697 ff

983 BGH, VersR 1999, S. 697, 698

984 vgl. Kollhosser, in Prölss/Martin, § 172, Rn. 3.

985 Kollhosser, in Prölss/Martin, § 172, Rn. 7; Römer, in Römer/Langheid, VVG, § 172, Rn. 7

nahme des Regelungsgehalts nur dann sinnvoll erscheint, wenn eine entsprechende Norm in Wortlaut und Systematik sorgfältiger gefasst wird. Die Regelung des § 172 VVG wirft viele vermeidbare Auslegungsfragen auf.[986] So ist insbesondere umstritten, ob das Treuhänderverfahren auch für die Ersetzung unwirksamer Versicherungsbedingungen gelten soll oder nicht.[987] Für die vorliegende Untersuchung soll davon ausgegangen werden, dass eine dem § 172 VVG nachgebildete Norm die Durchführung des Treuhänderverfahrens vorschreibt, sofern keine Genehmigungspflicht durch die Aufsichtsbehörde besteht.

Für die verbleibenden, nicht der Genehmigungspflicht unterliegenden Klauseln von Allgemeinen Bausparbedingungen stellt sich die Frage nach dem Nutzen einer Norm, die die Ersetzungsbefugnis der Bausparkassen unter Einschaltung einer außergerichtlichen Richtigkeitskontrolle vorsieht. Sofern man, wie hier vertreten,[988] die Bausparkassen nach § 9 Abs. 1 Satz 4 BSpkG als ermächtigt ansieht, Bedingungsänderungsklauseln auch für nicht durch das BaFin genehmigungsbedürftige Klauseländerungen in den ABB vorzusehen, ergibt sich eine Verbesserung durch eine zu schaffende Möglichkeit der Vertragsanpassung entsprechend § 172 VVG dadurch, dass die Zustimmungsbedürftigkeit des Bausparers entfallen würde. Dies gewährleistet in noch stärkerem Maße die Einhaltung gleichmäßiger Vertragsbedingungen als die zustimmungsbedürftige nachträgliche Bedingungsanpassung über § 32 MBpB a.F.; § 32 MBöB a.F.; 21 MBB n.F.. Dies gilt vor allem auch deshalb, weil eine Vertragsanpassung entsprechend § 172 VVG kein Kündigungsrecht des Bausparers bedingen würde.

Andererseits ist zu berücksichtigen, dass § 172 VVG selbst insoweit der Kritik ausgesetzt ist, als dass eingewendet wird, das Treuhänderverfahren schade mehr, als dass es nutze; durch die Mitwirkung des Treuhänders werde beim Versicherungsnehmer der Eindruck der Berücksichtigung der Interessen des Versicherungsnehmers erweckt, die der vom Versicherer bestellte Treuhänder aber nicht leisten könne.[989] Dem wird freilich entgegengehalten, dass eine Treuhänderbeteiligung zwar keine absolute Richtigkeitsgewähr böte, dass die Wahrscheinlichkeit einer richtigen Klausel aber größer sei als ohne diese.[990]

Letzterer Auffassung kann uneingeschränkt zugestimmt werden. Zwar ist nicht zu verkennen, dass die Beteiligung des Treuhänders bei dem Bausparer den Eindruck

---

[986] Kollhosser, in Prölss/Martin, § 172, Rn. 2; Römer, in Römer/Langheid, VVG, § 172, Rn. 9; Wandt, VersR 2001, S. 1449 ff., (1461).

[987] Kollhosser, in Prölss/Martin, § 172, Rn. 37; Römer, in Römer/Langheid, VVG, § 172, Rn. 9 ff.

[988] s. oben 7. Kapitel C. II.

[989] Römer, in Römer/Langheid, VVG, § 172, Rn. 15

[990] Kollhosser, in Prölss/Martin, § 172, Rn. 37

der Wahrung auch seiner Interessen weckt. Nichts desto trotz werden dem Bausparer in aller Regel für ihn nachteilige nachträgliche Änderungen nicht verborgen bleiben, so dass ihm immer die Möglichkeit einer gerichtlichen Überprüfung offen bleibt. Vor diesem Hintergrund kann die Chance, die in der Mitwirkung eines, wenn auch von der Bausparkasse bestellten, aber doch der Unabhängigkeit verpflichteten Treuhänders getrost genutzt werden.

Die Regelung des § 172 Abs. 2 VVG erscheint daher in der hier verstandenen Weise und nach gesetzgeberischer Klärung der aufgetretenen Zweifelsfragen[991] als de lege ferenda sinnvolle Ergänzung des Bausparkassenrechts. Sie passt sich mit der Entbehrlichkeit der Treuhänderbeteiligung für die Fälle der Genehmigungspflicht einer Klauseländerung durch die Aufsichtsbehörde und die Anknüpfung der Zulässigkcit einer Änderung an deren Notwendigkeit für die weitere Vertragsdurchführung sowohl in das Gefüge des sonstigen Bausparkassenrechts nahtlos ein und entspricht auch den Voraussetzungen für die nachträgliche Änderung von Allgemeinen Geschäftsbedingungen, wie sie in der Rechtsprechung zu den Ersetzungsklauseln ihren Ausdruck gefunden hat. Eine entsprechende Gesetzesergänzung kann daher empfohlen werden.

## D. Gesamtnichtigkeit des Vertrages gem. § 306 Abs. 3 BGB

§ 306 Abs. 3 BGB regelt die Gesamtnichtigkeit eines Vertrages, wenn das Festhalten an diesem auch bei Berücksichtigung der AGB-Ergänzungen gem. § 306 Abs. 2 BGB für einen der Vertragspartner eine “unzumutbare Härte” bedeuten würde. Die Fortgeltung des Rechtsgeschäftes gem. § 306 Abs. 1 BGB wird durch Abs. 3 eingeschränkt.

Die herrschende Meinung legt die Vorschrift so aus, dass den Parteien ein einseitiges Recht zugestanden wird, sich von dem Vertrag durch Rücktritt oder Kündigung zu lösen.[992] Die belastete Partei muss sich entgegen dem Wortlaut dieses Absatzes auf die Lückenhaftigkeit des Vertrages berufen.[993] Der Vertrag wird dementsprechend nicht kraft Gesetzes nichtig. Durch diese Auslegung soll ge-

---

[991] vgl. Wandt, VersR 2001, S. 1449 ff.

[992] LG Berlin, MDR 1980, S. 315; Schmidt, in Ulmer/Brandner/Hensen, § 6 AGBG Rn. 48 ff.; Soergel/Stein, § 6 AGBG Rn. 25; Staudinger/Schlosser, § 6 AGBG Rn. 19.

[993] BGHZ 130, S. 151 (157); Schmidt, Harry, S. 237 ff.; Schmidt, in Ulmer/Brandner/Hensen, § 6 AGBG Rn. 48; Erman/Hefermehl/O.Werner, § 6 AGBG Rn. 23; Soergel/Stein, § 6 AGBG Rn. 25; a.A. Wolf, in Wolf/Horn/Lindacher, § 6 AGBG Rn. 15.

währleistet sein, dass der Eingriff in den Vertrag durch die Gerichte an Hand von §§ 305 ff. BGB minimiert wird. Das ist insbesondere bei Bausparverträgen von Relevanz. Es soll nicht zwangsläufig zu einer Unwirksamkeit des Vertrages kommen. Die Parteien müssen infolgedessen die Hürde einer Antragstellung überwinden, damit der Vertrag für unwirksam erklärt wird. Eine Partei möchte im Streitfall normalerweise nur eine bzw. einzelne Klauseln der AGB für unwirksam erklärt wissen und nicht den gesamten Vertrag rückabwickeln.

Der Bausparkasse muss aber ihrerseits nach einer Anpassung auch die Möglichkeit gegeben werden zu entscheiden, ob sie eine unzumutbare Härte in den neuen Klauseln sieht. Auf der Seite des Verwenders führt die Unwirksamkeit einer Klausel oder der gesamten AGB grundsätzlich zu einer Verschlechterung seiner Rechtsstellung. Das Risiko ist den Verwendern von AGB bekannt und kann nicht grundsätzlich die Anwendung von § 306 Abs. 3 BGB rechtfertigen.[994]

## I. Zeitpunkt der Geltendmachung der Unwirksamkeit einzelner Klauseln

Besondere Schwierigkeiten kann der Nachweis der unzumutbaren Härte für jeden Vertragspartner bereiten, wenn der Vertrag bereits ganz oder teilweise ohne Störung durchgeführt worden ist. Eine Auflösung des Vertrages wird dann nicht dem Willen der Parteien entsprechen.

Damit der Vertrag nichtig ist, muss sich seine Fortgeltung durch die Modifikation nach § 306 Abs. 2 BGB als unzumutbar erweisen. Da im Hinblick auf Art. 6 Abs. 2 93/ 13 EG-RL § 306 Abs. 3 BGB restriktiv auszulegen ist, [995] tritt der Fall der Gesamtnichtigkeit selten ein.

Die herrschende Meinung geht hinsichtlich der Zumutbarkeit nicht vom Zeitpunkt des Abschlusses des Bausparvertrages aus, sondern sie stellt auf den Zeitpunkt der Geltendmachung der Unwirksamkeit der Klausel durch den Bausparer ab.[996]

---

[994] OLG Frankfurt, NJW-RR 1995, S. 283 f.

[995] vgl. Eckert, ZIP 1996, S. 1238 (1241); Heinrichs, NJW 1996, S. 2195 ff.; Soergel/Stein, § 6 AGBG Rn. 29; Palandt/Heinrichs, § 306 BGB Rn. 10; Schmidt, in Ulmer/Brandner/Hensen, § 6 AGBG Rn. 57; vgl. MüKo/Basedow § 306 BGB Rn 4 ff.

[996] BGH, NJW 1996, S. 2092 (2094); BGH, NJW 1996, S. 1213 (1216); BGHZ 130, S. 115 (123); Erman/Hefermehl/O.Werner, § 6 AGBG Rn. 23; Wolf, in Wolf/Horn/Lindacher, § 6 AGBG Rn. 53; Schmidt, in Ulmer/Brandner/Hensen, § 6 AGBG Rn. 47; Soergel/Stein, § 6 AGBG Rn. 24; Staudinger/Schlosser, § 6 AGBG Rn. 19.

Die Argumentation folgt aus dem Wortlaut des § 306 Abs. 3 BGB, der vom „Festhalten" am Vertrag ausgeht.[997]

Ferner geht es um die zukünftige Bindung der Parteien an einen Vertrag, der richterlich umgestaltet worden ist, um den gesetzlichen Ansprüchen Rechnung zu tragen.[998] Ein Abstellen auf den Zeitpunkt des Vertragsabschlusses würde dazu führen, dass AGB, die durch den Zeitablauf des Vertrages bereits keine Bedeutung mehr für das Vertragsgleichgewicht haben, noch überprüft würden. Sie sollen jedoch bei einer Unzumutbarkeitsüberprüfung kein Gewicht mehr haben.[999]

Beim Bausparvertrag kann diese Argumentation nicht überzeugen. Der Bausparvertrag ist in die wesentlichen Abschnitte der Ansparphase und der Darlehensphase gegliedert. Sollte eine Überprüfung der Unzumutbarkeit der ABB erst in der Darlehensphase vorgenommen werden, dann würden die ABB, welche die Ansparphase betreffen, nicht im Gesamtkontext Berücksichtigung finden. Ein Grund dafür besteht nicht. Die möglichen Benachteiligungen in der Ansparphase können für ein Vertragsgleichgewicht von ausschlaggebender Bedeutung sein.

Auch das Wortlautargument vermag nicht zu überzeugen.

Der Gesetzgeber hat normiert, dass das Festhalten am Vertrag eine unzumutbare Härte darstellen müsste, um die Unwirksamkeit des Vertrages zu rechtfertigen. Daraus kann nicht geschlossen werden, dass bei der Unzumutbarkeitsprüfung nicht der gesamte Vertrag und die gesamten AGB der Unzumutbarkeitsprüfung unterzogen werden. Selbst wenn die Prüfung erst lange nach Vertragsabschluss durchgeführt worden ist, muss jede Bevorzugung oder Benachteiligung der Vertragspartner im gesamten Vertragswerk berücksichtigt werden. Der Bausparvertrag ist eine sehr komplexe Vertragskonstruktion, bei der die einzelnen Abschnitte ineinander greifen.

Der BGH hat bereits in seinem Bausparkassenurteil festgestellt, dass Bausparer Nachteile in der Ansparphase in Kauf nehmen.[1000]

Nach der vorherrschenden Meinung und Lehre würden diese Nachteile aber bei einer Unzumutbarkeitsprüfung der ABB in der Darlehensphase außer Acht bleiben. Um eine gleichgewichtige Prüfung vornehmen zu können, muss in jedem Fall

[997] Schmidt, in Ulmer/Brandner/Hensen, § 6 AGBG Rn. 47.

[998] Soergel/Stein, § 6 AGBG Rn. 24.

[999] vgl. Schmidt, in Ulmer/Brandner/Hensen, § 6 AGBG Rn 47.

[1000] BGH, ZIP 1991, S. 1054 ff.

das gesamte Klauselwerk zum Zeitpunkt des Vertragsabschlusses berücksichtigt werden.

In der Darlehensphase gewährt die Bausparkasse dem Bausparer ein zinsgünstiges Darlehen. Das zinsgünstige Darlehen wird dem Bausparer aber nur deshalb zur Verfügung gestellt, weil er seinerseits zuvor der Bausparkasse und der Bauspargemeinschaft zinsgünstig ein Darlehen gewährt hat.

In der Ansparphase wird der Bausparer wegen der schlechten Verzinsung und der hohen Anlaufkosten bei Abschluss des Bausparvertrages benachteiligt. Diese Nachteile in der Ansparphase werden bei einer vollständigen Berücksichtigung der ABB und des Vertrages über die Gesamtlaufzeit durch die Vorteile in der Darlehensphase kompensiert. Für den Bausparkassenbereich ist es daher unumgänglich, im Falle der Unzumutbarkeitsprüfung vom Zeitpunkt des Vertragsabschlusses und nicht vom Zeitpunkt der Geltendmachung der ABB-Mängel auszugehen.

## II. Anwendungsbereich von § 306 Abs. 3 BGB im Bausparkassenrecht

Eine Inhaltskontrolle ist dazu gedacht unangemessene Benachteiligungen zu unterbinden bzw. eine Benachteiligung durch AGB auszugleichen. Für den bausparkassenrechtlichen Bereich müsste sich die Benachteiligung der einzelnen Bausparer zum Vorteil der Bausparkasse ergeben. Wegen der Eigentümlichkeit des Bausparkassengeschäfts muss es der Bausparkasse besonders auf die nichtige Klausel angekommen sein.

Das gesetzlich geregelte Darlehensgeschäft wird durch die ABB zum Bausparkassengeschäft modifiziert. Die Modifizierung soll den Besonderheiten des Bausparkollektivs Rechnung tragen. Wird einerseits der einzelne Bausparer durch die ABB benachteiligt, so wird das gesamte Bausparkollektiv durch diese Benachteiligung bevorzugt. Andererseits kann das gesamte Kollektiv zum Vorteil des einzelnen Bausparers benachteiligt werden.

Wenn bei einer Individualklage also ein Nachteil eines einzelnen Bausparers festgestellt wird, so könnte sich dieser Nachteil nach erfolgter Anpassung der ABB gem. § 306 Abs. 2 BGB, als Vorteil des einzelnen Bausparers gegenüber dem Bausparkollektiv darstellen. Der einzelne Bausparer würde aus dem Sparerkollektiv herausfallen und Vorteile haben, die sich aus dem Bausparsystem als Solidargemeinschaft nicht ergeben dürfen.

Fraglich ist hierbei, ob das System die in den ABB gewollte Bevorzugung oder Besserstellung verkraftet oder nicht. Hier ergibt sich die Problematik der unzumutbaren Härte. Durch die Gerichte ist zu prüfen, ob ein Festhalten an dem einzelnen Bausparvertrag für eine Partei eine unzumutbare Härte bedeutet.

Von einer unzumutbaren Härte ist dann auszugehen, wenn im Falle des Wegfalles von AGB den Verwender nunmehr Kosten oder Risiken treffen, die bei der Kalkulation der Preise bzw. der Darlehenskonditionen und Vertragsgestaltung nicht berücksichtigt worden sind. Das Vertragsgleichgewicht muss dadurch aber grundlegend gestört sein. Davon wird bei einer Kontrolle der ABB aber nicht auszugehen sein, da die Normen des Darlehensrechtes und die MBB in vielen Bereichen übereinstimmen.

## E. Lückenfüllung durch Ersetzung unwirksamer Klauseln

Über die gesetzlich geregelten Rechtsfolgen der Unwirksamkeit von Allgemeinen Bausparbedingungen hinaus könnten auch die Rechtsfolgen der Unwirksamkeit in den Allgemeinen Bausparbedingungen selbst festgelegt werden.

Solche Regelungen werden überwiegend für grundsätzlich zulässig erachtet, wie z.B. die sogenannten Ersetzungsklauseln im Versicherungsrecht, wonach der Versicherer ermächtigt wird, eine Ersatzregelung für eine unwirksame AGB zu treffen, wenn dies für die weitere Durchführung des Vertrages notwendig ist.[1001] Ihre Zulässigkeit wird damit begründet, dass eine Kündigung des Vertrages regelmäßig nicht im Interesse des Versicherungsnehmers liegen wird.[1002]

Diesen Fällen gleichgelagert ist auch das Interesse des Bausparers im Falle der Unwirksamkeit von Klauseln der Allgemeinen Bausparbedingungen. Wie schon oben dargestellt, wird es für ihn in der ganz überwiegenden Zahl der Fälle von erheblichem Interesse sein, trotz unwirksamer Vertragsbedingungen an dem Vertrag festhalten zu können.

---

[1001] BGH, VersR 1999, S. 697 (698); Präve, VersR 1999, S. 699; Prölss, in Prölss/Martin, Vorbem. I Rn. 109.

[1002] BGH, VersR 1999, S. 697 (698).

# 8. Kapitel: Zusammenfassung und Ergebnis

Die Vermögensbetreuungspflicht zwischen der Bausparkasse als Vermögensverwalterin und dem Bausparer als Anleger stellt sich als ein Treuhandvertrag dar. Der Treuhandvertrag ist ein Vertrag „sui generis“, bei dem die Vermögensbetreuungspflicht und die Darlehensgewährung im Gegenseitigkeitsverhältnis zu den Einnahmen aus den Zinsen und den Gebühren stehen. Die Grundidee des Bausparens war, sich gegenseitig zeitversetzt Kapital zur Verfügung zu stellen. Die soziale Idee ist in den letzten Jahren in den Hintergrund gedrängt worden.

Die Beschränkung auf die Rechtsform der AG für private Bausparkassen ist nicht zweckdienlich, da ein Sparkassenverein auf Gegenseitigkeit der zugrundeliegenden sozialen Komponente besser gerecht wird.

Im BSpkG ist die Verwendung von ABB vorgeschrieben, um die Gleichbehandlung aller Bausparer im Sinne des Kollektivs einer Bausparkasse zu gewährleisten. Außerdem soll dem Bausparer ein klarer und umfassender Überblick über seine aus dem Bausparverhältnis resultierenden Rechte und Pflichten gegeben werden.

Bei einem Bausparvertrag handelt es sich um einen beiderseitigen Darlehensvertrag. Die Bausparkasse erhält vom Bausparer in der Ansparphase ein Darlehen, das zinspflichtig ist. Mit Zuteilung erhält der Bausparer von der Bausparkasse ein Bauspardarlehen, für das er seinerseits Zinsen entrichten muss. Bei den Verträgen handelt es sich um gegenseitig verpflichtende Verträge. Die Kapitalüberlassung auf Zeit steht im Synallagma zu der Verzinsung und Bereitstellung von Sicherheiten. Als Leistung und Gegenleistung werden die Sparbeträge des Bausparers und das Bausparkassendarlehen gesehen. Die Darlehensgewährung des Bausparers bzw. die Pflicht zum Ansparen steht ebenfalls im Synallagma zur Gewährung des Bauspardarlehens.

Auch wenn die BaFin die ABB kontrolliert, bevor sie verwendet werden, prüft sie die ABB grundsätzlich nicht anhand der §§ 305 ff. BGB. Die ABB sind aber Grundlage und Voraussetzung für die Erteilung der Erlaubnis zum Geschäftsbetrieb. Die Kontrolle durch die Fachaufsicht anhand der Spezialgesetze, durch die BaFin und die gerichtliche Kontrolle der ABB anhand der §§ 305 ff. BGB stehen nebeneinander.

Entgegen dem allgemein geltenden Grundsatz „pacta sunt servanda“ ist den Bausparkassen die Möglichkeit eingeräumt worden, die ABB auch bei bereits abgeschlossenen Verträgen gem. § 9 BSpkG zu ändern.

Dabei ist zu unterscheiden in:

- zustimmungsbedürftige Änderungen, zu denen der Bausparer seine Zustimmung erklären muss,
- Änderungen der Vertragsbedingungen durch die Bausparkasse, die ohne Zustimmung des Bausparers, aber mit Zustimmung der BaFin geändert werden können und
- durch die BaFin angewiesene Änderungen.

Vertragsrechtlich möglich wird die nachträgliche Änderung durch Aufnahme einer sog. Bedingungsänderungsklausel in die ABB, die festlegt, dass der Bausparer der Änderung der ABB zustimmt, wenn er nicht binnen einer in den ABB genannten Frist schriftlich widerspricht. Voraussetzung für die Wirksamkeit dieser Frist ist, dass der Bausparer vorher über die Rechtsfolgen seines Handelns aufgeklärt worden ist. Übt der Bausparer sein Widerspruchsrecht nach den MBB a. F. aus, so steht der Bausparkasse ein Kündigungsrecht zu, wenn sich der Bausparer noch in der Ansparphase befindet. Das Kündigungsrecht der Bausparkasse stellt in der Ansparphase keine unangemessene Benachteiligung des Bausparers oder eine sonstige Verletzung des AGB-Rechts dar. Die Klauseln in den MBB a. F. sind wirksam.

Die MBB n.F. sehen für den Bausparer hinsichtlich der Bedingungsänderung weiterhin ein Widerspruchsrecht vor. Aber der Bausparkasse steht kein Kündigungsrecht mehr zu. In den MBB n.F. ist keine Rechtsfolge für den Fall des Widerspruchs durch den Bausparer geregelt. Als Rechtsfolge ergeben sich zwei Möglichkeiten. Die erste Möglichkeit ist, dass die neuen Bausparbedingungen trotz des Widerspruchs des Bausparers gelten. Das würde den Bausparer unangemessen benachteiligen, da er dazu gezwungen wäre, weiterhin ein Vertragsverhältnis aufrechtzuerhalten, dessen Bedingungen nach Vertragsschluss geändert worden sind. Die andere Möglichkeit wäre, dass die vorhergehenden Bausparbedingungen weiterhin Bestand haben. Der BGH hat im Versicherungsrecht bereits erklärt, dass derartige AGB-Klauseln unwirksam sind. Insoweit ist die Regelung in den MBB n. F. in der jetzigen Form unschlüssig. Der Bausparer weiß nicht, welche Rechtsfolge ein Widerspruch gegen die Bedingungsänderung hätte. Damit ist die Regelung intransparent und unwirksam.

Da es den Bausparkassen möglich ist, Änderungen der Vertragsbedingungen ohne Zustimmung des Bausparers, aber mit Zustimmung der BaFin durchzuführen, findet das Äquivalenzinteresse von Bausparkasse-Bausparer beim BGH besondere

Berücksichtigung. Derartige AGB-Änderungen können nur durchgeführt werden, wenn eine Überprüfung der Klauseln durch die BaFin stattgefunden hat, die insbesondere gem. § 8 BSpkG die Belange der Bausparer berücksichtigt.

Die Widerspruchsfrist von vier Wochen, die den Bausparern in den MBB a. F., n.F. zugestanden wurde ist durch den BGH als zu kurz eingestuft worden. Die Klausel des § 21 Abs. 3 MBöB n. F., die keine bestimmte Frist setzt, sollte auch für die anderen MBB gelten. Als Frist sollten mindestens 6 Wochen gewählt werden.

Teilweise ist es notwendig, dass die BaFin anordnet, die ABB zu ändern. Die Eingriffsmöglichkeit wird durch die Voraussetzungen des § 9 Abs. 2 BSpkG stark eingeschränkt. Die Änderungen dürfen nur in den engen Grenzen einer behördlichen Privatrechtsgestaltung anerkannt werden. Im Übrigen wären Bedingungsänderungs- und Ergänzungsklauseln im Rahmen der – strengen – Rechtsprechung des BGH zulässig.

De lege ferenda wünschenswert erscheint eine Regelung entsprechend § 172 VVG, die die Ersetzung unwirksamer ABB durch die Bausparkasse unter Mitwirkung eines Treuhänders ermöglicht.

Bei Auslegung der ABB sind im Verhältnis zu anderen AGB keine Besonderheiten festzustellen. § 305c Abs. 2 BGB normiert, dass objektiv unklare Regeln zu Lasten des Verwenders ausgelegt werden. Das gilt für kollektiv ausgehandelte sowie behördlich empfohlene AGB, folglich auch für die ABB. § 305c Abs. 2 BGB soll den Verwender von AGB dazu veranlassen, sie klar und deutlich auszugestalten.

Die Klausel, die es der Bausparkasse ermöglicht, ihr obliegende Leistungen dem Bausparer wegen eigener Ansprüche aus ihren Geschäftsverbindungen vorzuenthalten, auch wenn sie nicht auf demselben rechtlichen Verhältnis beruhen, ist eindeutig. Eine Unklarheit, welche Art von Verbindlichkeiten hier gemeint sind, besteht nicht, da nur Verbindlichkeiten aus dem Bausparverhältnis betroffen sind.

Gem. § 305b BGB haben individuelle Vertragsabreden Vorrang vor AGB. Kommt es zu Widersprüchen zwischen den AGB und den Individualvereinbarungen, so werden sie zugunsten der Individualvereinbarung gelöst. Ein besonderer Streitpunkt beim Bausparkassenrecht ist der Vorrang mündlicher Individualabreden vor den Schriftformerfordernissen. Die Schriftformklausel in den MBöB a. F. legt fest, dass die Bausparkasse bei einer Nebenabrede auf die Absprache reagieren muss. Bei den MBpB a. F. muss die Bausparkasse der Nebenabrede schriftlich zustimmen, da sie sonst keine Wirksamkeit entfaltet. Die höchstrichterliche Rechtsprechung hat beide Klauseln zu Recht für wirksam erachtet. Im Interesse der Rechtssicherheit ist die Variante des § 3 Abs. 2 MBöB a. F. zu bevorzugen, da hier die Bausparkasse die Nebenabrede widerrufen muss.

Die MBB n. F. haben keine Schriftformklausel mehr vorgesehen. Der BGH erkennt ausdrücklich ein berechtigtes Interesse des Verwenders von AGB an, sich vor vollmachtsüberschreitenden Abmachungen bzw. unkontrollierten mündlichen Zusagen zu schützen. Das wollte der Verwender mit der Schriftformklausel erreichen.

Die Bausparkasse beauftragt ihre Vertreter und muss sich deren Handeln nach § 278 BGB voll zurechnen lassen. Diese Meinung vertritt richtigerweise auch der BGH, so dass die Bausparkassen für Individualvereinbarungen mit Untervertretern des Vermittlungs-unternehmens, auch wenn sie ihre Vollmacht überschreiten, aus § 311 Abs. 2 BGB (culpa in contrahendo) haften. Die Rechtsprechung hat die Haftung der Bausparkassen für unrichtige und unvollständige Auskünfte bei Abschluss der Verträge immer weiter ausgebaut. Die Bausparkasse haftet für leichte Fahrlässigkeit, soweit ihr eine vertragswesentliche Verpflichtung zur Erteilung von Rat und Auskunft obliegt.

In den MBB n. F. sind diese Probleme nicht mehr gegeben. Die Klauseln hinsichtlich Haftungsausschlüssen der Bausparkasse, Erfüllungsgehilfen oder Schriftformklauseln wurden aus den MBB herausgenommen und es gelten die zivilrechtlichen Regelungen.

§ 307 Abs. 3 BGB als Schranke der Inhaltskontrolle regelt die Kontrollfreiheit von gesetzeswiederholenden und leistungsbestimmenden AGB.

Deklaratorische Klauseln sind einer Kontrolle entzogen. In den MBB a. F. gibt es 18 Klauseln, die dem BSpkG, der BSpkV, dem BGB und der ZPO entsprechen.

Die MBB n.F. enthalten aus Gründen der Übersichtlichkeit weniger deklaratorische Klauseln. Hierbei ist hervorzuheben, dass im BSpkG in § 5 Abs. 3 Nr. 8 eindeutig festgelegt ist, dass MBB eine Regelung über das zuständige Gericht enthalten müssen. Das entspricht der zivilprozessrechtlichem Norm § 12 ZPO. Hier dient die deklaratorische Klausel der Information. Die MBB a. F. sind der gesetzlichen Verpflichtung nachgekommen. Die MBB n. F. haben eine derartige Klausel trotz der gesetzlichen Vorschrift nicht mehr erwähnt. Auch wenn die Rechtsprechung von der Unwirksamkeit bestimmter Gerichtsstandsklauseln ausgeht, ist in der Empfehlung der MBB eine gesetzliche Bestimmungen nicht eingehalten worden. Bis zur Änderung des BSpkG müsste ein Gerichtsstandklausel in der MBB Berücksichtigung finden.

Leistungsbeschreibungen sind AGB, die den Gegenstand der Hauptleistung unmittelbar festlegen. Insbesondere bei ABB ergibt sich die Problematik, dass die Bausparverträge erst durch die ABB mit Leben erfüllt werden. Es war die Frage zu erörtern, inwieweit Leistungsbeschreibungen als ABB einer Inhaltskontrolle durch die Gerichte unterworfen sind. Die Bausparbedingungen enthalten nicht nur zusätzliche vertragsergänzende Regelungen, sondern definieren den Bausparvertrag durch Leistungsbeschreibungen. Viele der Klauseln in den ABB sind Leistungsbeschreibungen. Dass leistungsbestimmende Vertragsbestandteile AGB sind, soweit sie nicht deklaratorisch oder durch Individualvereinbarungen entstanden sind, steht fest. Zu untersuchen war jedoch der Umfang der kontrollfreien Leistungsbeschreibung.

Die Rechtsprechung und der Großteil der Literatur haben sich insoweit angenähert, dass unmittelbare primäre Leistungsbeschreibungen kontrollfrei sind. Hierunter versteht der BGH jedoch nur solche Leistungsbezeichnungen, ohne deren Vorliegen mangels Bestimmtheit oder Bestimmbarkeit des wesentlichen Vertragsinhalts ein wirksamer Vertrag nicht mehr angenommen werden kann.[1003]

Die Bausparkassenwirtschaft ist der Ansicht, dass aufgrund der Besonderheiten des Bausparkassengeschäftes auch sekundäre Leistungsbeschreibungen kontrollfrei sein müssen. Als sog. Primärleistungsbeschreibung sind die Höhe und Fälligkeit der Leistungen, die Zinsen, Kosten, Gebühren, Reihenfolge der Zuteilung und die Klauseln über die Darlehenssicherung keiner Inhaltskontrolle unterworfen. Der Ausschluss gilt nicht für Modifikationen der Leistungen in den ABB, die sog. sekundären Leistungsbestimmungen, die Preis und Leistungen beeinflussen. Die Nebenabreden, welche die Leistungspflicht der Bausparer erhöhen, aber nicht im direkten Zusammenhang mit der Leistung stehen, sind kontrollfähig.[1004]

Leistungsbestimmende Klauseln in den MBB a. F. und n. F., die der Inhaltskontrolle entzogen sind, sind die Klauseln, welche die Höhe der Abschlussgebühr regeln, die Höhe des Regelsparbeitrages festlegen, die Höhe der Verzinsung in der Ansparphase bestimmen, die Möglichkeit der Verringerung oder Ermäßigung der

---

[1003] BGH, VersR 2001, 843, st. Rspr.

[1004] vgl. BGH, VersR 2001, 843.

Bausparsumme behandeln und als Kernstück der MBB die Klauseln, die die Zuteilungsvoraussetzungen und die Reihenfolge der Zuteilung regeln.

Weitere Klauseln, die nicht der Inhaltskontrolle unterworfen sind, sind die Klauseln über die Höhe der Verzinsung in der Darlehensphase sowie die Klauseln, die die Kontogebühren betreffen. Die Bausparkasse berechnet Gebühren gem. den jeweiligen Anforderungen für besondere Dienstleistungen im Auftrag des Bausparers. Speziell für diese Dienstleistungen gibt es eine Gebührentabelle. Eine Kontrolle der Höhe der Gebühren ist nicht möglich.

Die Generalklausel § 307 Abs. 1 Satz 1 BGB als Kernstück einer AGB-Kontrolle setzt für die Unwirksamkeit einer Klausel Intransparenz oder eine unangemessene Benachteiligung voraus.

Die unterschiedlichen Ergebnisse des BGH beim Tilgungsverrechnungs- und beim Wertstellungsurteil im Gegensatz zum Bausparkassenurteil wurden ausführlich dargelegt. Die unterschiedliche Behandlung der Banken und der Bausparkassen in diesen Bereichen sind nicht nachzuvollziehen.

In Zusammenhang mit dem Bestimmtheitsgebot, als weitere Ausprägung des Transparenzgebotes, wurde § 15 Abs. 8 MBpB a. F. diskutiert, in dem bestimmt ist, dass eine Bausparkasse gegenüber dem Bausparer jederzeit Anspruch auf Erhöhung der ihr eingeräumten Sicherheiten hat, wenn sich diese nachträglich als unzureichend erweisen. Das Merkmal in den MBpB a.F.: „...Sicherheiten als unzureichend erweisen...“, ist zu wenig bestimmt, da hier der Bausparkasse ein zu großer Beurteilungsspielraum eröffnet wird. Eine nachträgliche Änderung der Beurteilung der Sicherheitenlage kann nicht zu Lasten des Bausparers gehen. § 15 Abs. 8 MBpB a. F. ist wegen Verstoßes gegen das Bestimmtheitsgebot für unwirksam zu erklären. Die MBB n. F. haben die Bestellung von Nachsicherheiten nicht mehr berücksichtigt.

Die Überprüfung der einzelnen MBB gem. § 307 Abs. 1 BGB hat ergeben, dass die meisten MBB einer Überprüfung standhalten. Einige MBB jedoch benachteiligen die Bausparer unangemessen.

Die Erhöhung der Bausparsumme bei Nichtabnahme des Darlehens oder Überzahlung der Ansparsumme ist grundsätzlich wirksam. Sollte jedoch in dem Begriff „fortgesetzt“ in der Klausel eine automatische Verlängerung des Bausparvertrages oder das Abschließen eines Anschlussvertrages zu sehen sein, würde diese Klausel den Bausparer unangemessen benachteiligen und wäre somit unwirksam.

Für den Fall, dass der Bausparer die gesamte Ansparsumme eingezahlt hat, dann aber die Zahlungen einstellt, ohne das Darlehen abzufordern, ergibt sich, dass er Bereitstellungszinsen für das nicht in Anspruch genommene Darlehen zahlen muss.

Die anfallenden Bereitstellungszinsen sind höher als die Zinsen für das angesparte Guthaben. Rein rechnerisch folgt daraus, dass die Bausparkasse das angesparte Guthaben nicht mehr verzinst und sich die Ansparsumme sogar verringert, weil der Bausparer sein Darlehen nicht abruft. Das wäre für den Bausparer überraschend und ein Verstoß gegen § 307 Abs. 2 Satz 2 BGB, da der Vertragszweck ernsthaft gefährdet wäre. In den MBöB a. F. wurde festgelegt, dass der Bausparer das Darlehen nach einem bestimmten Zeitraum nicht mehr abfordern kann und die Ansparsumme normal verzinst wird. Damit entfällt die oben dargestellte Problematik.

Die MBB n. F. haben bestimmt, dass der Darlehensanspruch sich verringert, wenn der Bausparer nach erfolgter Zuteilung nicht das gesamte Darlehen binnen zwei Jahren abruft. Die Klausel ist nicht überraschend, da der Bausparer ausdrücklich auf die Rechtsfolge seines Handelns hingewiesen wird.

Die in früheren MBB a.F. vorgesehene Verpflichtung des Bausparers, eine Risikolebensversicherung abzuschließen, ist in den MBöB a.F. transparent gestaltet. Die damalige Verpflichtung zum Abschluss dieser Versicherung hat den Bausparer unangemessen benachteiligt, da er nicht voraussehen konnte, in welcher Höhe Versicherungsbeiträge auf ihn zukommen würden. Die MBB n. F. empfehlen lediglich, Risikolebensversicherungen abzuschließen. Die entsprechenden Vorgaben gem. § 9 Abs. 3 Ziff. 9 BSpkG und die Rechtsprechung müssen dabei beachtet werden. Die Absicherung der Gesamtfinanzierung, die die MBB vorsehen, stellt keine unangemessene Benachteiligung des Bausparers dar, da es im Interesse des Kollektives notwendig ist, die Gefahr eines Ausfalls zu minimieren. Die Klauseln sind transparent und benachteiligen den Bausparer nicht in unangemessener Weise.

Das gesamte Bauspardarlehen wird zur Rückzahlung fällig, wenn der Darlehensnehmer mit mindestens zwei Zins- und Tilgungsbeträgen in Verzug gerät und auch nach Zugang einer schriftlichen Mahnung, in der auf die Kündigungsmöglichkeit hingewiesen wird, nicht zahlt. Die Klauseln sind transparent.

Der Bausparer hat aber nicht die Möglichkeit, durch nachträgliche Zahlung der ausstehenden Zins- und Tilgungsbeträge das Kündigungsrecht der Bausparkasse rückgängig zu machen. Die Klauseln verstoßen gegen § 307 Abs. 1 Satz 1 BGB, da der Bausparer durch sie unangemessen benachteiligt wird. In Anlehnung an das Mietrecht sollte die Möglichkeit bestehen, die Rechtsfolgen der Kündigung zu beseitigen.

Die in den MBB a. F. vorgesehene Zugangsfiktion legt zugrunde, dass Mitteilungen der Bausparkasse an den Bausparer als zugegangen gelten, wenn sie an die letzte der Bausparkasse bekannte Adresse gesandt wurde. Das gilt aber nicht für wesentliche Mitteilungen. Die Klausel ist nicht mehr zeitgemäß, aber noch wirksam. In den MBB n. F. ist diese Klausel nicht mehr vorgesehen.

Die Gültigkeit von Absprachen mit der Hauptverwaltung ist in § 24 Abs. 1 Satz 5 MBpB a.F. geregelt. Für diese Klausel ergeben sich Auslegungsmöglichkeiten, die durch die Position der Sätze in den MBpB nicht deutlich werden. Daher ist die Klausel unwirksam. Die MBB n. F. haben derartige Klauseln nicht vorgesehen.

Die Haftung gem. § 27 MBB a.F. bei vertragswesentlichen Auskünften hat sich der Entwicklung der Rechtsprechung angepasst und ist AGB-rechtlich nicht zu beanstanden. Die MBB n. F. haben keinen derartigen Haftungsausschluss mehr vorgesehen.

Die Übertragung und die Abtretung eines Bausparvertrages haben die MBB a.F. und n.F. gleichartig geregelt. Die Verträge können nach Überprüfung des Zessionars durch die Bausparkasse hinsichtlich dessen Zuverlässigkeit übertragen werden.

Die Legitimationsprüfung im Todesfall gem. § 25 MBB a. F. und § 19 MBB n. F. sieht vor, dass die Bausparkasse die Vorlage eines Erbscheins oder eines gerichtlichen Zeugnisses über den Nachweis des Todes des Bausparers verlangt. Die Vorlage der Bausparurkunde reicht nicht aus. Der Haftungsausschluss in der Klausel ist AGB-rechtlich nicht zu beanstanden, da sie nur einen Haftungsausschluss bei Fahrlässigkeit und nicht bei grober Fahrlässigkeit oder Vorsatz vorsieht.

Die Freigabe von Sicherheiten, die in den MBB geregelt ist, ist AGB-rechtlich nicht zu beanstanden. Die gesamtschuldnerische Mithaftung von Ehegatten sowie das Kündigungsrecht des Bausparers sind weder überraschend noch intransparent. Die praktische Bedeutung der Klausel hinsichtlich der Rückzahlung bei Kündigung durch den Bausparer ist kaum noch von Bedeutung. Die Bausparkassen sind jederzeit in der Lage, die Ansparsummen zurückzuzahlen. Die Regelung, dass der Bausparer seine Abschlussgebühr nicht zurückerhält, ist transparent und nicht überraschend.

Die in den MBB festgelegten Klauseln und Gebühren sind für den Bausparer durchschaubar und übersichtlich. Die Bestimmungen hinsichtlich der Abschlussgebühr, der Erhöhungs- und Zusammenlegungsgebühr, der Bereitstellungszinsen, der Darlehensgebühren in Form von Agio oder Disagio und die Kontoführungsgebühren sind für den Bausparer transparent und haben keinen überraschenden Charakter.

In den MBB n. F. sind die Gebühren den MBB vorangestellt, so dass jeder Bausparer die verschiedenen Gebühren direkt entnehmen kann.

Die Bedingungsänderungsmöglichkeiten, wozu auch die Zinsänderungsmöglichkeiten für laufende Verträge zählen, sind nicht zu beanstanden.

Die Rechtsfolge der Unwirksamkeit einzelner ABB ist in § 306 BGB geregelt. Im Fall der Unwirksamkeit einer Klausel ist es möglich, durch das Darlehensrecht eine ergänzende Klausel zu finden, die die unwirksam gewordene Klausel der ABB ersetzen kann. Das Gericht hat die Möglichkeit, auf die Gesetze und die neuere Rechtsprechung zurückzugreifen. Aufgrund des gesetzlich geregelten Darlehensrechtes wird es eine Gesamtunwirksamkeit von Bausparverträgen gem. § 306 Abs. 3 BGB nicht geben.

## Literaturverzeichnis

*Bach, Peter; Geiger, Martin,* Die Entwicklung der Rechtsprechung bei der Anwendung des AGB-Gesetzes auf AVB, VersR 1993, S. 663 ff.

*Bader, Johann,* Nichtige Zins- und Tilgungsregelungen in § 20 und § 6 Abs. 2 der Allgemeinen Bedingungen für Bausparverträge (ABB) und ihre Behandlung, BB 1987, S. 348 ff.

*Bähr, Gunne W.*, Das Generalklausel- und Aufsichtssystem des VAG im Strukturwandel, Eine öffentlich-rechtliche Studie zur Standortbestimmung der deutschen Versicherungsaufsicht im europäischen Binnenmarkt, Karlsruhe 2000

*Bähr, Gunne W.*, Missstandsaufsicht nach § 81 VAG unter besonderer Berücksichtigung der Problematik der Inländerdiskriminierung, VersR 2001, S. 1185 ff.

*Bankrechts-Handbuch, Hrsg. von: Schimansky, Herbert; Bunte, Hermann-Josef; Lwowski, Hans-Jürgen,* 2. Auflage, Stuttgart 2001, (zit.: Bearbeiter, in Bankrechts-Handbuch §... Rn...)

*Basedow, Jürgen,* Handelsbräuche und AGB-Gesetz, ZHR Bd. 150 (1986), S. 469 ff.

*Basedow, Jürgen,* Transparenz als Prinzip des (Versicherungs-) Vertragsrechts, VersR 1999, S. 1045 ff.

*Bauer, Günter,* Das AGB-Gesetz und seine Auswirkungen auf das Recht der Allgemeinen Versicherungsbedingungen, BB 1978, S. 476 ff.

*Baumbach/Hopt,* Handelsgesetzbuch, Kurzkommentar von Baumbach, Adolf und Hopt, Klaus J., 31. Auflage, München 2003, (zit.: Baumbach/Hopt/ Bearbeiter Fundstelle)

*Baums, Theodor; Steck, Kai Uwe,* Bausparkassen als Konzerntöchter – Konzern- und bankenaufsichtsrechtliche Fragen einer Vertriebsausgliederung, WM 1998, S. 2261 ff.

*Baumgärtel, Gottfried; Hohmann, Gerhard,* Handbuch der Beweislast im Privatrecht, AGBG, UWG, Köln 1985

*Bausparkassenfachbuch,* Bausparkassenfachbuch 2002/2003, hrsg. von: Bundesgeschäftsstelle Landesbausparkassen Bonn, Stuttgart 2002 (zit.: BSpkFb )

*Bechthold, Rainer,* Ende der Tagespreisklausel - Diskussion? BB 1983, S. 1636 f.

*Belke, Rolf,* Die Prüfung Allgemeiner Geschäftsbedingungen in der Klausur, JA 1988, S. 475 ff.

*Benedict, Jörg* , Beschränkte Privatautonomie bei Barterverträgen – oder zur „Intransparenz“ richterlicher Inhaltskontrolle, NJW 2000, S. 190 ff.

*Bergeest, Volker-Joachim,* Die Vertrauensschadensversicherung in ihren modernen Erscheinungsformen, Karlsruhe 1982

*Bertsch/Hölzle/Laux,* Handwörterbuch der Bauspartechnik, Schriftenreihe Angewandte Versicherungsmathematik, Heft LX, hrsg. von: Bertsch, Eberhard; Hölzle, Bernhard; Laux, Hans, Karlsruhe 1998

*Boos/Fischer/Schulte-Mattler* , Kreditwesengesetz, Kommentar zu KWG und Ausführungsvorschriften von Boos, Karl-Heinz; Fischer, Reinfrid; Schulte-Mattler, Hermann, München 2000

*Brandner, Hans Erich* , Schranken der Inhaltskontrolle, Festschrift für Fritz Hauß zum 70. Geburtstag; hrsg. von: Caemmerer, Ernst von; Fischer, Robert et al., Karlsruhe 1978

*Brandner, Hans Erich,* Festschrift für Walter Oppenhoff zum 80. Geburtstag, hrsg. von: Jagenburg, Walter, München 1985

*Brors, Christiane,* Haftungsbeschränkungen gegenüber dem Endverbraucher- neue Wege bei der AGB-Kontrolle?, ZIP 1998, S. 1663 ff.

*Bruchner, Helmut,* AGB-rechtliche Zulässigkeit von Zinsanpassungsklauseln, BKR 2001, S. 16 ff.

*Bruchner, Helmut,* Das Regelungsprinzip der „nachschüssigen Tilgungsvereinbarung“ bei Annuitätendarlehen, WM 1987, S. 449 ff.

*Bruck/Möller/Winter,* Kommentar zum Versicherungsvertragsgesetz und zu den Allgemeinen Versicherungsbedingungen unter Einschluß des Versicherungsvermittlerrechtes, hrsg. von: Möller, Hans; Sieg, Karl; Johannes, Ralf – Fünfter Band, Zweiter Halbband: Lebensversicherungen (§§ 159-178 VVG) einschließlich Berufsunfähigkeitsversicherung von Winter, Gerrit, 8. Auflage, Berlin/ New York 1988

*Brüggemeier, Gerd; Friele, Reinhold,* Allgemeine Bausparbedingungen und AGB-Gesetz, ZBB 1992, S. 137 ff.

*Bülow, Peter,* Kreditvertrag und Verbraucherkredit im BGB, Die Schuldrechtsreform vor dem Hintergrund des Gemeinschaftsrechts, Tagungsband einer Tagung in Münster am 22.1.2001, hrsg. von Schulze, Reiner; Schulte-Nölke, Hans (s. dazu den Tagungsbericht von Artz NJW 2001, 1703), Siebeck 2001, S. 153 ff.

*Bunte, Hermann-Josef,* Handbuch der Allgemeinen Geschäftsbedingungen, München 1982

*Bunte, Hermann-Josef,* Mandatsbedingungen für Rechtsanwälte und das AGB-Gesetz, NJW 1981, S. 2657 ff.

*Bunte, Hermann-Josef,* 10 Jahre AGB-Gesetz. Rückblick und Ausblick, NJW 1987 S. 921 ff.

*Büschgen/Kopper,* Die Bausparkassen, Bausparfinanzierung und Bausparförderung, hrsg. von: Büschgen, Hans; Kopper, Hilmar, Frankfurt a.M. 1994

*Canaris, Claus-Wilhelm,* Bankvertragsrecht, einschließlich Recht der Allgemeinen Geschäftsbedingungen aus HGB Großkommentar, Band 2, 3. Aufl., München 1999

*Canaris, Claus-Wilhelm,* Die Problematik der Sicherheitenfreigabeklauseln im Hinblick auf § 9 AGBG und § 138 BGB, ZIP 1996, S. 1109 ff.

*Canaris, Claus-Wilhelm,* Zinsberechnungs- und Tilgungsverrechnungsklauseln bei Annuitätendarlehen, NJW 1987, S. 609 ff.

*Canaris, Claus-Wilhelm,* Die Kreditkündigung gemäß § 247 BGB und der „Wandel der Normsituation“, WM 1978, S. 686 ff.

*Canaris, Claus-Wilhelm,* Die Problematik der AGB-Kontrolle von Postenpreisen für Buchungsvorgänge auf Girokonten, WM 1996, S. 237 ff.

*Dannenbaum, Fritz,* Deutsche Hypothekenbanken, Wirtschaftliche Darstellung nebst Kommentar zum Hypothekenbankgesetz, 2. Auflage, Berlin 1928

*Dauner-Lieb/Heidel/Lepa/ Ring,* Schuldrecht, hrsg. von: Dauner-Lieb, Barbara; Heidel, Thomas; Lepa, Manfred; Ring, Gerhard, Bonn 2002 (zit.: Bearbeiter, in Dauner-Lieb/Heidel/Lepa/Ring, Schuldrecht §... BGB Rn...)

*Dauner-Lieb/ Heidel/ Lepa/ Ring,* Das neue Schuldrecht, hrsg. von Dauner-Lieb, Barbara; Heidel, Thomas; Lepa, Manfred; Ring, Gerhard, Heidelberg 2002 (zit.: Bearbeiter, in Dauner-Lieb/Heidel/Lepa/Ring, Das neue Schuldrecht, §... BGB Rn...)

*Dauner-Lieb, Barbara,* Verbraucherschutz durch Ausbildung eines Sonderprivatrechts für Verbraucher: Systemkonforme Weiterentwicklung oder Schrittmacher der Systemveränderungen?, Berlin 1983

*Derleder, Peter,* Transparenz und Äquivalenz bei bankvertragsrechtlicher Zinsanpassung, WM 2001, S. 2029 ff.

*Deutsch, Erwin,* Versicherungsvertragsrecht, 3. Auflage, Karlsruhe 1993

*Dietlein, Max Josef,* Äußerungen vor dem Wirtschaftsausschuss des Deutschen Bundestages, Sitzung vom 16.10.1975, Protokolle des Wirtschaftsausschusses des Deutschen Bundestages, Protokoll vom 16.10.1975, S. 7 f.

*Dietlein, Max Josef; Rebmann, Eberhard,* AGB aktuell, Köln 1976

*Dittmann, Klaus; Stahl, Henning,* AGB, Allgemeine Geschäftsbedingungen. Kommentar für den Geschäftsverkehr in Handel, Industrie, Handwerk und Dienstleistungsgewerbe, Wiesbaden 1977

*Dreher, Meinrad,* Die Versicherung als Rechtsprodukt – Die Privatversicherung und ihre rechtliche Gestaltung, Tübingen 1991

*Dylla-Krebs, Corinna,* Schranken der Inhaltskontrolle Allgemeiner Geschäftsbedingungen, Diss. Baden-Baden 1990

*Eckert, Hans Werner,* Das neue Recht der Allgemeinen Geschäftsbedingungen, ZIP 1996, S. 1238 ff.

*Ehlers, Dirk,* Ziele der Wirtschaftsaufsicht, Köln u.a. 1997

*Eichler, Hermann,* Versicherungsrecht, 2. Auflage, Karlsruhe 1976

*Emmerich, Volker,* Haftung einer Bausparkasse aus c.i.c., WuB 1991, S. 277 ff.

*Emmerich, Volker,* Das Recht der Leistungsstörungen, 4. Auflage, München 1997

*Erdland, Alexander,* Bausparkassen: Die Spezialität als Last?, Der Langfristige Kredit 2000, S. 818 ff.

*Erman,* ,Handkommentar zum Bürgerlichen Gesetzbuch, Band II, 10. Auflage, Münster/Köln 2000 (zit.: Erman/Bearbeiter, §... AGBG Rn...)

*Fahr/Kaulbach/Bähr,* Versicherungsaufsichtsgesetz: VAG; mit Gesetz über die Errichtung eines Bundesaufsichtsamtes für das Versicherungswesen (BAG) und Finanzdienstleistungsaufsichtsgesetz (FinDAG); Kommentar hrsg. von: Fahr, Ulrich; Kaulbach, Detlef; Bähr, Gunne W., 3. Aufl. München 2003. (zit.: Bearbeiter, in Fahr/Kaulbach/Bähr Fundstelle)

*Fastrich,* Lorenz, Richterliche Inhaltskontrolle im Privatrecht, Köln 1992

*Fausten, Thomas,* Grenzen der Inhaltskontrolle Allgemeiner Versicherungsbedingungen, VersR 1999, S. 413 ff.

*Fehl, Norbert,* Systematik des Rechts der Allgemeinen Geschäftsbedingungen, Heidelberg 1979

*Fenyves, Attila,* Angehörigenklauseln im Interessenwiderstreit, VersR 1976, S. 363 ff.

*Frenz, Rainer,* AGB-Gesetz und Allgemeine Versicherungsbedingungen, VersR 1979, S. 394 ff.

*Fricke, Martin,* Quomodo pacta sunt servanda?, VersR 2000, S. 257 ff.

*Fricke, Martin,* Versicherungsaufsicht integriert – Versicherungsaufsicht unter dem Gesetz über die integrierte Finanzdienstleistung, NVersZ 2002, S. 337 ff.

*Ganter, Hans-Gerhard,* Aktuelle BGH-Rechtsprechung zum Kreditsicherungsrecht, WM 1999, S. 1741 ff.

*Gratias, Matthias,* Bankenaufsicht, Einlegerschutz und Staatshaftung, Zur staatshaftungsrechtlichen Relevanz der verspäteten Umsetzung der EG-Einlegerschutzrichtlinie des § 6 IV KWG, NJW 2000, S. 786 ff.

*Grundmann, Stefan,* Darlehens- und Kreditrecht nach dem Schuldrechtsmodernisierungsgesetz, BKR 2001, S. 66 ff.

*Habersack, Mathias,* Zinsänderungsklauseln im Lichte des AGBG und des VerbrKrG, WM 2001, S. 753 ff.

*Habersack, Mathias,* Verbraucherkredit- und Haustürgeschäft nach der Schuldrechtsmodernisierung, BKR 2001, S. 72 ff.

*Habersack, Mathias,* Vertragsfreiheit und Drittinteressen, Diss. Berlin 1992

*Hadding, Walter; van Look, Frank,* Vertraglicher Abtretungsausschluss, Überlegung de lege lata und de lege ferende, WM 1988, Sonderbeilage 7

*Hager, Johannes,*Der lange Abschied vom Verbot der geltungserhaltenden Reduktion, JZ 1996, S. 175 ff.

*Haller, Matthias,* Gefahrengemeinschaft oder Sicherheitsteam? – Zur Entwicklung des Sinnmodells der Versicherung im Zeichen des Servicegedankens, (Mannheimer Vorträge); St. Gallen 1985

*Hansen, Hans-Georg,* Das sogenannte Transparenzgebot im System des AGBG, WM 1990, S. 1521 ff.

*Hansen, Udo,* Die Bedeutung der Klauselverbote des AGBG (§§ 10,11), VersR 1988, S. 1110 ff.

*Hegmanns, Ekkehard,* AGB-Bausparkassen, Zinsberechnung, Freizeichnungsklausel, Risikolebensversicherung, EWiR 1990, S. 317 ff.

*Heinrichs, Helmut,* Das Transparenzgebot und die EG-Richtlinie über missbräuchliche Klauseln in Verbraucherverträgen in Festschrift für Reinhold Trinkner, Lebendiges Recht – Von den Sumerern bis zur Gegenwart, hrsg. von: Westphalen, Friedrich Graf v.; Sandrock, Otto, Köln/ Münster 1995, S. 157 ff.

*Heinrichs, Helmut,* Das Gesetz zur Änderung des AGB-Gesetzes – Umsetzung der EG-Richtlinien über missbräuchliche Klauseln in Verbraucherverträgen durch den Bundesgesetzgeber, NJW 1996, S. 2190 ff.

*Heinrichs, Helmut,* Die Entwicklung des Rechts der Allgemeinen Geschäftsbedingungen im Jahre 1998, NJW 1999, S. 1596 ff.

*Hellner, Thorwald* , Quo Vadis AGB-Recht? in Festschrift für Ernst Steindorff, Berlin u.a. 1990, S. 573 ff.

*Hellner/Steuer,* Bankrecht und Bankpraxis, hrsg. von Hellner, Thorwald; Steuer, Stefan (mit Hans-Jürgen Lwowski), Loseblattsammlung, (zit.: Bearbeiter, in Hellner/Steuer), Berlin 2002

*Helm, Johann Georg,* AGB-Gesetz und Allgemeine Versicherungsbedingungen, NJW 1978, S. 129 ff.

*Henke, Joachim,* Das Gesetz über Bausparkassen und seine Bedeutung für Bausparkassen und Bausparer, BB 1973, S. 269 ff.

*Hensen, Horst Diether,* Das AGB-Gesetz, JA 1981, S. 133 ff.

*Hensen, Horst Diether,* Allgemeine Bedingungen für Bausparverträge, Schriftformklauseln u.a. zu BGH XI. ZR 72/ 90, EWiR 1991, S. 841 ff.

*Hölzle, Bernhard,* Sicherung eines intakten Kollektivs und seine Bedeutung für die strategische Planung einer Bausparkasse, Der langfristige Kredit 2001, S. 15 ff.

*Hohlfeld, Knut,* Die Zukunft der Versicherungsaufsicht nach der Vollendung des Binnenmarktes, VersR 1993, S. 144 ff.

*Hopt, Klaus J.,* Handelsvertreterrecht, 3. Auflage, München 2003

*Horn, Norbert,* Die richterliche Kontrolle von Entgeltklauseln nach dem AGB-Gesetz am Beispiel der Kreditwirtschaft, WM 1997, Sonderbeilage Nr. 1

*Horn, Norbert,* Vertragsbindung unter veränderten Umständen, NJW 1985, S. 1118 ff.

*Hoyningen-Huene, Gerrick von* , Unwirksamkeit von AGB bei bloßer Intransparenz?, Festschrift für Reinhold Trinkner, Lebendiges Recht – Von den Sumerern bis zur Gegenwart, hrsg. von: Westphalen, Friedrich Graf von; Sandrock, Otto, Köln/Münster 1995, S. 157 ff.

*Hoyningen-Huene, Gerrick von,* Die Inhaltskontrolle nach § 9 AGBG, Heidelberg 1991

*Hübner, Ulrich,* Allgemeine Versicherungsbedingungen und AGB-Gesetz, 5. Auflage, Köln 1997

*Ipsen, Hans-Peter,* Rechtsstaatliche Grenzen der Versicherungsaufsicht, DÖV 1975, S. 805 ff.

*Joost, Detlef,* Der Ausschluss der Inhaltskontrolle bei Entgeltregelungen in Allgemeinen Geschäftsbedingungen, ZIP 1996, S. 1685 ff.

*Junge, Werner,* Die AVB im Rahmen der geplanten AGB-Gesetzgebung, ZVersWiss 1975, S. 211 ff.

*Klamroth, Sabine,* Abtretungsverbot in Allgemeinen Geschäftsbedingungen, BB 1984, S. 1842 ff.

*Knapp, Fritz,* Das Gesetz über Bausparkassen, WM 1972, S. 1294 ff.

*Knütel, Rolf,* Zur duplex interpretatio von Allgemeinen Geschäftsbedingungen, JR 1981, S. 221 ff.

*Koch/Stübing,* Allgemeine Geschäftsbedingungen, Kommentar zum Gesetz zur Regelung des Rechts der Allgemeinen Geschäftsbedingungen, hrsg. von Koch, Eckart; Stübing, Jürgen, Neuwied/ Darmstadt 1977

*Koch, Robert,* Auswirkungen der Schuldrechtsreform auf die Gestaltung Allgemeiner Geschäftsbedingungen, WM 2002, S. 2173 ff.

*Köhler/Lange,* BGB Allgemeiner Teil von Köhler, Helmut; Lange, Heinrich, 24. Auflage, München 1998

*Kohlhosser, Helmut,* Zur Tilgungsverrechnung bei Amortisationsdarlehen, ZIP 1986, S. 1429 ff.

*Koller, Ingo,* Das Transparenzgebot als Kontrollmaßstab Allgemeiner Geschäftsbedingungen, Festschrift für Ernst Steindorff, Berlin u.a. 1990, S. 679 ff.

*Köndgen, Johannes,* Darlehen, Kredit und finanzierte Geschäfte nach dem neuen Schuldrecht – Fortschritt oder Rückschritt?, WM 2001, S. 1637 ff.

*Köndgen, Johannes,* Modernisierung des Darlehensrechtes: eine Fehlanzeige, Zivilrechtswissenschaft und Schuldrechtsreform, hrsg. von Ernst, Wolfgang; Zimmermann, Reinhard, München 2001, S. 457 ff.

*Köndgen, Johannes,* AGB-Bausparkassen, EWiR 1989, S. 3 f.

*Köndgen, Johannes,* AGB-Bausparkassen, EWiR 1989, S. 111 f.

*Köndgen, Johannes,* Grund und Grenzen des Transparenzgebotes im AGB-Recht, NJW 1989, S. 943 ff.

*Korsch, Karl,* Die Reichsaufsicht über die privaten Bausparkassen, Beiträge zur Entwicklung des Privaten Bausparkassenwesens, hrsg. von Lehmann, Werner, Berlin 1950, S. 119 ff.

*Krüger, Thomas,* Richterliche Überprüfbarkeit von Preisklauseln in der Kreditwirtschaft, WM 1999, S. 1402 ff.

*Kühne, Gunther,* Das Gesetz zur Regelung des Rechtes der Allgemeinen Geschäftsbedingungen, JR 1977, S. 133 ff.

*Larenz, Karl; Wolf, Manfred,* Allgemeiner Teil des Bürgerlichen Rechts, 8. Auflage, München 1997 (zit.: LarenzAT)

*Larenz, Karl,* Lehrbuch des Schuldrechts, Allgemeiner Teil, 14. Auflage, München 1987, ( zit.: LarenzSchRAT)

*Laux, Hans,* Bausparwissen für Bankkaufleute, Baufinanzierer und Anlageberater, 6. Auflage, Stuttgart 1993

*Laux, Hans,* Die Bausparfinanzierung, 6. Auflage, Stuttgart 1992.

*Laux, Hans,* Die Zins- und Tilgungsverrechnung bei Bauspardarlehen, BB 1987, S. 384 ff.

*Laux, Hans,* Die Verzinsungsmodalitäten im deutschen Bausparen, BB 1991, S. 563 ff.

*Lehmann, Werner,* Gründungsgeschichte und Systementwicklung des Bausparkassenrechtes, Beiträge zur Entwicklung des privaten Bausparkassenwesens, hrsg. von Lehmann, Werner, Berlin 1950, S. 119 ff.

*Lehmann, Werner,* Beiträge zur Entwicklung des privaten Bausparkassenwesens, Berlin 1950

*Lehmann, Werner,* Leistung und Gegenleistung im Rahmen gewagter Verträge unter besonderer Berücksichtigung des Lotterie-, des Versicherungs- und des Bausparvertrages, JW 1934, S. 2006 ff.

*Lehmann/Schäfer/Cirpka,* Bausparkassengesetz und Bausparkassenverordnung unter Berücksichtigung des Gesetzes über das Kreditwesen, Lehmann, Werner; Schäfer, Otto; Cirpka, Ekkehard, 4. Auflage, Bonn 1992

*Lehmann, Werner; Zink, Achim,* Abriss der Geschichte des deutschen Bausparwesens, hrsg. von: Zink, Achim, Bonn 1983

*Leonardy, Helmut,* Das AGB-Gesetz kodifizierte Rechtsprechung oder verbesserter Verbraucherschutz, DRiZ 1976, S. 108 f.

*Lieb, Manfred,* Zur Inhaltskontrolle von Teilamortisations-Leasingverträgen, DB 1986, S. 2167 ff.

*Lieb, Manfred,* Das Leitbild des Finanzierungs-Leasing im Spannungsfeld von Vertragsfreiheit und Inhaltskontrolle, DB 1988, S. 946 ff.

*Lieb, Manfred* ,Sonderprivatrecht für Ungleichgewichtslagen? Über-legungen zum Anwendungsbereich der sogenannten Inhaltskontrolle privatrechtlicher Verträge, ACP 178 (1978), S. 196 ff.

*Lieb, Manfred,* Grundfragen der Schuldrechtsreform, ACP 183 (1983), S. 327 ff.

*Locher, Horst,* Das Recht der Allgemeinen Geschäftsbedingungen, 3. Auflage, München 1997

*Lorenz/ Wandt,* Versicherungsrecht (Versicherungsvertragsrecht, Versicherungsaufsichtsrecht, Internationales Versicherungsrecht), hrsg. von: Lorenz, Egon; Wandt, Manfred, 2. Aufl., Karlsruhe 2001

*Löwe/ Graf v. Westphalen/ Trinkner,* Kommentar zum AGB-Gesetz, Band I, hrsg. von: Löwe, Walter; Westphalen, Friedrich Graf von; Trinkner, Reinhold, 1. Auflage, Heidelberg 1977

*Löwe/ Graf v. Westphalen/ Trinkner,* Kommentar zum AGB-Gesetz, Band II, hrsg. von: Löwe, Walter; Westphalen, Friedrich Graf von; Trinkner, Reinhold, 2. Auflage, Heidelberg 1983

*Mackenthun, Thomas; Sonnenhol, Jürgen,* Entgeltklauseln in der Kreditwirtschaft – e-Commerce von Kreditinstituten- Bericht über den Bankrechtstag am 29. Juni 2001 in Kiel, WM 2001, S. 1585 ff.

*Martin, Anton,* Sachversicherungsrecht; AVB-Kommentar, 3. Auflage, München 1992

*Matthies, Karl-Heinz,* Abtretungsverbote und verlängerte Eigentumsvorbehalte, WM 1981, S. 1042 ff.

*Matusche-Beckmann, Annemarie,* Die Bedingungsanpassungsklauseln; Zulässiges Instrument für den Fall der Unwirksamkeit Allgemeiner Versicherungsbedingungen, NJW 1998, S. 112 ff.

*Maunz/Dürig/Herzog/Scholz,* Grundgesetz, Band I Art. 1-12, Loseblatt-Kommentar hrsg. von: Maunz, Theodor; Dürig, Günther; Herzog, Roman; Scholz, Rupert, et al., München 1987 (zit.: Bearbeiter, in Maunz/Dürig/Herzog/Scholz)

*Mayen, Barbara,* Aufklärungspflichten bei neuen Kreditformen - Zur Übertragbarkeit der Rechtsprechung des Bundesgerichtshofes auf den Fall der Bausparsofortfinanzierung mit Fremdgeldbesparung, WM 1995, S. 913 ff.

*Merkel, Helmut,* Die Negativklausel, Recht und Praxis einer schuldrechtlichen Sicherungsvereinbarung, Diss. Berlin 1985

*Metz, Mathias; Herzog, Walther,* Das Zinsänderungsrisiko-Management bei Bausparkassen, Der Langfristige Kredit 2002, S. 174 ff.

*Metz, Rainer,* Variable Zinsvereinbarungen bei Krediten und Geldanlagen, BKR 2001, S. 21 ff.

*Metz, Rainer,* Tilgungsverrechnung: Transparenz durch AGB-Recht und Preisangabenverordnung, NJW 1991, S. 668 ff.

*Meder, Stephan,* Die Zulässigkeit einer isolierten Bepreisung des Auslandseinsatzes von Kreditkarten, NJW 1996, S. 1849 ff.

*Münchener Kommentar,* Münchener Kommentar zum Bürgerlichen Gesetzbuch, Band 2a, Schuldrecht Allgemeiner Teil, §§ 241-432, 4. Auflage, München 2003 (zit.: MüKo/Bearbeiter, §... BGB Rn...)

*Münchener Kommentar,* Münchener Kommentar zum Bürgerlichen Gesetzbuch, Band 1, Allgemeiner Teil, §§ 1-240, AGB-Gesetz, 4. Auflage, München 2001 (zit.: MüKo/Bearbeiter § ... AGBG Rn...)

*Münchener Kommentar,* Münchener Kommentar zum Bürgerlichen Gesetzbuch, Bd. 4, Schuldrecht Besonderer Teil II, §§ 607-704, 3. Auflage, München 1997(zit.: MüKo/Bearbeiter §... BGB a.F. Rn...)

*Münchener Kommentar,* Münchener Kommentar zum Bürgerlichen Gesetzbuch, Bd. 9, Erbrecht, §§ 1922-2385; 27-35 BeurkG, 3. Auflage, München 1997 (zit.: MüKo/Bearbeiter §... BGB Rn...)

*Münchener Kommentar,* Münchener Kommentar zum Aktiengesetz, Band 1, §§ 1-53, 2. Auflage, München 2000 (zit.: MüKoAktG/Bearbeiter, §... Rn...)

*Mülbert, Peter* ,Die Auswirkungen der Schuldrechtsmodernisierung im Recht des „bürgerlichen" Darlehensvertrages, WM 2002, S. 465 ff.

*Münstermann/ Hannes,* Verbraucherkreditgesetz, hrsg. von: Münstermann, Walter; Hannes, Rudi, 2. Auflage, Münster/ Aschendorff 1998

*Nickolaus, Frank*, Bauspargeschäft und Verbraucherkreditgeschäft, Diss. Bielefeld 2000

*Niebling, Jürgen,* Die Schranken der Inhaltskontrolle nach § 8 AGB-Gesetz, BB 1984, S. 1713 ff.

*Niebling, Jürgen ,* Die Schranken der Inhaltskontrolle nach § 8 AGBG, Diss. Tübingen 1988

*Niebling, Jürgen,* Die Inhaltskontrolle von Preisen und Leistungen nach dem AGBG, WM 1992, S. 845 ff.

*Niederfür, Werner* ,Informationsgebote des AGB-Gesetzes, Frankfurt 1986

*Nirk, Rudolf* ,Das Kreditwesengesetz, 12. Auflage, Frankfurt 2003

*Nobbe, Gerd* ,Neue höchstrichterliche Rechtsprechung zum Bankenrecht, 7. Auflage, Köln 1995

*Nobbe, Gerd; Kirchhof, Hans-Peter,* Bürgschaften und Mithaftungsübernahmen finanziell überforderter Personen, BKR 2001, S. 5 ff.

*Olshausen, Eberhardt von,*Literatur zu Ulmer/Brandner/Hensen AGB-Kommentar in ZHR 151 (1987), S. 636 f.

*Palandt* ,Bürgerliches Gesetzbuch, bearbeitet von Bassenge, Peter; Diederichsen, Uwe et al., 63. Auflage, München 2004 (zit.: Palandt/Bearbeiter, Fundstelle)

*Palandt* ,Bürgerliches Gesetzbuch, bearbeitet von Bassenge, Peter; Diederichsen, Uwe et al., 61. Auflage, München 2002 (zit.: Palandt/Bearbeiter 61. Aufl. Fundstelle)

*Pataki, Tibor S.,* Der Geschäftsbesorgungsgedanke im Versicherungsvertragsrecht, Diss. Karlsruhe 1998

*Pfeiffer, Gerd,* Staat, Wirtschaft, Assekuranz und Wissenschaft, Festschrift für Robert Schwebler, Die Belange der Versicherten als Kriterium bei der Auslegung von AVB, Frankfurt 1986, S. 399 ff.

*Pfeiffer, Thomas,*Allgemeine Bausparbedingungen, Vertragsrecht in AGB-Klauselwerken, Loseblattsammlung, hrsg. von Westphalen, Friedrich Graf von, München 2001

*Pfeiffer, Thomas,* Änderungen AGB-rechtlicher Vorschriften durch die Schuldrechtsreform (Stand 2002), Vertragsrecht in AGB-Klauselwerken, Loseblattsammlung, hrsg. von Westphalen, Friedrich Graf von, München 2001

*Präve, Peter,* Entwicklungstendenzen im Recht der Allgemeinen Geschäftsbedingungen, ZIP 1985, S. 449 ff.

*Präve, Peter,* Die AGB-Banken als Vorbild für eine Einführung geänderter AVB in bestehende Verträge, ZfV 1993, S. 214 ff.

*Präve, Peter,* Versicherungsbedingungen und AGBG, München 1998 (zit.: Präve, S.)

*Präve, Peter* ,Versicherungsbedingungen und Transparenzgebot, VersR 2000, S. 138 ff.

*Präve, Peter,* Versicherungsvertragsrecht, Sämtliche Versicherungs-zweige § 9 AGBG; ARB 94 § 10 A; Die Bedingungsklausel des § 10 A ARB 94 ist unwirksam. Anmerkung zu BGH, Urteil vom 17.3.1999 (IV ZR 218/97 Düsseldorf), VersR 1999, S. 697 ff.

*Präve, Peter,* Intransparente und transparente Klauseln in der kapitalbildenden Lebensversicherung; AGBG §§ 8,9; VVG §§ 1 S. 2, 174, 176; VAG § 81c, Anmerkung zu BGH, Urteil vom 9.5.2001 (IV ZR 121/ 00, Nürnberg), VersR 2001, S. 847 ff.

*Prölss/Martin* ,Versicherungsvertragsgesetz, Kommentar zu VVG und EGVVG, begr. v. Prölss, Erich R.; Martin, Anton, 27. Aufl., München 2004 (zit.: Bearb. in Prölss/ Martin)

*Prölss/Schmidt,* Versicherungsaufsichtsgesetz, begr. v. Prölss, Erich R.; Schmidt, Reimer, 11. Auflage, München 1997, (zit.: Prölss/Schmid/Bearbeiter)

*Prölss, Erich R.; Thüsen, Ernst v.d.* ,Die versicherungstechnische Rückstellungen im Steuer-recht, Karlsruhe 1954

*Quittnat, Joachim,* Unwirksamkeit von Verfallklauseln in Leasingformularen, DB 1979, S. 1530 ff.

*Raiser, Ludwig,* Das Recht der Allgemeinen Geschäftsbedingungen, Hamburg 1935

*Reifner, Udo,* Schuldrechtsmodernisierungsgesetz und Verbraucherschutz bei Finanzdienstleistungen, ZBB 2001, S. 193 ff.

*Reifner, Udo,* Das Zinseszinsverbot im Verbraucherkredit, NJW 1992, S. 337 ff.

*Reifner, Udo,* Anmerkung zu OLG Bremen, Urteil vom 18.3.19916 U 4/91, EWiR 1991, S. 319 f.

*RGRK,* Das Bürgerliche Gesetzbuch mit besonderer Berücksichtigung der Rechtsprechung des Reichsgerichtshofes und des Bundesgerichtshofes, Kommentar, 12. Auflage, Berlin/New York 1974 (zit.: RGRK-Bearbeiter)

*Roth, Markus,* Der allgemeine Bankvertrag, WM 2003, S. 480 ff.

*Römer, Wolfgang; Langheid, Theo,* Versicherungsvertragsgesetz VVG; mit Pflichtversicherungsgesetz (PflVG) und Kraftfahrzeug-Pflichtversicherungsverordnung (KfzPflVV), 2. Auflage, München 2003

*Rüßmann, Helmut* ,Die „ergänzende Auslegung" Allgemeiner Geschäftsbedingungen, BB 1987, S. 843 ff.

*Schäfer, Otto,* Geschäftsbedingungen und Geschäftsgrundsätze der Bausparkassen, ZfgK 1975, S. 142 ff.

*Schaefer, Frithjof,* Inhaltskontrolle nach dem AGB-Gesetz bei Allgemeinen Versicherungsbedingungen, VersR 1978, S. 4 ff.

*Schäfer, Jürgen,* Das Transparenzgebot im Recht der Allgemeinen Geschäftsbedingungen, Diss. Frankfurt am Main 1992

*Schäfer/Cirpka/Zehnder,* Kommentar zum Bausparkassengesetz und Bausparkassenverordnung, von Schäfer, Otto; Cirpka, Ekkehard; Zehnder, Andreas J., 5. Aufl.; Bonn 1999 (zit.: Schäfer/Cirpka/ Zehnder, Fundstelle)

*Schimansky, Herbert,* Zinsanpassungsklauseln in AGB, WM 2001, S. 1169 ff.

*Schimansky, Herbert,* Zur Vertragsfreiheit bei der Gestaltung von AGB im Bankrecht, WM 1995, S. 461 ff.

*Schlosser, Peter,* Kurzkommentar zu BGH – Urteil vom 06.02.1985 – VIII ZR 61/ 84, EWiR 1985, S. 225 ff.

*Schlünder, Bertold,* AGB in Leitsätzen, 2. Auflage, München 1992

*Schmidt-Rimpler, Walter,* Die Gegenseitigkeit bei einseitig bedingten Verträgen, insbesondere beim Versicherungsvertrag- zugleich ein Beitrag zur Lehre vom Synallagma, Stuttgart 1986

*Schmidt-Salzer, Joachim,* AGB – Gesetz, 2. Auflage, Berlin 1977

*Schmidt-Salzer, Joachim* ,Recht der AGB und der missbräuchlichen Klauseln: Grundfragen, JZ 1995, S. 223 ff.

*Schmidt, Harry,* Vertragsfolgen der Nichteinbeziehung und Unwirksamkeit von Allgemeinen Geschäftsbedingungen, Heidelberg 1986

*Schmidt, Karsten,* Gesellschaftsrecht, 4. Auflage, München 2002 (zit.: K. Schmidt, GesellR, Fundstelle)

*Schmidt, Karsten,* Handelsrecht, 5. Auflage, München 1999 (zit.: K. Schmidt, HandelsR, Fundstelle)

*Schneider, Manfred,* Gesetz über Bausparkassen, Frankfurt am Main 1973

*Schreihage, Andreas* ,Zum neuen Entwurf des Bausparkassengesetzes, Raiffeisen Rundschau 1971, S. 147 ff.

*Schünemann, Wolfgang,* Allgemeine Versicherungsbedingungen: Leistungsbeschreibungen oder inhaltskontrollierte Vertragskonditionen, VersR 2000, S. 144 ff.

*Schünemann, Wolfgang,* Überschussbeteiligung in der Kapitallebensversicherung – Rückblick und Ausblick, VersWissStud Bd. 4, S. 43 ff.

*Schumacher, Rolf,* Vertragsaufhebung wegen fahrlässiger Irreführung unerfahrener Vertragspartner, Bonn 1979

*Schwintowski, Hans-Peter,* Schlechte Vorzeichen für Anleger, VuR 2004, S. 13 ff.

*Schwintowski, Hans-Peter,* Anmerkung zur Unwirksamkeit einer Bedingungsanpassungsklausel, Anm. zu OLG Düsseldorf 6 U 134/ 96, VuR 1998, S. 128 f.

*Schwintowski/Schäfer,* Bankrecht: Commercial Banking – Investment Banking, Schwintowski, Hans-Peter; Schäfer, Frank, Köln/Berlin/ Bonn/ München 2004 (zit.: Schwintowski/ Schäfer, Fundstelle)

*Serich, Rolf,* Der Beschluss des großen Senates vom 27.11.1997 am Pranger höchstrichterlicher Rechtsfortbildungsblockade, BB 1998, S. 801 ff.

*Sieg, Karl,* Auswirkungen des AGB-Gesetzes auf Justiz und Verwaltung im Bereich der Privatversicherungen, VersR 1977, S. 489 ff.

*Soergel,* Bürgerliches Gesetzbuch mit Einführungsgesetz und Nebengesetz, AGB-Gesetz Band 3: Schuldrecht II ( §§ 433-515), hrsg. von: Siebert, W., 12. Auflage, Stuttgart/ Berlin/Köln 1991 (zit.: Soergel/Bearbeiter, §... AGBG Rn...)

*Soergel,* Bürgerliches Gesetzbuch mit Einführungsgesetz und Nebengesetz, Band 4/1, Schuldrecht III ( §§ 516-651), hrsg. von: Siebert, W., 12. Auflage, Stuttgart/Berlin/Köln 1997 (zit.: Soergel/Bearbeiter, §... BGB Rn...)

*Sonnenschein, Jürgen,* Anmerkung zu BGH, Urteil vom 07.06.1989 – VIII ZR 91/ 88, JZ 1989, S. 1066 ff.

*Sonnenhol, Jürgen,* Änderungen der AGB-Banken zum 1. April 2002, WM 2002, S. 1259 ff.

*Spindler, Gerald,* Versicherungsaufsicht über Internetangebote ausländischer Versicherer, VersR 2002, S. 1049 ff.

*Staudinger, Julius von,* Kommentar zum Bürgerlichen Gesetzbuch mit Einführungsgesetzen und Nebengesetzen, Gesetz zur Regelung des Rechts der Allgemeinen Geschäftsbedingungen, 13. Auflage, Berlin 1998 (zit.: Staudinger/Bearbeiter §... AGBG Rn...)

*Staudinger, Julius von* ,Zweites Buch: Recht der Schuldverhältnisse, §§ 652-740, erläutert von Keßler, Ernst et. al., 12. Auflage, Berlin 1991 (zit.: Staudinger/Bearbeiter §... BGB a.F. Rn...)

*Staudinger, Julius von,* Kommentar zum Bürgerlichen Gesetzbuch mit Einführungsgesetzen und Nebengesetzen, Recht der Schuldverhältnisse, §§ 581-597; Landpacht; §§ 598-610, 12. Auflage, Berlin 1989 (zit.: Staudinger/Bearbeiter §...BGB a.F. Rn...)

*Staudinger, Julius von* ,Kommentar zum Bürgerlichen Gesetzbuch mit Einführungsgesetzen und Nebengesetzen, Zweites Buch: Recht der Schuldverhältnisse ( §§ 652-704), 13. Bearbeitung, Berlin 1995 (zit.: Staudinger/Bearbeiter §... BGB a.F. Rn...)

*Staudinger, Ansgar,* Das Transparenzgebot im AGB-Gesetz, klar und verständlich – zu den Grundsätzen der Richtlinientransformation -, WM 1999, S. 1546 ff.

*Stäuber, Hans-Wilkin/ Walter, Kuno,* Kommentar zum Wohnungsbauprämiengesetz (WoPG) und zur steuerlichen Bausparförderung, 13. Auflage, Stuttgart 2001

*Steffan, Franz,* Handbuch des Real- und Kommunalkredits, Schlagwort: Bausparkassen, 2. Auflage, Frankfurt 1977 (zit.: Bearbeiter, in Steffan)

*Taupitz, Jochen,* Unwirksamkeit der sog. nachträglichen Tilgungsverrechnungsklausel bei Annuitätendarlehen, JuS 1989, S. 520 ff.

*Teske, Wolfgang,* Schriftformklauseln in Allgemeinen Geschäftsbedingungen, Erlangen 1990

*Tiedemann, Michael* ,Zur Nichtigkeit einer Beschränkung der Bürgschaft auf künftige Erbschaft nach § 312 I 1 BGB, NJW 2000, S. 192 ff.

*Trinkner, Reinhold,* Ergänzung I zu BGH VIII ZR 54/ 83, Ergänzende Vertragsauslegung bei unwirksamen AGB-Klauseln, BB 1984, S. 491 ff.

*Trinkner, Reinhold; Wolfer, Maria* , Nachträgliche Tilgungsverrechnung bei Annuitätendarlehen, BB 1987, S. 348 ff.

*Ulmer, Peter,* Die Anpassung des AGB-Gesetzes an die EG-Richtlinie über missbräuchliche Klauseln in Verbraucherverträgen, EuZW 1993, S. 334 ff.

*Ulmer, Peter,* Das AGB-Gesetz – ein eigenständiges Kodifikationswerk, JZ 2001, S. 491 ff.

*Ulmer/Brandner/Hensen,* Kommentar zum Gesetz zur Regelung des Rechts der Allgemeinen Geschäftsbedingungen, Ulmer, Peter; Brandner, Hans-Erich; Hensen, Horst-Diether, 9. Auflage, Köln 2001, Nachtrag zur 9. Auflage 2001, Köln 2002 (zit.: Bearbeiter, in Ulmer/Brandner/Hensen, §... AGBG Rn...)

*van de Loo, Oswald,* Die Angemessenheitskontrolle Allgemeiner Versicherungsbedingungen nach dem AGB-Gesetz, Köln 1987

*Vortmann, Jürgen,* Die neuere Rechtsprechung zu den Aufklärungs- und Beratungspflichten der Banken, WM 1989, S. 1557 ff.

*Wachter, Thomas* ,Die Eurohypothek – Grenzüberschreitende Kreditsicherung an Grundstücken im Europäischen Binnenmarkt –, NJW 1999, S. 49 ff.

*Wagner, Klaus* ,Die Bedeutung des AGB-Gesetzes für die Gefahrbeschreibung in den Allgemeinen Unfallversicherungsbedingungen, ZVersWiss1977, S. 119 ff.

*Wagner, Reinhard,* Von der Lostrommel zum Dispo Maxx, Immobilien & Finanzierung 2003, S. 270 ff.

*Wagner-Wieduwilt, Klaus,* Das „Transparenzgebot“ als Angemessenheitsvoraussetzung i.S.d. § 9 AGBG, WM 1990, S. 37 ff.

*Wandt, Manfred,* Ersetzung unwirksamer ALB im Treuhänderverfahren gem. § 172 VVG, VersR 2001, S. 1449 ff.

*Weber, Ralph,* Formularmäßige Sicherungszweckbestimmungen bei Grundschulden, ZfIR 1999, S. 2 ff.

*Werber, Manfred,* Änderung von Versicherungsanträgen durch Vermittler, Änderungen durch Versicherungsagenten und die Problematik des Vertragsschlusses, VersR 2000, S. 393 ff.

*Werber, Manfred* ,Die AVB im Rahmen der Diskussion über die Allgemeinen Geschäftsbedingungen, Grundprobleme des Versicherungsrechtes, Festgabe für Hans Möller zum 65. Geburtstag, hrsg. von Schmidt, Reimer; Sieg, Karl, Karlsruhe 1972, S. 511 ff.

*Werber, Manfred; Winter, Gerrit* ,Grundzüge des Versicherungsvertragsrechtes, Heidelberg 1986

*Westermann, Harm Peter,* Abgrenzung von Neben- und Hauptleistungspflichten im Hinblick auf die Inhaltskontrolle, 10 Jahre AGB-Gesetz, Köln 1988, S. 135 ff.

*Westermann, Harm Peter,* Das Transparenzgebot - Ein neuer Oberbegriff der AGB- Inhaltskontrolle, Festschrift für Ernst Steindorff, Berlin u.a. 1990, S. 817 ff.

*Westphalen, Friedrich Graf von,* AGB-Recht ins BGB – Eine erste Bestandsaufnahme, NJW 2002, S. 12 ff.

*Weyers, Hans-Leo* ,Versicherungsvertragsrecht; 2. Auflage, Neuwied/Kriftel/ Berlin 1995

*Winter, Gerrit,* Das Subsidiaritätsprinzip bei der aufsichtsbehördlichen Überprüfung von Versicherungsbedingungen, Kontinuität und Wandel der Versicherungsrecht, Festschrift für Egon Lorenz zum 70. Geburtstag, S. 941 ff., Karlsruhe 2004

*Winter, Gerrit,* Ausgewählte Fragen der Lebensversicherung, ZVersWiss 1991, S. 203 ff.

*Wittig, Judith; Wittig, Arne* ,Das neue Darlehensrecht im Überblick, WM 2002, S. 145 ff.

*Wolf, Manfred,* Rechtsgeschäftliche Entscheidungsfreiheit und vertrag-licher Interessenausgleich, Tübingen 1970, S. 291

*Wolf/Horn/Lindacher* ,Kommentar zum Gesetz zur Regelung des Rechts der Allgemeinen Geschäftsbedingungen, von Wolf, Manfred; Horn, Norbert; Lindacher, Walter, 4. Auflage, München 1999 (zit.: Bearbeiter, in Wolf/ Horn/ Lindacher, §... AGBG Rn... )

*Wolf, Manfred;Pfeiffer, Thomas,* Der richtige Standort des AGB-Rechts innerhalb des BGB, ZRP 2001, S. 303 ff.

*Zehnder, Andreas,* Bausparen und Altersversorgung, WM 2001, S. 17 ff.

*Zehnder, Andreas,* Anforderungen an ein zeitgemäßes Bausparkassengesetz, Immobilien &Finanzierung 2003, S. 250 ff.

*Ziegler, Christoph Eduard* ,Die Beschränkung der Haftung aus culpa in contrahendo in Allgemeinen Geschäftsbedingungen, BB 1990, S. 2345 ff.

*Zinnert, Mario,* Gewinnverteilung an Versicherungsnehmer von Versicherungsaktiengesellschaften, Diss. Hamburg 1982

*Zoller, Edgar,* Voraussetzungen und Rechtsnatur deklaratorischer Klauseln im Sinne des § 8 AGB-Gesetz, BB 1987, S. 421 ff.

*Zoller, Edgar,*Dogmatik, Anwendungsprobleme und die ungewisse Zukunft des Vorranges individueller Vertragsvereinbarungen vor Allgemeinen Geschäftsbedingungen (§ 4 AGBG), JZ 1991, S. 850 ff.

## VERSICHERUNGSRECHTLICHE STUDIEN

Herausgegeben von Prof. Dr. Gerrit Winter

Band 1 Maximilian Teichler: Berufshaftpflichtversicherungen. Eine Untersuchung der Berufshaftpflicht, ihrer Versicherung und deren Beziehung zueinander am Beispiel der Rechtsanwälte, Ärzte und Architekten in Deutschland. 1985.

Band 2 Burkhard Messerschmidt: Hinweis- und Belehrungspflichten des Versicherers. 1986.

Band 3 Chao-Kuo Chiang: Das Interesse im Seeversicherungsrecht. 1986.

Band 4 Michael Grebe: Die vorläufige Deckungszusage unter besonderer Berücksichtigung ihrer Handhabung in der Lebensversicherung. 1987.

Band 5 Harald Zeller: Die Deckung von Haftpflicht-Risiken im Rahmen der Seekaskoversicherung. 1987.

Band 6 Annemarie Bender: Die Rechtsproblematik der Wartezeiten in der Privatversicherung unter besonderer Berücksichtigung der Rechtsschutzversicherung. 1988.

Band 7 Gerd Kühborth: Die Obliegenheiten des Versicherungsnehmers in der Rechtsschutzversicherung beim und nach dem Eintritt eines Versicherungsfalles. 1988.

Band 8 Peter Caninenberg: Die Sportveranstaltungsausfallversicherung. 1988.

Band 9 Carsten Meyer: Der Rückkaufswert in der Lebensversicherung. Eine Untersuchung aktueller Kritik an dem Recht des Lebensversicherungsvertrages unter Berücksich-tigung des AGB-Gesetzes und des Aufsichtsrechts. 1989.

Band 10 Heike Schwesinger: Versorgungsausgleich und berufsständische Versorgungswerke. 1989.

Band 11 Jens Fortmann: Die Investitionsgüterkreditversicherung. 1989.

Band 12 Hans Wille: Bedingungs- und satzungsgemäße Privilegien öffentlich-rechtlicher "Wettbewerbsanstalten" in der Gebäude-Feuerversicherung. Eine Untersuchung zum BGB, VVG, AGBG, GWB (UWG) und EWGV unter kritischer Berücksichtigung alter und neuer deutscher sowie supranationaler Judikatur. 1990.

Band 13 Ulrich Joseph: Lebensversicherung und Abtretung. 1990.

Band 14 Udo Hansen: Beweislast und Beweiswürdigung im Versicherungsrecht. 1990.

Band 15 Uwe Hamann: Die Rückdeckungsversicherung aus zivil-, versicherungs- und arbeitsrechtlicher Sicht. 1991.

Band 16 Hans-Eckhard Tribess: Die Leistungsfreiheit des Versicherers aus § 67 Abs. 1 Satz 3 VVG im Falle des Vorausverzichtes. 1991.

Band 17 Regina Testorf: Gewerbliche Schmuckversicherungen. 1991.

Band 18 Dieter Armbrust: Subsidiaritätsabreden in Versicherungsverträgen. 1991.

Band 19 Cornelia Thies: Die Auswirkungen von AIDS im Privatversicherungsrecht. Eine Untersuchung über AIDS-spezifische Probleme im Kranken-, Lebens- und Haftpflichtversicherungsrecht. 1991.

Band 20 Utz Meyer-Reim: Die Elektronik-Versicherung. Sachversicherung von Fernmelde- und sonstigen elektrotechnischen Anlagen. 1992.

Band 21 Thorsten Hinnekeuser: Der Versicherungsfall in der Bauleistungsversicherung. 1992.

Band 22 Christian Luckey: Mündliche Nebenabreden zu Allgemeinen Versicherungsbedingungen. 1992.

Band 23 Jürgen Möhle: Die Haftpflichtversicherung im Heilwesen. Eine Studie über die versicherungsrechtliche Deckung medizinischer Haftpflichtschäden. 1992.

Band 24 Torsten Busch: Genußkapital als Eigenmittel von Versicherungsunternehmen. 1992.

Band 25 Ulrich Möhrle: Verhaltensabhängige Risikobeschränkungen in der Gewässerschadenhaftpflichtversicherung. 1993.

Band 26 Paul Wollny: Die Directors' and Officers' Liability Insurance in den Vereinigten Staaten von Amerika (D&O-Versicherung). Vorbild für eine Aufsichtsratshaftpflichtversicherung in Deutschland? 1993.

Band 27 Jan Dreyer: Die Reiserücktrittskostenversicherung. 1993.

Band 28 Robert Nehrer: Entwendung und Entwendungsfolgeschäden in der Kraftfahrzeugkaskoversicherung. 1994.

Band 29 Jürgen Sackhoff: Die Anzeige-, Auskunfts- und Belegpflicht des Versicherungsnehmers nach Eintritt des Versicherungsfalles. Eine rechtsvergleichende Untersuchung unter besonderer Berücksichtigung des Richtlinienentwurfes zur Harmonisierung des Versicherungsvertragsrechts. Zugleich ein Beitrag zur Relevanzrechtsprechung des Bundesgerichtshofes. 1994.

Band 30 Anne Heidelbach: Der kleinere Versicherungsverein auf Gegenseitigkeit unter besonderer Berücksichtigung der gesellschaftsrechtlichen Probleme. 1994.

Band 31 Claudius Mann: Die zeitliche Beschränkung des Versicherungsschutzes in der Rechtsschutzversicherung. 1994.

Band 32 Martin Dietrich: Produktbeobachtungspflicht und Schadenverhütungspflicht der Produzenten. 1994.

Band 33 Barbara Halser: Die versicherte Gefahr und der Versicherungsfall in der Industrie-Straf-Rechtsschutzversicherung. 1994.

Band 34 Hans von Gehlen: Die Beeinflussung des Versicherungsfalls durch den Versicherungsnehmer in der Rechtsschutzversicherung. 1995.

Band 35 Thomas Adler: Das Tagegeld in der Krankenversicherung als Schadens- oder Summenversicherung. 1995.

Band 36 Achim Gmilkowsky: Die Produkthaftung für Umweltschäden und ihre Deckung durch die Produkthaftpflichtversicherung. 1995.

Band 37 Jens Hilgenhövel: Die gewohnheitsrechtliche Erfüllungshaftung des Versicherers für Auskünfte seiner Agenten. 1995.

Band 38 Wiebke Heinrich: Das Sachverständigenverfahren im Privatversicherungsrecht. 1996.

Band 39 Arnt Vespermann: Staatshaftung im Versicherungswesen. 1996.

Band 40 Hubertus W. Labes: Schiedsgerichtsvereinbarungen in Rückversicherungsverträgen. 1996.

Band 41 John Benjamin Schroeder: Die Kriegsgefahr im deutschen Versicherungsrecht. 1996.

Band 42 Hilke Wesselhöft: Datenschutz im Versicherungswesen. 1996.

Band 43 Klaus C. Kossen: Die Kautionsversicherung. 1996.

Band 44 Cord Imelmann: Versicherungsaufsichtsrechtliche Fragen der Allfinanzkonzeption. 1996.

Band 45 Marcus Lüpke: Versicherungsschutz bei behördlicher Inanspruchnahme zur Altlastsanierung. 1996.

Band 46 Bettina Kagelmacher: Die Beschränkungen der Privatversicherungsfreiheit im Hinblick auf das Allgemeininteresse sowie auf Rechte Dritter. Die Grenzen der Versicherbarkeit widerrechtlichen Verhaltens. 1997.

Band 47 Moritz Mittelbach: Die Verdienstausfallversicherung für See- und Binnenschiffe. 1997.

Band 48 Marc-Alexander Lüth: Rechtsberatung durch den Rechtsschutzversicherer. 1997.

Band 49 Ulf Liebelt-Westphal: Schadenverhütung und Versicherungsvertragsrecht. Schadenverhütung durch die Gestaltung des Versicherungsvertrages (Risikobeschreibung, Ausschluß von Risiken und Auferlegung von Obliegenheiten). 1997.

Band 50 Katrein Schneider: Die Feuer-Betriebsunterbrechungsversicherung. 1997.

Band 51 Hubertus Wegmann: Obliegenheiten in der Privaten Krankenversicherung. 1997.

Band 52 Sven Schubert: Das Sachverständigenverfahren im Seeversicherungsrecht. 1998.

Band 53 Horst Suhren: Alte und neue Informationspflichten des Rechtsschutzversicherers. 1998.

Band 54 Bianca Müller: Verbraucherschutz durch das Bundesaufsichtsamt für das Versicherungswesen. 1998.

Band 55 Thorsten Haeberlin: Der aktuelle Stand des Versicherungsnehmerschutzes im englischen und deutschen Versicherungsvertragsrecht vor dem Hintergrund der jüngsten EG-Rechtsentwicklung. 1998.

Band 56 Thorsten Meinert: Das Bereicherungsverbot im deutschen Seeversicherungsrecht. Mit einem Exkurs zum Entschädigungsprinzip im englischen Seeversicherungsrecht. 1998.

Band 57 Annette Wenckstern: Die Haftung bei der Arzneimittelprüfung und die Probandenversicherung. Haftungsersetzung durch Versicherungsschutz. 1999.

Band 58 Jan-Uwe Hungar: Die Rechtsstellung des Schiffshypothekengläubigers im Versicherungsfall. 1999.

Band 59 Torsten Stade: Die Kaskoversicherung für Luftfahrzeuge. 1999.

Band 60 Michael Rudolf Fischer: Versicherungsaufsichtsrecht und öffentliches Übernahmeangebot. 1999.

Band 61 Jill Bohnhorst: Gentechnologie in der Haftpflichtversicherung. 1999.

Band 62 Nils Abram: Die Berufshaftpflichtversicherung für Versicherungsvermittler. 2000.

Band 63 Carsten Hoppmann: Vorstandskontrolle im Versicherungsverein auf Gegenseitigkeit. 2000.

Band 64 Georg Lange: Die Reparaturkostenversicherung. 2000.

Band 65 Nikolas Streuf: Der Vertragsschluss mit einem englischen Versicherer via Internet. 2002.

Band 66 Jan Philipp Tietjen: Die Versicherungsdauer in der (See-)Güterversicherung nach den Grundsätzen der Haus-zu-Haus-Klausel. 2002.

Band 67 Axel Wehling: Schutz innovativer Versicherungsdienstleistungen. 2002.

Band 68 Alexander Wehowski: Die Zulassung ausländischer Versicherungsunternehmen in der Bundesrepublik Deutschland und den Vereinigten Staaten von Amerika. 2002.

Band 69 Marcus Hennies: Die Finanzaufsicht über Versicherungen in der Europäischen Gemeinschaft. Unter besonderer Berücksichtigung der Solvabilitätsvorschriften. 2003.

Band 70 Silke Riedel: Sicherungsschein und Sicherungsbestätigung in der Versicherungswirtschaft. 2004.

Band 71 Detlef A. Huber: Die Hagelversicherung. 2005.

Band 72 Frank-Hartmut Vogelsang: Die Berufshaftpflichtversicherung des Architekten. Deckungssummenbeschränkungen und Risikoausschlüsse. 2005.

Band 73 Inga Uhlenbrock: Die Lösungsrechte des Versicherers bei Verletzung der vorvertraglichen Anzeigepflicht durch den Versicherungsnehmer. Unter besonderer Betrachtung der Berufsunfähigkeitsversicherung. 2005.

Band 74 Hansjörg Heppe: Bedingungen in der Sportbootversicherung. 2005.

Band 75 Georg Herzog: Bausparkassenbedingungen und AGB-Kontrolle. 2006.

www.peterlang.de

Kolibri 360 GmbH
Ferdinand-Jühlke-Straße 7
99095 Erfurt, Deutschland
produktsicherheit@kolibri360.de

Druck:
CPI Druckdienstleistungen GmbH
im Auftrag der
Kolibri 360 GmbH
Ferdinand-Jühlke-Str. 7
99095 Erfurt